KB184459

자유

FREEDOM : A DISEASE WITHOUT CURE

A DISEASE
WITHOUT CURE

치유할 수 없는 질병

슬라보예 지젝 | 노윤기 옮김

FREEDOM

자유

SLAVOJ ZIZEK

ⓗ 현암사

목차

들어가는 말

뷔리당의 당나귀를 움직여라

중국에 나타난 기적

2021년 11월, 중국의 평범한 시민들 사이에 첸지陈直라는 이주 노동자의 사연이 크게 화제가 되었다. 대학교 2학년 때 자퇴한 뒤 박봉의 카메라 공장 수리공으로 일한 그는 10년 동안 조립 라인에서 파란색 방진복에 눈만 내놓고 작업했다. 12시간씩 이어지는 고된 일과를 마친 뒤 남몰래 영어 공부를 했고, 하이데거를 읽었으며, 리처드 폴트Richard Polt가 쓴 『하이데거 입문 Heidegger: An Introduction』을 번역하기까지 했다. 이후 몇 권의 번역 작업을 계속한 그는 자신의 원고를 책으로 출간할 수 있는지 물색했으나 성과로 이어지지는 않았다.* 그러나 대학 수준의 지식을 증명하기 위한 그의 노력은 온라인을 통해 조금씩

---

* 이후 2024년 5월 중국에서 그의 책이 출간되었다.

세상에 알려지기 시작했다.[1]

하이데거에 몰두한 그의 행위는 자아 해방의 한 방편이었을까, 아니면 오도된 탈출구일 뿐이었을까? 이에 대한 마르크스주의자들의 대답은 쉽게 상상할 수 있다. 조립 라인 노동자에게 하이데거는 해독제가 될 수 없다. 그들에게 필요한 것은 비참한 노동 조건을 개선하는 실천이다. 심지어 하이데거가 올바른 선택이 될 수 없는 또 다른 명백한 이유도 있다. 최근 하이데거의 수기 『검은 수첩Black Notes』이 출간되면서 그의 반유대주의와 친나치 성향이 알려졌다. 진지하게 연구할 철학자 목록에서 그를 제외해야 한다는 목소리가 커지는 상황이다. 하지만 이러한 이유 때문에 우리는 하이데거를 여전히 중요한 철학자로 인정해야 할 수도 있다.

1930년대 중반에 하이데거는 이렇게 말했다. "세상에는 역사 없는 인간이 있고 역사 없는 인간 집단도 있다. 이를테면 카피르Kaffir 같은 흑인이 그렇다. (…) 동물과 식물이라는 생명체에도 천 년을 아우르는 다사다난한 역사가 있지만, 인간 세상에는 흑인처럼 역사가 부재한 존재가 있다."[2]('카피르'는 아파르트헤이트Apartheid* 시기에 흑인을 지칭하는 인종차별적 비속어였다.) 인용된 문장은 하이데거의 사상에 비추어볼 때 매우 낯설다. 동식물은 역사가 있는데 '흑인'은 그렇지 않다고? "동물과 식물이라는 생명체에도 천 년을 아우르는 다사다난한 역사가 있다"고 그는 진술했지만, 그 역사가 존재의 역사적 현현이

---

* 남아프리카공화국에서 시행된 인종차별 정책

10

라는 엄정한 하이데거적 의미는 아닐 것이다. 예를 들어 중국이나 인도 같은 나라가 하이데거적 의미에서의 역사를 가지지 않았다는 뜻은 아니지 않겠는가?

그렇다면 저명한 흑인 철학자이자 코넬 대학교 교수인 그랜트 패러드Grant Farred가 경험한 일을 단순한 오해로 여겨야 할까? 그의 짧은 책『마르틴 하이데거가 내 목숨을 구했다Martin Heidegger Saved My Life』[3]는 인종차별을 경험한 작은 사건을 계기로 집필되었다. 2013년 가을, 그는 집 밖에서 낙엽을 치우고 있었다. 그때 한 백인 여성이 다가와 이렇게 말했다. "다른 일을 해볼 생각은 없나요?" 그녀는 흑인 철학자를 부유한 집에 고용된 정원사로 착각한 것이다. 패러드는 이렇게 쏘아붙였다고 한다. "코넬 대학교 교수인 제 연봉 수준이라면 한번 생각해보지요."

패러드는 하이데거의 철학을 통해 세상을 이해하고자 했다. "하이데거는 인종을 이해하는 새로운 언어를 제공했고 그것은 한 번도 시도한 적 없는 글쓰기였다. 그리고 그것이 나를 구했다. 하이데거는 생각하는 방법을 생각하게 했고, 그로 인해 나는 이러한 방식으로 글쓰기를 할 수 있게 되었다."[4] 그가 하이데거에게서 발견한 유용한 요소는 언어를 '존재의 집house of being'으로 보는 관점이었다. 그것은 과학이나 행정에서 사용하는 추상적이고 보편적인 언어가 아니라 구체적인 삶의 양식에 뿌리를 둔 언어였고, 역사의 구체적인 현실을 만들어가는 고유한 경험의 전달자로서의 언어였다. 이러한 관점이 인간이라는 주체가 기술 우위 세상에 잠식되지 않도록 하는 데 어떻게 도움이 되는지 상상하는 일은 어렵지 않다. 그런데 이것은 우리가 '미국화'로 불리는 삶의 양식에 대항하는 방법일까? 이 질문에 답하기 위해 우리는 숙고해야 한다. 패러드가 반복적으로 지적하듯, 이러한 고민은 그가 하이데거에게서 배운 것이며, 그 고민은 단순히 생각하는 것이 아니라 생각에 대해 생각하는 일이다.

분명히 밝히지만 나는 하이데거주의자가 아니다. 하지만 내가 아는 한 우리는 고민을 재빨리 숙성시켜야 하는 독특한 시대를 살고 있다. 지금은 세상을 소요하며 여유롭게 성찰하는 평화의 시대가 아니라, 생존 자체가 사방에서 위협받는 시대다. '연결된 뇌'로 우리의 마음 자체를 통제하는 온전한 디지털 세상이 멀지 않았고, 통제 불가한 바이러스가 확산되고 있으며, 지구 온난화의 영향 또한 거세지고 있다. 우리 모두 이러한 위협에서 벗어날 수 없으며, 평범한 시민에게 더욱 큰 피해를 끼치고 있다. 그러므로 우리는 첸지가 보여준 것과 같은 기적을 더욱 긍정해야 한다. 이러한 기적은 철학이 단순한 학문 이상이라는 사실을 보여준다.

철학은 문득 우리의 일상을 멈추게 하고 작은 파장을 일으킨다. 알랭 바디우Alain Badiou는 그의 책 『진정한 삶The True Life』 서문에서, 소크라테스 이후의 철학은 "젊은이들을 타락시키고" 그들을 주류 이데올로기와 정치 질서로부터 소외시켰다는 도발적인 주장을 펼쳤다.[5] 이러한 '타락'은 오늘날 자유주의를 광범위하게 향유하는 서구 사회에 특히 필요한 요소가 되었다. 우리는 스스로 자유롭다고 느끼는 그 순간 기득권층이 우리를 어떻게 통제하는지 인식하지 못하게 된다. 가장 위험한 것은 마치 자유인 것처럼 누리는 비자유unfreedom다. 이러한 사실을 알고 있던 사람이 괴테였다. 그는 이렇게 말했다. "자신이 자유롭다고 오해하는 사람보다 더 절망적으로 노예 상태에 있는 사람은 없다."[6] 오랜 사회 관습의 네트워크를 파괴하는 '자유로운' 포퓰리스트는 정말 자유로운가? 마오쩌둥은 1957년에 이런 글을 남겼다. "백 송이의 꽃이 피도록 하고, 백 개의 학파가 논쟁하도록 하라."[7] 오늘날 우리는 이렇게 말해야 한다. '수많은 첸지들이여, 철학을 공부하라.' 오직 이것만이 우리 앞에 놓인 슬픈 고난을 돌파할 수 있게 해줄 것이다.

선택받지 않으면 선택할 수 없다

오늘날 우리는 장차 다가올 위험이 어렵게 쟁취한 자유를 앗아가지 않을까 우려하고 있다. 그러므로 특별히 고민해보아야 할 것은 다름 아닌 자유freedom의 개념이다. 자유는 지키는 것만으로는 충분하지 않으며, 무엇보다 자유를 말할 때 그것이 무엇을 의미하는지 성찰해야 한다. 권위주의나 전체주의 정권은 흔히 정치적 반대자를 정신이상자처럼 취급했다. 그리고 그에 따라 대우했다. 구소련 시절, 모스크바의 세르브스키 연구소Serbsky Institute(이후 세르브스키 센터라는 새로운 이름으로 같은 연구를 했다)는 정치적 통제를 위해 대중을 처벌하는 정신의학 연구의 본거지였다. 이곳의 정신과 의사들은 고통을 유발하는 약물을 통해 사람들의 진술을 유도하여 국가 안보에 활용할 증언을 채집하는 등의 실험을 했다. 그들은 사람들을 감금할 권한의 근거가 되는 일종의 정치적 정신 질환을 만들어냈다. 그 병명은 '비알로테쿠샤야vyalotekushchaya'(나태한 정신분열증)였다. 의사들은 이 증상을 "정의를 추구하는 과정에서 발생하는 신경 쇠약"이며, 이에 감염된 자들은 대체로 정상적이지만 때때로 '신념의 경직성'을 보인다고 했다. 또한 그들은 "소송을 남발하는 경향"이 있고 "세상을 개혁하려는 망상"에 빠진 경우가 많다고 기술했다. 이들이 상정한 기본 전제는 소련 공산주의 체제에 반대하는 사람의 정신이 온전할 리 없다는 명제였다. 그리고 이들에게 처방되는 치료법 중 하나는 의식을 잃을 정도로 고통스러운 향정신성 약물을 환자의 정맥에 주사하는 일이었다.

물론 이러한 생각과 관행은 무조건적으로 거부되어야 마땅하지만, 한편으로 우리는 급진적 자유 속에는 '미친 것', 혹은 '광기'가 담겨 있다는 이들의 주장을 곱씹어 볼 필요가 있다. 칸트와 헤겔은 이러한 점을 알고 있었다. 그들은 모두 자유가 가장 급진적일 때 질병이 되고, 그 질병이 인간의 행복에 기생하여 부정적이고 자기 파괴적인 해악을 끼친다는 사실을 알았다. 이러한 현상을 프로이트의 용어로 표현하자면, 자유는 "쾌락의 원칙을 넘어서는" 방식으로 작동한다. 그런데 칸트와 헤겔이 발명한 자유라는 이름의 '질병'은 세르브스키 연구소가 추구한 이데올로기와 달리, 우리가 살아가는 '정상적인' 사회적 존재의 토대가 되기도 한다. 우리의 '정상적인' 삶은 근본적으로 자유라는 위험에 노출되어 있기 때문이다. 칸트는 도덕 법칙이라는 개념으로 이것을 설명한다. 도덕 법칙은 인간이 자유를 '*인식하는 근거*ratio cognoscendi'이며, 아울러 내가 병리적 이유 때문이 아닌 자율적으로 행위하는 존재임을 밝히는 유일한 증거다. 그러나 동시에 도덕 법칙은 우리의 내재된 내면의 삶에 개입하는 외적 침입자로 경험된다. 즉 그것은 "쾌락의 원칙을 넘어서는" 방식으로 작동한다.[8] 더 정확히 표현하자면, 자유는 단지 왜곡되거나 병에 감염되는 것에 머물지 않는다. 자유는 근본적으로 하나의 질병이며, 이 때문에 인간은 칸트가 주장했듯 자신을 훈육하고 가르칠 주인이 필요한 동물이다. 그렇다면 이때 인간을 훈육하고 교육하는 것은 어떤 힘에 의한 작용일까? 칸트는 그것을 인간의 동물적 본성이라고 주장하는 듯하다.

> 동물의 본성은 훈육이나 훈련을 통해 인간의 본성으로 변화된다. 동물은 자신의 본능 속에 이미 가능한 모든 것을 가지고 있다. 그리고 외부의 지능으로부터 필요한 모든 것을 배울 수 있다. 그러나 인간에게는 본능이 존재하지 않는다. 때문에 스스로 지능을 일구어야 하고 스스로 행동 계획을 수립해야 한다. 그런데 태어날 때부터 원초적인 환경에 놓이는 인간은 스스로 이것을 수행할 수 없다. 따라서 주변 사람들이 그것을 대신해주어야 한다.[9]

그러나 훈육이라는 것이 단순히 태생적으로 내재된 능력

이 없기 때문에 필요한 것은 아니다. 인간의 경우 자신의 본성에 '부자연스러운' 야만성Wildheit이 내재해 있을 뿐 아니라 자유에 대한 열정이 유별나기 때문에 훈육이 필요한 존재다.

야생 혹은 통제 불능을 의미하는 야만성은 법칙과 무관하게 작용한다. 그리고 인간은 훈육을 통해 인간의 질서에 복종하고 이 질서를 자신의 첫 번째 제약으로 받아들인다. 예를 들어 설명하자면, 아이를 학교에 보내는 것도 무언가를 배우게 하려는 것이 아니라, 오히려 가만히 앉아서 지시받은 것을 정확히 이행하는 일에 익숙해지도록 하기 위해서다. 그래서 장차 그들이 생각으로 떠올리는 모든 것을 실제로 이행하지 못하도록 훈육하기 위한 것이다…. 인간은 본능적으로 자유에 대한 강력한 지향성을 가졌기 때문에, 한번 자유의 맛을 보면 그것을 위해 모든 것을 희생하려 한다.[10]

이 기이한 '야만성'은 주로 열정의 형태로 드러난다. 이 열정은 특정 선택에 강하게 집착하기 때문에 가능한 여러 선택지와의 비교를 불가능하게 한다. 인간은 어떤 열정에 사로잡히면 막대한 대가를 치르더라도 그것을 추구하고자 한다. 그리고 "열정으로 나타나는 자유에 대한 지향성"이라는 칸트의 책 세부 주제가 말해주듯, 자연 상태의 인간에게 그것은 가장 격정적인heftigste 지향성이다.[11] 열정은 온전히 인간의 전유물이고, 동물은 열정 대신 본능이 있을 뿐이다. 칸트는 이 야만성을 '부자연스러운' 것으로 설명하는데, 이 성향이 모든 자연 현상

16

을 아우르는 인과의 연쇄성을 깨뜨리거나 멈추는 것처럼 보이기 때문이다. 그것은 마치 이 현상적 세계에 본질적 실체로서의 자유가 잠시 나타나 혼란을 빚는 상황과도 같다. 프로이트의 책『문명 속의 불만Unbehagen in der Kultur』은 '자유에 대한 불만'이라는 제목으로 바뀌어도 무방하며 그것이 오히려 타당하다. 우리는 자유의 한가운데서 결코 편안함을 느낄 수 없고, 자유로울수록 더 불안에 잠기게 된다. 자유는 매우 자명해 보이는 개념 중 하나지만, 이를 분석하려는 순간 우리는 모호함과 모순에 빠지게 된다. 이러한 모호함을 가장 잘 설명해주는 예가 '뷔리당의 당나귀Buridan's ass'가 드러내는 상황이다.

'ass'라는 영어 단어는 기본적으로 세 가지 의미를 지닌다. 당나귀, 바보 같은 사람, 특정 신체 부위가 그것인데, 뷔리당의 당나귀는 이 모든 의미가 합쳐진 상황에 놓여 있다. 바보 같은 당나귀가 있다. 배고픔과 갈증을 동시에 느끼는 당나귀는 건초 더미와 물통 사이에 앉아 어느 쪽도 선택하지 못한 채 굶주림과 목마름으로 죽는다. 당나귀가 정량의 두 건초 더미 사이에서 선택을 하지 못한다는 버전의 이야기도 있다. (디지털 전자 장치에도 '준準안전성'이라는 비슷한 현상이 발생한다. 회로의 시행 값이 0과 1 어느 쪽으로도 결정되지 않았다면 두 상태 중 하나를 결정해야 할 때 스스로 멈춰버린다. 즉 '미결정' 상태에서 필요 이상으로 많은 시간을 보내게 된다.) 뷔리당의 당나귀는 어떤 의미에서 병리적인 예외가 아닌 자유로운 '제로'의 상태에 처해 있다. 만일 인간에게 언제나 정확한 지시어가 주어진다면 우리는 이성의 작용을 따르기만 하면 된다. 여기에는 어떤 의심이나 혼동도 없으며, 따라서 어떤 자유도 주어지지 않는다. 그래서 동등한 선택지 앞에 놓인 인간이 오직 이성만을 따라야 한다면 우리는 당나귀처럼 죽음에 이르게 된다. 주체적인 결정 대신 '미결정'의 상태만 남기 때문이다. 그렇다면 결정의 이유를 명확하고 분명하게 하는 것은 오로지 결정의 행위 그 자체인 것은 아닐까?

만일 자유로운 선택이라는 것이 있다면, 그것은 사랑하는 대상을 선택하는 일이다. 우리는 누구를 사랑하라고 지시받지 않는다. 하지만 우리가 온전히 사랑에 빠져드는 순간 그 선택을 자신의 운명으로 체험한다. 그리고 아무리 발버둥쳐도 거기에서 벗어날 수 없다. 우리는 때때로 사랑에 빠진 이유를 타인에게 설명하지만 그 이유들은 사랑에 빠진 이후에 알게 되는 것들이다. 우리는 결코 사랑에 빠지는 이유를 다른 사람과 비교하고 누구를 선택할지 결정할 수 있는 편안한 외부자가 될 수 없다. 키르케고르도 종교적인 믿음과 관련하여 같은 말을 한다. 예를 들면 우리는 여러 종교를 비교하고 기독교를 신봉할 가장 좋은 이유를 도출한 뒤에야 기독교 신앙을 갖는 것이 아니다. 기독교를 선택한 이유가 있지만 그 이유들은 내가 이미 개심을 하고 신앙을 돈독히 한 후에 명확해진 것이다. 믿음의 이유를 보기 위해서는 이미 믿는 상태여야 한다. 이 생각을 더 확장해본다면, 마르크스주의에도 동일한 원리가 적용된다. 내가 역사를 객관적으로 분석한 후에 마르크스주의자가 된 것이 아니라, 마르크스주의자가 되고자 한 내 마음(프롤레타리아로 살았던 경험)을 통해 그 이유를 알게 된다. 그렇다면 마르크스주의는 주관적으로 편향된 입장을 통해서만 접근 가능한 객관적이고 '참된' 지식이라는 역설이 된다.

이제 우리는 이 책의 궁극적 지향점인 정치-신학적인 측면을 논할 수 있게 되었다. 우리는 뷔리당의 당나귀와 같은 미결정 상태에서 의식의 경험을 통해 비로소 자신의 운명을 발견하는 결정의 상태로 직접적인 도약을 한다. 요컨대 현실에서는 결코 발생하지 않는 온전히 가상적인 결정의 순간(자유로운 선택)이 바로 주체적으로 선택한 자유, 즉 '자유 그 자체'의 순간이다. 여기서 나는 발터 벤야민Walter Benjamin의 유명한 에세이 「언어 그 자체 그리고 인간의 언어On Language As Such and on the Language of Man」의 제목을 활용하고 있다. 그가 주장하는 것은 인간의 언어가 보편적인 언어 종류가 아니라는 점이다. 그것은 신이나 천사의 언어와도 다르고, 동물이나 우주의 지적 존재들이 사용하는 언어는 물론이고 컴퓨터 언어나 DNA의 언어와도 다르다. 실제로 존재하는 언어는 인간의 언어뿐이다. 하지만 이 '특정' 언어를 이해하기 위해서는 실제로 존재하는 언어와 '언어 그 자체' 사이에 놓인 간극을 상정해야 한다. (이때의 '언어 그 자체'란 인간의 유한성이나 낭만 가득한 열정, 죽음, 혹은 승리를 위한 투쟁, 권력을 위한 음모 등의 요소가 드리우는 그림자를 제거한 순수한 언어 구조를 말한다.)

언어는 자유의 기본적인 매개체다. 그것은 우리가 생각하고 말하는 것을 전달하는 매개체일 뿐 아니라, 라캉Jacques Lacan이 말한 *라랑그*lalangue*나 의도되지 않은 모든 모호함과 언어유희 등을 포함하는 총체이기도 하다. 이때 라랑그는 우리가 권력의 지배 담론에 저항할 수 있는 간극을 열어주기도 한다. 오늘날 중국에서는 알파카를 뜻하는 *차오니마草泥马*라는 단어 가 인터넷 밈으로 욕설처럼 사용되고 있다. 어머니와 관련된 심한 욕설인 차오니마操你妈와 동음어이기 때문이다. 이 단어는 중국 인터넷 사용자들의 모범적인 저항 담론 사례이자 자유로 운 표현을 위해 싸우는 중국 네티즌의 상징이 되었다. 나아가 시, 사진, 영상, 예술, 의류 제작 등 다양한 창작물에까지 영감 을 주고 있다. 그래서 영상 합성이나 다양한 방식의 *브리콜라 주bricolage***들은 '*어까오恶搞*'라는 용어로 통용되는 악의적인 패러디, 조롱, 언어유희 등으로 발전하며 광범위한 중국 인터 넷 문화의 일부가 되었다.[12]

이 경우, '자유 그 자체'와 '언어 그 자체'는 근본적으로 대 립한다. '언어 그 자체'는 아무런 욕망을 품고 있지 않으며, 따 라서 어떤 자유도 추동하지 않는 순수하고 비주관적인 구조다. 이 구조는 '*라랑그*'의 특이성을 통해서만 주관화된다. 마찬가 지로 자유의 경우도 '자유 그 자체'와 경험되는 '현실로서의 자 유' 사이에서 분열한다. 그래서 '순수한' 자유의 심연은 주체의 실제 행위 이면에 혹은 그 내부 깊숙이 존재한다. '언어 그 자 체'의 상태는 상징적이고 안정적인 구조인 반면, '자유 그 자체' 의 상태는 불가능하거나 실재적인 것the Real***이며 문득 튀어

---

  * 우리 각자가 발산하는 고유한 언어
 ** 뜯어맞추기 등 비관례적인 예술이나 문화적 실천
*** 경험 너머의 세계를 뜻하는 라캉의 용어로, 언어로 표현
    할 수 없고 완전히 이해할 수도 없는 세계를 말한다.

나왔다가 사라지는 특이성의 형태를 갖는다. 주체성의 모든 신비는 이 두 대립되는 순간의 상호 의존성에서 비롯된다.

헤겔의 관점에서 살펴보면, 우리는 자유를 어떤 독립체가 가진 속성으로만 제한해서는 안 된다. 자유의 지고한 지점에서는 자유 자체가 주체가 되기 때문이다. 자유를 위해 싸우는 우리는 자유의 방편일 뿐이며 심지어 자유를 위한 도구가 되기도 한다. 그것은 1930년대 유행하던 독일 공산주의 노래의 한 후렴구와도 같다. *"자유는 군인을 거느린다!Die Freiheit hat Solda ten!"* 특정 군중 집합체를 '자유 그 자체'를 위한 군대와 동일시하는 것은 '전체주의' 추종자들이 빠져들기 쉬운 유혹일 것이다. 우리는 그저 자신의 이해관계에 종속되는 자유를 위해 싸우는 것이 아니라 자유를 섬기기 위해 싸운다. 즉 자유 그 자체가 우리를 손쉽게 활용한다…. 이 경우 테러의 길이 활짝 열린다. 어느 누가 '자유 그 자체'를 구현하는 대의에 반대할 수 있을까?

하지만 혁명을 열망하는 군중 집합체를 자유를 위한 방편적인 기관이라고 치부할 수만은 없다. 어떤 면에서 그것이야말로 진정한 혁명적 폭발의 본질이기 때문이다. 정확히 말해서 그러한 '황홀한' 경험 가운데 주체는 더 이상 개인이 아닌 '객체'가 된다. 그리고 객체가 동일시되는 영역에서 '신학theology'이라는 용어가 정당화된다. 이때 '신학'은 혁명적 주체를 구성하는 단순한 개인의 집합을 넘어서는 어떤 것을 지칭하는 이름이다. 일상적인 삶에서 우리는 인간의 속성인 자유를 누리지만, 진정한 혁명 상황이 되면 자유 그 자체가 주체가 되어 우리를 통해 행동한다. 그리고 우리는 자유의 객체로 자신을 축소한다. 이때의 종교적 상황을 정확히 살펴보자. 주관적인 자유의 단계에서는 내가 행위의 주체로서 무언가를 *자유롭게 선택한다.* 하지만 자유 그 자체가 행동하는 차원에서는 내가 선택의 주체가 아니다. 나는 선택된다. 들뢰즈Gilles Deleuze가 어느 책에서 라이프니츠에 대해 밝힌 것처럼, "나는 선택된 경우에만 진정으로 선택한다."[13] 정말 그렇다. 우리는 혁명적 주체를 상정하는 마르크스주의적 사유에 제기되는 비판을 부끄러움 없이 인정해야 한다. 그것은 종교적 의미에서 *선택된* 것이기 때문이다.

우리가 객체로 전락하는 가장 높은 지점에서 자유와 필연은 일치하지만, 동시에 우리를 움직이는 구조의 톱니바퀴로부터는 최대한 멀리 떨어지게 된다. 그래서 자유로운 결정이라는 것은 내적 분열을 통해 스스로 주관화되는 구조 안에서만 가능하다. 아그네스 턴불Agnes Sligh Turnbull은 이런 문장을 남겼다. "외교관이 '예'라고 말하면 '어쩌면'을 의미하고, '어쩌면'이라고 말하면 '아니오'를 의미하고, '아니오'라고 말하면 그는 나쁜 외교관이다."[14] '예', '어쩌면', '아니오'라는 삼각관계를 구조로 만드는 것은 엄격한 구조주의적 의미에서 두 번째와 세 번째 진술 사이의 단절을 의미한다. 첫 번째와 두 번째 진술(예는 어쩌면을 의미하고, 어쩌면은 아니오를 의미)은 주장의 실제 의미를 설명하는 반면, 세 번째 진술은 실제 의미에서 탈의미로 전환된다. 아니오라고 말하는 외교관은 나쁜 외교관이다. 좋은 외교관은 그가 말하는 것과 의미하는 것 사이의 불균형을 통해 완성된다. 그는 결코 아니오라고 말하지 않지만, 그렇다고 해서 그것이 예를 뜻하는 것도 아니다. 다른 말로 표현한다면, 세 단어를 삼각 구조로 만드는 것은 '세 번째 논리 변형(외교관이 아니오를 말하면 예를 의미하는)'을 배제하고 그 결핍을 발화 주체에 대한 직접적 언급을 통해 채우는 것으로 완성된다. 이 구조는 결코 '객관적'이지 않으며, 언제나 주관화의 순간이 개입된다.

자유의 가능성

그런데 이처럼 급진적인 자유 개념은 분명 예외적이다. 우리가 일상에서 경험하는 자유는 영화나 물건에 대한 단순한 선택부터, 정치적 투쟁에 헌신하는 어렵고 고통스러운 결단에 이르기까지 범위가 다양하다. 주관적 경험으로서의 자유가 "나는 내가 생각하고 싶은 것을 생각하고 내가 하고 싶은 것을 할 수 있어"라고 말할 수 있는 것이라면, 온갖 복잡성과 모호성이 개입되는 사회적 자유는 "의견을 공개적으로 표현할 수 있고, 행복과 존엄에 필요한 삶의 양식을 타인과 만들어갈 수 있으니 나는 자유로워. 요컨대 내가 살아가는 사회의 양식에 내 주장이 영향을 미칠 수 있다면 나는 자유로운 거야"라고 말할 수 있다. 그런데 현대 과학에서는 자유에 대해 완전히 다른 접근법을 제시한다. 우리는 우리가 알지 못하는 신경 과학이나 여러 환경에 완벽히 통제되지 않기 때문에 자유로운 것일까? 간

단히 말해 자유 의지란 존재하는가? 그리고 자유 의지의 개념
이 과학적 결정론과 양립할 수 있을까?

적어도 지금까지 이 전문적인 접근법은 과학의 영역에 한
정되어 있었다. 우리 자신도 스스로 자유롭다고 느끼고 있으
며, 주어진 공간에서 자유롭게 삶을 꾸려간다고 생각한다. 이
러한 모습은 인간의 내밀한 경험과 사회적 활동이 신경 등의
생물학적 요소에 따라 결정된다는 과학적 사실과 양립할 수
있는 것으로 인식되어왔다. 그러나 오늘날, 디지털 제어 시스
템과 뇌과학의 진전으로 인해 인간의 내밀한 자아 경험과 사
회적 활동이 매우 높은 수준으로 통제되고 규제된다는 사실이
알려지면서, 자유로운 개인이라는 자유주의적 개념이 쓸모없
고 심지어 무의미해지는 상황에 이르고 있다. 인간의 삶을 기
술적으로 통제하는 과학적 결정론은 이론에서 그치지 않고 점
점 더 우리의 내밀한 자아 경험에 직접적으로 침투하는 사회
적, 정치적 현실이 되고 있다.

이 모든 층위들은 각각의 상호 연결성 속에서 분석되어야
한다. 또한 자유로운 내적 삶에 대한 자아 경험은 당연히 프로
이트의 무의식 이론으로 보완되어야 한다. 무의식은 사회적 사
실이기도 하기 때문이다. 그렇다면 무의식은 결정론의 매개체
인가, 아니면 셸링Friedrich Schelling과 라캉이 생각한 것처럼 가
장 과격한 자유 선택의 영역인가? 뇌과학은 자유에 대한 다음
과 같은 질문을 새로운 차원으로 끌어올린다. 우리는 정말 자
유로운가? 우리의 자유 의지는 과학적 결정론과 양립할 수 있
는가? 그렇다면 정확히 어떤 근거에서 그렇게 주장할 수 있는

가? 사회적 공간 안에서 우리는 언제나 추상적 자유와 구체적 자유 사이의 긴장 속에 있다. 우리는 우리의 자유를 매개하는 '소외된' 기관들인 시장, 국가, 대의민주주의 등과 함께 존재하기 때문이다. 이들은 우리의 자유를 매개하는 불가피한 조건인가, 아니면 자유를 억압하는 장애물로 작용할 뿐인가? 디지털 세계도 예외는 아니어서, 가상공간의 자유로운 활동이 불투명한 지배 형태를 만들어내는 경우도 허다하게 관찰된다. 마지막으로 앞의 내용들 못지않게 중요한 것은 이것이다. 지구의 생태 위기가 자유를 향해 전하는 메시지는 무엇인가? 우리는 자유의 경계를 어떻게 재설정할 것이며, 혹은 어떻게 제한해야 할 것인가?

이 책은 위와 같은 내용에 의거해 두 부분으로 나뉜다. 앞부분인 '자유를 생각하다'에서는 자유를 그 자체로서 논해보고자 하며, 뒷부분인 '인간의 자유'에서는 우리가 다양한 방식으로 느끼는 자유와 부자유 그리고 그것이 초래하는 사회적 혼란들에 대해 이야기하고자 한다. '자유 그 자체'는 단지 자유의 추상적이고 형식적인 구조를 의미할 뿐 아니라, 이 추상성이 모든 구체적인 규칙을 위반함으로써 우스꽝스러운 과잉으로 나타날 수밖에 없는 '구체적인 사회 상황'을 지칭하기도 한다. 이러한 상황은 가장 위험한 자유이면서 동시에 해방에 이르는 강력한 방법으로서의 자유이기도 하다. 그렇다면 이때의 해방은 어떤 모습이어야 할까? 자본주의의 경우 끊임없는 자기 변신을 실현해왔고, 우리는 지난 50년 동안 완전히 변해버린 인류의 삶을 목도하고 있지 않은가? 개인적인 생각이지만, 어쩌면 이제 공산주의를 반혁명적인 것으로 재구상할 때가 되었다. 그리고 그것은 새롭고 안정된 질서를 확립하려는 노력의 일환이어야 한다.

|
|

나는 이 책을 1988년 독일민주공화국German Democratic Republic에서 사망한 서독 배우 볼프강 키에링Wolfgang Kieling에게 헌정하고자 한다. 왜냐고? 독일민주공화국의 비밀경찰 '슈타지Stasi'의 대외정보국에 붙여진 공식 명칭은 계몽본부Hauptverwaltung Aufklärung(HVA)였다. 독일어 'Aufklärung'이 '계몽'을 뜻하기 때문이었다. 이 이름은 수많은 아이러니한 이름을 만들어냈다. HVA는 의심할 여지없이 매우 어두운 조직이었지만, 아도르노Theodor Adorno와 호르크하이머Max Horkheimer가 말한 '계몽의 변증법'에서 완전히 벗어난 기관도 아니었다. 동독에 우호적이지는 않았지만 윤리적이거나 정치적인 신념 때문에 동독으로 넘어간 사람도 드물게 있었다. 그런데 나에게 흥미로웠던 것은, 서독 영화나 텔레비전 배우로 활동했고 할리우드 작품에도 출연한 볼프강 키에링이라는 인물이었다. 그가 맡았던 가장 큰 할리우드 배역은 히치콕의 〈찢어진 커튼Torn Curtain〉에 등장하는 헤르만 그로멕 역이다. 그로멕은, 폴 뉴먼이 맡은 주인공 암스트롱의 동독 망명이 속임수라고 의심하는 슈타지 장교다. 그는 탈출을 돕는 조직을 통해 서독으로 귀환하려는 암스트롱을 뒤쫓아 외딴 농장까지 추적한다. 그로멕은 암스트롱이 이중 스

파이라는 사실을 알고 경찰에 신고하려 하고, 이어 두 사람의
고통스러운 싸움이 벌어진다. 그리고 마침내 그로멕은 암스트
롱을 잔인하게 살해하고 만다. 이 장면은 히치콕 자신이 언급
했듯, 사람이 사람을 죽이는 일이 얼마나 어려운지를 보여준,
영화의 가장 인상적인 장면이다. 그로멕은 가스 오븐에 머리가
밀려들어 가는 가운데 천천히 숨을 거두면서도 절망적인 몸짓
으로 손을 휘젓는다….

　　이 영화의 배경에는 놀라운 사실이 숨겨져 있다. 1965년
말에 할리우드에서 영화 후반부 작업을 함께하던 배우 키에
링은 와츠 폭동*에서 시위자들이 경찰에 잔인하게 진압당하
는 현장을 목격하고 미국 사회에 환멸을 느꼈다. 영화가 개봉
된 뒤 그는 동독으로 망명했고, 미국에 대해 "오늘날 인류의 가
장 위험한 적"이라고 규정하며 "흑인과 베트남인에게 벌인 범
죄"를 비난했다.[15] 키에링의 행보는 매우 큰 아이러니를 보여
준다. 동독으로의 가짜 망명 사건을 다룬 영화에 참여한 그는
이후 실제로 동독 망명을 감행했다. 냉전에 대한 진정한 변증
법적 접근이 필요하다면, 우리는 민주주의와 전체주의 사이의
단순한 대립항을 깨뜨리는 이 특이한 사례에도 관심을 가져야
한다.

＊ 캘리포니아 와츠 지역에서 만 21세 흑인 청년 프라이어가
음주 운전으로 연행되는 과정을 계기로 인종차별에 항의
하는 폭동이 일어났다.

자유를 생각하다

1

자유 그리고 그것의 한계

프리덤 vs. 리버티

작은아들 녀석이 날 놀려먹은 일이 생각난다. 십 년도 더 지난 일일 것이다. 우리는 커다란 테이블에서 점심을 먹고 있었다. 나는 녀석에게 테이블 끝에 있는 소금통을 건네줄 수 있는지 물었다. "물론이죠." 그러나 대답과 달리 몸을 움직일 생각을 하지 않았다. 내가 재차 묻자 장난기 가득한 말투로 어깃장을 놓았다. "소금통을 줄 수 있는지 물으셔서 저는 줄 수 있다고 대답했죠. 아빠는 소금통을 달라고 하지 않았어요!" 선택의 자유라는 관점에서 분명 아들이 더 자유로운 사람이었다. 녀석은 내 질문을 선택적으로 받아들였기 때문이다. 능력의 여부를 묻는 문자 그대로의 의미와 완곡한 요청을 뜻하는 통상적 의미 사이에서 말이다. 하지만 나는 부지불식간에 그런 선택을 포기한 채 통상적 의미만 생각했다. 그런데 다수의 사람들이 아들

녀석처럼 어깃장을 놓는 세상을 상상해보자. 우리는 상대의 말을 잘 이해할 수 없을 것이고, 타인의 본심을 헤아리느라 많은 시간을 허비해야 할 것이다.

우리가 경험한 지난 수십 년의 정치 환경이 이와 비슷하지 않은가? 도널드 트럼프를 위시한 극보수주의 포퓰리스트들은 언제나 법체계를 존중한다고 공언하지만 명문화되지 않은 규칙과 관습은 무시한다. 2년 전 내 조국 슬로베니아에서도 비슷한 일이 있었다. 유럽 법원에 파견될 슬로베니아 대표를 임명하는 과정에서 불거진 논란이었다. 당시의 우파 정부는 추천받은 명단을 상정하고 승인하는 요식 행위를, 직접 후보자를 검토하고 선정하는 실권 행위로 행사하려 했다. 그것은 "소금통을 건네줄 수 있겠니?" 하고 물은 내 요청을 곡해하고 아무 행동도 취하지 않은 아들의 태도와 같다.

미국에서도 비슷한 일이 벌어졌는데, 트럼프로 대표되는 공화당원들의 사고방식이 문제였다. 미국의 법률 체계는 각 주의 선거 결과가 명확치 않을 경우 주 의회가 선거인단을 지명할 수 있도록 규정하고 있다. 그런데 선거 결과가 불만스러웠던 공화당은 자신들이 선거인단을 직접 지명하는 것으로 조항을 독해했다…. 정치 민주주의의 토대 가운데 하나는 모든 정치 주체가 같은 언어를 사용한다는 점이다. 즉 모두가 비슷한 방식으로 선거 규칙을 이해하기 때문에, 결과가 자신들에게 불리하다고 해도 이를 받아들이게 된다. 그러지 않는다면 내전이 벌어질지도 모를 일이다. 국제 정치 분야도 마찬가지다. 자유나 침략을 논할 때 모든 나라는 같은 체계의 언어로 대화할 것을 기대한다.

그러나 현실은 그리 간단치가 않아서, 같은 언어를 사용하는 이들조차 종종 각자의 해석에 집착한다. 모차르트의 오페라 〈돈 조반니〉 1막 피날레에는 돈 조반니가 연회 참석자들을 향해 "자유여 영원하라!Viva la liberta!"를 외치는 장면이 나온다. 이 외침은 회중會衆에 의해 반복되는데, 그 함성이 너무도 강렬하여 가락이 잠시 끊기는 듯한 느낌마저 든다. 그런데 중요한 것은, 회중이 한마음이 되어 연호하는 그 '자유'조차 각자의 꿈과 희망이 담긴 투영물이라는 사실이다. 에티엔 발리바르Etienne Balibar의 말을 인용하자면, "사회성이라는 것은 현실적 합의와 상상적 양면성의 통합이며, 양자 모두 실질적인 효과를 발휘한다."[1]

정치적인 당파가 만들어지는 상황을 생각해보자. 모두가 '자유'라는 이름의 주인 기표Master-signifier*를 추종하지만, 사람들은 그 보편의 언어에도 개인적 의미를 투영한다. 어떤 이에게는 재산권의 자유이고, 다른 이에게는 국가법을 초월하는 무정부적 자유다. 또 다른 이에게는 개인의 잠재력을 실현할 수 있는 사회적 환경이 자유일 수 있다. 여기서 중요한 것은 '자유'라는 보편 개념에 사람들이 자신의 감정을 이입한다는 사실이다. 자유의 개념은 저마다 다르지만, 그럼에도 사람들은 '자유'를 위한 투쟁에 열정적으로 참여한다. 그리고 그들이 쏟아붓는 열정은 구체적인 것이 아닌 추상적이고 보편적인 것이

---

* 라캉의 용어로, 고정된 뜻에 포획된 기표

다. 이때 우리는 결코 '자유'라는 환상을 앞세워 '실재하는' 생각들의 분란을 은폐해서는 안 된다. 유사 마르크스주의자들이 그러하듯 말이다. 요컨대 중요한 것은 자유에 대한 합의이며 그것이야말로 현실적인 실행력을 발휘한다.

여기에서 한 걸음 더 들어가 생각해보자. 자유는 언제나 복잡하고도 극심한 모순의 형태로 모습을 드러낸다. 그런데 만약 보편적인 자유 개념과 사람들 각자가 생각하는 자유 개념 사이에 간극이 있고, 그 간극이 자유를 구성하는 실질적인 요소라고 생각해보면 어떨까? 이를테면 정치 참여자로서 우리가 추구하는 이상적인 자유와 그 자유의 현실적인 내용 사이에는 간극이 있다. 그래서 우리는 그 간극에서 자유라는 이상에 첨가할 내용물을 자유롭게 가감할 수 있다. 영어에서 자유의 개념을 규정하는 미묘한 차이는 '프리덤freedom'과 '리버티liberty'라는 두 단어를 통해 드러난다. 일견 두 단어는 같은 내용을 담은 듯 보인다. (내 모국어인 슬로베니아어에서도 자유를 뜻하는 단어는 '스보보다svoboda'와 '프로스토스트prostost'로 구분된다.) 두 단어의 차이를 규명하려는 노력은 많았지만 어느 누구도 명확한 결론에 이르지는 못했다. 위키백과에 기술된 내용을 살펴보자.

'리버티'는 일반적으로 원하는 일을 할 수 있는 능력을 말한다. 앞선 일의 결과로, 혹은 권리 등의 행사로 권한을 누리거나 직무를 면제받는 일을 뜻하기도 한다. 흔히 '프리덤'과 동의어로 사용된다. 현대 정치에서 '리버티'는 사회의 생활양식이나 행위, 정치적 견해 등에 억압적인 통제나 제한이 가해지지 않는 상태를 말한다. 철학에서 '리버티'는 결정론과 대비되는 자유의지를 뜻한다. 신학에서 '리버티'는 '죄와 영적 속박 혹은 세속적인 굴레'의 억압에서 벗어나는 일을 의미한다. '프리덤'과 '리버티'는 대체로 다음과 같이 구분된다. '프리덤'이 배타적이지는 않지만 가능한 한 자신의 의지대로 행하는 능력과 권한을 의미한다면, '리버티'는 작위적인 제약이 없는 상태를 말하고, 관련된 모든 이들의 권리도 고려한다. 때문에 '리버티'는 행사자의 능력에 따라 범위가 달라지며, 타인의 권리에 의해 제한되기도 한다. 따라서 '리버티'는 사회의 법규를 벗어나지 않으며, 타인의 자유를 침해하지 않는 책임 있는 자유를 말한다. 이에 비해 '프리덤'은 더 포괄적인 개념으로, 억압으로부터의 완전한 해방이나 자신의 욕구를 충족시키는 무한의 능력을 나타낸다. 예를 들어 사람은 살인할 자유(프리덤)를 가질 수 있지만, 동시에 살인할 자유(리버티)를 가질 수는 없다. 후자의 경우 다른 사람이 해를 당하지 않을 권리를 빼앗기 때문이다. 리버티는 처벌의 형태로 박탈될 수 있다. 많은 나라의 국민들은 범죄를 저질러 유죄 판결을 받을 경우 리버티를 박탈당하게 된다.[2]

그렇다면 이제는 위험을 감수하고 두 단어의 대립을 헤겔이 말한 '추상적 자유abstract freedom'와 '구체적 자유concrete freedom'의 대립으로 치환해보자. 우선 추상적 자유는 사회의 규칙과 관습에 구애받지 않고 원하는 일을 하는 능력이다. 그래서 규칙과 관습을 위반하는 것을 넘어서 '급진적 부정성'을 폭발시키며 자신의 기본적 본성에 반하는 행위로까지 나아간다. 반란이나 혁명적 상황에서 흔히 나타나는 일이다. 이 폭발적인 힘은 스스로도 예단하지 못했던 광란적인 행위를 할 때 발생하여 자기 자신마저 놀라게 한다. 이안李安 감독의 2007년 영화 〈색, 계〉의 장면을 떠올려보자. 1942년 일본이 점령한 상하이가 배경이다. 국민당 비밀 요원 왕자즈王佳芝는, 꼭두각시 정부 아래서 저항 요원들을 체포하고 처형하는 비밀 경찰국 수장 이모청易默成을 유혹하라는 임무를 받는다. 그녀의 노력은 큰 성과를 얻었고 두 사람은 열정적인 사랑에 빠져든다. 자즈는 자신이 암살하려는 남자와 성적이고 감정적인 관계로 얽혀들며 감내하기 힘든 감정적 격랑에 휩싸인다. 이모청은 자즈를 외떨어진 보석 가게로 데려간다. 그녀에게 비싼 반지를 선물하기 위해서였다. 저항 단체에게 이 상황은 경호원 없는 요인을 살해할 절호의 기회였다. 그런데 손에 반지를 끼던 자즈는 충동적으로 마음을 바꾸고 이모청의 귓전에 대고 조용히 자리를 떠나라고 속삭인다. 그녀의 의도를 알아챈 그는 즉시 가게를 떠나 암살 위험에서 벗어난다. 그날이 끝날 무렵 저항 단체 요원들은 대부분 체포된다. 이모청은 감정적인 동요로 혼란에 빠졌지만 끝내 사형 영장에 서명한다. 자즈를 포함한 저항 요원 모두 채석장으로 끌려가 처형된다….[3]

여기에서 우리는 자즈의 갑작스러운 변심을 '심오한' 무의식적 결정론의 표현으로 해석해서는 안 된다. 나아가 애국적 의무와 이념을 초월한 사랑 사이에 고민하던 주인공의 극적인 반전에 놀랄 필요도 없다. 그녀의 충동적인 결정은 순수한 형

태의 '비정상적 충동Imp of perversity'＊이 폭발한 것으로, 카뮈의
『이방인』에서 주인공 뫼르소가 익명의 아랍인을 살해한 충동
과 같은 것이다.

　이러한 충동적인 양상과 대조되는 자유가 '구체적 자유'이
며, 일련의 사회 규칙과 관습 내에서 타인과의 관계를 통해 유
지된다. 코로나 팬데믹 기간 동안 백신 반대자들이 백신 접종
여부를 선택하는 자유는 형식적 자유에 속한다. 하지만 백신 접
종을 거부하는 행위가 실제로는 나의 실제적인 자유를 제한하
고 아울러 다른 사람의 자유까지 제한한다. 공동체에 속한 내가
백신 접종을 받는다면 나는 다른 사람에게 덜 위협이 되고, 다
른 사람도 나에게 덜 위협이 된다. 그래서 평상시의 경우처럼
다른 사람과 어울리는 사회적 자유를 더 크게 누리게 된다. 그
것은 규칙과 금지에 의해 규제되는 사회적 공간 내에서 실현되
는 자유다. 나는 번화한 거리를 자유로이 거닐 수 있다. 왜냐하
면 그 거리에 있는 많은 이들이 나에게 교양 있는 행동을 할 것
이라고 믿기 때문이다. 나를 공격하거나 모욕하는 사람이 있다
면 그는 처벌을 받을 것이라고 우리는 믿는다. 백신 접종도 정
확히 같은 맥락에 있다. 우리는 당연히 공동체적인 삶의 규칙
을 개선하고자 노력할 수 있다. 그 규칙은 팬데믹 상황에서처럼
강화되기도 하고, 때로는 완화되기도 한다. 하지만 규칙이라는
존재는 우리가 누리는 자유의 기본 토대로 작용한다.

＊　'성미가 비뚤어진 꼬마 도깨비'라는 뜻으로, 에드거 앨런
　　포의 소설 제목에서 유래했다.

이것이 헤겔이 말하는 추상적 자유와 구체적 자유의 차이다. 그런데 '추상적 자유'는 일상의 세계에서 제한적으로 나타나기 때문에 종종 '구체적 자유'로 전환되어 실행된다. 예를 들어 다른 사람과 말하고 소통할 자유를 생각해보자. 이 자유를 행사하기 위해서는 공통적으로 확립된 언어 규칙(모호하고 암시적인 모든 비공식적 규칙을 포함하여)을 따라야만 한다. 사회적으로 필요하지만 공식화되지 못하는 비공식 규칙이나 소문, 외설 등은 수면 아래로 억압되기 때문이다. 일상의 상호작용을 매개하는 이념이나 관습 등도 모호하고 일관성 없기는 마찬가지다.

그런데 어떤 금기는 비공식적 위반을 은밀히 종용하기도 하고, 심지어 사용하지 않는 것을 조건으로 주어지는 자유도 있다. 그것은 올바른 선택을 할 것임을 전제로 주어지는 자유다. 예를 들면 슬로베니아에서 가난한 친구와 저녁 식사를 한다고 가정해보자. 친구가 계산서를 들고 밥을 사겠다고 하겠지만 나는 이를 거부하고 식비 지불을 고집해야 한다. 그러면 친구는 이를 즉시 받아들일 것이다. 어떤 것은 금지 자체가 금지되기도 한다. 이를테면 공개적으로 발표할 수 없는 금지다. 억압적인 스탈린주의 체제에서는 지도자를 공개적으로 비판하는 것이 당연히 금지되었지만, 이 금지를 공개적으로 표명하는 것 또한 금지되었다. 스탈린을 비판하는 것이 금기라고 말하는 사람은 아무도 없었고, 이를 공개적으로 발언하는 사람은 즉시 사라져버렸다.

선택의 자유라는 이름으로 출현한 이중의 지배는 이러한

금지의 역설과 구조적으로 유사하다. 무엇을 선택할지 명령받는 자유로운 선택은 이제 추상적인 가정이 아닌, 후기 자본주의의 전매특허가 되어 점점 더 우리 삶에 침투하고 있다.

오늘날 '자유로이 이 문서에 서명할 것을 명합니다!'의 상황은 다음과 같이 벌어진다. 회사가 직원들에게 '자발적인' 초과 근무를 권한다. 그러지 않으면 감옥에 갈 수 있다고 통보한다! 노동자들이 자발적인 초과 근무를 거부하며 조직적으로 대항하면 고용주는 법적 대응을 개시한다. 노동자들의 행위는 불법 파업으로 규정된다. (…) 당신은 그 일을 할 뿐 아니라 선택해야 하고, 나아가 적극적으로 그 일을 열망해야 한다. 당신은 순종할 뿐 아니라 순종하는 것을 좋아해야 하고, 심지어 이를 공개적으로 보여주고 증명해야 한다. (…) 마치 할머니 댁을 방문할 뿐 아니라 할머니 댁을 방문하고 싶도록 아이를 조종하는 포스트모던 시대의 너그러운 부모처럼 말이다. 이 메시지의 핵심은 이것이다. "너는 이것을 해야 하고, 또한 즐겨야 해!"[4]

모든 문화적 현실에는 공개적으로 거론할 수 없는 외설적인 이면이 존재한다. 이 음란한 공간에는 정치 지도자의 어두운 사생활이나 더럽고 부패한 음모는 물론 훨씬 '건전'하고 그래서 더 중요한 문제들까지, 다양한 층위의 뜬소문들이 떠돈다. 그 소문 가운데는 분명한 사실을 공개적으로 말하는 것이 금지되는 극단적인 사례도 있다. 덩샤오핑鄧小平은 생의 마지막 몇 년 동안 공식적인 은퇴 상태로 있었지만, 사람들은 그가 여전히 권력의 실세임을 알고 있었다. 중국의 한 고위 당국자가 외국 기자와의 인터뷰에서 덩샤오핑을 중국의 사실상 지도자라고 언급했을 때, 그는 국가 기밀을 폭로한 혐의로 처벌받았고 사람들의 비난에서도 벗어나지 못했다. 국가 기밀이라고 해서 반드시 소수만 알 수 있는 것이 아니다. 사실상 모든 사람이 알고 있을 수 있는데, 라캉이 말하는 '대타자big Other', 즉 '공식적인 담론'을 제외한 모든 사람이 알고 있다…. 이러한 식이라면 우리 모두는 칸트가 '공법의 초월적 공식transcendental formula of public law'이라고 부른 다음과 같은 원리를 위반하고 있는 것이다. "타인의 권리에 관한 행위는 행위 준칙이 공표성과 일치하지 않으면 부당하다." 예컨대 비밀스러운 법률이 있어서 사람들이 그 공표된 바를 알지 못한다면, 그것을 행사하는 주체가 폭거를 저지른다고 해도 이를 막을 방법이 없다. 이 공식을 중국 사회를 분석한 최근 보고서의 제목 '중국에서는 비밀조차 비밀이다Even what's secret is a secret in China'[5] 와 비교해보자. 중국에서는 정치적 탄압은 물론이고, 환경 파괴와 농촌 빈곤 상황 등을 연구하는 성가신 지식인들을 국가 기밀 누설죄로 수년간 감옥에 가둔다. 그런데 더 큰 문제는 국가 기밀 체제를 구성하는 많은 법률과 규정 자체가 기밀로 분류되어 있기 때문에, 개인 스스로도 자신이 언제 어떻게 위반하는지 알기조차 어렵다는 점이다.

금지 자체가 갖는 비밀스러움은 두 가지 다른 역할을 실행하는데, 이 둘은 혼동되어서는 안 된다. 가장 일반적인 역할은 사람들에게 죄책감과 두려움을 확산시키는 것이다. 무엇이 금지되었는지 모르면 언제 금지를 위반하는지도 알 수 없기 때문에, 사람들은 언제나 잠재적인 위반자가 된다. 물론 모든 사람이 실제 유죄 판결을 받을 수 있었던 스탈린식 숙청기와 달리, 지금 사람들은 자신이 언제 권력자들을 화나게 할지를 안다. 금지를 금지하는 일은 '비합리적인' 공포만 불러일으키는 것이 아니다. 잠재적인 반대 세력에게 설사 법규 내에서 법이 보장하는 언론의 자유 등을 행사하더라도 권력자들을 귀찮게 하면 그들의 의사에 따라 처벌받을 수 있다는 사실을 널리 알린다.

금지를 금지하는 일이 수행하는 또 다른 역할도 있다. 첫 번째 못지않게 중요한 이 기능은 바로 *허울을 유지하는 일*이다. 우리는 스탈린주의에서 허울을 유지하는 일이 얼마나 중요했는지 잘 알고 있다. 스탈린 정권은 체제의 겉모습이 훼손될 위협을 느낄 때마다 거대한 공포로 반응했다. 당시 소련 언론에는 범죄나 매춘 관련 보도는 물론 노동자나 대중의 저항에 관한 소식조차 없었다. 이 금지의 금지는 공산주의 체제에서만 벌어진 것이 아니라, 오늘날의 '방임적인' 자본주의 내에서도 횡행한다.

'포스트모던'한 직장 사장은 자신이 회사의 주인이 아니며 공동의 창의력과 열정을 조율하는 사람일 뿐이라고 주장한다. 직원 사이에 형식과 장벽은 없어야 하며 자신을 별명으로 불러달라고 청한다. 그러고는 질펀한 농담을 건넨다…. 하지만 이 모든 상황에서도 그는 *여전히 우리의 주인이다.* 이러한 사회적 관계에서 지배의 관계는 개인의 자기 부정을 통해 작동한다. 우리는 주인에게 복종해야 할 뿐 아니라, 마치 우리가 자유롭고 평등한 것처럼, 마치 지배가 없는 것처럼 행동해야 한다. 이러한 태도는 당연히 상황을 더욱 굴욕적으로 만든다. 이러한 상황에서 해방을 추구하는 자의 첫 번째 행위는 역설적이게도 주인에게 주인답게 행동하라고 요구하는 일이다. 우리는 주인의 가짜 동료애를 거부하고, 주인 신분에 맞게 우리를 냉대하도록 요구해야 하는 것이다…. 이 모든 상황이 어딘지 모르게 카프카의 이야기처럼 들리는 것도 당연하다. 카프카는 "알지 못하는 법에 지배를 받는 것은 매우 고통스러운 일"[6]이라고 했는데, 이러한 고백을 통해 "법을 모르는 것은 변명이 되지 않는다"라는 유명한 법률 원칙의 외설적인 일면을 드러냈다. 그러므로 자크 데리다Jacques Derrida가 법을 이야기하면서 금지의 자기 반영성을 강조한 것은 매우 타당하다. 그에 따르면 법은 단순히 무언가를 금지할 뿐 아니라 '자기 자신'을 금지한다.

> 법은 금기다. 이는 법이 무엇을 금한다는 뜻이 아니라 법 자체가 금지된 영역이라는 뜻이다. (…) 우리는 법에 접근할 수 없다. 법을 존중하고자 한다면 법을 존중해서는 안 된다. 법과는 거리를 둔 채, 법의 집행자와 수호자와 판례와 관계를 맺어야 한다. 이 사람들은 법의 전달자이자 방해자다. 우리는 법이 누구인지, 무엇인지, 어디에 있는지 알아서는 안 된다.[7]

카프카는 어느 짧은 단편에서 법의 궁극적인 비밀이란

"그것이 존재하지 않는다는 점"이라고 지적했다. 라캉에 따르면 이것은 '대타자'가 부재하는 또 다른 경우다. 물론 그렇다고 해서 법이 공허한 상상적 허구라는 이야기는 아니다. 오히려 법은 이해 불가능한 '실재'가 되고, 그러면서도 현실에서 기능하고, 영향력을 미치고, 결과를 초래하고, 사회의 질서symbolic space를 왜곡한다…. 그렇게 되면 자유는 사회의 다양한 상황에서 지극히 모호한 방식으로 작동한다. 그 한 방식으로, 마르크스주의자들이 단순한 형식적 자유라고 자주 매도하는 '법률 용어 내에서의 평등'이 있다. 그것은 잔혹한 복종과 착취를 숨기거나 정당화할 위험을 내포한다. (그러나 마르크스는 형식의 문제가 매우 중요하다는 사실을 깊이 이해하고 있었다. 형식적인 자유를 선언하는 것만이 실제 권리와 자유를 촉구할 수 있다고 믿었기 때문이다.) 다른 측면에서는 실제로 자유를 행사하는 주체 자체가 문제가 된다. 무언가를 결정할 권한을 가졌다는 의미에서 그는 자유롭지만, 권한을 행사하는 것으로 의무를 다했다고 주장하며 자신의 행위에 대한 책임을 회피할 가능성이 있다. (이런 방식이라면 그는 자신이 속한 문화조차 방패막이로 삼을 수 있다. 나는 인종차별적인 행위를 하지만, 그것은 내 잘못이 아니라 내가 속한 문화의 일부일 뿐이야.)

나는 이것을 내재적 일탈inherent transgression의 구조라고 부른다. 이 사회적 공간은 허용의 공간일 뿐 아니라 억압의 공간이기도 하다. 그곳은 공적 공간에서 벗어나기도 하지만 동시에 공적 공간이 스스로를 재생산하는 공간이기도 하다. 이것은 이데올로기를 비판하는 명제 '지옥을 움직이라acheronta movebo'의 실질적인 의미가 된다.* 즉 누군가는 법의 명시적인 텍스트를 직접 수정하지 않고 외설적인 가상의 부록을 첨가하는 방식으로 세상을 움직인다. 여기에서 우리는 단순하지만 매우 중요한 질문을 던져야 한다. 군대는 왜 동성애자를 공개적으로 허용하는 일에 그토록 강력히 저항하는가? 여기에는 오직 하나의 일관된 대답만이 가능하다. 군대라는 공동체의 소위 남근男根, phallus적이고 가부장적인 리비도Libido(성충동) 경제에 동성애가 위험하기 때문이 아니라, 오히려 군대의 리비도 경제학** 자체가 '좌절되고 부인된 동성애'에 의존하기 때문이다. 동성애는 군대에 필요한 남성적 유대감의 핵심 요소인 것이다.

개인적인 경험을 떠올려보면, 악명 높던 옛 유고슬라비아 인민군은 동성애를 극단적으로 혐오했다. 누군가 동성애 성향을 가진 것으로 드러나면 즉시 추방당했고, 군대에서 쫓겨나기 전부터 인간 이하의 존재로 취급받았다. 그런데 그러면서도 일상적인 군 생활에는 동성애적인 분위기가 가득했다. 예를 들어 줄지어 식사를 기다리는 군인들은 성적인 뉘앙스가 담긴 장난을 쳤는데, 앞사람의 엉덩이에 손가락을 찔러 넣었다가 재빨리 빼고는 모른척했다. 놀란 병사가 뒤돌아봤을 때 누구의 소행인지 모르게 말이다. 내가 속했던 부대의 병사들은 동료

---

* '지옥을 움직이라'는 말은 베르길리우스의 서사시 「아이네이드The Aeneid」 구절이며, 프로이트는 이를 자신의 책 『꿈의 해석』에 인용하며 무의식의 광대한 힘을 표현했다.
** 리비도가 사회적 억압과 규제 속에서 적절히 분산되는 경향

에게 인사할 때 '안녕!' 하는 대신 '내 물건이나 빨아!'라고 말하곤 했다. 세르비아-크로아티아어로 '뿌시 꾸라치Puši kurac'로 발음하는 이 말은 너무도 일반화되어서 본연의 외설적 의미를 잃은 채 일상적인 예의를 표하는 언어로 사용되는 느낌이었다.

여기서 놓쳐서는 안 되는 핵심은 이것이다. 군대에는 극단적이고 폭력적인 동성애 혐오와 좌절되고 거부된 '지하' 동성애적 리비도 경제학이 위태롭게 공존하고 있으며, 이러한 사실은 군대 공동체의 담론이 자신의 리비도적인 토대를 배척하는 방식으로만 작동한다는 점이다. 이것은 결코 군대에서만 벌어지는 일이 아니다. 우리는 성차별적이고 인종차별적 편견을 숨기지 않는 현대 보수주의 포퓰리스트들이 이처럼 엄격한 자기 검열의 메커니즘을 행사하는 모습을 여전히 보고 있지 않은가? 오늘날의 문화 비평들도 급진적이고 전복적인 담론과 실천이 권력에 의해 '검열'되는 상황을 고발하곤 한다. 하지만 권력의 검열 메커니즘 또한 권력 담론 자체의 효율성을 높이는 쪽으로 발전한다. 우리가 사용하는 언어는 이념적으로 중립적이지 않으며 심지어 다양한 편견마저 담고 있어서 비일상적인 어떤 생각을 명확하게 표현하기 어려운 경우가 많다. 헤겔도 공감한 것처럼, 생각은 언제나 언어 속에서 이루어지고 그 언어는 언제나 상식 수준의 형이상학을 수반한다. 그러나 진정으로 사고하고자 한다면 우리는 그러한 언어에 대항하는 언어로 사고해야 한다.

철학에 관한 최고의 농담 가운데 하나는 카판타리스Mira Assaf Kafantaris 교수가 트위터에 올린 이야기일 것이다. "학위명에 '닥터Doctor'라는 단어가 있지만 난 의사가 아니고 철학 박사라고 했더니, 4살 된 아들 녀석이 '철학이 질병인가요?'라고 일갈했답니다." 철학의 본질은 바로 이것이다. 철학은 일종의 병혹은 인간 정신의 기능 장애인 것이다. 어떤 의미에서는 후기 비트겐슈타인이 옳았다. 그러니까 철학적 문제는 언어의 부적절한 사용 때문에 발생하므로, 우리는 일상 언어를 적절히 사용하는 것으로 병을 낫게 할 수 있다. 문제는, 당연한 말이지만 언어에는 본래적으로 언어의 오용이 포함되기 때문에 이를 실천하는 일이 불가능하다는 것이다. 헤겔도 이 점을 지적한 바 있다. 언어의 규칙을 바꾸어 새로운 자유를 개척할 수도 있지만, 정치적 올바름Politically Correct을 강요하듯 언어를 혁신하고자 한다면 커다란 혼란이 초래될 뿐 아니라 더욱 미묘한 형태의 인종차별과 성차별이 초래될 수 있다.

당연히 '구체적 자유'의 양상도 시대가 변하면서 달라진다. 지배적인 사회 관습의 방식에 따라 변화를 거듭하는 것이다. 슬로베니아의 언론인이자 인류학자인 밀레나 주판치치 Milena Zupančič는 슬로베니아의 한 세기 전 성적 관습에 관한 불편한 묘사로 사회적 논란을 일으킨 적이 있다.

남자들은 신기하게도 날이 약간 둥그렇고 너무 날카롭지 않은 작은 주머니칼을 가지고 다녔다. 달마티아Dalmatia*에서 온 행상들이 파는 물건이었다. 어느 신사가 들려준 이야기에 따

* 크로아티아 남서부 지방

르면, 어린 시절 그의 아버지는 그 칼로 사과 깎는 것을 허락하지 않았는데, 그 이유는 알 수 없었다. 나중에 알게 된 것은, 남자들이 아내와 잠자리에 들기 전에 몸을 씻는 대신 칼로 음경의 때를 긁어냈다는 사실이었다.[8]

옳지 않은 일을 보았을 때 시대적인 상황을 거론하며 이를 역사 상대주의로 감싸는 일, 이를테면 "그는 인종차별이나 반여성주의가 횡행하던 시대를 살았으니 지금 기준으로 그를 판단해서는 안 된다"와 같은 의견 피력은 잘못된 것이다. 우리는 정확히 그렇게 판단해야 한다. 즉 *과거의 잘못을 지금의 기준으로 재단해야 한다.* 우리는 과거 여러 세기 동안 여성이 어떻게 대우받았는지, 자비로운 '문명인'이 어떻게 노예를 부렸는지에 대해 충격을 받아야 한다. 역사 상대주의의 맹점은 그것이 진정으로 역사적이지 않다는 사실에 있다. 그 관점이 발화하는 곳은 순수한 메타언어metalanguage*의 지점이다. 그것은 내가 나 자신을 배제한 채 모든 시대를 중립적으로 비교할 수 있다고 믿는 자만과도 같다.

이 관점은 자유라는 개념을 깊은 역사성historicity**의 영역으로 끌어들인다. 최대한 간단히 설명하자면, 전통 사회에서 자유는 평등을 수반하지 않는다. 자유란 각 사람이 계층적 질서 내에서 주어진 역할을 자유롭게 수행하는 것을 의미한다.

* 언어 그 자체를 언급하는 언어
** 역사의 특수성을 옹호하는 입장

그런데 현대 사회에서 자유는 추상적인 법적 평등과 사적 자유가 결합된다. 그래서 가난한 노동자와 부유한 고용주가 똑같이 자유롭다. 19세기 중반에 이르자 자유는 그것을 실현할 수 있는 사회적 환경(최소한의 복지, 무상 교육, 건강 관리 등)으로 설명되기 시작했다. 오늘날 강조되는 것은 '선택의 자유'다. 하지만 그것은 선택의 프레임이 개인에게 어떻게 강요되고 있는지, 그리고 그 개인에게 특권적인 선택들이 얼마나 동떨어져 있는지를 은폐한다. 헤겔은 알고 있었다. 이러한 추상적 자유가 정말로 필요한 때가 되면 그때가 바로 위기의 순간이라는 사실을 말이다. 《디 애틀랜틱 The Atlantic》 1944년 12월호에서 사르트르는 이렇게 썼다.

> 우리가 어느 때보다 자유로웠던 것은 독일 점령기였습니다. 우리는 모든 권리를 박탈당했죠. 그중 가장 먼저 빼앗긴 것은 언론의 자유였고, 그들은 면전에서 우리를 모욕했습니다. 때문에 레지스탕스야말로 진정한 민주주의였습니다. 우리 앞에는 같은 위험이 있었고, 같은 고뇌가 있었고, 같은 책임이 있었고, 같은 규율이 있었습니다. 그리고 그 가운데서 절대적인 자유를 보았습니다. 병사에게나 장군에게나 다를 것이 없었죠.[9]

불안과 공포로 가득했던 그 상황은 사람들에게 자유를 주었다. 그리고 그 자유는 리버티가 아닌 프리덤이었다. 리버티가 정착된 것은 전쟁 이후 일상이 회복된 이후였다. 오늘날 우크라이나에서 러시아의 침공에 맞서 싸우는 사람들은 프리덤을 실현하고 있으며 그들이 장차 이룩하고자 하는 것은 리버 티다. 그런데 우리는 이러한 개념 구분을 지속적으로 유지할 수 있을까? 자유를 지키기 위해서라면 규범을 무시하고 자유 롭게 행동해야 한다고 생각하는 사람이 많아지는 상황이 다가 오고 있지 않은가? 오늘날 우리는 어느 때보다도 좌익 반체제 운동에 맞선 우익 포퓰리스트 반란을 목격하고 있다. 2021년 1월 6일 트럼프 지지자들이 의사당을 점령한 것도 자유를 수 호한다는 명목하에 벌어진 일이 아니던가? 시위대가 의사당에 난입한 사건에 좌파와 자유주의 계열의 사람들이 공포와 부러 움이 섞인 시선을 던진 것도 전혀 놀라운 일이 아니다. '평범한' 사람들이 신성한 권좌에 난입한 일은 공공의 규칙이 잠시 중 단된 축제와도 같은 순간이었다…. 사건을 비판하는 목소리에 약간의 부러움이 섞인 것은, 우파 포퓰리스트들이 좌파의 전 매특허인 항거의 목소리를 빼앗았기 때문일까? 그렇다면 이제 우리가 선택할 수 있는 것은 부패한 엘리트가 통제하는 의회 선거와 우파 포퓰리스트가 통제하는 봉기 사이에서 하나를 택 하는 일일까?

위반을 규제하다

여기에서 우리는 한 가지 당혹스러운 역설과 마주하게 된다. 도덕적인 우위를 점하는 가장 편안한 방법은 적당히 권위주의 적인 정권을 지지하는 일이라는 점이다. 사람들은 이런 정권에서 비공식적 규칙을 따르면서도 정권에 반대할 수 있다. 자신의 도덕적 입장을 주장하면서 위험도 감수할 필요가 없는 것은, 그 주장이 정권에 위협이 되지 않기 때문이다. 설사 직장에서 해고되거나 기소되는 등의 일부 불이익을 겪는다고 해도, 그로 인해 오히려 영웅의 타이틀을 얻을 수도 있다. 처벌이 다소 가혹하다고 해도 사람들이 품은 도덕적 나침반은 결코 방향을 잃지 않는다. 그들은 해야 할 바를 명확히 알고 있으며, 모든 문제의 핵심은 타락한 권력자들이라는 사실도 정확히 알고 있다. 그런데 사회가 민주주의로 진입하면 모든 사람은 혼란에 휩싸이게 된다. 사람들의 선택이 더 이상 일정한 노선으로 규합되지 않는다.

예를 들어 1990년대 중반 헝가리에서 자유주의자로 전향한 반체제 인사들은 어려운 선택에 직면해야 했다*. 그들은 보수 우파의 집권을 막기 위해 예전의 공산주의자들과 연합해야 했을까? 그 선택은 단순한 도덕적 신념으로는 충분하지 않은 전략적인 결정이어야 했다. 그래서 사회주의에서 벗어난 여러 국가의 국민들은 선택이 명확했던 옛 시절을 그리워하곤 한다. 절망적인 현실 속에서 자신들의 적을 옛 공산주의자들과 동일시하며 분별이 쉬웠던 옛날로 돌아가려 한다. 슬로베니아의 집권 세력인 보수 민족주의자들은 지금도 국가가 처한 여러 문제가 예전 공산주의자들 때문이라고 주장한다. 예를 들어 그들은 백신 거부자가 많았던 것도 공산주의 유산이 이어진 결과

* 헝가리 공산주의 정권은 1989년에 막을 내렸다.

라고 주장한다. 하지만 이에 맞서는 좌파 자유주의 야당은 집권 보수 민족주의자들이 1990년 이전의 공산당처럼 권위적으로 통치한다고 주장한다. 그러므로 새로운 정치를 위해 가장 시급한 것은 지금의 혼란을 있는 그대로 인정하고 책임 있는 자세로 전략적인 선택을 마련하는 일일 것이다.

여기서 우리는 정치적 자유의 또 다른 역설과 마주하게 된다. 대중의 다수가 진정으로 원하는 것은 정확히 무엇인가? 진심을 담아 투표 행위를 하는 그들이 사실은 자유를 원하고 있지 않다면? 단지 자유의 형식을 유지하는 데만 관심이 있다면 어떨까? 보통의 민주주의에서 대중의 다수는 자유와 존엄의 형식이 유지되기를 바라며, 자신들의 자유로운 선택을 통해 선거를 치르고자 한다. 하지만 그러면서도 자신의 선택을 언론이나 전문가 혹은 '여론'에 은근히 의탁한다. 사람들이 정말로 고심하여 선택을 하는 드문 순간은 대체로 '민주주의의 위기'이며, 한동안 이어진 질서 자체가 허물어지는 위험한 순간이다.

리버티와 프리덤의 양극단 사이에는 법의 보편성과 개별성 사이의 긴장이 존재한다. 개별성은 언제나 보편성을 넘어선 예외를 형성하고자 하기 때문이다. 물론 이 예외도 자유라는 범주에서 설명될 수 있다. 이슬람 문화에서 하나의 예를 찾아보자. 만수르 타이푸리Mansur Tayfuri[10]는 무함마드 시대부터 현대까지 이슬람 문화의 주요 개념인 알 안팔Al-Anfal 혹은 하람haram이 내포한 깊은 모호성을 연구했다. 알 안팔은 사람들 손에 닿지 않아야 하는 일련의 '신성한' 사물이나 행위를 뜻한다. 이것은 주로 전사들이 하지 말아야 할 행위들이어서, 예를 들면 점령지의 여성을 납치하거나 강간하고 그들의 땅과 재산을 빼앗는 행위 등이 그것이다. 하지만 종교적 금기 사항이 언제나 그렇듯, 이러한 금기 사항은 승리한 전사들이 가장 원하는 행위들이다. 따라서 알 안팔을 어기지 않는 것은 사실상 불가능하다. 타이푸리는 칼리프caliph 제도의 형성이 이 긴장을 해결하는 기능을 정확히 수행했다고 주장했다. 이슬람 국가의 지도자 칼리프는 자신의 신민들에게 하람의 규칙 일부를 어길 수 있는 권리를 부여할 수 있었다. 이를테면 여성을 개인 노예로 삼는 일이 그것인데, 이는 최근 ISIS*에서 실행되었다. 이슬람교도들에게만 허용되는 '특권'이자 불법을 합법화하는 이 권리를 통해 이슬람은 전리품에 대한 자신들의 욕망을 신에게 투영하며 고유의 체제를 구축했다.

타이푸리가 펼쳐놓는 이야기들은 '이슬람의 정치경제학'이라고 부를 수 있는 정도 이상으로 의미가 있다. 금기는 실질적인 권력 구조가 된 모든 종교 체제에서 핵심 요소가 되며, 자신들이 설정한 금기를 위반하는 일 또한 반드시 정당화되어야 한다. 부처가 입적한 이후 불교에서는 전쟁에서의 살인을 정당화하는 논리를 찾았다. 예를 들면 더 큰 악을 차단하기 위한 방편이라는 설명이 그것이다. 종교가 추구하는 주요 과제는 단지 금기를 시행하는 일이 아니라 법의 광범위한 예외 영역을 정당화하는 일이다. 기독교에서는 성 아우구스티누스와 토마스 아퀴나스가 이 예외의 체계를 정리했다. 힌두교에서는 인간 역

* 이슬람 극단주의 세력의 하나

사상 가장 존중받는 이데올로기 텍스트 중 하나인 『마누법전
Laws of Manu』이 같은 역할을 했다. 텍스트가 지향하는 이데올로
기는 신화적 기원을 포함하여 전 우주를 포괄하지만, 내용의
초점은 *이데올로기의 즉각적인 물질성인 일상의 관행*에 맞춰
져 있다. 우리가 언제, 어디서, 누구와, 무엇을, 어떻게 먹을지,
그리고 어떻게 배변하고, 성관계하고, 걷고, 건물에 들어가고,
일하고, 전쟁을 수행할지 등이 그것이다. 원칙적으로 설명하
자면 그렇다. 하지만 『마누법전』은 이러한 과업을 수행하는 데
놀라울 정도의 기발함을 보여주는데, 그 예를 살펴보면 우스
꽝스러울 정도로 위험한 측면이 있다. 이를테면 사제들은 『베
다Veda』를 공부해야 하지만, 장사를 해서는 안 된다. 그런데 예
외적인 상황에서는 장사를 할 수 있다. 하지만 참깨 같은 특정
물품을 거래해서는 안 된다. 그런데 다시 예외적인 상황에서는
참깨를 팔 수 있다. 최종적으로 옳지 않은 상황에서 장사를 하
면 그는 개똥 속의 벌레로 환생할 것이다….

　법전은 대개 일반 규칙을 제시하기 마련이지만, 이 경우
에는 각각의 항목 뒤편에 점점 구체적인 예외가 나열된다. 그
리고 구체적인 명령은 일반적인 조항보다 훨씬 더 강력하다.
다시 말해 『마누법전』은, 법의 진정한 효력이란 대중의 행위를
허용하고 불허하는 직접적인 통제에 있는 것이 아니라 금지의
*위반을 규제*하는 데 있다는 사실을 보여준다. 법은 기본적으
로 금지가 위반되는 때를 조용히 기다린다. 혹은 우리가 그것
을 위반하도록 은밀히 유도한다. 그러다가 금지에 접근한 우리
가 죄책감에 휩싸이면 다가와서 금지가 특정 방식으로 위반되

도록 한다. 즉 위반과 법을 조화시키는 방법을 알려준다…. 법의 가장 중요한 목적은 위반을 규제하는 것이다. 위반이 없다면 법도 필요하지 않을 것이다.

타이푸리의 분석은 이슬람 문화뿐 아니라 지금의 사회를 이해하는 데에도 큰 도움이 된다. 오늘날 우리 사회의 현실에도 특혜적인 예외를 주장하는 일이 비일비재하다. 전쟁은 '평화를 지키기 위한 인도적 실천'이라고 선언되고, 여성과 동성애자들에 대한 권리 침해는 특정 '생활 방식'의 일부로 보호받고 용인된다. 그래서 우리는 타이푸리의 책을 읽을 때, 이슬람 극단주의나 탈레반만을 생각해서는 안 된다. 자신이 살아가는 '선진' 사회에서 벌어지는 똑같은 일들을 생각해보아야 한다.

우리는 세상을 지배하는 도덕 명령의 논리에서 어떻게 벗어날 수 있을까? 이를테면 세상에는 살인하지 말라는 보편적인 규칙이 있다. 하지만 전쟁에 휘말리거나 살인자로부터 가족을 보호할 때는 그조차 예외가 된다. 라캉의 성 구분 공식for-mulae of sexuation*에 따라 설명하자면, 예외가 있는 보편성은 남성적이다. 그렇다면 여성적인 것은 어떨까? 안티고네Antigone**가 한사코 오빠의 장례식을 치르려 할 때, 그녀가 언급한 '법'은 예외 없는 보편의 법이 아니다. 모든 인간에게 매장될 권리가 있다는 것이 보편적 명제다. 그녀는 혼란스러운 규칙 부재

---

* 라캉은 프로이트 정신분석학과 구조주의 이론을 통해 남녀의 성을 규정했다.
** 오이디푸스의 딸로, 오빠 폴리네이케스의 매장을 금한 명을 어기고 장례를 치렀다가 처형되었다.

상황에서("공권력에 반한 자의 장례라면 시체를 썩게 하겠다.") 무조건적인 '예외BUT'를 추가한다("하지만 내 오빠의 장례라면 나는 그것을 치러야 한다.").

자유, 지식, 필연성

여기서 제기될 수 있는 매우 타당한 반론은 이것이다. 이토록 다양한 자유의 양상들은 우리가 살아가는 세계의 사회적이고 상징적인* 질서로 수렴될 뿐이잖은가? 우리가 선택할 수 없는 사실의 영역이 있고, 그것은 그 자체로 우리와 상관없이 지속되고 있지 않은가? 과학은 자연법칙을 발명하거나 창조하는 것이 아니라 발견하는 것이다. 인간이라는 옷을 입은 우리는 이러한 법칙 가운데 일부를 발견할 수 있지만, 그것을 바꿀 수는 없다. 이제 우리는 자유와 필연성 그리고 자유와 지식의 관계를 묻는 질문으로 넘어갈 수 있다.

스피노자부터 마르크스에 이르는 철학 전통**은 불행히도 프리드리히 엥겔스의 이념으로 흘러들었다. (엥겔스는 헤겔에게서 영감을 얻었다.) 엥겔스는 자유를 필연성을 깨닫는 통찰로 정의한다. "내가 필연성을 알고 그에 따라 행위할 때, 예를 들어 자연법칙을 알고 이를 통해 사물을 변화시키며 목적성을

---

* 라캉의 '상징계'를 말하며, 무의식이 언어 등의 질서로 구조화된 체계를 말한다.
** 결정론적이고 일원론적인 세계관을 말한다.

향해 나아갈 때 나는 자유롭다."[11] 여기에 잇따르는 후속 질문
은 다음과 같다. 그렇다면 내 목적성도 필연성에 의해 결정되
는가? 내가 그 필연성을 안다면 그것이 필연성에 어떤 영향을
미치는가? 아니면 내 지식은 단지 부차적인 현상이니 필연성
은 그것과 상관없이 스스로를 실현하는가? 그렇지 않으면 내
지식 자체가 자연의 필연성에 의해 결정되는가? 내가 그것을
아는 것이 중요한가? 이에 대해 엥겔스는 헤겔의 '외적 목적성
external teleology'이라는 개념을 차용해 설명한다. 즉 인간은 스스
로의 목적을 위해 자연을 체계적으로 이용하는데, 이때 이용
되는 대상은 그 목적과 관련이 없다. 이를테면 물리 법칙을 알
고 물을 이용해 전기를 생산하는 것은 물의 흐름에 내재된 사
용법이 아니다. 헤겔은 이와 다른 이야기를 한다. 그에게 자유
는 필연성으로서의 '진리'이며 또한 지양*aufgehobene*되는 필연
성이다. 이 말은, 필연성을 알고 이해하는 행위가 실행적인 차
원을 포함하고 있으니 필연성을 인식하는 행위 자체가 자신을
실행하는 행위라는 뜻이다. 요컨대 가장 순수한 진술 행위(존
재하는 것을 단순히 인식하는 것)가 가장 강력한 실행 행위다. 특
히 '실제로 일어나는 일'이 관료적 국가 기관과 같은 '대타자'의
권위로부터 공인받는 경우 더욱 그렇지 않은가?

슬로베니아에 사는 친구에게서 남성으로 성별을 바꾸고
싶어 했던 어느 젊은 여성의 비극적인 이야기를 들었다. 그녀
는 필요한 행정 절차를 마친 뒤, 자신이 이제 남성이라는 공식
확인서를 우편으로 받은 날 스스로 목숨을 끊었다. 그녀가 자
살한 이유를 추측하는 것은 어렵지 않다. 가장 깊은 욕망을 실

현하는 일이 너무 힘들었을 수도 있다. 여러 이유가 있었겠지만, 우리가 주목해야 하는 것은 상징적 행위가 갖는 무게다. 여기서의 상징적 행위는 내가 선택한 정체성이 공식적인 '대타자'에 기록되는 일이다. 그녀를 자살로 내몬 것은 그녀의 신체적 변화나 대인관계에서의 문제가 아니었다. 그녀의 부모와 친구들은 그녀의 결정을 지지했다. 그녀를 자살로 이끈 것은 국가기관이 그녀의 행위를 등록한 마지막 절차였다.

'실제로 일어나는 일'과 그것이 '상징으로 등록'되는 일 사이의 작은 간극은 오히려 중요한 역설의 공간을 열어준다. '오직' 알려짐을 통해서만 자신을 깨닫는 운명으로서의 필연성이 있다면? 이 역설은 예상치 못한 자유의 공간을 열어주는데, 그것은 운명이라는 공간 내의 자유가 아니다. 즉 운명이 우리를 결정하지만 그것은 완전한 결정이 아니라 일정한 자유의 여지를 포함한 결정이다. 서머셋 모옴Somerset Maugham[12]이 재구성한 아랍의 이야기 「사마라에서의 약속Appointment in Samara」을 떠올려 보라. 바그다드의 혼잡한 시장에서 장을 보던 하인은 그곳에서 죽음과 마주친다. 자신을 응시하는 죽음의 시선에 놀란 그는 집으로 달려가 주인에게 말 한 마리를 달라고 부탁한다. 그는 온종일 말을 달려 저녁 무렵에 죽음이 이르지 못할 곳으로 보이는 사마라 지역에 도착한다. 마음 착한 주인은 하인에게 말을 내준 것에 그치지 않고 직접 시장에 나가서 죽음을 만난다. 그리고 죽음에게 하인을 놀라게 한 일을 책망한다. 하지만 죽음은 이렇게 대답한다. "당신의 하인을 놀라게 하려던 것이 아니었습니다. 그는 오늘밤 사마라에서 약속이 있는데, 여기서 무엇을 하고 있는지 의아했을 뿐입니다."

인간은 죽음을 피할 수 없으며, 벗어나려 할수록 운명의 손아귀는 더욱 조여든다는 것이 이 이야기의 핵심인가? 그와 반대로, 운명은 피할 수 없으니 이를 받아들인다면 오히려 운명의 손아귀에서 벗어날 수 있다고 생각하면 어떨까? 오이디푸스의 부모는 아들이 아버지를 죽이고 어머니와 결혼할 것이라는 예언을 들었다. 그들은 깊은 숲에 아들을 버리는 등, 운명을 피하기 위한 여러 조치를 취했지만 그것이 오히려 예언 실현을 재촉했다. 운명을 피하려는 시도가 없었다면 그 운명은 스스로 실현되지 못했을 것이다.

미국의 심리학자 대니얼 길버트Daniel Gilbert는 이렇게 말했다. "결과를 예견하면서도 재앙 같은 결정을 내리는 인간은 거대한 존재이면서 동시에 이해 불가한 수수께끼다."[13] 이 미스터리를 죽음 충동이나 고통 속 쾌락 등의 정신분석 개념으로 이해하는 대신, 재앙을 예견하고 이를 회피하고자 발버둥치는 것으로 해결하려 한다면 오히려 불운이 엄습한다는 사실을 생각할 필요가 있다. 또한 이를 통해 오늘날 이데올로기가 어떻게 작용하는지에 대한 중요한 교훈도 얻을 수 있다. 경제적 혹은 사회적 결정론자들은 모든 사회적 과정이 우리의 인식이나 무지와 상관없이 스스로를 실현하는 객관적인 질서라고 주장한다. 우리의 지식은 단지 부차적인 요소일 뿐이라는 것이다. 하지만 내가 주장하는 헤겔식 반론은 이것이다. 어떤 사회적 과정은 *사회 구성원 일부가 잘못된 인식을 가지고 있어야만* 실현된다. '의식consciousness'이 필요하지만 그것은 '잘못된 의식'

이어야만 한다.

우리가 살펴본 세 가지 요소인 필연성, 지식, 자유 사이의 복잡한 연관 관계에 우리는 또 다른 변화를 추가해야 한다. 지식의 요소만으로는 내가 그 지식을 실행할 것이라는 보장이 쉽지 않기 때문이다. 심지어 나는 내가 아는 것을 부정하면서도 그것을 실행할 수 있고, 지식 자체가 내가 아는 현실을 부인하게 만드는 페티시fetish로 작용할 수도 있다*. 오늘날 이데올로기가 증상처럼 작용하기보다는 페티시처럼 기능하는 양상은 점점 더 심해지고 있다. 이데올로기에 대한 비판 작업은 이데올로기 증상들을 치유하는 데 유효하다. 이것은 고전적인 계몽주의 방식으로, 이데올로기에 갇힌 개인이 이데올로기의 기만적인 메커니즘을 이해하면 증상은 사라지고 이데올로기의 마법은 사라진다. 하지만 이데올로기에 대한 비판 작업이 페티시로 전이되는 경우 이데올로기는 냉소하며 스스로에게서 거리를 둔다. 독일 철학자 페터 슬로터다이크Peter Sloterdijk 식으로 이야기하자면 '냉소적 이성cynical reason'을 품은 사람은 다음과 같은 진부한 진술을 늘어놓는다. "나는 내가 무엇을 하는지 알아요. 하지만 이 일을 계속할 겁니다."[14] 알렌카 주판치치에 따르면, 페티시스트들은 언제나 냉소적인 어조로 이렇게 변명한다. "나도 알아요, 하지만…." 나는 그들의 말을 믿지 않는다. 그들의 답변은 매우 민감해져 거의 반사적인 수준에까지 이르고 있다. 페티시는 내가 알고 있는 것을 무시한 채 행하는 고집

* 현실이 아닌 지식 자체에 집착한다는 의미

이 아니라 지식 그 자체다. 그들의 냉소적인 해명은 이러하다. "나는 내가 무엇을 하는지 잘 알고 있으니, 당신은 내가 무엇을 하는지 모른다고 비난하지 말아요."[15]

마틴 루터의 "의인이면서 동시에 죄인SIMUL JUSTUS ET PECCATOR"이라는 표현은 지극히 다의적인 말이다. 우선 이 말은, 스스로 죄인이라는 사실을 진심으로 받아들이는 사람은 이미 죄를 초월한 상태라는 의미가 된다. 일부 마르크스주의자도 같은 이야기를 하는데, 자본주의 사회에서 자신을 물화物化된 객체로 경험한다면 그는 이미 주체가 된 상태다. 다시 말해 오직 주체만이 그 혹은 그녀를 그런 방식으로 경험한다.

그런데 이 말은 또 다른 의미로 해석될 수 있다. 내가 부도덕하다는 사실을 인정하고 이를 공개적으로 고백하는 것으로, 그 고백을 듣는 사람도 스스로 부도덕하다는 사실을 받아들이게 하는 의미가 그것이다. 몇 해 전, "난 내가 부도덕한 인간이란 걸 알아!"라고 말한 비리 교수가 있었다. 나는 그에게 마르크스 형제Marx Brothers*식 농담으로 다음처럼 응수하고 싶은 유혹을 느꼈다. "이 사람은 자신이 부도덕한 사람이라고 말하고 그렇게 행동하지만, 속지 마세요. 그는 진짜로 부도덕한 인간입니다!" 요컨대 내가 부도덕한 사람이라는 사실을 인정하는 것은 내가 정말로 부도덕한 사람이라는 사실을 흐리게 하는 페티시가 될 수 있다. 그러므로 누군가의 자백을 듣는 사람은 그 사람에게 이렇게 물어야 한다. "당신이 정말 부도덕한 사

---

* 1930년대 인기 있었던 슬랩스틱 코미디 4형제

람이라면 나에게 그 말을 하는 이유가 무엇인가요?" 마찬가지로 지구 온난화에 대해서는 "우리가 지금 행동해야 하고 생활양식을 바꾸어야 한다면, 우리가 지금 행동해야 하고 생활양식을 바꾸어야 하는 이유가 무엇인가요?"라고 물어야 한다.

지배 이데올로기가 자본주의의 비판적 지식을 포섭하고 그 기능을 무력화하는 방법이 이것이다. 사회 질서에 대한 비판적 거리는 그 질서가 스스로를 재생산하는 매개가 된다. 오늘날 폭발적으로 증가하는 아트 비엔날레(베니스 비엔날레, 카셀 도큐멘타 등)들을 생각해보라. 이들이 추구하는 것이 글로벌 자본주의와 자본주의 상품화에 대한 저항이라고 해도, 그들의 예술 또한 자본주의적 자기 재생산의 현장에서 조직과 양식을 재생산할 뿐이다. 그런데 이러한 '비판적 자기 거리critical self-distance'가 가진 맹점은 선택의 자유가 실제적인 변화를 선택하지 못하게 하는 요소로 작용하는 사례 중 하나에 불과하다.

알렌카 주판치치가 이탈로 스베보Italo Svevo의 소설 『제노의 의식Zeno's Consciousness』을 분석한 글을 살펴보자. 그녀는[16] 원하면 언제든 담배를 끊을 수 있다는 생각, 즉 영구적으로 주어지는 자유가 실제로는 자유를 실행할 수 없도록 막는다고 주장한다. 담배를 끊을 가능성 자체가 실제로는 변화를 막을 뿐이며, 그 가능성으로 인해 담배 피우는 것을 가책 없이 받아들이게 된다. 그래서 금연의 가능성은 항상 흡연이 지속되는 원천으로 존재한다. 주판치치가 예리하게 지적한 것처럼 우리는 다음과 같은 의무가 주어지는 상황을 상상해보아야 한다. 당신은 담배를 피울 수도 있고 피우지 않을 수도 있지만, 한번 피우기 시작하면 다시는 끊을 수 없다. 이 조건에서는 매우 적은 사람만이 담배를 피우기로 결심할 것이다…. 사람들은 더 이상 변명의 위선을 이어갈 수 없는 지경에 이르면, 다음과 같은 내적 전복immanent reversal을 택한다. 즉 담배를 피우기로 결정하면서 그것이 인생의 마지막 담배라고 선언하는 것이다. 그래서 마지막 담배라는 인식에서 오는 특별한 잉여 쾌락을 합산해서 흡연을 즐긴다. 그리고 그 결심을 수없이 반복한다. 마지막 담배라는 이름으로 말이다. 이러한 내적 전환이 갖는 문제는, 그것이 작동하기 위해서는(즉 잉여적인 쾌락이 생성되기 위해서는) 마지막 담배를 선언할 때마다 그것이 마지막 담배라고 진심으로 믿어야 하고, 그러면서도 그 결심이 무너져야 한다는 점이다.

스베보 소설의 다음 장면을 살펴보자. 주인공의 상담사는 흡연이 신체적, 정신적으로 위험하다고 설득하던 전략을 바꿔, 사실은 건강에 문제가 없으니 원하는 만큼 담배를 피우라고 주장한다. 주인공이 보인 병리적 문제점은 흡연에 탐닉하고 이를 탈피하기 위해 금연에 집착한 욕망이었다. 그러므로 그가 그만두어야 했던 것은 흡연이 아니라 흡연을 멈추려는 시도 자체였다. 비슷한 상담을 받은 적 있는 독자는 쉽게 예상하겠지만, 상담사가 조언의 방식을 바꾸자 주인공은 재앙을 맞이한다. 주인공 제노는 상담사의 조언에 안도감을 느끼고 죄책감 없이 담배를 피우거나 피우지 않는 것이 아니라 완전한 혼란에 빠져 절망한다. 그는 미친 듯이 담배를 피우지만, 나르시시즘적 만족감은 얻지 못한 채 오히려 죄책감에 빠져든다. 그리고 절망 속에서 무너진다. 그가 무엇을 하든 모두 잘못된 것으로 드러나고, 금지와 허용 모두가 무의미해졌다. 그에게는 출구도 없고 즐거운 타협도 없다. 그가 집착했던 유일한 것이 흡연이었으나 그마저도 의미를 잃는다. 결국 그는 결연한 의지가 아닌 완전한 절망 속에서 *담배를 끊는다.* 출구가 나타난 것은 제노가 자신의 처지에 대한 완전한 절망을 받아들일 때였다. 이러한 양상은 급진적인 정치 변화를 열망하는 현실에도 나타난다.[17] 진정한 자유는 우리 삶의 결여, 즉 우리의 운명Fate을 결정할 무언가를 선택하도록 강요받을 때 발생한다. 정치에서도 마찬가지다. 진정한 자유는 우리의 삶 전체를 좌우할 '자유liberty'의 윤곽을 선택할 때 발생한다. 우크라이나 전쟁에 연루된 사람들은 자신들의 자유가 가질 윤곽을 만들어가고 있다. 이를 되돌릴 수는 없으며, '과거로 돌아가 다시 선택지 앞에 서는' 일은 없을 것이다….

'아니오'를 말할 자유

우리는 여기서 한 걸음 더 나아가, "하고 싶은 말은 해도 좋지만, 일은 내가 시키는 것만 해!"라는 일견 합리적인 강요도 허상이라는 사실을 알아야 한다. 관대해 보이는 합리적 언어조차 구체적인 수많은 금기를 내포하고 있기 때문이다. 때문에 자유는 단지 원하는 일을 할 수 있는 능력이 아니다. 그것은 보편성이 그 종種에 대해 갖는 자율성이다.

예를 들어 내가 디저트를 먹고 싶을 때 어떤 것을 선택할지 결정하지 못하고 망설인다면, 나는 스스로 자유롭다고 느낀다. 하지만 내가 원하는 것을 알고 그것을 선택한다면, 거기에는 자유가 없다. 나는 단지 본능이(사회적으로 매개된) 나에게 말한 것을 따랐을 뿐이다. 이러한 자율성은 보편적인 것이 구체적인 것을 통해 자신을 드러내는 '은유적 대체metaphoric substitutions'의 공간을 열어준다. 2022년 3월경 소셜 미디어를 통해 확산된 영상이 있었다. 러시아 경찰이 두 단어가 적힌(러시아어로 'два слова') 작은 종이를 든 여성을 체포하는 장면이었다. 두 단어의 뜻은 '두 단어'였고, 이는 전쟁 반대를 뜻하는 'нет войне'를 암시하는 말이었다. 그것은 러시아에서 금지된 표현이었다. 극단적인 경우, 부재(공허) 자체가 '특정한' 것이 될 수 있고, 특정한 내용을 지칭할 수 있다. 러시아 경찰은 빈 표지판을 들고 시위하는 시민도 체포했다. 수백만의 조회 수를 기록한 영상을 보면, 한 여성이 빈 표지판을 들고 사람들 사이에 서 있다가 경찰에 의해 연행된다.[18] 그 여성이 활용한 '은유적 대체'는 당시 러시아에서 무엇이 금지되어 있는지 모두가 알고 있었기 때문에 가능했다. 그것은 우크라이나와의 전쟁을 공개적으로 반대하는 일이었다.

이것은 구조가 주관화되는 또 다른 양상이다. 구조 자체에는 아무것도 없을 수 있을 뿐 아니라(우리가 원하는 곳에 없기 때문에), 없다는 것 자체가 없을 수도 있다. 주관화된 욕망의 기저에는 언제나 이중의 부재가 놓여 있다. 1939년 영화 〈니노치카Ninotchka〉에 나오는 크림 뺀 커피에 관한 농담을 생각해보자. 웨이터는 크림을 뺀 커피를 원하는 손님에게 이렇게 말한다. "죄송합니다만, 크림이 떨어졌습니다. 그래서 크림 뺀 커피 대신 우유 뺀 커피만 드릴 수 있습니다."[19] 농담을 이어가 보자. 웨이터의 설명에 손님은 어떻게 반응하는가? 그는 거절해야 한다. 왜냐하면 그가 원하는 것은 크림을 뺀 커피이기 때문이다. 그는 크림에 유혹을 느끼고 있으며, 강박적인 희생의 제스처로서 정확히 크림을 빼고 싶어 하는 것일 뿐, 우유를 빼고 싶어 하는 것은 아니다. 그래서 그가 욕망하는 대상은 크림을 뺀 커피다. 즉 커피 자체보다 크림이 없는 커피를 더 원한다. 그래서 크림 뺀 커피 대신 우유 뺀 커피를 받는다고 해도, 그가 원하는 것은 크림이 아니라 크림이 없는 상태일 것이다. 상징의 세계에서 차별성이 작용하는 방식이 이것이다. 오직 이 상징의 세계에서만 우리는 무언가를 말할 뿐 아니라, 무언가를 말하지 않는 것까지 그리워할 수 있다. 동성애자의 삶을 다룬 1980년대 BBC 드라마 〈그건 죄야It's a Sin〉에 등장하는 한 인물은 이렇게 말한다. "우리는 당신이 말하지 않는 그것이 좋아요." 그러므로 벤자민 리벳Benjamin Libet*이 수십 년 전부터 주장한 것처럼, 자유의 가장 기본적인 모습은 무언가를 하려는 자발적인 결정이 아니라 자발적인 욕구를 막는 금지NO의 형태다.[20]

위와 같은 복잡한 논의를 통해 알 수 있는 것은, 자유란 금지에 기반을 두고 있으며, 최종적으로 자신이 가장 원하는 것을 포기하는 것이 진정한 자유의 행위라는 것이다. 이디스 워튼Edith Wharton의 소설 『순수의 시대Age of Innocence』를 떠올려 보

* 미국의 심리학자, 신경과학자

자. 주인공 뉴랜드는 관습을 고수하며 메이와 결혼한다. 그리고 자신이 가장 원하는 것을 희생한다. 그런데 만일 그가 메이를 버리고 올렌스카와 함께 파리로 도망치거나, 올렌스카와의 은밀한 생활을 이어갔다면 어떻게 됐을까? 그것은 진정한 자유를 찾았다기보다는 단순히 자신의 타고난 기질에 따라 행동한 것이라고 할 수 있다. 소설의 마지막에는 나이 든 뉴랜드와 젊은 아들이 대화하는 장면이 나온다. 아들에 따르면, 어머니가 뉴랜드를 신뢰했던 이유는 그가 자신이 가장 원하는 것을 포기했기 때문이다. 이 말을 들은 뉴랜드는 메이가 세상을 떠나 눈치를 볼 필요가 없음에도 올렌스카를 만나러 가지 않는다. 뉴랜드는 메이 때문에 삶을 휘둘린 일이 있었다. 그의 애정 행각을 알고 있던 메이는 올렌스카를 찾아가 임신 사실을 언급하며 자신의 결혼을 서둘러 추진했다. 그녀와 같은 '조작'을 실행하지 않은 뉴랜드는(메이가 아니라) '순수의 시대'를 상징한다. 만일 그가 메이와 같은 방식으로 행동했다면 아내를 속이고 올렌스카와 은밀한 관계를 이어갔을 것이다.

작가 이디스 워튼은 당대의 지배적인 관습이 초래하는 억압과 그로 인해 망가지는 개인의 삶을 직시했지만, 그럼에도 불구하고 쉽게 해방을 외치지 않는다. 그녀가 형상화한 상처 입은 여성 혹은 남성 주인공들은 쉬운 길을 벗어난 곳에서 저항한다. 그들은 *자유롭기 때문이다.*[21] 그런데, 다시 질문을 던져보자. 그들은 정말 자유로운가? 그들의 자유가 단지 환상 속에서의 자아 체험일 뿐이라면 어떨까? 지금까지 우리는 사회적 범주에서의 자유, 다른 말로 사회-상징적 공간socio-symbolic space에서의 자유에 대해서만 이야기했다. 그런데 이 자유가 사실은 비개체적이고 비주체적인 신경 메커니즘에 의해 만들어지는, 인간이라는 '사용자의 착각user's illusion'이라면 어떨까? 이제 이 의문에 대해 생각할 때가 되었다.

2

자유 의지는 있는가?

철학은 그 시작점부터 자유의 문제를 논해왔다. 인간의 자유는 사물의 일반적 질서에 어떻게 부합하는가? 자연의 질서에 자유의 자리가 없다면 자유란 더 높은 존재가 인간에게 안긴 선물인가? '자유 의지'는 단지 환상적인 자아 체험일 뿐인가, 아니면 진화론으로 설명 가능한 것인가?

결정론과 변주

우리는 과학의 시대를 살고 있다. 그러니 자연과학의 지배적 관점인 결정론적 자연주의 이론부터 생각해보자. 과학적 논증의 관점에 따르면 자연에는 자유 의지의 여지가 없을 뿐 아니라 그런 생각 자체가 어불성설이다. 양자역학이 발견한 자연의 불확정성에서 자유의 공간을 찾는 것도 소망의 영역에 속할 뿐이다. 자유는 우연성에서 벗어난 자유로운 결정을 전제로 한다. 즉 그것은 자유 의지에 의한 결정론이어야 한다. 양자역학에 따르면 자유는 파동 함수의 개방성에 있는 것이 아니라 대상을 측정하는 실험자의 결정에 있다. 오히려 실험자의 결정으로 파동 함수는 붕괴된다. 양자역학에서는 우리 일상에서 일어나는 자유로운 선택을 설명하지 못한다. 그리고 이 지점에서 초결정론superdeterminism* 지지자들이 등장한다. 그들은 양자역학의 역사 전체를 괴롭혀온 '측정의 문제'**를 해결할 유일한 방법은 자연(현실)의 상호 연관성을 일반 법칙으로 받아들이는 일이라고 주장한다. 그들에 따르면 측정 과정과 측정된 현상은 동일한 현실의 일부다. 결정론적 자연주의의 관점에서 자유는 '사용자의 착각'이다. '자유'는 억압받지 않는 상태에서 하고 싶은 것을 하고 원하는 대로 행동하는 주관적 경험을 의미하지만, 이것은 결정론과 쉽게 결합될 수 있다. 즉 나는 내가 원하는 것을 하지만 내가 원하는 것은 이미 결정되어 있다.

벤자민 리벳이 행한 유명한 (그리고 타당한) 실험[1]은 대체로 자유 의지가 없다는 주장을 입증하는 근거로 알려져 있다. 예를 들어 우리가 손가락을 움직이는 등의 의식적인 결정을 하기 전에, 우리의 신경은 이미 적절한 물리적 과정을 진행하고 있다. 그렇다면 우리는 우리 자신의 의식적인 결정이 진행하는 일을 인지할 뿐이며, 그 '성취된 사실fait accompli'에 불필요

* 우주의 모든 사건이 태초에 결정되었다는 견해
** 측정과 동시에 파동 함수가 붕괴되고, 측정 결과가 관찰자의 행동으로 결정되는 등의 문제

한 승인만을 추가할 뿐이다. 그런데 이 실험의 결과는 명료하지만 그것이 무엇을 의미하는지는 명확하지 않다. 리벳 자신은 실험이 자유 의지가 부재하다는 증거라기보다는 단지 자유 의지의 수준을 조절한 것으로 해석했다. 그는 모든 과정을 멈출 수 있는 거부권이 인간의 의식에 기인하기 때문에 최소한 우리에게는 자신의 자발적인 결정을 막을 자유가 존재한다고 해석했다. 하지만 리벳을 비판하는 결정론자들의 주장처럼, 우리의 자동적인 결정을 거부할 수 있는 능력 자체가 다시 '맹목적인' 신경 과정에 의해 조건화된다면 어떨까? 그런데 더 급진적인 세 번째 주장도 존재한다. 우리가 선택하는 의식적인 결정 이전부터 이미 '자동적인' 신경 과정을 촉발한 무의식적 결정이 있었다면 어떨까?

만일 자유로운 행위가 자연법칙에 모순되지 않는다면, 즉 그 행위가 자연적으로 결정된 것으로 인정되고 심지어 더 고차원적인 수준에서 이루어지는 자유라면, 자유가 가질 수 있는 역할은 무엇인가? 자유를 구출할 수 있는 유일한 방법은 자연 과정의 더 낮은 수준에 진정한 의미의 우연성이 존재한다고 가정해야 한다. 그래서 우리의 자유로운 결정이 그 우연성의 공간에서 선택 행위를 실행해야 한다. 하지만 이 해결책은 명백히 이원론적이기 때문에 타당하지 않다. 자유로운 결정이 자연법칙의 영역과 반드시 모순되지 않는 방법(다양한 유보적인 이론들을 포함하여)을 설명하는 측면이 있다고 해도, 그 자유(우연성이 아닌 자유로운 결정으로서의 자유)가 자연에서 어떻게 발생하는지에 대해서는 설명하지 못한다.

생물 유전학의 경우에는 인간의 정신 자체를 기술적 조작
의 대상으로 축소시켰다. 따라서 하이데거가 현대 기술에 내
재된 '위험' 요소로 인식한 것에 대한 일종의 실증적 구현체인
셈이다. 여기에서 중요한 것은 인간과 자연의 상호 의존성이
다. 인간이라는 존재를 조작 가능한 하나의 자연 객체로 축소
하는 것으로, 우리가 잃는 것은 인간성뿐 아니라 자연 자체다.
이러한 의미에서 프랜시스 후쿠야마Francis Fukuyama는 옳았다.
'인간성'이란 개념 자체는 우리가 물려받고 부여받은 '인간 본
성'의 개념과 유사하다. 우리가 세상에 태어나고 던져질 때 우
리와 함께하게 된(혹은 우리가 소유하게 된) 불가해한 차원의 것
이다. 그러므로 하이데거가 '대지earth'*라고 부른 그 불가해한
자연이 있는 한에서만 인간이 존재한다는 것은 하나의 역설이
다. 게놈genome 연구를 통해 생물 유전학의 조작이 가능해지면
서, 종은 스스로를 자유롭게 변화시키고 재정의하면서 스스로
의 좌표를 바꾸고 있다. 이러한 진보는 인류를 유한한 종이 가
진 제약, 즉 '이기적 유전자'의 속박에서 효과적으로 해방시키
고 있다. 그러나 그 해방은 대가를 수반한다.

유전학 지식의 개입으로 인해 인간의 자연에 대한 지배는 인
간의 스스로에 대한 통제 행위로 전환되었다. 이는 우리의 일
반적이고 윤리적인 자기 이해를 변화시킬 수 있고, 인간의 자

---

* 하이데거는 예술 작품이 존재의 의미를 감추고 있으면
대지earth이고, 드러내 보이면 세계world가 되며, 이 둘은
투쟁한다고 밝혔다.

율적인 삶의 방식과 보편적인 도덕 이해를 위한 최소한의 요건을 망가뜨릴 수 있다.[2]

그렇다면 우리는 이러한 위협에 어떻게 대응해야 할까? 하버마스Jürgen Habermas의 논리는 다음과 같다. 과학의 결과는 인간의 자유와 자율성의 지배 담론에 위협이 되므로 과학을 제한해야 한다. 이러한 해법에 대해 우리가 지불해야 하는 대가는 과학과 윤리 사이의 페티시적 분열이다. 나는 과학이 추구하는 바를 잘 알지만, 내 자율성(혹은 그것의 외형)을 유지하기 위해서는 그것을 무시하거나 무지한 것처럼 행동해야 하기 때문이다. 그렇다면 우리는 진정한 질문에 직면할 수 없다. 이처럼 새로운 환경에서 우리는 자유와 자율성 그리고 윤리적 책임 등을 어떻게 재고할 것인가? 키르케고르적인 관점에서 우리는 다른 편에 놓인 분열도 상상해볼 수 있다.

나는 알고 있다. 내가 자유롭다면 내 행위에 책임을 져야 한다는 사실을. 하지만 나는 이 책임을 피하기 위해 과학적 결정론을 믿는 척한다. 그렇다면 나는 이렇게 말할 수 있게 된다. "나쁜 행위를 해서 미안하지만 내 책임이 아니야. 그것은 내 유전자 구조와 내 환경이 합심해서 만들어낸 일이지."

프랜시스 후쿠야마부터 빌 맥키번Bill McKibben까지 다양한 문화 비평가들이 이 점을 보다 일반적인 용어로 기술하고 있다. 그들은, 자신의 종을 재설계하고 재정의하게 한 인류의 첨단 과학기술이 앞으로 어떤 영향을 미칠지에 대해 우려를 표한다. 그들의 주장은 맥키번의 책 제목인 '그것으로 충분해 Enough'로 잘 요약된다. 즉 인간은 집단 주체로서의 한계를 설정하고 그 이상의 추가적인 '진보'를 자유로이 포기해야 한다. 맥키번은 이 한계를 경험적으로 구체화하고자 한다. 신체 증상에 대한 유전자 치료는 아직 '충분한' 영역 내에서 이루어지고 있으며, 우리가 아는 세계에서 벗어나지 않고 실행할 수 있다. 그 기술이 우리가 가진 '자연스러운' 신체에서 크게 벗어나지 않기 때문이다. 하지만 생식세포 등을 조작하는 기술은 우리가 아는 신체를 넘어선 영역에서 이루어진다.[3] 한 개인이 잉태되기 전에 개체의 정신적이고 신체적인 특성을 조작한다면 그것은 인간의 자격이라는 범주를 무너뜨리는 일이다. 그런 경우 개인은 제품이 되고 스스로를 책임 있는 주체로 경험하지 못한다. 의지와 노력을 통해 자아를 형성하고 발전시키는 과정도 무의미해진다. 그렇게 되면 성취를 통해 얻는 만족도 불가능하게 되고, 더 이상 자신을 주체적인 개인으로 인식하지 못하게 된다…. 하지만 무지한 상태는 자유가 아니다. 내가 만일 생화학적 기술이나 유전자 조작을 통해 나라는 주체를 바꿀 수 있다면, 그것을 하지 않는 것은 다른 생화학 및 유전자 요인에 나를 맡기는 것을 의미한다. 태어나지 않은 아기의 유전자를 조작하지 않는다면 아기는 자유가 아닌 우연에 내맡겨지는 것이기 때문이다.

　우리는 여기에 또 다른 관점을 추가할 수 있다. 자유는 단지 사용자의 착각이 아니고 허울뿐인 외양도 아니다. 자유는 자연이라는 기초, 혹은 토대와 관련된 외양 자체로서의 '자유'(최소한의 자율성)다. 이러한 개념을 통해 우리는 다층적 현실의 관점에 기반해서 다음과 같은 자유의 개념을 생각해볼 수 있다. 그것은 초보 물리학으로 설명할 수 있는 기본 수준부터 더 높은 개념까지 자연스럽게 나타날 수 있으며, 식물과 동물의 생태는 물론 인간의 사회적이고 정신적인 현상 모두에 해당된다.

마르크스주의 내에서 이러한 관점은 게오르그 루카치 Georg Lukacs의 후기 연구인 「사회적 존재의 존재론Ontology of social being」[4]에서 구체화되었다. 루카치적 논점의 출발점은 인간의 노동을 목적론teleology*의 기본 형태로 이해하려 한 것이다. 그에 따르면 인간은 노동을 통해 자연을 극복하고 결정론마저 초월하게 되는데, 자연적 과정이 인간의 목표를 물질적으로 실현하는 과정의 연속이기 때문이다. 아리스토텔레스나 헤겔의 이상주의는 자연 전체를 정신적 목적Telos, 目的因에 종속시키지만 유물론자인 루카치는 사회적 노동social labour**을 목적론의 핵심 영역으로 보았다. 하지만 이 영역은 자연의 작은 일부이며, 생물학적 과정을 통해 자발적으로 발생한다. 물론 이 '사회적 노동의 존재론'이 스탈린주의가 신봉한 변증법적 유물론의 한 방편으로 축소되어서는 안 되지만, 우주를 존재론적 계층 구조로 보는(물질부터 식물과 동물을 거쳐 최상층의 인간 정신

---

   * 사물의 존재나 행위에는 목적이 내재한다는 견해
  ** 노동이 세계 인식의 조건이라는 마르크스주의 개념

에 이르기까지) 거대한 진화적 관점을 형상화했다는 점에서 중요한 의미를 갖는다. 이러한 세계관은 니콜라이 하르트만Nicolai Hartmann의 존재론과 유사하며, 루카치 또한 하르트만의 사유에 공감을 표한 바 있다. 프랑스 철학자 퀑탱 메이야수Quentin Meillassoux 또한 이 함정에 빠진 듯 보인다. 그는 초월적 차원에 대한 관심을 거둠으로써 치명적인 대가를 치르고 있다. 그 대가란 하르트만 철학이 그러하듯 물리적 현실이나 생명, 사유 등과 같은 영역(혹은 단계)의 존재론, 즉 순박한 현실주의 존재론으로의 퇴행인 듯하다.

이 지점의 딜레마는 이것이다. 상위 차원의 상대적 자율성은 자연에 존재하는 실제 사실일까, 아니면 현실을 충분히 규명하지 못한 데서 비롯된 단순화된 개념화일 뿐일까? 그래서 자연을 온전히 설명하고자 하지만 상위 차원에 대해 설명하지 못하는 것일까? 대니얼 데닛Daniel Dennett은 물리적 존재론과 설계적 존재론의 이중 구조를 통해 이 교착 상태를 돌파하고자 한다. 현실을 구성하는 이 두 기본 층위를 다른 말로 하면 결정론적 물리학의 층위*와, 그보다 '더 상위'에 있는 설계적인 층위**다.[5] 이것을 단순 명료한 예를 통해 생각해보자. 여기에 무수히 많은 2차원의 격자 방이 있다. 각각의 방은 켜짐과 꺼짐이 가능하다. 혹은 가득 참과 비어 있음, 검정색과 흰색이라고 해도 좋다. 방은 여덟 개의 이웃을 가지고 있는데, 접촉면을 공

* 세상을 물리 법칙으로 보는 관점
** 세상은 이미 설계되어 있다는 관점

유하는 네 개의 방과 접촉점을 공유하는 네 개의 방이 그것이다. '우주'의 시계가 한 번 재깍 작동할 때마다 다음 규칙이 실행된다. 그 방은 이웃한 여덟 개의 방 가운데 몇 개의 방이 켜져 있는지 측정한다. 세 개가 켜져 있으면 현재 상태와 상관없이 다음 순간 켜진다. 다른 모든 조건에서는 다음 순간 꺼진다. 시계가 움직일 뿐 '개입'되는 것은 아무것도 없다. 각각의 픽셀은 이미 결정된 규칙에 따라 켜지고 꺼질 뿐이다. 그런데 한발 물러서서 더 큰 패턴을 관찰하는 순간 놀라운 일이 벌어진다. 세 개의 픽셀이 수직이나 수평으로 켜진 형태는 '점멸등'처럼 작동하고, 네 개의 픽셀이 켜진 정사각형은 그대로 멈추며, 다섯 개의 픽셀이 켜진 형태는 마치 아메바 같은 모습으로 평면 위를 '글라이더'처럼 이동한다. 그런데 다른 형태가 이 첫 번째 형태와 만나면 어떤 일이 벌어질까? 때로는 '이터'(eaters, 다른 형태를 집어삼킴) 현상이 나타나고, 때로는 기관차처럼 움직이거나 일부 형태가 사라지는 등 다양한 모습이 나타난다. 다시 말해 물리적 현실에 기반을 두면서도 자체적인 규칙을 따르는 또 다른 존재론적 층위가 나타난다.

픽셀에 물리적 측면의 움직임은 없다. 고정된 공간적 위치에 켜짐과 꺼짐만 나타날 뿐이다. (…) 하지만 설계의 측면에서는 객체의 움직임이 발생한다. 각기 다른 픽셀로 만들어진 같은 형태의 글라이더가 동남쪽으로 이동한다. (…) 이동하면서 모양이 바뀌고, 이터가 다른 형태를 집어삼키면 글라이더의 개수는 줄어든다. (…) 각각의 원자(픽셀)는 켜짐과 꺼짐을 반복하며 생성과 소멸을 거듭하지만, 그러한 변화는 축적되지 않는다. 이후 과정에 영향을 미칠 어떤 역사도 준비하지 못한다. 하지만 광범위한 구조의 측면에서 바라보면, 그것은 손상을 입고 스스로 복구하기도 하며, 신체를 잃었다가 회복하기도 한다. 그리고 이후 과정에 영향을 미칠 수도 있다.[6]

이 이중 구조는 현대 철학의 여러 이원론을 환기시킨다. 비트겐슈타인의 『논리철학논고Tractatus』에 나타난 사물(객체)과 그 사물에서 일어나는 일('was der Fall ist')의 대립이 그렇고, 들뢰즈가 주장한 존재being와 생성flux of becoming 사이의 대립이 그러하며, 알렉시우스 마이농Alexis Meinong의 '객관적 현실'과 '의도에 호응하는 객관desideratum'의 대립이 그러하다.

우리 일상에도 이와 비슷한 예가 많다. 예를 들면 전기 광고판에 나타나는 메시지들은 마치 '오른쪽에서 왼쪽으로' 흐르는 것처럼 보이지만, 사실은 고정된 전구들의 빛이 점멸하는 것일 뿐이다. 사막에 폭풍이 이는 모습을 보면 모래산의 '동일한' 형태가 '이동'하는 것처럼 보이지만, 사실은 개별 입자들이 짧은 범위 안에서 움직이며 위치를 바꾸는 것일 뿐이다. 따라서 우리는 물리적 측면을 탐구하는 데 신경쓰기보다 설계적인 측면에서 거시적 형태를 예측하는 연구에 몰두하는 편이 낫다. 예컨대 어떤 글라이더가 다른 글라이더에게 '잡아먹히지' 않도록 픽셀을 어떻게 구조화할 것인지 등을 말이다. 게임*을 더 복잡하게 진척시키면 인간의 관점에서 '의도적'이라고 설명할 수 있는 움직임 패턴들이 나타난다. 일부 글라이더는 '잡아먹

히거나' 소멸을 '회피하는' 모습을 보인다.

이 작은 픽셀들이 무언가를 '알고' 회피한다는 것은 상당한 정
도의 시적 허용**이 작용한다는 뜻이다. (…) 하지만 그것은
여전히 픽셀 안에 주입된 설계의 측면을 추적할 유용한 수단
이기도 하다. (…) 픽셀들이 마치 무언가를 '알고' 있거나 '믿
고' 있어서 어떤 목적을 달성하고 싶어 하는 것처럼 말하게 되
는 것은, 앞에서 언급했듯 단순한 '설계'의 입장에서 '의도를
투영하는' 입장으로 나아가는 것을 의미한다. 그렇다면 우리
는 픽셀들이 더 높은 수준인 추상적 사유의 단계로 진입한 것
이라고 가정해볼 수도 있다. 이 경우 우리는 그들 각자가 스스
로 '믿고' '원하는' 정보를 어떻게 다루는지, 그리고 그 정보를
통해 어떤 판단을 내릴지에 대해 세세히 고민하지 않고도 더
높은 수준의 추상적 층위에서 그들을 이해할 수 있게 된다. 우
리는 어느 경우에든 그들이 합리적인 행동을 한다고 가정하
기만 하면 된다. 즉 그들이 자신의 정보와 욕구를 바탕으로 다
음 행위를 취한다고 가정하는 것이다. 그렇게 된다면 상층위
의 설계자들에게 주어지는 수고는 크게 덜어지게 된다. 그것
은 마치 우리가 친구와 이웃(그리고 적)을 의도가 투영된 시스
템으로 규정하여 삶을 더 용이하게 만드는 것과도 같다.[7]

* 영국 수학자 콘웨이John Horton Conway는 이를 '생명 게
  임Game of Life'이라고 불렀다.
** 규칙에 어긋나는 시적 표현

이 '마치as if' 접근법이 모델로 삼는 것은 당연히 다윈의 진화론이다. 진화론에 따르면 모든 유기체는 '마치' 생존을 열망하는 듯 행위하고, '마치' 최고의 신체와 전략을 선택하여 발전을 추구하는 듯 행동한다. 하지만 실제로 그 과정은 순전히 기계적이고 무의미하다. 오늘날 유행하는 '밈memes'을 생각해보자. 의도가 투영된 하나의 관점이라는 점에서 밈은 데닛이 사용한 정확한 의미와 상통한다. 우리는 밈이 인간을 이용해 스스로를 재생산한다고 주장하기도 한다. 그런데 이러한 생각은 문화에 대한 기초 수준의 자연주의적 관점이 아니라, 문화의 발전이 '마치' 의도가 투영된 현상인 것처럼 이해하는 방식이다. '규제적 이념regulative idea'*이 연상되지 않는가? 현실을 있는 그대로 묘사하는 것이 아니라 '마치' 그러한 것처럼 서술하여 결코 온전히 증명될 수 없는 대상을 목적론으로 상정하는 방식 아닌가? 다마지오Antonio Damasio가 페티시스트들의 변명 공식(나도 알아요, 하지만…)에 의거한 논지를 펼치는 것도 그리 놀라운 일은 아니다.

생명체가 창조적인 지능을 갖기 훨씬 이전부터, 심지어 뇌를 갖기 이전부터, 자연은 마치 생명체가 소중하고 위태로운 존재인 듯 대하기로 결정한 것 같다. 우리는 자연이 설계에 따라 작동하지 않으며, 예술가나 엔지니어의 방식으로 결정되지도

---

* 신神처럼, 있다고 상정되는 존재를 지칭하는 칸트의 용어다.

않는다는 사실을 알고 있다. 하지만 이러한 가정은 세상의 핵심을 꿰뚫는다.[8]

다윈의 진화론은 반목적론적anti-teleological 사유의 대표격인 이론이다. 그래서 수수께끼가 지워지지 않는다. 다윈주의자들은 왜 자신의 이론을 주장하기 위해 스스로 거부하는 바로 그 이데올로기적 가정에 의지하는가? 우리는 지금 '가정된' 지식, 그러니까 라캉이 주장한 '알고 있다고 가정된 주체'의 한 버전과 마주하고 있다. 하지만 다윈주의가 위대한 것은 목적이 투영된 행위의 현상이 무의미한 기계적 과정 속에 어떻게 나타날 수 있는지 정확히 설명했다는 점이다. 그에 반해 데닛은 이 차원에 대한 설명이 부족하며, 이러한 결핍은 다소 아이러니한 결과를 초래한다. 데닛은 자연에 내재된 '의도가 투영된 관점'을 인식하기 위해서는(예를 들면 위협을 회피하는 등) 느리게 전개되는 자연의 움직임을 가속해야 한다고 주장했다. 회피나 예방처럼 자연에 존재하는 수많은 '의도가 투영된 관점'들은 진행이 너무 느려 상상 속에서 인위적으로 속도를 높이지 않는 한 인식하기 어렵기 때문이라고 했다.[9] 하지만 그런 식이라면 가톨릭 낙태 반대 영화 〈소리 없는 비명The Silent Scream〉이 사용한 영상 조작 기법도 이와 다를 바 없다. 이 영화는 낙태 시술 과정에서 태아가 분쇄되어 흡출되는 장면을 빠르게 재생하여 태아가 마치 칼날을 피해 절박하게 발버둥치는 것처럼 보이게 했다.

데닛이 주장한 이중 존재론의 문제를 생각해보자. 그의 존재론은 정말로 '근본적인' 해결책이 될 수 있는가? 정말로 그렇다면 동기를 품고 있는 '목적론적' 인과율, 즉 어떤 목표를 달성하기 위해 노력하는 일은 단지 부수적인 사건에 불과한가? 물리학 이론으로 완전히 설명될 수 있는 자연 결정론적 과정에 대한 정신적 위안일 뿐인가? 아니면 그러한 '목적론적' 인과율이 실제로 자체적인 힘을 가지고 있어서 물리적 인과율의 빈틈을 메우기도 하는가? 기계적 유물론 입장에서는 생명이나 정신처럼 '고등' 형태의 자연적 상호작용을 최소 단위까지 추적한다면 무한한 빈 공간에서 움직이는 원자적 개체의 다양성을 마주할 것이라고 보았다. 그래서 만일 그 움직임을 자세히 규명할 수 있다면 세계의 모든 것을 설명할 수 있을 것으로 여겼다. 하지만 20세기 물리학은 이 최소 수준zero-level을 우리가 아는 현실이 아닌, 환원이 불가능한 우연성으로, 혹은 예측이 불가능하고 훨씬 혼란스러운 양자 파동의 원형적 형태로 이해하고 있다. (양자의 원형적 현실과 우리가 살아가는 상징적 세계 사이의 뜻하지 않은 유사성에 대해 나는 인간의 정신, 즉 상징적 세계에서 '억압된' 양자 현실이 실제의 세계로 되돌아온다고 생각한 적이 있다.)

자연에 부정성이 존재하는가? 현실에 존재하는 이 거대한 세계가 완전무결한 진리가 아니라는 점에서는 부정성이 작용할 수 있겠지만, 의식적으로 성찰하지 않는 자연은 의도적인 부정성을 나타내지 않는다. 사르트르는 이를 자신의 소설 『구토Nausea』[10]를 통해 형상화했다. 주인공이 자연의 물체들을 유난히 받아들이지 못하고 혐오스럽게 느끼는 것은 자연 자체 때문이 아니다. 그것은 주관성이 자연에 투영한 일종의 거올 이미지다. 즉 그는 자연을 그 자신이 반영된 모습으로 바라보는 것이다. 양자 물리학이 주는 교훈도 입자가 운동하는 기계적 현실 이전에 무언가가 있다는 점이다. 그것은 어떤 의미에서는 존재 이전 상태인 파동의 진동이다. 이 파동들은 우리가 살고 있는 현실로 '붕괴'되며, 양자 물리학 이론에서 이 파동들은 공허의 한 형태로 간주된다. 이를 종합해본다면 자연에는 기계적 단계에서 유기적 단계로, 나아가 영적인 단계로 점진적인 계층화를 이루기에 앞서 이 모든 것을 보완하는 더 근본적인 단계가 있어야 한다.

과거를 재구성하기

보편적인 자연법칙의 영역이 직접적으로 제한되면서 자유의 여지가 생겨나기도 한다. 자연의 질서 자체가 스스로 잠시 멈추는 예외적인 사건(특이점이나 빅뱅 등)이 있거나, 자연의 영역과 근본적으로 다른 영역(영혼이나 인간의 정신)이 존재한다고 상정하는 경우에 그렇다. 이것은 가톨릭 신자들이 진화론과 타협하는 방법 가운데 하나다. 진화론은 지구상에 생명이 생존해온 과정을 설명할 수 있지만, 신이 인간에게 직접 부여한 영혼의 출현은 설명할 수 없다는 것이다. 이처럼 자유를 자연법칙의 예외로 설정하는 방식과 대척점에 있는 개념은, 비록 예외나 외부를 설정하지 않더라도 자연 자체가 '완전하지 않다'는 관점이다. 자연은 일관되지 않으며, 다양한 인과적 네트워크로 구성되어 있다. 불완전한 인과적 연쇄가 중첩되는 다중성 속에서, 주체는 완전한 자유의 공간을 얻는다기보다 자신의 생각을 표출할 인과적 연결을 선택하거나 결정할 수 있다. 그런데 우리는 이 주제를 얼마나 더 깊이 파고들어야 할까? 이러한 역행적 인과성*도 사실은 상징적 질서의 영역에서 작동하는 것이 아닐까? 우리의 자유로운 행위가 단순히 인과의 사슬 밖에서 일어나는 것이 아니라 인과의 틈새에서 발생한다면, 우리의 행위는 과거를 바꾸는 일이 된다. 엘리엇Thomas Stearns Eliot의 이야기를 들어보자.

새로운 예술 작품이 창조되는 순간, 이전에 만들어진 모든 예술 작품이 그 영향을 받는다. 기존의 예술 작품들은 저마다 이상적인 질서를 형성하고 있었지만, 여기에 새로운(정말로 새롭다면) 예술 작품이 틈입하면서 그 질서는 변하게 된다. 새로운 작품이 도착하기 전까지 기성의 질서는 완벽하다. 하지만 새로운 예술이 등장한 후에도 질서가 유지되려면 기성의 전체 질서가 미세하게라도 변해야 한다. 각 예술 작품이 전체를 통해 드러나는 관계와 비율과 가치가 다시 조정되기 때문이다. 이것이 기성의 예술과 새로운 예술이 갖게 되는 조화다. (…) 과거는 현재에 의해 변화되며, 현재는 과거에 의해 이끌려 간다.[11]

---

* 지금의 분석으로 과거부터의 역사를 규명하고자 한다는 의미에서.

셰익스피어의 경우를 생각해보자. 오늘날 훌륭하게 재해석된 무대 위 〈햄릿〉은 단순히 새로운 해석일 뿐 아니라 원작의 빈틈을 메우는 작품이기도 하다. 작품을 쓸 당시의 작가가 미처 생각지 못한 요소도 있을 것이며, 서로 상응하지 않는 장면은 여전히 미래를 향해 열려 있을지도 모른다. 다윈이 진화론이라는 도전을 세상에 내놓았을 때 기독교계의 우스꽝스러운 반응을 떠올려보는 것도 좋을 것이다. 당시의 한 인물은 성경과 진화론 사이에서 어처구니없는 중재안을 마련했다. 그는 성경이 문자 그대로 진실이고 세상은 기원전 4,000년경에 창조되었다고 믿었다. 그렇다면 그는 고대 화석을 어떻게 설명해야 했을까? 그는 하느님이 화석 형태를 직접 만들어두었다고 주장했다. 인류에게 오래된 우주에서 살고 있다는 그릇된 인식을 심어주기 위해서 말이다. 요컨대 하느님이 우주를 창조하실 때 그 상상 속의 과거를 함께 창조하셨다는 것이다.

칸트 이후의 초월주의도 객관적 과학의 도전에 비슷한 방식으로 응대한다. 성경을 문자 그대로 믿는 이들은 하느님이 인간을 시험하고 창조를 부정하는 유혹에 빠뜨리기 위해 화석을 만들었다고 주장했다. 반면 칸트 이후의 초월주의자들은 우리가 독립적으로 살아가는 객관적 현실을 '순진한' 이들을 유혹하는 함정으로 여겼다. 그리고 현실이 어떻게 초월적인 것으로 이루어져 있는지 꿰뚫어 볼 것을 촉구했다. 그럼에도 불구하고 우리는 기독교적 해법이 (과학적으로는 무의미하다고 할지라도) 암묵적으로 필요한 이데올로기를 제시한다는 측면에서 일말의 진실을 내포하고 있다고 생각해볼 수 있다. 모든 이데올로기는 사실상 적극적으로 화석을 만들지 않는가? 다시 말해 현재에 맞는 상상의 과거를 창조하지 않는가?

정치 영역도 마찬가지다. 1953년, 중국 총리 저우언라이周恩來는 한국전쟁 종결을 논의하는 평화 협정을 위해 제네바에 머물고 있었다. 어느 프랑스 기자가 그에게 프랑스 혁명에 대해 어떻게 생각하느냐고 물었다. 저우언라이는 "아직 판단하기에 이르다"고 답했다. 어떤 면에서 그의 말은 옳았다. 1990년대 후반에 동유럽의 '인민 민주주의'들이 붕괴하면서 프랑스 혁명의 역사적 의미를 놓고 다시 논쟁이 벌어졌기 때문이다. 자유주의를 택한 수정주의자들은 1989년에 공산주의가 붕괴한 것은 매우 적확한 시대상의 반영이라고 주장했다. 그것은 1789년 프랑스 혁명에서 시작된 한 시대의 종말을 의미하며, 자코뱅당Jacobins*과 함께 등장한 혁명 모델의 최종적인 실패였다고 평가한 것이다. 오늘날에도 과거를 둘러싼 전쟁은 계속되고 있다. 만일 새로운 급진적 해방 정치의 시대가 도래한다면, 프랑스 혁명은 그저 역사의 교착 상태로 남지 않았을 것이다.

모든 역사의 국면에서 현재는 현재일 뿐 아니라 내재된 과거에 대한 관점을 포함하고 있다. 예를 들면 1991년에 소련이 붕괴하자 10월 혁명**은 더 이상 역사적인 사건이 될 수 없었다. 즉 승리한 측인 자유주의와 자본주의 관점에서 그것은 더 이상 인류 역사에 나타난 진보의 시대적 현현이 아니라,

---

* 프랑스 혁명을 이끌었던 급진파
** 1917년의 프롤레타리아 혁명

1991년에 종결된 역사적 재앙의 시발점일 뿐이다. 다른 예로, 레닌에서 스탈린으로 이어진 권력의 흐름을 살펴보자. 스탈린주의가 등장한 이후 레닌의 시대는 의미가 변한다. 이 역시 뒤에 일어난 일이 앞선 역사를 바꾼 예가 된다. 스탈린 정권은 어떤 일은 레닌 통치의 필연적인 결과라고 주장하고, 다른 일은 레닌과의 급진적인 단절을 이루었다고 강조한다. 하지만 레닌을 스탈린의 그림자로부터 정말 '해방'시키고자 한다면, 두 극단(레닌을 계승한 스탈린과 레닌과의 연속성이 단절된 스탈린)을 모두 피하고 스탈린의 거대한 그림자를 떨쳐낸 채, 오로지 레닌의 시대 그 자체로 바라보아야 한다. 그 시대가 드러냈던 모든 어둡고 혼란스러운 양상을 포함해서 말이다. 당시의 시대 분위기는 동시대 소설가 플라토노프Andrei Platonov의 소설 『체벤구르Chevengur』와 『구덩이Foundation Pit』에 잘 형상화되어 있다.

이에 대한 반론도 제기될 수 있다. 내 결정에 영향을 미친 원인에 대한 소급적 결정은 상징적 네트워크에 국한된다는 주장이 그것이다. 내가 '바꾸는 과거'는 오직 상징적 공간 내의 일일 뿐이어서, 과거는 그대로 있지만 내가 그것을 다른 맥락으로 체계화하거나, 과거의 사건을 일어나지 않은 것으로 간주한다는 것이다. 〈섹스 앤 더 시티Sex and the City〉가 진지한 메시지를 전하는 드라마는 아니지만, 첫 시즌에 재미있는 에피소드가 하나 나온다. 사만다는 샬롯의 아파트에 머물고 있다. 그러던 중 샬롯 몰래 젊은 남자를 집에 들여 하룻밤을 보낸다. 그날 밤, 복도에서 옷을 반쯤 걸친 젊은 남자와 마주친 샬롯은 이렇게 말한다. "지금 화장실에 가고 있는데, 내가 나왔을 때 당신은 이곳에 없을 거예요. 우리는 이 일에 대해 결코 이야기하지 않을 겁니다!" 이 장면은 무언가를 없던 일로 '취소'*하는 합의가 어떻게 이루어지는지를 잘 보여주는 사례다. 당신은 그저 타인과 함께 무엇인가가 일어나지 않은 것처럼 행동하기로 결정하면 된다. 뜻밖에도 루이 알튀세르Louis Althusser가 1980년의 후기 논문에서 중층결정overdetermination과 과소결정underdetermination이라는 단어를 언급하며 이 주제와 상통하는 이야기를 한 바 있다.

물론 사회적 결정 안에는 '가능성'이 포함되어 있다. 사회적 결정은 여러 다양한 방식을 통해 만들어지기 때문에 곳곳에 간극과 공백과 여백이 생겨난다. 주체는 그 공간 속에서 사회적 제약을 받으며, 자신의 행위를 결정하기도 하고 결정하지 않기도 한다. 하지만 결정하지 않는 것도 결국은 결정의 한 선택이자 결정의 부차적인 행위가 된다. 내가 중층결정뿐만 아니라 과소결정이라고 부른 것은 바로 이런 상황을 말한다.[12]

그런데 그는 영리하게도 몇 페이지 뒤에서 이 '선택의 자유'를 '호명interpellation'이라는 단어로 명명하고 그 의미를, 체제 안에서 상징적 정체성을 받아들이는 행위로 제한했다.

---

* 프로이트의 방어기제 가운데 하나로 강박적인 손 씻기 등이 이에 해당한다.

개인을 주체로 호명하는 것은 그 사람을 이데올로기 내의 주체로 만드는 과정이다. 그것은 단일한 이데올로기가 아닌 다양한 이데올로기에 의해 동시다발적으로 이루어진다. 개인은 이러한 이데올로기들 속에서 자신의 삶을 영위한다. 이 이데올로기들은 가족과 직장, 친족, 친구, 동료와 친밀한 관계로 연결된 지역사회의 영향을 받을 수도 있지만, 더 넓은 의미에서는 '지역'이나 '국가' 범위의 체제일 수도 있다. 그것은 대체로 과거로부터 전수되고 전통을 통해 재생산된다. 그 결과, 주체가 빠져드는 다중적인 호명의 공간이 생겨난다. 그리고 모순된 역할이자 공간인 그 영역에서 개별적인 주체의 '자유'가 생겨난다. 이때 주체는 서로 다른 종류와 수준의 수많은 이데올로기로부터 호명을 받는다. 이러한 중층성 속에서 주체라고 불리는 개체들은 각자의 입장을 '자유로이' 전개한다. 따라서 개인은 다양한 선택지 속에서 '운신의 여지'를 갖게 된다. 그 과정에서 '발전'할 수 있고, '선택'할 수 있으며, 자신의 행보를 결정할 수도 있다. 비록 이 결정은 개체 스스로의 선택이지만 중층적인 호명의 작용 가운데서 이루어진다…. 따라서 이데올로기적 국가 장치ISA 이론은 피상적인 결정론 이론과는 매우 다른 위치를 점한다.[13]

하지만 주체의 자유가 단지 다중적(심지어 상충하는) 호명에서만 비롯된다고 보는 것은 타당하지 않다. 상징적 정체성을 부여받는 호명되는 주체 앞에는 반드시 호명받지 않은 제로 상태의 주체가 존재해야 하기 때문이다. 이론을 설명하는 것보다 그가 제시한 호명의 예를 살펴보는 것이 이해가 빠를 수 있다. 한 사람이 무심코 길을 걷고 있다. 그때 갑자기 경찰이 그를 부른다. "이봐요, 거기!" 그는 걸음을 멈추고 경찰을 돌아보며 부름에 응답한다. 이때 그는 자신을 이데올로기라고 불리는 대타자(혹은 주체) 권력의 한 주체로 인식하고 자신을 그에 맞게 구성한다.

　내가 호명 혹은 부름이라고 명명한 매우 정확한 작용을 통해 개인은 주체로 '변형'된다. 이것은 일상에서도 흔히 벌어지는데, 경찰(혹은 누구라도)이 "이봐요, 거기!" 하고 부르는 행위에도 그런 일이 벌어진다.

　내가 꾸민 이론 속 장면이 실제로 길거리에서 벌어진다고 가정해보자. 경찰이 부르는 소리를 들은 그는 뒤를 돌아볼 것이다. 그저 몸을 180도 돌리는 행위만으로 그는 주체가 된다. 왜냐하면 그 부름이 '진짜로' 자신을 향한 것이며, 그 부름에 부합하는 사람이 '다른 누구도 아닌 자기 자신'이라는 것을 인식했기 때문이다. 경험한 바에 따르면, 이러한 호명 행위가 이루어질 때 대상자가 이를 외면하는 경우는 거의 없다. 말로 부르든 휘파람이든 호명된 사람은 늘 그 호명이 자신을 향한 것임을 안다. 그런데 이것은 매우 이상한 현상이며, 단순히 '죄책감'만으로 설명되지 않는다. 비록 많은 사람이 '양심에 거리끼는 일을 하며 살지만' 말이다.

　상상의 장면을 '간단명료'하게 설명하기 위해 나는 사건을 시간 순서로 이야기했다. 즉 사건의 전후가 있고 시간의 연속성이 제시되었다. 요컨대 한 사람이 길을 걷고 있다. 어디선가 자신을 부르는 소리가 들린다. 대체로 등뒤에서다. "이봐요, 거기!" 그 사람은 그 부름이 자신을 향한 것이라고 믿거나, 의심하거나, 알고 있다. 즉 '정말로 자신이' 그 부름의 대상이라는 것을 인식한다. 그런데 이러한 일련의 장면은 사실 시간적인 순서 없이 일어난다. 이데올로기의 존재와 개인이 주체로 불리는, 즉 호명되는 사건은 동일한 것이다.[14]

위 인용문에서 가장 주목할 부분은 "편지는 항상 목적지에 도착한다"*는 라캉의 해석을 알튀세르가 암묵적으로 언급하고 있다는 점이다. 호명이라는 이름의 편지는 '시간을 초월한' 특성을 지녔으며, 애초부터 수신자의 인식과 수용을 통해서만 편지로 구성되기 때문에 수신자에게 도착하지 않을 수 없다. 그런데 인용된 문장에서 중요한 요소는 사건 안에서 작용하는 이중 부정이다. 즉 알튀세르는 '죄책감'으로 인한 인과적 해석의 가능성을 부정하고, 해석 과정에 개입되는 시간성을 부정하고 있다. 엄밀히 말해서 개인은 주체가 '되는' 것이 아니라 '항상, 이미' 주체다.[15] 이 이중의 부정은 프로이트식 부정Freudian denial**으로 이해할 수 있다. 호명이 지닌 '시간을 초월한' 특성을 우리가 체감할 수 없는 것은, 알튀세르가 '간단

* 에드거 앨런 포의 소설 『도둑맞은 편지』에 대한 라캉 해석의 핵심이다. '편지'는 부재한 채 표류하는 기표를 상징한다.
** 명백한 사실을 거부하는 방어기제의 하나

명료한' 설명을 위해 앞에서 상상한 장면보다 훨씬 복잡한 무시간적 연속성 속에 놓여 있기 때문이다. 이 억압된 연속성은 칸트가 말한 온전히 형식적이면서도 '병적이지 않은' '죄책감'으로서의 인간 본성에 관여한다. 바로 그 때문에 '양심에 거리낄 것 없는' 사람에게 더욱 강력하게 작용한다. 즉 경찰이 "이봐요, 거기!" 하고 부를 때 반응하는 이들의 생각은 무엇일까? 다음의 두 요소가 뒤섞인 일관성 없는 반응일 것이다. (1) 왜 날 불렀지? 나한테 무슨 볼일이 있을까? 난 지은 죄가 없고, 그냥 내 일을 하고 다녔을 뿐인데…. 그런데 무죄를 항변하는 이 혼돈 속에는 언제나 (2) 카프카적인 '모호한' 죄책감이 수반된다. 권력의 관점에서 나는 무언가 선천적으로 엄청난 죄를 지었다는 느낌이 들지만, 정확히 무슨 죄를 지었는지 알 수 없다. 내가 무슨 죄를 지었는지 모른다는 바로 그 사실 때문에 나는 더욱 큰 죄책감에 빠져든다. 혹은 결정적으로 그 무지함 속에 나의 진정한 죄가 있다고도 할 수 있다.[16]

여기서 우리는 주체가 라캉적 구조 속에 놓이는 모습을 본다. 무죄와 추상적이고 불확정적 죄책감 사이에서 분열된 주체는 타자가 외치는 불투명한 호명("이봐요, 거기!")에 직면한다. 그러나 주체는 이 호명 앞에서 타자가 자신에게 실제로 무엇을 원하는지("Che vuoi?") 명확히 알 수 없다. 여기서 우리가 마주하는 것은 동일화 이전의 호명이다. 타자의 호명 앞에서 자신을 '항상, 이미' 주체로 구성하는 인식을 하기 이전에 우리는 무죄와 불확정적 죄책감이 일치하는 이 '시간을 초월한' 교착 상태의 순간을 인정해야만 한다. 내가 상징 세계의 의무를 받아들이고 자신을 권력의 주체로 인식하게 되는 이데올로기적 동일화는 오직 이 교착 상태에 대한 응답을 통해 이루어진다. 그래서 알튀세르의 호명 이론에서 '생각되지 않은' 채로 남아 있는 것은 이데올로기적 인식이나 주체적 동일화 이전에 남아 있는 음란하고 불투명한 중간 단계. 이것은 주체가 상징적 정체성을 획득하기 위해, 다시 말해 주체화의 몸짓을 마무리하기 위해 반드시 보이지 않게 되어야 하는 일종의 사라지는 매개자다. 요컨대 알튀세르가 '생각하지 않은' 것은 주체화의 몸짓에 앞서 존재하는 불가사의한 주체의 존재다. 이 간극은 호명이 부여하는 정체성을 흔드는 히스테리적인hysterical* 질문 "내가 왜 당신이 말하는 그 사람이 되어야 하죠?"와 관계된다.

욕망은 히스테리적이고 환유적metonymic**이며, 욕망의 이면이나 욕망 사이의 간극을 지향한다. 그렇다면 '자신의 욕망을 포기하지 않는 것'이란, 특정 대상을 기꺼이 포기하고('배신') 다른 대상으로 넘어갈 준비가 되어 있다는 뜻이다. 왜냐하면 어떤 구체적인 대상도 '그것'이 아니기 때문이다. 라캉이 그의 세미나 '앙코르Encore'에서 언급했듯, "나는 당신에게 부탁합니다. 내가 요구하는 것을 거부해달라고. 왜냐하면 그것은 '그것'이 아니기 때문이죠."(*"Je te demande de refuser ce que je t'offre parce que c'est pas ça"*, 1972년 2월 9일 세션) 일상의 경험을

---

* 라캉은 히스테리를 타인의 욕망에 나를 맞추려는 신경증으로 정의했다. 그 과정에 감정 기복이 심해진다.
** 대상을 다른 유사한 단어로 대체하는 수사법

생각해보자. 내가 누군가에게 화를 낸다고 하자. 그 분노는 어떤 사소한 일에서 촉발된다. 그런데 내가 화를 내는 그 사람이 내 불만이 불합리하다는 점을 완벽하고 합리적으로 설득한다면? 그때 나는 오히려 실망하고 더 크게 화를 폭발시킨다. 마치 누군가에게 농락당한 것처럼. 정치 영역도 마찬가지다. 대규모 시위대가 구체적인 요구사항을 내세울 때, 그 요구는 실제로 기존 체제에서 누적된 훨씬 깊은 불만의 표출이다. 권력자들이 그 요구를 현명하게 받아들인다고 해도, 시위자들은 "이것은 '그것'이 아니야"라며 요구를 멈추지 않을 것이다.

초월론을 넘어서

그런데 우리는 상징 세계의 소급 작용과 그 속에 틈입한 불만스러운 모습들을 쉽게 거부할 수 있을까? 아니면 라캉처럼 "c'est comme ça(세상은 원래 그래)"라는 말을 'sekomsa'*로 축약해 부르며 기꺼이 현실을 인정해야 할까? 우리가 받아들여야 할 것은, 현실은 결코 우리에게 직접 주어지지 않고 일정한 상징 틀을 통해 다가온다는 사실이다. 과학을 통해 현실을 규명하는 일도 마찬가지다. 그렇다면 우리가 자유롭고 책임 있는 존재로 스스로를 인식하는 일은 단순히 필요불가결한 환상이 아니라 모든 과학적 지식의 선결 조건이 된다. 설사 그 지식

* 앞의 말을 줄인 표현

의 내용이 결정론에 근접해 있다고 해도 말이다. 그래서 자유 의지의 부정은 과학의 파괴라고 주장한 이들을 비판하며 자유 의지를 비과학적 허구로 치부한 자비네 호젠펠더Sabine Hossen-felder는 비판자들의 핵심 요지를 놓치고 있는 것이다. 그 핵심 은 마이클 에그너Michael Egner의 아래와 같은 비판에 잘 정리되어 있다.

> 자유 의지가 작동하는 현실을 부정하는 호젠펠더의 입장은 옳지 않다. 자유 의지를 부정하는 입장에서 그녀가 초결정론을 부정하는 물리학자들을 비판하는 것은 타당하다고 생각한다. 하지만 자유 의지를 부정하는 것은 이론물리학 문제와 상관없이 자기 모순적이다. 자유 의지는 모든 과학과 이성은 물론 진리를 추구하는 모든 연구의 전제 조건이다. 앞에서 언급한 것처럼, 만일 자유 의지가 실재하지 않는다면 현실에서 분투하는 우리의 모든 행위는 자연법칙에 의해 결정되는데, 자연법칙은 명제가 아니므로* 진리의 가치를 갖지 못한다. 따라서 자유 의지가 실재하지 않는다면 인간의 사유는 진리에 접근할 수 없다. 자유 의지를 부정하는 것은 오히려 그것을 주장하는 일이며, 어떤 근거로도 자유 의지를 부정하는 것은 무의미한 일이다. 만일 우리에게 자유 의지가 없다면 자유 의지가 없다고 믿을 이유조차 존재할 수 없다.[17]

* 참이나 거짓으로 판별될 수 없다는 뜻

지금 우리는 흔히 실용적 모순이라는 말로 논의되는 문제를 이야기하고 있다. 과학계에서 이루어지는 모든 연구는 인간을 합리적 논증으로 자유롭게 사고하는 존재로 상정한다. 때문에 인간은 논증을 통해 설득될 수 있으며, 심지어 가장 실증적이고 환원주의적인 과학조차도 본질적으로 규범적인 활동이다. 이 모든 것이 우리가 어떤 사실을 진리로 받아들이도록 설득하는 노력이다. 그래서 우리가 누군가를 설득해서 자유 의지가 없다는 것을 인정하도록 한다면, 그의 대답은 이런 식일 것이다. "좋아, 나는 설득됐어. 나한테 자유 의지가 없다는 사실을 자유롭게 인정하겠어."

우리는 현실을 이해할 때 언제나 초월적 지평에 의존해야 한다. '초월적'이라는 말은 철학자들이 사용하는 기술적인 용어로, 현실의 존재 방식을 정의하는 틀을 말한다. 예를 들어 과학을 연구하는 자연주의자에게는 자연법칙으로 움직이는 시공간의 물질 현상만이 실재한다는 믿음이고, 전근대적 전통주의자에게는 영혼이나 의미조차도 인간의 투사물이 아닌 세계의 일부로 간주하는 믿음이다. 우리가 살아가는 상징적 우주는 '초월적'이다. 그것은 우리가 세계를 이해하는 방식의 틀 자체이며, 그렇기 때문에 세계를 구성하는 하나의 객체에 머물 수 없다. 이것이 객체를 떠받드는 존재론이 잘못 이해하는 부분이다. 그들은 주체가 세계의 중심이 아니라 세계의 객체 중 하나이기 때문에 주체는 현실 전체를 초월적으로 구성할 수 없다고 주장한다. 하지만 이미 칸트를 통해 알게 된 것처럼, '초월적'이라는 말은 세계에 접근하는 인간의 방식에 근본적인 한계가 있다는 사실을 포함한다. 우리는 세계 속의 수많은 객체 중 하나이기 때문에 현실을(우리 자신을 포함하여) '객관적으로' 관찰할 수 없다. 즉 우리의 현실 접근 방식은 우리 자신의 특정 관점에 국한된다.

이런 의미에서 상징적 매트릭스symbolic Matrix 바깥에는 아무것도 존재하지 않는다. 왜냐하면 우리(주체)는 *우리 자신을 벗어날 수 없으며*, 스스로에게서 떨어져 자신이 보는 것과 '물 자체'*에 속한 것을 명확히 구분할 수도 없기 때문이다. '초월성'이라는 것은 주체의 우월성을 나타내는 것이 아니라 오히려 주체의 한계를 보여준다. 우리가 경험하고 상호작용하는 모든 것은, 하이데거의 표현을 빌린다면, 우리가 '던져진thrown' 의미 지평이나 상징 공간 안에서 나타난다. 하이데거가 인간을 '세계 내 존재being-in-the-world'로 명명했을 때, 그것은 우리가 세계 내에 존재하는 하나의 객체라는 의미가 아니다. 인간이 스스로의 한계로 인해 자신을 완전히 객관화할 수 없음을 의미한다. 우리는 '항상, 이미' 세계 내에 있기 때문에 우리 자신을 세계 내의 다른 객체로 인식하고 분석할 수 없다.

그렇다면 현실에 대한 우리의 프레임을 규정하는 초월적 지평으로서의 상징 세계야말로 인간의 궁극적 기준점이며, 인식 가능한 영역의 너머나 기저에 놓인 어떤 것일까? 라캉적인 의미에서도 현실을 벗어나는 것은 상징화에 저항하는 어떤 것, 즉 실재the Real다.[18] 데이비드 차머스David Chalmers[19]는 가상현실

---

  * 物自體, 경험과 현상 너머의 참된 실재

이 진정한 현실이라고까지 주장한다. 그에 따르면, 가상현실은 하류의 삶이 아니며 오히려 가상현실 속에서 의미 있는 삶을 영위할 수 있다. 심지어 우리는 이미 가상의 세계에 속해 있는지도 모른다. 일반적인 '현실'과 가상현실 사이의 차이는 부차적이며, 디지털 미디어가 더욱 발전하면서 그 차이는 더욱 중요하지 않게 될 것이다. 인간은 각기 다른 현실로 이동할 수 있고, 그 각각의 현실은 우리가 온전히 몰입하여 살아가는 현실 공간을 제공할 것이다….

우리는 언제나 상징적 네트워크라는 가상을 통해 '현실'을 인식하지만, 그렇다고 해서 단순한 현실 증식만이 해답은 아니라고 나는 생각한다. '현실'이 다른 가상현실들과 다른 점은 본질적으로 더 '진짜'이기 때문이 아니다. 현실은 내재된 불가능성을 거스르며 피할 수 없는 것들에 가서 부딪치는 반면, 디지털의 가상현실은 기존의 내재적인 규칙에 의해서만 통제를 받는다. 우리가 'LGBT'를 'LGBT+'로 확장시키듯,* 우리의 현실도 차머스 책의 제목이기도 한 '현실+'(Reality+)로 확장되는 것으로 이해하면 될 것이다. 여기서의 플러스(+)는 단순히 부재를 보충하는가, 아니면 직접적으로 플러스일 수 있는가? 변증법적으로 적절한 대답은 '후자'다. 주체는 모든 정체성에서 정확히 플러스로 나타나며, 동일시를 회피하는 과잉으로 작용한다. 이것은 주체가 플러스이자 동시에 마이너스이며, 기표라

---

* LGBT는 성 소수자를 말하며, 그 종류가 많아지면서 'LGBT+'라는 용어로 총칭하게 되었다.

는 사슬에 나타나는 결핍임을 의미한다. 과잉 자체가 결핍으로 기능하는 것이다. 현실도 마찬가지다. 단순히 '많은 현실'이 있는 것이 아니라 많은 '현실 플러스'가 있는 것이며, 이 과잉은 '실제 현실'에서는 마이너스로, 즉 구성적 결핍으로 작용한다.

하지만 우리가 현실을 인식하는 해석적 지평이 현실로 환원되거나 현실에 의해 설명될 수 없다는 사실은, 우리가 이 지평을 자유롭게 선택할 수 없다는 것을 의미한다. 가장 기본적인 가정으로 설명한다면, 우리는 이 지평 속에 던져져 있고, 이 지평은 '항상, 이미' 여기에 있어서 우리가 인식하는 현실을 결정한다. 다시 말해 우리의 가장 높은 수준의 자유(실제 현실에 대한 독립성)는 운명과 일치한다. 현실을 인식하는 전통적 관점이 현대의 과학적 관점으로 전환된 것은 하이데거가 '사건 event'*이라고 부른 것에서 시작되었다. 그가 말한 사건은 주체의 '자유로운 선택'으로 발생하는 것이 아니라 우리에게 주어진 운명으로 이곳에 존재하는 것이다. 하이데거는 '사건'을 자유의 궁극으로 설정하며 자유와 의지를 분리했다. 즉 최고 수준의 자유는 우리의 자유 의지와 관련된 문제가 아니다. 그렇다면 이 지평은 우리 삶 속에서는 넘어설 수 없는 실재인가? 정신분석학은 그 지평 너머로 가는 길을 보여준다. 하지만 하이데거는 자신의 책 『졸리콘 세미나Zollikoner Seminare』에서 프로이트를 인과론적 결정론자로 판단하며 중요한 논점을 놓친다.

---

* 하이데거는 존재와 인간이 서로의 고유함을 회복하는 매개를 '사건'으로 보았다.

그는 인간의 의식 현상이 간극 없이 설명될 수 있다고 가정한다. 즉 원인과 결과로 연결되는 연속성을 가정하는 것이다. 의식 내에는 그런 연결고리가 없기 때문에, 그는 인과적 연결을 매개하는 '무의식'을 발명해야만 했다.[20]

이러한 평가는 옳은 것처럼 보인다. 하지만 프로이트가 말실수, 꿈, 증상 등의 혼란스럽고 우연적인 정신적 징후를 연구한 것은, 그것들 속에서 인과적 질서를 발견하고 그것을 통해 인간의 정신을 충동하는 인과적 연결고리를 찾아내고자 한 것이 아닌가? 그의 분석 치료에서 가장 중요한 '자유연상'의 핵심은, 인간은 자유롭지 *않으며*, 인간의 행위는 무의식적인 인과의 사슬에 의해 결정된다는 점을 증명하고자 한 것이 아닌가? 그러나 하이데거는 여기서 중요한 논점을 완전히 놓친다. 프로이트가 반복해서 강조하듯 무의식은 객관적인 인과 구조가 아니지만, *주체는 그것에 대해 전적으로 책임을 져야 한다.* 이런 맥락에서 프로이트는 약간의 아이러니를 첨가해, 정신분석이 가톨릭 고해성사보다 더 나쁘다고 했다. 고해성사에서는 자신이 아는 것을 인정해야 하지만, 정신분석 치료에서는 자신이 모르는 것도 인정해야 하기 때문이다. 프로이트의 '무의식'은 타자의 침입으로 인해 인과적 고리의 연속성이 깨지고 중단되는 트라우마적 만남에 논의의 기반을 둔다. '무의식'에서 발견되는 것은 완전하고 매끄러운 인과적 연결이 아니라 트라우마적 침입에서 비롯된 충격과 여파와 후속파들이다. 프로이트가 '증상symptoms'이라고 부른 것은 트라우마적 단절에 대처하는 방식이며, '환상fantasy'은 이 단절을 가리기 위해 만들어진 형성물이다. 궁극적으로 인간의 자유는 이러한 재앙에 근거하고 있을 때에만 '사용자의 착각'이라는 형태로 나타난다.

파스칼의 내기

이런 의미에서(그리고 이런 맥락에서만) 자유라는 것은 인간의 자유로 축소될 수 없다. 자유는 신학의 용어로만 설명될 수 있는 심연의 균열에 근접해 있기 때문이다. 그래서 '신학적 유물론Christian materialism'이라는 개념은 문자 그대로 받아들여져야 한다. 하느님의 자아분열(기독교에서 타락이라는 부르는)만이, 데리다가 비판한 '현존의 형이상학metaphysics of presence'(우주를 모순과 대립을 포용한 포괄적이고 통합된 질서로 보는 관점)으로부터 유물론을 구원할 수 있다. 궤변처럼 들릴지도 모르지만, 때로는 철학적 관념론을 벗어나는 데 필요한 것은 오직 유물론 신학일 수 있다. 이것은 파스칼이 자신의 책 『팡세Pensées』(1657~1658)에서 제시한 실용적 신앙론인 '파스칼의 내기Pascal's wager'를 살펴보면 이해할 수 있다.

파스칼은 게임 이론 방식을 통해 기독교 신앙을 갖는 것이 합리적이라는 논증을 보인다. 그는 사람들이 하느님을 믿거나 믿지 않는 경우의 수와, 하느님이 존재하거나 존재하지 않는 경우의 수를 전제했다. 이러한 조건에서 만일 어떤 사람이 하느님을 믿고 하느님이 존재한다면 무한한 행복을 얻는다. 반면에 그가 하느님을 믿지 않고 하느님이 존재한다면 무한한 고통을 받게 된다. 반대로 어떤 사람이 하느님을 믿지만 하느님이 존재하지 않는다면 기독교 신자로서 일부 불이익을 받는다. 반면에 어떤 사람이 하느님을 믿지 않고 하느님이 존재하지 않는다면 기독교적 삶에 구애받지 않는 일부 즐거움을 누리게 된다. 파스칼은 이렇게 말한다. "하느님을 믿는 선택으로부터 얻는 이익과 손실을 따져봅시다. 두 가능성을 놓고 볼 때, 이기면 모든 것을 얻고, 지면 잃는 것이 별로 없습니다. 그러니 망설임 없이 하느님이 존재하는 데 베팅하시오."[21]

파스칼은 하느님의 존재를 의심하는 사람을 대상으로 이야기했지만, 그 내기의 의미적 공간은 두 개의 축으로 구성되어 있고 네 가지 입장을 도출한다. (나는 하느님이 존재한다고 믿는다 / 나는 하느님이 존재하지 않는다고 믿는다, 나는 하느님을 따르기로 선택한다 / 나는 하느님을 따르지 않기로 선택한다.) 두 축의 앞선 입장은 흔히 나타나는 종교적 관점이다(나는 하느님이 존재한다고 알고 있으며, 그를 따르고 복종한다). 두 축의 뒤쪽 입장은 세속적이고 철학적인 관점이다(나는 하느님이 존재하지 않는다고 알고 있으며, 그에 따라서 행동할 뿐 사후 세계는 신경쓰지 않는다). 이 입장들은 라캉이 언급한 것처럼 무심한 선택이고 깊은 고민이 개입되지도 않는다. 이제 가능한 다른 선택지를 살펴보자. 이 경우들은 역설적인 반응이 도출되고, 그 때문에 자아의 주관적인 개입이 강화된다. '하느님이 존재하지 않는다고 알지만, 존재하는 것처럼 행동한다'라는 선의의 냉소적 관점이 그 하나다. 이러한 태도는 하느님이 없더라도 있는 것처럼 살면 삶이 더 나아질 것이라는 도덕주의적 선의일 수도 있고, 자본주의의 가치를 추종하는 행위 등 다양한 형태를 표방할 수 있다. 이를테면 자본가는 보이지 않는 손으로 자신의 재산을 보호해주는 시장이 실재하지 않는다는 것을 알지만, 실재하는 쪽에 베팅해서 이익이라는 우연한 은총에 닿기를 희망한다. 자본주의는 확실히 프로테스탄트보다 얀센주의Jansenism*와 더 어울린다.[22]

앞의 입장들과 달리 유일하게 진정성이 담긴 것은 정신분석적 주체에 의해 수행되는 마지막 입장이다. 나는 하느님(혹은 '대타자')이 존재한다는 것을 알고 내가 그 사슬에 얽혀 있다는 사실도 알지만, 그럼에도 나는 그 반대쪽에 베팅을 하고 그 대가로 지옥을 얻을 것이다. 여기서의 지옥은 무엇일까? 라캉은 분명히 밝혔다. "인간의 욕망이 지옥이며, 욕망의 작용이야말로 어떤 것을 이해하는 유일한 방법이다. 그래서 지옥이 없는 종교는 존재하지 않는다. 지옥을 욕망하지 않는 것은 일종의 *저항*Widerstand**이다."[23] 욕망은 지옥이고, 천국은 그저 욕망이 없는 우주를 뜻한다. '지옥'은 공포로 가득 찬 별개의 현실이 아니다. 우리가 사는 현실이고, 우리의 조화롭지 못한 욕망이 구조화된 현실이고, 우리가 원하지 않는 것을 욕망하는 현실이고, 우리가 무엇을 욕망하는지조차 모르는 현실이다. "욕망을 타협하지 말라"는 라캉의 공식은 바로 이것을 의미한다.

---

　*　초기 기독교의 순수성을 강조한 일파
　**　무의식 속 욕망이 발각된 환자가 보이는 저항을 뜻하는
　　　프로이트 용어

당신은 자신의 지옥 같은 욕망에 끝까지 충실해야 한다. 신 자신도 지옥 같다는 사실을, 신도 완벽한 행복 속에 거하지 않는다는 사실을 우리는 받아들여야 한다.

그러므로 우리가 지지해야 할 것은 종교라는 체계의 내적인 자기 붕괴라는 유물론적 이행이다. 신이 악하거나 어리석다는 주장은 신이 존재하지 않는다는 주장보다 훨씬 큰 불안을 초래한다. 그러한 주장은 신성의 개념 자체를 파괴하는 말이기 때문이다. 예를 들어 영화 〈이브의 선택The Rapture〉(마이클 톨킨이 각본과 연출을 맡았고, 미미 로저스가 주인공 새론 역을 멋지게 해낸 1991년 영화)을 살펴보자. 새론은 LA에 사는 젊은 여성으로 낮에는 수십 명의 동료와 함께 작은 칸막이 속에서 똑같은 질문을 무한 반복하는 전화 교환원으로 일하지만, 저녁에는 파트너를 교환하는 집단 성행위를 즐긴다. 공허한 삶을 살아가며 권태와 불만을 느끼던 그녀는, 세상의 종말과 휴거가 임박했다고 주장하는 종파의 일원이 된다. 독실한 신도로 변신한 그녀는 경건한 생활을 이어가고, 모임 파트너였던 랜디와 결혼하여 딸 메리를 낳는다. 6년이 흐른 어느 날, 헌신적인 기독교 신자가 된 남편 랜디가 광인의 총에 맞아 사망하는데, 이 우발적인 재앙은 새론과 그녀의 딸에게 휴거가 임박했다는 확신을 강화한다. 새론은 하느님의 계시에 따라 딸 메리와 함께 근처 사막의 캠핑장으로 간다. 그리고 천국으로 들어올려져 랜디와 재회할 순간을 기다린다.

한편, 신실하지는 않지만 마음 착한 경찰 포스터는 식량을 제공하는 등 그들의 오랜 기다림을 돕는다. 지친 메리는 어머니에게, 그냥 목숨을 끊고 어서 빨리 아빠와 만나자고 조른다. 몇 주가 지나고 새론의 인내심도 바닥나고 만다. 그녀는 딸의 조언에 따라 말로 표현할 수 없는 고통 속에서 극단적인 선택을 실행하려 한다. 그런데 메리에게 총을 쏜 그녀는 스스로 목숨을 끊은 사람은 천국에 들어갈 수 없다는 가르침을 떠올린다. 그녀는 총을 내려놓는다. 그리고 자신이 저지른 일을 포스터에게 자백한다. 포스터는 그녀를 체포하고 지역 감옥에 수감한다.

이 부분까지의 이야기는 '사실주의적' 전개가 이어지고, '무신론자'가 상상할 수 있는 결말로 종결될 듯 보인다. 신앙을 잃고 외로이 남겨진 새론이 자신이 저지른 끔찍한 범죄를 깨닫고 좋은 경찰관의 인도를 받아 새 삶을 사는 결말 말이다. 하지만 이후 사건은 전혀 예상치 못한 방향으로 전개된다. 감옥에서 휴거가 일어난 것이다. 조악한 특수효과와 무구한 꿈이 뒤엉키며 말 그대로 휴거가 일어난다. 가장 먼저, 밤중에 두 천사와 함께 메리가 나타나고, 시간이 흘러 아침이 되자 감옥에 있는 새론의 귀에 큰 나팔 소리가 들리기 시작한다. 그리고 감옥의 철문이 떨어져 나가며 초자연적인 사건이 연이어 벌어진다. 감옥에서 탈출한 새론과 포스터는 차량을 타고 사막으로 나아가는데, 그동안 먼지 폭풍이 일고 묵시록의 기수들이 차를 따라 달리는 등, 휴거의 징후가 점점 많이 나타난다. 마침내 새론과 포스터는 '휴거'되어 연옥 같은 장소로 옮겨진다. 그리고 천국에서 내려온 메리를 만난다. 메리는 그들에게 다가와 하느님을 영접하고 하느님을 사랑한다고 말해줄 것을 간청한다. 그렇게만 한다면 새론과 메리는 랜디와 함께 천국에서 살 수 있다고 전한다. 그때까지 무신론자였던 포스터는 재빨리 기회를 잡아 하느님을 사랑한다고 말하고는 천국길에 오른다. 하지만 새론은 단호히 외친다. 하느님은 아무런 이유 없이 자신의 가족을 몰살했다고, 하느님을 사랑한다는 말은 결코 할 수 없다고. 그러자 메리는 연옥에 갇히면 얼마나 오래 있어야 하는지 아니냐고 묻는다. 새론은 답한다. "영원히."

새론이 하느님에게 저항하고 그에 대한 사랑을 고백하지 않은 행위는 진정한 의미에서의 윤리적인 행위다. 만일 이 영화의 기독교 버전이 만들어진다고 해도, 그녀가 거부한 것은 거짓 하느님이기 때문에 마지막에 참된 그리스도가 나타나 거짓을 거부한 그녀의 참된 믿음을 치하해주어야 한다고 주장하는 것은 완전히 잘못된 생각이다. 우리가 정말로 저항해야 하는 유혹은, 신의 존재 유무와 상관없이, 사랑받을 자격이 없는 신에게 사랑을 고백하는 행위다. 단순한 유물론자에게는 이러한 이야기가 공허한 명제처럼 들릴 수도 있지만, 진정한 유물론자라면 신이 존재하지 않기 때문에 신을 거부하는 것이 아니라 신이 존재한다고 해도 신을 거부해야 한다. 요컨대 무신론의 진정한 공식은 '신은 존재하지 않는다'가 아니라 '신은 존재하지 않을 뿐 아니라 어리석고, 무관심하며, 어쩌면 완전히 사악할 수 있다'가 되어야 한다. 우리가 신이라는 허구를 내부에서부터 파괴하지 않으면 그 허구는 다음과 같은 부인disavowal*

---

* 라캉의 용어로, 알면서 모른 척하는 도착증의 한 형태

의 언어를 우리에게 끊임없이 속삭일 것이다. '나는 신이 없다
는 것을 알아요, 그럼에도 불구하고 신은 고귀하고 순결한 믿
음 속에 계십니다.'

그러므로 지금 우리는, '파스칼의 내기'에 진실이 담겨 있
다면 그것은 신에게 베팅하는 선택이 아닌, 신의 존재를 인정
하면서도 신의 반대편에 베팅하는 미친 선택이라고 생각한다.
이 선택은 어리석은 결정일까? 그렇지 않다. 내가 내기를 거는
이유는 대타자('하느님')가 그 자체로 모순적으로 대립하고 있
기 때문이며, 그 대타자 안에 결핍이 내재되어 있기 때문이다.
새론이 말한 "영원히"는 바로 이 결핍을 내포한 것이다. 하나
의 주체인 나는 기표로서의 주체이며 기표의 사슬에 갇힌 주
체지만, '나'라는 존재 자체(혹은 주장)는 타자의 결핍이다. 다
시 말해 타자가 일관된 전체로 완결되는 것을 방해하는 장애
물로서의 증거다. 하나의 주체로서 나는 타자가 완전하지 않고
균열이 있다는 것, 타자가 자신이 원하는 것을 모른다는 것, 그
리고 불가해한 타자가 자기 자신에게도 불가해하다는 것을 살
아 있는 증거로 보여준다. 여기에서 환상이 등장한다. 환상 혹
은 환상의 형성물은 타자 안의 균열을 흐리게 하는 수단이다.
이 역설의 셈법은 예정론과 자유론의 '실용적 모순'을 공식화
하는 또 다른 방법이다. 나는 모든 것이 결정된 존재지만 그것
에 반대하여 내기를 걸 수 있고 자유롭게 행동할 수도 있다는
주장이 그것이다.

내 행동이 모두 결정되어 있기 때문에 자유의지란 환상에
불과하다는 논지를 받아들인다고 해도, 내가 옳다고 생각하는

바를 위해 스스로에 맞서는 일은 여전히 합리적이다. 내 행동이 완전히 결정되어 있다고 해도 그것이 어떤 방식인지는 알 수 없기 때문이다. 내가 스스로와 윤리적인 갈등을 겪으며 최선을 다하도록 예정되어 있다면 어떨까? 물론 이를 통해 역설적인 가능성이 열릴 수도 있을 것이다. 그래서 어쩌면 결정된 운명에서 벗어나는 유일한 방법은 다른 일에 개입하지 않고 갈등을 피한 채 자신의 운명을 받아들이는 일인지도 모른다. 통념에 따르면 과거는 고정되어 있고 벌어진 일은 돌이킬 수 없다. 하지만 미래는 열려 있고 예측 불가의 우연이 개입한다. 내가 여기서 제안하고자 하는 것은 이 일반적인 상식을 뒤집어 보자는 것이다. 과거는 소급해서 재해석할 수 있는 반면에, 미래는 결정론적 우주론에 의거한다면 닫혀 있다. 하지만 그렇다고 해서 우리가 미래를 바꿀 수 없다고 볼 수는 없다. 우리가 미래를 바꾸기 위해서는 먼저('이해'의 단계를 넘어서서) 우리의 과거를 바꿔야 한다. 즉 과거에 대한 지배적인 관점이 추동하는 방향과 다른 미래로 나아갈 수 있도록 과거를 재해석해야 한다. 이것이 바로 결정된 조건하에서만 급진적인 자유 행위가 가능한 이유다. 결정론의 관점에서 우리는 자신이 결정되어 있다는 것을 알지만, 어떻게 결정되어 있는지, 즉 우리의 선택 가운데 어떤 것이 결정된 것인지 알 수 없다. 우리가 내리는 결정이 이미 결정된 것임을 알면서도 무엇을 해야 할지 결정해야 하는 이 공포스러운 상황이야말로 진정한 자유 혹은 자유로운 선택에 수반되는 견딜 수 없는 무게일 것이다. 무엇을 할지 이미 결정되어 있다는 것을 알지만, 그럼에도 불구하고 우리는 위험을 감수하고 예정된 것을 주관적으로 선택해야 한다.

　오늘날 지배적인 대타자의 개념은, 인간의 사고와 행동을 완전한 인과율로 설명하는, 즉 자유의 여지가 배제된 과학적 지식으로 설명되는 경우가 많다. 하지만 그러한 대타자이자 과학적 결정론에 대한 정신분석적 주체의 대답은, 나의 자유가 단순히 '사용자의 착각'이 아니라 그 타자의 균열에 공명하는 무언가라는 것이다. 자유라는 것이 궁극적으로 미친 도박이자 자기 자신에 선행하는 위태로운 도약인 이유가 이것이다. 우리는 자유로워지기를 기다리기보다, 순간적으로 이미 자유로운 것처럼 행위해야 한다. 그렇다면 우리는 다시 뷔리당의 당나귀 문제로 돌아가야 한다. 자유를 두고 벌이는 내기는 원인에 기반하지 않는다. 자유로운 행위를 하는 경우, 우리는 원인을 무시하거나 때로는 원인에 반하여 행동하게 된다.

　그렇다면 우리가 자유로울 때는 논리를 따질 때가 아닌 자기 배반적인 행위를 실천할 때뿐일까? 정신분석 이론과 그것의 실천 사이의 관계를 변증법적 관계를 통해 이해해보자. 이론은 단순한 임상 실험을 위한 지침일 뿐 아니라, 동시에 그 실험의 궁극적 실패에 관한 기록이기도 하다. 임상 실험은 더 이상 필요하지 않은 상황에서만 완전히 기능할 것이라고 프로이트는 말하지 않았던가. 이런 의미에서 라캉은 이론 영역과 달리 임상 실험은 현실적으로 불가능하다고 말했다. 이론은 단지 단어와 문장에 불과하고 정말로 어려운 것은 현실의 내적 고통과 고뇌를 다루는 임상 실험이라는 뜻이 아니다. 사실은 그 반대에 가까운데, 임상 실험이 마주하는 불가능의 측면은 이론을 통해서만 규명될 수 있기 때문이다. 이론적 규명이 없으면 임상 실험은 다른 모든 훈련처럼 규칙에 따라 이행되는 작업일 뿐이다. 혁명의 과정도 마찬가지다. 소련 혁명을 상징하는 시인 마야코프스키Vladimir Vladimirovich Mayakovsky는 자신의 장시 「레닌Vladimir Ilyich Lenin」에서 이런 표현을 남겼다. "우리의 변증법은 / 헤겔의 요물을 / 빌려온 것이 아니었다 / 전장의 굉음을 타고 / 우리의 시로 환생한 것이니 / 총포의 탄환들이 / 고관대작들을 도망치게 했지 / 우리도 그랬다네 / 처음엔 그들의 총알을 피해 도망쳤었지." 정통 헤겔주의자의 입장에서 나는 이렇게 주장하고 싶다. 소련 혁명이 결과적으로 스탈린주의로 끝난 이유 중 하나는 그들이 헤겔을 읽지 않았다는 사실이다. 레닌도 자신의 명저 『철학 노트Philosophical Notebooks』에서 다음과 같은 격언을 남기지 않았던가. "헤겔의 논리학을 철저히 공부하고 이해하지 않으면 마르크스의 『자본론』, 특히 책의 첫 장을 온전히 이해할 수 없을 것이다. 그리고 실제로 반세기 후의 마르크스주의자들은 마르크스를 이해하지 못했다!!"[24] 이 말은 문자 그대로 받아들여져야 한다. (그리고 1915년의 레닌에까지 적용되어야 한다.*)

이 문제는 라캉이 주장한 욕망 공식 $-a$**의 모호성과 관련된다. 즉 공허한 주체 $는 '소타자 a'***에 직면한다. 주체는

---

* 1915년은 레닌이 헤겔 연구를 시작한 해이다.
** 주체 S가 타자가 개입되어 분열된 주체 $로 바뀌고 그것이 다시 소타자 a로 옮겨지는 과정을 뜻한다.
*** 나의 욕망이지만 초라한 잉여로 고착된다.

기호의 질서에 의해 실질적인 내용이 비워진 텅 빈 상대가 된다. 그런데 이 빈 상태는 타자의 내부에 있는 빈 공간에 관여하는 소타자 a이면서 동시에 타자의 내부에 들어갈 수 없는 과잉이 된다. 때문에 그 빈 공간을 채우는 것은 환상의 공식이다. 이 공식을 죄책감 없이 즐길 수 있는 영화가 폴 헌터Paul Hunter 감독이 배우 저우룬파周潤發와 완성한 2003년 영화 〈방탄승 Bulletproof Monk〉[25]이다. 1943년 티베트가 배경인 이 영화를 자세히 들여다보자. 한 어린 수도승은 자신이 스승의 후계자가 되었음을 공인받고, 신기한 두루마리를 수호하라는 임무를 부여받는다. 그 두루마리는 소유한 사람의 젊음을 유지해줄 뿐 아니라 상처를 입지도 않게 하고, 세상을 지배할 만큼 강력한 힘을 갖게 만든다. 그러던 중 스트러커 대령이 이끄는 나치 독일군이 두루마리를 차지하기 위해 사원을 공격한다. 스승을 잃고 사원을 떠나게 된 수도승은 자신도 후계자를 찾아 두루마리를 넘겨주어야 한다는 사실을 깨닫는다.

60년 후 뉴욕, 어느 무명 수도승은 경찰과 지역 범죄 조직에게 쫓기는 젊은 소매치기 카와 마주친다. 조직원들은 자신들의 구역에서 활동하는 카가 못마땅하다. 그러던 중 카는 지하철역 선로에 떨어진 어린 소녀의 목숨을 구한다. 수도승은 카와 친분을 쌓으려 하지만 카는 두루마리를 훔쳐 달아난다. 수도승은 첫 번째 예언이 성취되었을지도 모른다고 믿으며 그의 뒤를 밟는다. 조직의 두목과 갈등을 벌이던 카는 제이드라는 여성 조직원과 만나 사랑에 빠진다. 그녀는 아름답지만 알 수 없는 불안감을 보인다. 다음날 카는 제이드가 주관하는 박물관

전시회에 참석한다. 나중에 밝혀진 바에 따르면 그녀는 두목 스트러커의 손녀 니나이고 두루마리를 찾는 작전의 은밀한 미끼였다.

여러 갈등과 반전이 벌어진 끝에 스트러커는 옛 나치 제복을 입고 나타난다. 수도승을 붙잡아 몸에 새겨진 두루마리 글귀를 읽고 젊음을 되찾는다. 하지만 마지막 구절이 빠져 있으며, 그것은 승려의 머릿속에 암기되어 있다는 사실을 알게 된다. 스트러커가 수도승의 뇌를 스캔하기 직전 카가 도착한다. 두 사람은 힘을 합해 스트러커와 싸우고 그를 지붕에서 떨어뜨려 고압선에 휘감기게 한다. 스트러커가 죽었다고 생각한 두 사람은 제이드와 재회하고, 두루마리는 세 번째 예언을 성취한 카에게 전해진다. 하지만 스트러커는 아직 살아 있었다. 카를 죽이려던 그는 떨어지는 조형물에 맞아 오히려 목숨을 잃는다. 카는 스트러커의 총에 죽은 줄 알았던 제이드가 살아 있는 모습을 보고 놀란다. 카처럼 제이드도 예언을 충족시켰고 그녀에게도 두루마리의 힘이 전해진다. 이제 나이가 든 수도승은 카와 제이드를 만나 마지막 구절의 절반씩을 전해준다. 두 사람은 떼려야 뗄 수 없는 존재가 되었음을 느낀다…. 이 어색한 결말은 매우 독특하다. 동양을 상징하는 '상극의 조화'가 전형적인 할리우드 전통에 따라 뉴욕 연인의 조화로 마무리된 것이다.

주인공의 후계자가 우리 사회에서 가장 지위가 낮은, 그래서 깊은 지혜 따위에는 관심조차 없는 흔한 잡범이라는 사실에는 깊은 의미가 숨어 있는 것일까? 그렇다. 카가 충족해야 하는 유일한 조건은 그의 행위가 예언에 부합하는 것인데, 그 예언은 우연적인 사건의 다른 이름이다. 후계자가 되는 것은 그가 가진 속성 때문이 아니다. 예언의 조건을 충족하는 사람은 누구나 후계자가 될 수 있기 때문이다. 따라서 그의 지혜는 그가 우연히 놓이게 된 상징적 위치에서 비롯된다.

그런데 영화가 제기한 중요한 질문은 여전히 답을 얻지 못한 채 남아 있다. 두루마리의 내용은 그것을 탈취하는 사람에게 무한한 힘을 주기 때문에 은밀히 숨겨져야 한다. 그런데 *왜 주인공은 그것을 없애버리지 않는 것일까?* 왜 그것을 비밀로 간직하는 것일까? 이에 대한 일관된 대답은 하나뿐이다. 그 '비밀'에는 명확한 내용이 담겨 있지 않은 것이다. 그것은 히치콕이 사용했다는 순수한 맥거핀MacGuffin*이기 때문이다. 중요한 것은 비밀의 형식 자체일 뿐이다. 악당이 '비밀을 알고 있다고' 믿을 때 보여주는 '힘'(영화에서 스트러커처럼)은 실제 앎에 기반한 것이 아니라 단지 비밀을 취득했다는 분위기에서 비롯된 것이다. 영화 〈방탄승〉이 실패한 것은 바로 이 지점 때문이다. 영화는 두루마리에 담긴 비밀이 실재하는 지식이라는 암시를 지속적으로 보여준다. 하지만 이는 궁극의 비밀은 없다는 정통 불교의 가르침에도 명백히 반한다. 변증법적 유물론의 관점도, 그러한 '비밀'의 구조가 우리의 이데올로기적 공간을 구성하는 이유가 무엇인지, 그것을 폐기할 수는 없는지에 대한

***

* 중요한 것처럼 암시되지만 내용은 확인되지 않는 극적 장치

2. 자유 의지는 있는가?   111

의문을 제기한다. 그리고 그 답은 욕망의 원인인 '소타자 a'의 독특한 지위에 의해 주어진다.

잘 알려진 라캉의 용어로 설명하자면, 그 지점에서 이루어져야 할 것은 소외에서 분리로의 전환이다. 주체가 타자에 의해 지워지거나 무효화되면($) 내가 욕망하는 소타자 a는 과잉이 된다. 소타자 a가 과잉이라는 말은 그것이 *타자 스스로에게서도 분리된다*는 것을 의미한다.* 여기서 절대적으로 피해야 할 것은, 포이어바흐Ludwig Feuerbach나 초기 마르크스 이론처럼, 신과 인간이 분리된 것은 인간이 자기 자신으로부터 분리되었기 때문이라는 생각이다. 이 논리라면 인간이 자신의 본질과 잠재력을 되찾는 순간 신은 사라진다. 하지만 신학 용어로 표현하자면 자유의 공간이 열리는 때는, 내가 신에게서 소외된 상태에서(신을 절대적 주관자로 믿지 않는 사람이) 신이 이미 스스로와 분리되어 있다는 사실을 깨달을 때이다. 이 점은 기독교에서 가장 분명히 드러난다. 기독교의 하느님이 스스로에게서 분리되는 순간이 그것이다. 여기서 도박의 역설이 제시되는데, 우리는 하느님의 완전함이 아닌 하느님의 불완전함과 실패와 모순에 베팅해야 한다. 체스터튼Gilbert Keith Chesterton도 이렇게 고백한 바 있다. "전지전능한 하느님을 불완전하다고 느끼게 하는 유일한 종교가 기독교다. 하느님이 진정한 하느님이 되기 위해서는 왕일 뿐 아니라 반역자여야 한다고 느끼게 하는 유일한 종교도 기독교다."[26] 프로이트 역시 이 역설을 잘

---

* 타자가 나라는 주체를 온전히 지배하지 못하게 된다는 뜻

알고 있었다. 자신의 책 『에고와 이드The Ego and the Id』에서 다음과 같이 기록했다. "어떤 정상적인 인간이 자신이 생각하는 것보다 훨씬 비도덕적일 뿐 아니라 자신이 아는 것보다 훨씬 도덕적이라고 주장한다면, 정신분석학은 두 주장 모두 지지해줄 것이다."[27]

알렌카 주판치치는 이 역설을 칸트의 자유 개념에 적용했다. 우리는 우리가 믿는 것보다 훨씬 덜 자유로우며 동시에 우리가 아는 것보다 훨씬 더 자유롭다. 내가 스스로를 자발적인 행위자로 경험하고 스스로 자유롭다고 믿는 생각에 대해 칸트는 그 모든 자발적인 행위가 '병리적' 원인에 의해 촉발된다는 주장을 펼쳤다. 정신분석학에서의 자유연상법이 이러한 점을 충분히 입증해준다. 그런데 주체가 자신의 '내적 삶'의 자발성을 거부하며 주어진 자아의 한계까지 나아간다면, 그곳에서 그는 '내가 느끼거나 원하는 것을 행하는' 범주를 뛰어넘는 자유를 맞이하게 된다. 이것은 칸트의 자율성 개념과도 관련이 있다. 내가 자유롭게 행위하고 원하는 일을 할 때 나는 나의 병리적 동기에 종속되어 있는 것이다. 오히려 무언가를 하지 않을 수 없는 일을 할 때 나는 정말로 자율적이다.[28] 이것을 어떻게 정확히 설명할 수 있을까? 이 자유 개념은 스피노자식 필연성*으로 설명되어서는 안 된다. 스피노자와 그의 추종자 알튀세르 등에게는 순수한 코기토Cogito**의 자리가 없으며, 자연

---

* 내면의 법칙을 따르는 것이 자유이자 필연성이라는 견해
** 생각하는 자아

과학은 주관적인 위치를 포함하지 않는 지식이다. 라캉이 말한 것처럼 과학은 주체를 배제한다. 하지만 "메타언어는 없다"는 라캉의 말은, 우리에게 외적 주관성external-asubjective을 초월한 지식 공간은 존재하지 않는다는 뜻이다.

그렇다면 과학적 담론이 암시하는 주체는 무엇일까? 이 부분에서 우리는 발화의 주체(발화 행위를 하는 주체)와 발화된 내용의 주체(발화 내용에서의 주체)를 구분해서 생각해보아야 한다. 주관적 경험으로서의 자유, 즉 자발적인 행위를 할 때 느끼는 자유는 상상적이지만, 무의식의 구조를 형성하고 있는 타자에 의해 규정된다. 이것은 발화된 내용의 주체와 관련된다. 칸트의 용어로 말하자면, 이러한 자유는 언제나 병리적인 동기들에 의해 지배되기 때문에 인과성의 범위를 벗어나지 않는다. 그런데 우리가 이 자발적인 자유가 상상의 것이며 병리적인 인과적 메커니즘에 의해 결정된다는 사실을 받아들일 때, 남는 것은 병리적 내용물이 사라진 빈 주체empty subject, 즉 데카르트의 코기토이다. 이 주체는 자연 결정론에 기반할 수 없다. 왜냐하면 그것은 '실재의 부름에 대한 응답'이고 트라우마적 단절에 대한 반응이기 때문이다. 이때 우리가 다루는 주체가 '실제로는 존재하지 않는다'는 주장은 기본적으로 옳다. 이 주체를 현실에서 발견할 수 없는 것은, 마치 액자가 자신이 담고 있는 그림 속에서 발견되지 않는 것과 같다. 더 정확히 말하면, 주체는 '객관적으로' 존재하지 않고, 자기충족적인 모나드monad*처럼 자신 안에 존재하지도 않는다. 주체는 오직 다른 주체를 향해 존재하며, 타자가 드러내는 욕망의 심연과 마주하지만, 그럼에도 타자가 원하는 바를 정확히 알 수 없는 상태로 존재한다. 우리는 현실에서 다른 주체의 존재를 암시하는 수많은 요소(건물이든 글귀든)를 마주하며, 주체란 이러한 인공물에 의해 추정된다고 우리가 가정하는 대상이다.

인공지능(AI)이 우리에게 그토록 큰 불안감을 주는 이유가 이것이다. 인공지능은 우리가 다른 '주체'의 표현으로 믿을 수밖에 없는 것들을 생성할 수 있기 때문이다. 최근 CNN은 이런 제목의 뉴스를 내보냈다. "미술대회 우승자가 AI인 것으로 밝혀져 예술가들이 분노하다."[29] 이 사건에는 인류의 고민이 응축되어 있다. 물론 그렇다고 해서 우리가 '실제' 사람의 작품을 더 잘 이해할 수 있는 것은 아니다. 주체란 그 자체로 하나의 가정이며, 우리가 그 주체를 완전히 객관화하는 순간 그것은 더 이상 주체가 아니다.

* 존재의 비물질적인 기본 단위

3

지양될 수 없는 잔여, 그리고 죽음의 죽음

절대자의 관점

우리의 논의가 영지주의Gnosticism와 헤겔주의의 혼종으로 퇴행한 것일까? 그래서 포스트 헤겔적 세계와 어울리지 않는 절대자의 권위를 다시 소환한 것일까? 절대자에 대해 이야기할 용기를 낸 인물은 헤겔이 마지막 아니던가? 그런데 헤겔은 정확히 어떤 의미에서 절대자를 이야기한 것일까? 로버트 피핀 Robert Pippin은 자신의 짧은 글 「형이상학의 귀환, 헤겔 vs 칸트 The Return of Metaphysics: Hegel vs Kant」에서 헤겔 철학을 바라보는(내가 보기에는 칸트적인) 자신의 생각을 간결하게 설명했다.

헤겔의 이론은 기본적으로 세 가지 요소로 이루어져 있다. 첫째, 인간은 유한한 일상의 시공간에서도 선험적인 지식을 가질 수 있다. 즉 경험에 의존하지 않고 세계에 대한 지식을 얻을 수 있다는 주장이다. 둘째, 해석을 두고 논란이 촉발되는 부분인데, 선험적 지식은 결과적으로 그것이 세계에 관한 것이라고 할지라도, 궁극적으로는 사고나 이성 그 자체에 대해 아는 지식, 즉 사고를 사고하기 위한 지식이다. 헤겔은 이것을 '순수한 사고의 과학'science of pure thinking*이라고 불렀다…. 헤겔은 인간의 사유가 객관적인 내용을 갖기 위해 필요한 범주, 혹은 *사고 규정*Denkbestimmungen을 연구했다. 그리고 존재 자체가 가질 수 있는 가능성의 한계를 명시하고자 했다. 이러한 작업은 '사고와 존재'의 동일성을 전제로 한 형이상학이다. 이것은 감각으로 알 수 없는 어떤 현실에 대한 지식이 아니라 이해할 수 있는 현실에 관한 지식이다. 그리고 그것은 유일한 현실이다. 이는 고전철학의 위대한 명제인 "존재하는 것은 인식될 수 있다"의 반복이기도 하다. 사고가 자신에 대해 아는 것은, 무엇이 인식되는지 아는 것이면서 동시에 무엇이 존재할 수 있는지 아는 것이다.[1]

따라서 '나는 존재한다, 그러므로 나는 *생각한다*'**라는 명제는 초월적 관념론의 공식이 된다. 존재하는 모든 것은 논리를 통해 전개되는 '*사고 규정*'의 틀 안에서 나타나야 하며, 따라서 '나는 존재한다'는 말은 그 사고 영역 내에서의 진술이 된다. 즉 '나는 존재한다'라고 말할 수 있는 존재는 오직 사

* 헤겔은 이를 논리학logic이라고 했다.
** 원래는 '나는 생각한다, 그러므로 나는 존재한다'지만, 저자가 전후를 바꿨다.

고하는 존재다. 그렇다면 이것이 우리가 추론할 수 있는 사고의 최종적인 한계일까? 이러한 사유는 "철학이란 개념으로 구성된 시대"라는 헤겔의 선언과 어떻게 조화를 이룰 수 있을까? 예를 들면 '사고 규정'이라는 헤겔의 매트릭스에 양자역학이 포함될 수 있을까?

그런데 헤겔은 정말로 칸트의 관점을 따른 것일까? 우리의 사고가 현실 자체에 도달하지 못한다고 해도, 사고 자체에는 온전히 접근할 수 있다는 칸트의 통찰 말이다. 피핀에 따르면, 헤겔은 이러한 통찰을 가능한 모든 대상에 적용했고, 이를 형이상학으로 격상시켰다. 그래서 우리가 생각하는 모든 것은 우리가 가진 사고 형식이라는 규칙에 제한된다는 것이다. 하지만 헤겔은 훨씬 더 정교하고 급진적인 방법으로 칸트를 전복reversal한다. 칸트에 따르면, 우리가 파악하기 힘든 '난해한' 대상은 물자체in itself로서의 현실이지만, 우리의 사고는 스스로를 명확하게 분석할 수 있고 내재된 구조를 이해할 수 있다. 그리고 모순이나 역설은 우리의 경험 범위를 넘어설 때에만 발생한다. 하지만 헤겔은, 우리의 사고에는 갈등과 모순이 내재되어 있고, 사고가 자기 자신을, 즉 스스로에 내재된 구조를 생각할 때 이미 드러난다고 생각했다. 우리의 사고가 현실에 '도달'할 수 있는 이유는 스스로에 내재된 '모순'이 현실의 모순을 보여주기 때문이다. 사고가 현실을 이해하지 못하는 것도 현실 자체에 내재된 요소 때문이다.

이처럼 헤겔로부터 화해를 읽고자 하는 자유주의적 해석은 헤겔에 관한 오래된 영국식 농담과도 비슷하다. "헤겔을 읽으려 했지만, 결국 내가 칸트라는 사실만 깨달았다."[2] (여기서 칸트가 발음이 비슷한 캔트can't를 의미한다거나, 혹은 그보다 더 불쾌한 컨트cunt를 암시한다는 언급은 피하고자 한다.) 그들은 헤겔을 읽지만 해석은 여전히 칸트의 경계 내에 머물러 있는 듯하다. 테리 핀카드Terry Pinkard는 헤겔에 대한 칸트적 해석이 갖는 한계점을 인간이 절대자에 대해 느끼는 이질감을 통해 정확히 설명했다.

> 헤겔은 '절대자'라는 개념을 받아들이고 여기에 크게 의존했다. 그의 정치 철학이 여전히 논란이 되는 이유다. 예를 들어 위르겐 하버마스는, 헤겔 철학은 계승해서 발전시킬 요소가 많지만, 그럼에도 불구하고 '절대자'에 깊이 의존한 사실 때문에 권위주의적이고 반민주적인 흐름이 이어졌다고 주장했다. 그것은 단순히 그가 살았던 시대가 편견이 가득했기 때문이 아니라, 그의 철학이 '절대자'에 바탕을 두고 있기 때문이었다. 하버마스 등의 철학자들은 헤겔이 절대자와 역사를 강조한 사실이야말로 헤겔 철학의 약점이며, 이 때문에 그의 철학 체계가 후대 사람들에게 회복 불가능할 만큼 멀어져버렸다고 했다.[3]

한 가지는 분명해 보인다. 헤겔이 말하는 '절대자'의 개념을 우리의 인식 너머 존재가 아닌 합리적으로 분석할 수 있는 대상으로 삼는다면, 그것은 경험적 과학과 세속적 사회가 발전한 현대에 맞지 않는 구시대적 사고방식이 아닐까? 테리 핀카드는 자신의 책 『헤겔 전기Hegel: A Biography』(2000) 서문에서, 철학과 정치 영역에서 헤겔을 전반적으로 오해하는 이유는 그의 절대자 개념을 잘못 이해했기 때문이라고 간단히 이야기한다.

교양 있는 사람들은 대체로 자신이 헤겔에 대해 알고 있다고 생각한다: 헤겔은 마르크스 역사 이론의 선구자였지만, 유물론자였던 마르크스와 달리 가장 현실적인 것이 가장 정신적인 것이라고 생각한 관념론자였고, 정신은 정반합의 과정에 따라 발전한다고 생각했다. 또한 프로이센 왕국을 인류 역사의 정점이자 신의 작품이라고 칭송했고, 프로이센의 모든 시민은 조국에 무조건적 충성을 바쳐야 하며, 국가는 원하는 모든 것을 할 수 있다고 생각했다. 헤겔은 거창하게도 '절대자'라고 부른 신비주의에 가까운 사상을 발전시켰고, 이는 독일의 민족주의와 권위주의, 군국주의가 팽창하는 데 지대한 역할을 했다.
앞 문단에서 첫 문장을 제외한 모든 내용이 거짓이다.
더 놀라운 것은, 이 모든 내용이 매우 명백하게 거짓이라는 점이다. 학계에서는 이 사실을 오랫동안 합의하고 있었지만, 사상사나 백과사전에는 이 같은 설명이 여전히 포함되어 있다.[4]

헤겔의 관점에서 보면, 어떻게 자신의 존재 이전 영역인 절대자의 개념이 '입증 가능한 수준의 명백한 거짓'으로 자신에게 들씌워져 있는지 쉽게 알 수 있다. 절대자는 우리가 마주하는 객관적 현실보다 더 본질적인 존재이며, 우리의 표현 범위를 넘어 모든 것을 포괄하는 '물자체'일 수밖에 없다. 하지만 헤겔에게 '절대자'가 가져야 하는 최소한의 속성은 '자기 관계성'이다. 절대자는 결코 단순하고 직접적으로 주변과 소통하지 않고, 환경에 '영향을 받지도' 않는다. 오히려 상호작용 방식과 타자에 의해 규정되는 방식 모두를 스스로 결정한다. 우연인지는 모르겠으나 이러한 조건은 자유가 갖는 최소한의 여건과 일치한다. 내가 환경과 상호작용하는 조건을 최소한이나마 스스로 결정할 수 있다면 나는 자유롭다고 말할 수 있다. 생명이 자유의 기본적인 형태를 가져야 하는 이유가 이것이다.

살아 있는 유기체는 스스로 환경을 '구성'하고, 환경의 일부를 선택하며(위험 요소, 음식, 이성 등) 주변과 상호작용을 한다. 그래서 생동하는 유기체가 타자와 관계 맺는 방식은 내가 나 자신과 관계 맺는 방식이기도 하다. 나는 생존을 위해 음식을 찾고, 번식을 위해 짝을 찾지 않는가. 그렇다면 나는 살아 있는 유기체로서 단순한 나 자신일 뿐 아니라, 동시에 특정한 방식으로 나 자신에게 나타난다. 예를 들어 배고픔을 충족하거나 짝을 찾기 위해 분투하는 일이 그것이다. 그렇기 때문에 절대자는 객관적인 현실 너머의 '물자체'만으로 머물 수 없고, 객관적 질서에 그것이 나타나는 방식을 더해야 한다. 다시 말해 사물의 객관적 현실을 흐리게 하거나 왜곡하는 주관적 모습과 착각도 그 사물의 필연적인 일부라는 사실을 우리는 이해해야 한다. 우리가 절대적인 이해에 도달하는 것은, 어떤 대상이든 신비로운 모습을 제거하려 하거나 그 대상을 '진정한 물자체로' 이해하는 경우, 그 사물 자체가 해체된다는 사실을 이해할 때다. 그래서 우리는 마르크스가 자본을 절대자로 간주했다고 이야기할 수 있다. 그는 우리가 자본을 경험하는 환상적인 경험(예를 들어 상품 페티시즘)이 현실을 구성한다는 점 그리고 자본은 이러한 환상을 통해서만 자신을 재생산할 수 있다는 사실을 깨달았다. 이런 의미에서, 헤겔도 여러 번 강조했듯, 절대자는 객관과 주관의 통일체다. 절대자는 객관적 현실과 일치하는 주관적 개념이 아니라, 그 주관적 왜곡을 포함하는 객관적 질서다. 이런 의미에서 자유는 주관적 경험이지만, '객관적' 현실에 대해 갖는 자유(혹은 자율성)가 과학의 본질이다. 그 자유를 '객관적' 현실에 끼워 맞출 수 없다는 사실 자체가 자유에 대한 반증이다.

그런데 객관과 주관을 통일하고자 하는 이와 같은 개념이 초월의 지평transcendental horizon을 벗어날 수 있을까? 이 문제는 생각보다 더 복잡하고 또 모호하다. 과학적 실재론과 초월적 문명주의의 상반된 개념은 스피노자의 용어를 통해 이해할 수 있다. 만일 과학자에게 만물이 '신이자 자연Deus sive natura'이라면, 문명주의자에게 만물은 '신이자 문화Deus sive cultura'다. 즉 그것은 문화적 지평이라는 '에피스테메'episteme*로 우리 지식의 궁극적 기준이 된다. 칸트에서 헤겔로 옮겨가다 보면, 우리는 현실을 이해하려 할 때마다 지식이 해소할 수 없는 모순과 역설을 마주한다. 하지만 이후에는 그 문제들을 현실 자체의 영역으로 옮겨 답을 찾고자 한다. 예를 들어 양자역학에서 X가 입자인 동시에 파동이 되는 현상이나, 마르크스주의가 보여주

* 세상을 인식하는 틀

는 역사의 사건들이 그러하다.

하지만 반복해서 말하건대, 이러한 인식론적 모순과 장벽을 존재론적 해석으로 전환한다고 해서 모든 의문이 해소될까? 신비주의자들이 '세상의 밤night of the world'이라고 부르는 것, 즉 우리가 있는 그대로의 '실재'와 직접적으로 만나는 유일한 지점인 심연, 혹은 균열과의 대면, 다른 말로 영지주의적 통찰이 이루어지는 제로 상태가 존재하는 것은 아닐까?[5] 프로이트는 이 '세상의 밤'을 무의식적 '죽음 충동death drive'이라고 불렀고, 프로이트 이전에도 셸링Friedrich Schelling이, 인간의 자유로운 결정은 무의식적으로 발현된다는 주장을 펼친 바 있다. 그러므로 벤자민 리벳의 손가락 실험과 관련하여, 프로이트의 관점에 입각한 핵심 문제는 무의식 상태에 관한 것이다. 즉 인간에게는 의식적 생각(손가락을 움직이는 뒤늦은 의사 결정)과 '맹목적' 신경 작용(손가락을 움직이는 신경 활동)만 있는 것일까, 아니면 무의식적 '정신'의 과정도 존재하는 것일까? 그리고 만일 무의식이 정말로 존재한다면 그 무의식의 존재론적 상태는 어떤 것일까? 그것은 순전히 가상적인 상징적 질서, 즉 순수한 논리적 추정presupposition의 상태일까? (추정은 반드시 이루어지지만 실시간으로 벌어지지는 않는다.) 독일 관념주의의 정점에 있던 셸링은 '결정Ent-Scheidung'이라는 개념을 전개했다. 이것은 주체가 자신의 영원한 성격을 선택하는 무의식적이고 무시간적인 행위고, 이후 주체는 자신의 의식적이고 시간적인 삶 속에서 그 선택을 피할 수 없는 필연성으로 경험하게 된다. 즉 "그가 항상 그랬던 방식으로" 말이다.

행위가 한 번 실행되면 그것은 즉시 불가해한 깊이로 가라앉아 성격으로 지속된다. 의지도 마찬가지여서 한 번 실행되고 외부로 표출되면 즉시 무의식으로 확산된다. 이것이 시작이 작동하는 유일한 원리다. 그것은 하나가 되는 것을 멈추지 않는, 진정으로 영원한 시작이다. 이곳에서도 같은 일이 벌어진다. 시작은 스스로를 알아서는 안 된다. 한 번 이루어진 일은 영원히 이루어진 일이다. 진정한 시작으로서의 결정은 의식 앞에 나타나지 말아야 하고, 다시 인식되어서도 안 된다. 왜냐하면 그것은 만들어진 결정을 취소하는 일이기 때문이다. 결정을 내린 이후에 다시 그것을 소환할 권리를 남겨두는 사람은 결코 시작을 이루지 못할 것이다.[6]

이 절대적인 시작은 결코 현재에서 이루어지지 않는다. 그것의 상태는 '항상, 이미' 일어난 것으로서의 순수한 추정으로 존재한다. 다시 말해 그것은 수동적 결단의 역설이다. 이 역설은 우리 존재의 토대가 되는 결정을 수동적으로 받아들이는 일이며, 선택받았다는 사실을 인정하는 가장 자유로운 선택이다. 자크 데리다는 저서 『에마뉘엘 레비나스에게 작별을 고함 Adieu à Emmanuel Levinas』에서 '결정 decision'이라는 행위를 기존의 형이상학적 속성들(자율성, 의식, 행위, 주권 등)과 분리하고자 했으며, 그것을 "내 안에서 이루어지는 타자의 결정"으로 규정했다. "사건의 조건 자체인 수동적 결정은 언제나 내 안에서 구조적으로 벌어지는 타자의 결정이며, 나를 분열시키는 타자의 결정이다. 그것은 내 안의 절대적 타자이며, 내 안에서 나를 결정하는 절대적 존재로서의 타자이다."[7] 이때의 선택을 정신분석학 용어로 '근본의 환상fundamental fantasy'이라고 한다. 그것은 주체가 속한 의미라는 우주의 좌표로서의 프레임이자 매트릭스다. 그 환상은 '항상, 이미' 존재하여 내가 결코 벗어날 수 없다. 나는 이미 그 속에 던져져 있지만, 그럼에도 그것을 스스로 구성한 것으로 추정해야 한다.

셸링은 칸트의 원초적이고 비시간적이고 초월적인 행위의 개념을 과격하게 발전시킨다. 그리고 우리는 우리 자신의 '영원한 성격', 즉 윤리적 정체성의 기본 윤곽을 선택한다고 주장한다. 분명 프로이트의 '무의식적' 결정의 개념과 연결되는 지점이다. 이 절대적인 시작은 결코 현재에 이루어지지 않는다. 즉 그것의 상태는 '항상, 이미' 일어난 것처럼 순수한 추정의 상태다. 칸트에서 셸링까지 이어진 '근본 악radical Evil'이라는 주제는 악한 사람이 자신의 행위를 책임져야 한다는 수수께끼를 해결하고자 한 노력이었다. 악의 성향은 그 악을 행하는 사람이 가진 '본성'의 일부다. 그렇다면 악인은 자신의 본성을 따르는 사람이고 절대적 필연성인 자신의 행위를 이행할 수밖에 없다. 이 지점에서 칸트와 셸링은 비현상적이고 초월적이며 비시간적인 '원초적 선택'의 행위를 가정한다. 이를 통해 우리 각자는 시간적이고 공간적 존재 이전에 놓인 자신의 영원한 성격을 선택한다. 이 선택 행위는 시간적이고 현상적인 우리 존재 안에서 예정된 필연성으로 경험된다. 현상적 자각 속에 놓인 주체는 자신의 성격(윤리적 '본성')을 규정하는 자유로운 선택을 하지만 동시에 그것을 의식하지 못한다. 즉 이 행위는 근본적으로 무의식적이다.

여기에서 칸트는 난관에 봉착한다. 그에 따르면 우리는 단지 하고 싶은 것을 할 때 자유로운 것이 아니다. 병적 본성의 노예가 되는 자발적 충동에 '반하여' 도덕 법칙을 선택하고 따를 때 자유롭다. 그래서 칸트는 악을 다음처럼 세분할 수밖에 없었다, '평범한ordinary' 악('병적인' 충동으로 도덕을 위반하는 탐욕, 욕정, 야망 등), '근본적인radical' 악 그리고 '사악한diabolical' 악이 그것이다. 이 세 가지는 의미 없이 열거된 것처럼 보인다. '평범한 악'과 '근본적인 악', '사악한 악' 순으로 말이다.

그런데 자세히 살펴보면 이 세 가지는 동일한 기준으로 구분될 수 있는 것이 아니다. 칸트는 서로 다른 분류 원칙을 혼용하고 있다. '근본적인' 악은 특정 악행을 가리키는 것이 아니라 인간 본성에 내재된 선천적인 성향(이기적으로 행동하고 보편적 윤리보다는 병적인 동기를 앞세우는 성향)을 말한다. 그래서 '평범한' 악이 발생할 여지를 마련하고 이를 인간 본성에 뿌리내리도록 한다. 이에 반해 '사악한' 악은 특정 유형의 악행을 가리킨다. 이 악은 병적인 동기에 의해 추동되는 것이 아니라 단지 '그 자체를 위해' 행해지는데, 결과적으로 병적인 동기가 아닌 선천적으로 부여된 악으로 격상된다. 이것은 에드거 앨런 포가 자신의 소설에 구사한 '비정상적 충동'과 유사하다.

칸트는 '사악한 악'이 실제로 발생할 수 없다고 주장하지만(인간이 악 자체를 보편적인 윤리 규범으로 상정하는 것은 불가능하기 때문에) 그것을 추상적인 가능성으로 상정해야 한다고 말한다. 흥미롭게도 칸트는 자신의 책 『도덕형이상학Metaphysics of

Mores』1부에서 사법적 왕 살해, 즉 법정 판결을 통해 왕을 처형하는 경우를 예시한다. 그에 따르면, 군중이 왕을 처형하는 것은 단지 왕이라는 개인을 살해하는 것이 아니다. 왕에 대한 사법적 살해는 법의 최종 집행자를 살해함으로써 법의 형식을 내부로부터 붕괴시키고 법 자체를 끔찍한 모조품으로 전락시키는 행위다. 때문에 그는 이러한 행위는 결코 용납될 수 없고 '지울 수 없는 범죄'라고 주장한다. 그런데 칸트는 다음 단계를 설명하면서 모순에 빠진다. 그는 위와 같은 행위의 역사적 사례를 두 가지 열거한다. 크롬웰 시대에 벌어진 찰스 1세의 처형과, 1793년 프랑스에서 있었던 왕의 처형 사건이 그것이다. 이 사건들에 대해 칸트는 군중이 왕에게 가한 단순한 복수에 불과하다고 강력하게 주장한다. 그는 왜 이토록 동요했으며, 또한 분류의 혼란에 빠져든 것일까? 만일 그가 '사악한 악'이 존재할 가능성을 주장한다면 선과 악을 구분하는 일이 불가능해지기 때문이다. 왜냐하면 두 행위 모두 병적인 동기가 아닌 순수한 동기에 의해 만들어지기 때문이다. 그렇게 된다면 정의의 왜곡을 정의 자체와 구분할 수 없게 된다.

신의 죽음

그렇다면 헤겔의 경우는 어떨까? 칸트가 보여준 분류법상의 혼란을 해소하기는커녕, 이를 오히려 철학 원리로 발전시킨다. 『법철학philosophy of right』에서 헤겔은 정의의 왜곡이 정의 그 자체로 지양되는 과정을 보여준다. 그가 상정한 '절대 앎absolute knowing'도 같은 방식으로 작용한다. 그렇다면 자연을 포함한 모든 형태의 타자성은 완전한 자율성을 부여받게 된다. 현대 생태학이 태동하던 수십 년 전, 헤겔을 예리하게 읽은 일부 독자는 헤겔의 관념론적 사변이 자연에 대한 무한한 계발을 의미하지는 않는다는 점을 지적했다. 생산물을 계발하는 일과 달리, 사변은 타자를 그 자리에 둘 뿐 간섭하지 않는다. 프랑크 루다Frank Ruda가 지적한 것처럼[8] 헤겔이 상정한 '절대 앎'은 모든 현실을 지식의 자기 매개로 매끄럽게 통합하는 완전한 *지양*Aufhebung이 아니다. 오히려 현실을 움켜쥐려는 폭력적인 노력을 포기하고 단념하는 급진적인 '*포기 행위*Aufgebung'에 가깝다. '절대 앎'은 *놓아줌*Entlassen의 제스처, 즉 현실을 놓아주고 그대로 두어 자립하도록 하는 행위다. 그래서 끝없는 타자성을 소유하려는 노동의 행보를 중단시킨다. 노동(그리고 흔히 '기술 지배'로 부르는 현상)은 헤겔이 '가짜 무한성spurious infinity'이라고 부르는 것의 전형이다. 그것은 결코 완성될 수 없는데, 언제나 지배해야 할 타자를 전제로 하기 때문이다. 그에 비해 철학적 사변은 타자에 의해 더 이상 괴로워하지 않아도 되는 평온한 상태에 있다.

따라서 셸링이 헤겔의 변증법적 과정을 가리켜 모든 현실을 이념의 자기 운동으로 완전히 통합-승화시킨 과정이라고 주장한 것은 잘못이다. 또한 헤겔이 그러한 통합에 저항하는 '지양될 수 없는 잔여nie aufhebbare Rest'를 무시한 것도 그르다고 주장했지만, 이 또한 옳지 않다. 헤겔에게 그러한 잔여는 변증법적 과정의 최종적인 순간(혹은 산물)이다. 대를 이어 세습하는 군주가 궁극적 합리성의 총체인지는 물을 필요도 없다. 헤겔의 변증법적 과정에서는 자연 자체가 지양될 수 없는 잔여이기 때문이다. 헤겔의 논리 체계가 종착역에 이르고 논리의 과정들이 완벽한 조화를 이루게 되면, 그것은 스스로를 자연으로 '해방'시킨다. 헤겔에게 자연은 '논리상의 타자'가 아니라 '타자성에 내재한 논리(혹은 이데아)'다. 즉 자연의 즉시성은 논리적 중재가 완료되었다는 증거다. 이것을 영화가 시작되는 장면을 예로 들어 설명할 수도 있을 것이다. 영화가 시작되면 처음에는 추상적인 선과 원만 보이다가 점차 색깔이 더해지고 구체적인 장면이 나타나기 시작한다. 그러다가 화면이 만들어지고 다양한 장면이 이어진다…. 셸링에게 지양될 수 없는 잔여는 이데아에 통합될 수 없는 현실의 잔여물인 반면, 헤겔에게 잔여물은 이데아 자체의 최종 산물, 즉 이데아의 자기 관계적 부정성을 통해 산출된 궁극의 산물이다.

에티엔 발리바르는 헤겔의 자기 관계적 부정성의 공식들, 이를테면 '부정의 부정', '죽음의 죽음', '소멸 그 자체의 소멸' 등에 나타나는 모호성에 주목한다. 이러한 공식은 긍정성으로의 회귀나 화해로 해석될 수 있다(죽음의 죽음이 부활을 통해 생명으로 회귀하듯). 그런데 더 나아가 절대적인 소멸로서의 '소거의 소거', '부재의 부재' 등에 이르면 상실이 더 이상 상실로 느껴지지 않는다. 여기까지 나아간 경우를 하이데거의 표현으로 설명하면, 죽음의 궁극적인 의미는 의미 자체의 죽음이라고 할 수 있다. 헤겔 자신도 이를 설명할 때 이러한 중의적 의미에 의지한다.

죽음에 고착된 의미는 죽음을 통해 인간적인 요소가 떨어져 나가고 비로소 신성한 영광으로 나타난다. 죽음은 인간적인 것, 즉 부정적인 것을 떼어내는 과정이다. 하지만 그와 동시에 죽음 자체가 부정된다. 그것은 인간이 자연적 존재로서 마주하게 되는 가장 극단적인 부정성이다. 이 과정에 신의 의지가 담겨 있다.[9]

이 마지막 문장을 어떻게 해석해야 할까? 죽음을 통해 인간의 자연적 존재(유한성으로 썩어가는 신체적 현실)는 부정된다. 그 결과 무한 불멸하는 영혼의 '신성한 영광'은 어떠한 유한성의 방해도 없이 드러나게 된다. '하지만 그렇게 되면 죽음 자체도 부정된다.' 신은 유한성을 떨쳐버릴 때만 나타나는 완벽하고 온전한 지고의 존재가 아니기 때문이다. 신은 그 자체로 부정성을 통해 섭리하는 절대적인 힘이며, 모든 긍정적인 존재를 '떨쳐버리는' 절대적인 부정성의 힘 자체다. '신' 안에서는 최고의 완전함이 절대적인 파괴의 힘과 동등하다. 그래서 '신'은 절대적인 부정성, 즉 자기 관계성으로서의 부정성이라고 할 수 있다. 이것의 의미는 '그렇다면 신 자신이 죽어야 한다'는 것이다. 하지만 죽을 수 있는 존재는 인간이므로 신은 인간처럼 죽을 수 있는 존재로 나타나야 한다. 이것이 "이 과정에 신의 의지가 담겨 있다"는 표현이 의미하는 바다. 십자가에서 죽은 것은 신이 보낸 메시아도 아니고 지상 대리인도 아니다. 그것은 초월적인 신 자신이다. 그렇다면 부활은 무엇을 의미할까? 부활 가운데서 살아남은 영은 성령, 곧 신을 믿는 자들의 공동체 Gemeinde이다. 헤겔은 여기서 끝까지 나아간다. 그는 부활이 신자와 비신자 모두가 확인할 수 있는 '객관적인 사실'이 아니라고 말한다. 부활은 오직 신자들에게만 일어나는 사건이며, 그들에게만 제한된다. 발리바르는 '죽음의 죽음'이라는 개념의 핵심을 알아챘다.

> 거의 경고 문구와도 같은 이 구속restriction이라는 말은, '오직'(독일어로 nur)이라는 단어를 반복해서 사용하는 것으로 '죽음의 죽음Tod des Todes'의 의미를 오직 신앙의 영역에만 속하게 한다. 이 과정을 통해 신은 스스로를 '유지'하는데, 그 과정은 신의 죽음이며, 그 죽음은 오직 죽음의 죽음이다. 그리고 신은 다시 살아나며 모든 것은 전복된다. 부활은 본질적으로 신앙의 영역에 속한다. 부활한 그리스도는 오직 공동체 동료에게만 나타났다. 비신자에게 이것은 사실로서의 역사가 아니며, 그리스도의 현현은 오로지 신앙을 위한 것이다.[10]
>
> 부활은 '영적 왕국'을 믿는 주관적인 확신이다. 하지만 이 주관적인 확신은 개인이 가지는 것이 아니다. 오직 공동체나 집단의 자기의식으로만 존재한다.[11]

따라서 공동체야말로 영혼이 담기는 영역이다. 그래서 "공동체 자체가 현존하는 영혼, 즉 그 자체로 존재하는 영혼이며 공동체로 존재하는 신이다"[12]라든가, "하느님은 사랑이시다" 같은 말의 의미는 다음과 같은 성경 구절과 상통한다. "어느 때나 하나님을 본 사람이 없으되 만일 우리가 서로 사랑하면 하나님이 우리 안에 거하시고 그의 사랑이 우리 안에 온전히 이루어지느니라."[13] 이 반전에 담긴 핵심은, 헤겔이 부활한 신에 대한 상식선에서의 반론을 전적으로 지지한다는 사실이다. 즉 부활이라는 것은 '실재하는' 기적이 아니라 신자들의 마음, 그들의 내면에서 벌어진 일이다. 헤겔의 대답은 이렇다. 그런 주장을 하는 사람은 존재하는 현실과 물질의 실재 속에서 부활한 신을 독립체로 찾으려 하지만 장소를 잘못 짚은 것이다. 부활한 신은 오직 성령뿐이고, 그것은 신자들이 설정한 추정이다. 이 성령 안에서 *신앙과 신앙의 대상은 하나이자 같은 것이 된다.* 따라서 신앙은 사실로 입증되어야 할 무언가가 아니다. 같은 맥락에서 '죽음의 죽음'은 인간이 부활한 뒤에 신과 함께 영원히 산다는 의미가 아니라, 반대로 신이 오직 우리 안에, 우리의 신앙 안에 살아 있다는 뜻이다.

신의 의미가 이러하다면, 그것은 악Evil에게도 해당된다. 악은 신의 외부에 놓인 자연이 아니라 온전히 영적인 존재다. 악은 실체의 내용이 추상화된 영혼이며, 그 영혼이 처음으로 드러난 필연적인 양태다. 그것은 자연에 대한 반론이다. 이 지점에서 나는 발리바르와 견해가 다르다. 발리바르는, 자연과 악 사이의 거리가 헤겔의 기본 논지에 반하는 어떤 증상 징후라고 주장한다. "헤겔은 언제나 *자연Natur*과 *악Böse*이라는 단어 사이에 거리를 두고 글을 쓴다. '자연'은 신의 소외이며, '악'도 신의 소외인 것을… 이 점을 주의하라!"[14] 발리바르의 주장은 이것이다. 헤겔은 자연과 악을 동일한 논리로 대해야 하지만(그 두 가지 모두 최고선인 신으로부터의 소외이기 때문에), 둘을 직접적으로 동일시하는 것에 무의식적으로 저항하고 있다는 것이다. 하지만 나는 징후의 측면을 잘못 해석하고 있는 것은 발리바르라고 생각한다. 헤겔에게 자연은 악이 '아니다'. 악은 자연의 소산과 실체의 내용을 배제하는 정신이다. 악은 사고thinking 그 자체다.

> 악이 존재하는 대립성을 처음으로 설정하는 것은 인식이다. 동식물과 바윗돌은 악하지 않다. 악이 발생하는 곳은 분열과 균열의 영역이다. 그 균열은 외부의 자연에 대립하는 '나 자신'이라는 존재를 의식하는 일이다. (⋯) 이러한 분리를 통해 나는 비로소 나 자신으로 존재하게 되며, 바로 그 지점에서 악이 시작된다. (⋯) 따라서 (이성적) 사고가 악과 대척점을 형성하는 것이 아니다. 사고 자체가 악이다.[15]

결과적으로 이러한 명제가 도출된다. 최고악은 유한한 현실에 반하는 실체적 존재인 신 자신이다. 여기서 우리는 헤겔이 자신의 책 『정신현상학Phenomenology』에서 아름다운 영혼에 관해 쓴 구절을 주저 없이 거론해야 한다. 악한 신이 있다면 그것은 자신을 둘러싼 현실을 악하고 돌이킬 수 없이 타락한 것으로 인식하는 시선 그 자체다. 다른 관점으로 보면 '신의 죽음'이란 신과 인간의 화해가 아니라 무엇보다도 신의 신 자신과의 화해다. 그것이 바로 (이 과정에 관여하는) '신 자신'의 의미다…. 그렇다면 발리바르가 명백한 오류를 범했다고 보아야 할까? 즉 헤겔의 '부정의 부정'이란 논제에는 증상적인 모호함이나 왜곡이 없다는 뜻일까? 나는 발리바르가 옳다고 생각하지만, 그 모호함은 다소 다른 지점에서 찾아야 한다고 생각한다. '죽음의 죽음'이란 일어난 일을 '취소'한다는 헤겔 용어 *원상복구Ungeschehenmachen*를 의미하는 것일까?

이미 벌어진 일을 되돌리는 것은 합리적인 방식으로 불가능하다. 하지만 영적인 영역에서 혹은 우리의 내면 속에서는 이미 벌어진 일을 되돌릴 수 있다.[16]

그런데 죽음의 죽음이 신의 죽음으로 이어진다면 어떨까? 만일 우리가 성령의 사변적 진리를 신앙과 신앙의 대상이 일치하는 장소인 *공동체*로 본다면, 일반 신자들은 왜 여전히 물질적 외양에 집착하는 것일까? 그들은 왜 '십자가의 길Way of the Cross'*을 묵상하며 고난과 죽음이라는 감각적인 장면을 떠올리는 것일까? "이미 벌어진 일을 되돌리는 것은 합리적인 방식으로 불가능"하지만 사변을 통해 그러한 매혹을 '되돌린다'는 것은, 그 매혹이 신자들의 공동체를 결속시키는 비개념적인 순간으로 이어진다는 것을 의미한다. (헤겔은 강조한다. 철학은 지식인을 위한 것일 뿐이며, 일반인에게는 종교가 가장 고귀한 형식이라고.) 고통받는 그리스도의 이미지, 사실상 '다른 모든 이

---

* 그리스도의 고난을 묵상하는 기도

미지를 압도하는 이미지'도 '지양될 수 없는 잔여'인가? 만일 그렇다면 정확히 어떤 의미에서 그러한가? 이것은 급진적인 유물론의 관점과도 결합될 수 있을까? 아드리안 존스턴Adrian Johnston이 주목한 부분이 이 지점이다.

만일 극단적인 회의론과 상대주의, 불가지론 등을 펼칠 수 있는 능력이 전지전능하고 (혹은) 무한한 신에게만 주어진다면 어떨까? 다른 예를 들어보자. 만일 라캉이 자기기만과 자기 의심을 신의 영역으로 돌림으로써 그것들을 유한하고 필멸하는 인간의 능력 밖에 두려 한다면 어떨까? 만일 인간이 유신론과 무신론, 혹은 신앙과 불신앙을 선택하는 원초적인 행위를 뛰어넘어 자기인지 수준으로 도약할 수 있는 능력을, (…) 전지전능하고 영원한 존재에게 의탁한다면 어떨까?[17]

나는 기본적으로 존스턴의 의견에 동의하지만, 두 가지 논점을 덧붙이고 싶다. 그렇다. 첫째는 회의적인 의심은 궁극적인 오만을 함축한다는 점이다. 그리고 이 의심 속에서 주체는, 모든 것을 상대화하고 모든 것을 역사로 정당화하는 외부 관찰자와 안전한 거리를 둔다. 물론 우리는 헤겔처럼 의심을 두 가지로 구분할 수도 있다. 하나는 무언가에 의구심을 가지는 느낌으로서의 *의심*Zweifel이고, 다른 하나는 존재의 핵심을 뒤흔드는 근본적이고 실존적인 *의심*Verzweiflung(혹은 절망)이다. 그런데 만일 신이 스스로를 의심한다면, 신은 인간처럼 유한해지며, 스스로의 신성을 근본적으로 약화시키는 절망에 빠지게 된다. 둘째는, 다른 저술에서도 설명한 바 있지만, 직접적인 무신론은 불가능하다는 점이다. 무신론이 가능하기 위해서는 '신의 자기 파괴'라는 관문을 거쳐야 한다.

정치 행위로서의 자살

이 혼돈 속에서 앞으로 나아가기 위해 우리는 발리바르가 제시한 '부정의 부정'의 모호성을 넘어서야 한다(그것은 상처를 남기지 않는 치유일 수도 있고, 상처가 갖는 역할을 긍정하는 화해일 수도 있다). 그리고 가장 급진적인 자기 부정, 즉 자살을 생각해보아야 한다. 자살을 정치적 행위로 상정할 수 있을까? 가장 먼저 떠오르는 사건은 당연히도 베트남의 사례이며, 이후 1980년대 폴란드에 이르기까지 외국의 지배에 대한 항의로 공개적인 자살을 감행한 경우는 많다. 이 책에서 위 사건들을 다룰 수는 없고, 지구 온난화를 무시하여 인류가 의도치 않게 감행하고 있는 집단 자살의 문제를 논할 수도 없다. 최근에는 남아프리카공화국에서 자살을 제안한 사례가 있어 논란이 되었다. 데렉 후크Derek Hook[18]의 연구 자료에 따르면, 2016년 3월 터블란시 델포트Terblanche Delport라는 젊은 백인 학자가 요하네스버그에 있는 비트바테르스란트 대학교에서 열린 한 회의에서, 남아프리카공화국의 백인들에게 "윤리적 행위인 자살을 감행하라"고 촉구해 물의를 일으켰다. 델포트의 발언을 인용해본다.

남아프리카공화국의 현실을 봅시다. 백인 대다수는 흑인을 청소부나 정원사로 부리는 종속적인 관계로 만납니다. 그렇다면 그런 방식으로 살아가는 사람이 인종차별주의자가 되지 않을 방법이 있을까요? 백인이 아프리카의 일원이 되는 유일한 방법은 더 이상 백인으로 존재하지 않는 것입니다. 만일 우리 목표가 백인 우월주의를 해체하는 것이라면, 그리고 백인 우월주의가 백인의 문화이고 그 반대가 흑인의 문화라면, 남겨진 목표는 백인 문화를 해체하는 것이고 궁극적으로는 백인들이 스스로를 해체하는 것이어야 합니다. 백인들이 아프리카에 완전히 통합된다면 백인이라는 개념도 존재하지 않을 것이고, 백인들도 사라질 것입니다.[19]

남아프리카공화국의 백인 남성들이 감행할 자살은 구체적으로 어떻게 상상할 수 있을까? 도널드 모스Donald Moss는 간단하지만 문제의 소지가 있는(적어도 나에게는) 해결책을 제안했다. 백인 인종차별주의자는 백인에 기생하는 형성물이라는 주장이 그것이다.

백인성Whiteness이라는 것은 최초에는 부여받지만 나중에는 소유하는 형태다. 이 악성 기생 상태에 취약한 이들은 '백인'이다. 이 증상은 기저에 침투하여 신체와 마음과 존재 방식에 일정한 습속을 형성한다. 이 기생적인 백인성은 숙주의 욕구를 탐욕스럽고 왜곡되고 해소 불능의 상태로 만든다. 그렇게 변형된 욕구는 비백인을 대상으로 삼는다. 한번 형성된 이 욕구

는 제거하는 것이 거의 불가능하다.[20]

백인이 자신들의 인종차별적 습성을 없애기 위해서는 자연의 일부로서의 본질적 자아가 아닌 기생적인 백인성을 제거해야 한다는 말이다. 인종차별을 없애면서도 자신들의 본질은 잃지 않겠다는 의미다. 오히려 왜곡된 부분을 제거하면서 자신의 본질을 되찾고자 한다. 나는 이것이 라캉 이론에 영감을 받은 데렉 후크의 간단한 해결책보다는 낫다고 생각한다.

델포트의 화려하고도 도발적인 제안은 어쩌면 처음 발언했을 당시만큼 비합리적이거나 허황된 소리가 아닐지도 모른다. 논쟁의 여지는 있을지라도 발언하는 자신을 포기하는 제스처, 즉 나르시시즘적 집착이나 상징적이고도 상상적인 정체성을 벗어난 그 행위는 분명 자신이 아닌 무언가가 되기 위한 첫걸음인 동시에 무언가가 될 수 있는 존재의 첫걸음이기도 하다. 그것은 임상 심리학자들이 내담자에게서 그토록 이끌어내고 싶어 하는 '불안'에 내재된 변혁적 잠재력이다. 앞에서 암시된 백인 불안white anxiety*의 경우도 아무리 가벼운 사건일지언정 그 잠재력은 분명히 드러나고 있었다. 그것은 새로운 담론, 그래서 지금까지 상상할 수 없었던 형태의 정체성이 무의식적으로 형성되고 있다는 실마리가 된다.[21]

* 백인들이 타 인종에게 느끼는 불안과 위협

그럼에도 불구하고 내가 이 주장에서 문제라고 생각하는 것은 낙관적으로 마무리된 전환이다. 자살은 남아프리카공화국 백인의 실제 집단 자살을 의미하는 것이 아니라, 새로운 정체성을 지향하는 그들의 과거 정체성이 상징적으로 소멸한다는 의미다. 나는 백인의 집단 자살이라는 단어와 소위 아프리카 비관주의afro-pessimism*라는 개념 사이에 연결고리를 만드는 일이 훨씬 더 생산적이라고 생각한다. 프란츠 파농Frantz Omar Fanon의 주장을 떠올려 보라. "흑인은 비존재 영역에 속한다. 흑인은 극단의 불모지이고, 메마른 땅이고, 완전히 쇠퇴하는 비탈이다." 이 말은 오늘날의 '아프리카 비관주의'를 뒷받침하는 현실과 유사하지 않은가? 아프리카 비관주의자들은 흑인이 다른 소외 집단(아시아계, 성소수자, 여성)보다 훨씬 근본적인 집단이며, 흑인을 다른 형태의 '식민화'와 통합해서는 안 된다고 주장한다. 하지만 그러한 입장이야말로 자신들이 그러한 '비존재의 영역'에 속해 있다고 자인하는 모습이 아닐까? 이것이 바로 프레드릭 제임슨Fredric Jameson이, 미국에서 계급투쟁을 이해하려면 반흑인 인종차별을 알아야 한다고 주장한 타당한 이유다. 백인과 흑인 프롤레타리아를 동등하게 취급하는 모든 논의는 거짓이다. (여기서 생각해볼 것은, 젊은 시절의 간디가 남아프리카공화국에서 백인에 대항할 때, 흑인 다수의 고통을 무시한 채 인도인을 특권 백인 집단에 포함시켜달라고 요구했다는 사실이다.)

델포트의 주장은 급진적으로 보이지만, 오히려 이를 뒤집

*   아프리카의 경제적, 정치적 미래를 비판하는 입장

어 남아프리카공화국의 흑인들이 집단적으로 상징적 자살을 해야 한다고 제안하는 것은 어떨까? 즉 백인의 지배와 그에 대한 저항이라는 대립항을 깊이 각인한 자신들의 사회적-상징적 정체성을 벗어버리고, 불만과 피해의식으로 포장된 나르시시즘적 집착마저 벗어버리자는 의미로 말이다. (미국의 흑인들은 다른 흑인과 말다툼을 벌일 때 '제물!Victim!'이라는 말로 상대를 모욕하기도 한다.)

그렇다면 같은 논리를 적용할 수 있다. 흑인들도 "자신이 누구인지 포기하는 제스처, 즉 나르시시즘적 집착이나 상징적이고도 상상적인 정체성을 벗어난 그 행위"를 수행할 필요가 있다. 그것은 "분명 자신이 아닌 무언가가 되기 위한 첫걸음인 동시에 무언가가 될 수 있는 존재의 첫걸음이기도 하다." 그래서 나는 아프리카 비관주의를 단순히 암울한 사회적 현실을 인정하는 명제로만 보지 않는다. 무엇보다도 "그것은 새로운 담론, 그래서 지금까지 상상할 수 없었던 형태의 정체성이 무의식적으로 형성되고 있다는 실마리"가 되기 때문이다. 냉정하게 한번 생각해보자. 남아프리카공화국의 모든 백인이 어떤 식으로든 모조리 사라진다면 어떨까? 아프리카 국민회의 African National Congress, ANC의 비효율성과 부패는 여전히 남아 있을 것이고, 가난한 흑인 다수는 빈곤의 원인으로 지목할 대상을 잃어버린 뒤 더 큰 혼란 속에서 허우적댈 것이다. 시스템을 획기적으로 변화시키는 일은 결코 일부 대상을 제거하는 것만으로 이루어지지 않는다. 그것은 마치 유대인이라는 불안 요소가 사라진다고 해서 사회적 조화가 만개하지 않는 것과 같다.

흑인 스스로가 핵심 역할을 수행할 필요가 있다. 말콤 X가 자신의 성으로 X를 채택한 것도 이러한 통찰에 바탕을 둔 것이 아니었을까? 그는 X를 자신의 성으로 택하고 이를 통해 아프리카에서 강제로 끌려온 노예들이 가족과 민족적 뿌리와 문화생활 전반을 잔인하게 박탈당했다는 사실을 알렸지만, 그것은 아프리카라는 태생의 뿌리로 돌아가자는 투쟁을 촉구한 것이 아니었다. 오히려 X가 상기시키는 가능성, 즉 노예제 과정에서 영원히 잃어버린 아프리카 뿌리로부터 새로운 정체성(정체성 없음의 부재)을 확립해 견고히 붙잡는 것이 목적이었다. X는 흑인들에게서 고착된 전통을 박탈하고, 그들 자신을 재정의(재창조)하도록 한다. 나아가 백인들이 주장하는 보편성보다 더욱 보편적이고 새로운 정체성을 자유롭게 형성할 수 있는 고유한 기회를 제공한다. 후크의 용어로 표현하자면, 말콤 X는 흑인들이 상징적 자살의 제스처, 즉 비존재의 영역을 떨쳐내는 제스처를 통해 뿌리 없는 상태를 끝내고 새로운 정체성을 위한 영역을 해방시킬 것을 제안하고 있다. 이러한 제스처는 백인 지배를 단순히 무의미하게 만든다. 그들의 독단적인 꿈을 깰 것이고, 그들의 차별을 게임 상대가 없는 무용한 행위로 만들 것이다. 이것이 바로 갈등 상황의 말콤 X가 모든 단체로부터 적으로 간주된 이유가 아니었을까?

1965년 2월 21일 오듀본 볼룸에서 연설할 당시, 말콤 X는 이미 표적이 된 사람이었다. FBI와 경찰의 감시를 받고 있었고, 이슬람국가 지도부에 배신자로 낙인찍힌 애증의 대상이었다. 이

단체의 지도자 파라칸Mr. Farrakhan은 그를 "죽어 마땅한 자"로
명명한 바 있었다. 암살 일주일 전, 그와 그의 아내, 네 딸이
잠든 퀸스 자택에는 화염병이 날아들었다.[22]

잔인한 모순을 말하지 않을 수 없다. 알려진 대로 말콤 X
는 이슬람 보편주의에서 새로운 정체성을 찾았지만, 그를 살
해한 것은 제한된 민족적 정체성을 위해 이슬람교를 이용한
이슬람국가라는 조직이었다.

말콤이 당신들을 배신했나? 아니면 우리를 배신했나? 우리가
그를 배신자 처벌 규정에 따라 처리했다고 한들, 당신이 상관
할 바가 무엇인가? 그냥 조용히 침묵을 지키고 한발 물러서
있으면 된다. 왜냐하면 우리는 장차 하나의 국가가 될 것이기
때문이다. 그리고 국가는 배신자와 변절자와 악인을 처벌할
수 있어야 한다. 백인도 그들의 법도로 처리하고 유대인도 그
들의 규범으로 처리한다.[23]

한마디로 말콤이 살해된 것은 '우리'와 '너희'를 구분하는
경계선을 흐렸기 때문이다. 흑인에 국한되지 않고 보편적 해방
의 길을 열어줄 상징적 자살을 막기 위해서이기도 했다. 그리
고 우리는 오늘날에도 여전히 이 실패한 자살의 그림자 속에서
살아가고 있으며, 흑인들은 여전히 종속된 위치에 머물고 있
다. 실패한 자살이라는 주제는 사람들의 주목을 받기 쉽다. 알
렌카 주판치치가 지적한 것처럼, 이것은 부정 자체가 실패한

것으로 '부정의 부정'의 전형적인 사례다. 그 사례들 가운데 가장 절망적인 경우는 영화 〈스틸 앨리스Still Alice〉(2014)다. 리사 제노바Lisa Genova의 소설이 원작이고, 리처드 글래처와 워시 웨스트모어랜드가 각각 각본과 감독을 맡았다. 50세 생일 직후 유전적 알츠하이머 진단을 받은 언어학 교수 앨리스 하우랜드 역은 줄리안 무어가 맡았다. 앨리스는 기억이 점차 흐려지자 단어를 외우는가 하면 매일 아침 확인할 개인적인 질문들을 휴대전화에 저장해놓는다. 그리고 더 이상 그 질문에 답할 수 없게 될 미래의 자신에게, 약을 과다 복용해서 자살하라는 내용의 영상 메시지를 남긴다. 시간이 흐르고 병이 위중해진 앨리스는 자살을 촉구하는 자신의 영상을 본다. 약간의 난관 끝에 약을 찾아 삼키려 하지만, 그 순간 간병인이 도착하여 실행이 중단되고 약을 바닥에 떨어뜨리고 만다. 그리고는 자신이 무엇을 하려고 했는지 잊어버린다. 결국 자살마저도 실패로 끝난다….[24] 여기서 발견되는 역설은, 앨리스의 자살이 실패한 이유가 바로 그녀가 벗어나고자 했던 질병 때문이라는 사실이다.

이러한 개념('부정의 부정'이라는 실패한 부정)은 프로이트가 꿈, 징후, 말실수 등을 통해 드러나는 '억압된 것의 귀환return of the repressed' 기제를 설명하며 일찌감치 드러내지 않았던가. 억압된 것(부정된 것 혹은 의식에서 배제된 것)은 부정의 부정을 통해 부서지거나 왜곡된 암호 메시지로 귀환하는데, 완성된 총합의 형태가 아니라 어느 곳에도 속하지 않는 단편적인 타협으로 나타난다. 하지만 이 삼각관계*가 사건의 전부는 아니다. 이 관계를 복잡하게 만드는 것은 시작 지점에 추가되는 또 다

른 요소다. 그것이 프로이트가 말한 '원초적 억압Ur-Verdraengung'
이다.

　정신분석 치료란 환자가 억압된 요소들을 묵묵히 수용하
도록 만드는 일이라고 생각하는 사이비-헤겔적 해석이 있다.
이에 반발하는 가장 타당한 이론 중 하나가 프로이트가 말한
'도착倒錯의 역설'이다. 도착은 단순히 일탈의 논리만으로는 충
분히 설명되지 않는다. 통상적인 해석에 따르면, 히스테리 환
자들이 꿈꾸기만 하는 것을 도착자들은 실제로 행한다. 즉 '모
든 것이 허용된다'는 것이 도착의 논리다. 그들은 억압된 모든
것을 공개적으로 실현한다. 하지만 프로이트가 강조한 것처럼
도착에서만큼 억압이 강력하게 작용하는 곳은 없다. 이는 성적
인 자유가 해방 대신 불안과 무력과 불감을 초래하는 후기 자
본주의 현실에서 충분히 확인된 사실이다. (도착적 주체성에서
발생하는 이 억압의 억압은 금지의 금지와 관계된다. 사람들은 도착
에서 '모든 것이 허용된다'고 생각할 수 있으며, 억압된 더러운 환상이
아무런 통제 없이 드러난다고 생각한다. 하지만 그러한 '도착성'의 자
유로운 활보에서 보이지 않는 것은 바로 트라우마다. 그것은 근본적
인 불가능성으로서의 실재이며, 그 활보를 통해 가리고자 하는 간극
이다.) 여기서 우리는 억압의 내용과 형식을 구분해야 한다. 내
용이 더 이상 억압되지 않더라도 그 형식이 여전히 작동하는
상황을 생각해보자. 간단히 말해서 주체는 억압된 내용을 자기
것으로 수용할 수 있지만, 억압이라는 형식은 여전히 남아 있

　　＊　억압, 부정의 부정, 타협적 귀환

다. 왜일까? 프로이트는 어느 내담 환자의 꿈을 분석하면서 중요한 변증법적 결론을 도출한다. 그 여성은 어떤 꿈을 이야기하면서 "너무 흐릿하고 혼란스럽다"며 처음에는 자세한 내용을 이야기하지 않으려 했다. 하지만 밝혀진 바에 따르면 그녀는 아기의 아버지가 누구인지에 대해 의심을 품고 있었다(즉 부모 관계가 '흐릿하고 혼란'스러웠던 것이다).

> 꿈이 보여준 불명확함은 꿈을 유발한 재료의 일부였다. 재료의 일부가 꿈의 형식으로 표현된 것이다. 꿈의 형식이나 그것이 이루어지는 방식은 숨겨진 주체-내용을 표현하는 데 흔히 사용된다.[25]

이때 나타나는 형식과 내용 사이의 간극은 변증법의 적절한 예시를 보여준다. 이것은 초월적 간극과 대조되는 개념인데, 초월적 간극은 모든 내용이 선험적인 형식의 틀 안에 나타난다. 그래서 우리가 인식하는 내용을 '구성하는' 보이지 않는 초월적인 틀이 항시 전제된다. 혹은 구조적인 관점에서 보면 우리는 내용을 내용이 담기는 형식적인 틀과 구분한다. 그런데 올바른 변증법적 분석을 수행한다는 것은 변증법이라는 형식적 절차를 통해 특정 내용을 드러내는 것이 아니라 서사 구조에서 제외된 내용의 일부를 표시-신호해야 한다. 이때 중요한 이론적 지점은, 원하는 서사의 내용을 '빠짐없이' 재구성하기 위해서는 명시적인 서사 내용을 넘어, 내용의 '억압된' 측면을 대변하는 형식 요소들을 포함해야 한다는 점이다. 멜로드라마를 구성하는 흔한 방법을 생각해보자. 직접적인 서사로 표현할 수 없는 감정의 과잉은 매우 감상적인 음악과 같은 형식적인 요소들을 통해 표현된다. 이 점에서 멜로 드라마는 라스 폰 트리에Lars Von Trier 감독의 영화 〈브레이킹 더 웨이브Breaking The Waves〉와 대조된다. 이 영화는 가짜 다큐멘터리 형식을 사용했기 때문에, 과잉은 내용에 치우쳐 있다. 하지만 내용의 과잉을 두드러지게 하는 것은 절제된 형식이다.[26]

그런데 우리는 내용과 형식 사이의 진정한 변증법적 매개를 논하고 있는 만큼, 원초적 억압을 단순히 간극의 '형식'으로 축소해서는 안 된다. 그 억압 속에 살아남아 있는 어떤 것이 주장을 펼친다면, 그것은 부정에 저항할 뿐 아니라 오히려 더욱 강화된 (자기 관계적) 부정을 통해 기이하지만 긍정적인 '내용'을 형성한다. 따라서 이 '어떤 것'은 단순히 상징적 부정을 거부하는, 상징 이전에 놓인 실재의 잔여물이 아니라, 라캉이 '오브제 a'(혹은 '소타자 a') 혹은 '잉여 향유surplus-enjoyment'라고 부르는 도깨비 같은 X(spectral X)이다. 여기서는 라캉의 중요한 개념인 *쾌락Lust, plaisir*과 *주이상스jouissance, Geniessen*의 차이를 이해해야 한다. "쾌락의 원칙을 넘어선" 것이 향유이며, 그것은 충동 그 자체인 *주이상스*이다. *주이상스*가 갖는 기본적인 역설은 그것이 불가능한 '동시에' 불가피하다는 점이다. 결코 완전히 성취되지 않고 언제나 놓치고 말지만, 동시에 그것으로부터 결코 완전히 벗어날 수 없다. 즐거움을 포기하면 그 지점에서 새로운 즐거움이 생겨나고, 욕망에 장애물이 생기면 그에 대한 또 다른 욕망이 생겨나는 식이다. 이러한 전환은 잉여 향유의 특징을 잘 보여준다. 여기에는 매우 역설적인 '고통에 내재한 쾌락'도 포함된다. 라캉이 잉여 향유*plus-de-jouir*라는 용어를 사용할 때 우리는 단순하지만 중요한 질문을 던져야 한다. 그 잉여는 무엇으로 구성되어 있는가? 단순히 일반적인 쾌락의 질적 확장인가? 이때 프랑스어가 가진 모호성이 중요한 역할을 한다. 그것은 '향유의 과잉'을 의미할 수도, '향유의 부재'를 뜻할 수도 있다. 단순한 쾌락을 넘어서는 과도한 향유는 향유의 반대 개념인 고통의 존재로 인해 발생한다. 고통은 향유의 일부이며 항상성恒常性을 지니지만 쾌락 원리에 통제되기를 거부한다. 또한 억압 자체에 의해 생성된 향유의 과잉이며, 억압을 제거하면 이 쾌락도 사라진다. 그렇다면 헤르베르트 마르쿠제Herbert Marcuse가 자신의 책 『에로스와 문명Eros and Civilization』에 기술한 내용 가운데는 보완할 부분이 있다. 그는 억압을 '기본 억압'(인류가 문명을 이루고 번성하는 데 필요한 조정)과 '잉여 억압'(사회적 지배를 위해 필요한 제한)으로 구분했다.

어떤 형태의 체제 원리든 인간의 본능에 대해서는 상당한 정도의 제한과 억압적 통제를 요구한다. 하지만 체제의 특정 역사적 제도와 특정 이익을 고수하는 이들은 문명화된 인간 사회에 필요한 통제를 넘어 추가적인 통제를 가하고자 한다. 이처럼 지배 체제가 구성하는 특정 제도의 추가적인 통제를 우리는 '잉여 억압'이라고 부른다.[27]

마르쿠제는 '잉여 억압'의 예로 "일부일처제와 가부장제가 지속되고, 노동이 위계적으로 분할되며, 개인의 사생활에 공적 통제가 가해지고, 우리에게 필요한 본능적 에너지가 왜곡되고 굴절되는 현상"[28]을 들었다. 그는 기본 억압과 잉여 억압이 구분할 수 없을 만큼 얽혀 있음을 인정하지만, 나아가 그러한 개념 구분 자체가 문제라는 점을 지적해야 했다. 이는 리비도 경제학의 역설로, 잉여나 과잉은 인간이 그 자체의 '기본적인' 삶을 영위하는 데 필수임을 의미한다. 왜 그럴까?

이데올로기의 체계는 주체들에게 '잉여 향유'(라캉의 plus-de-jouir)를 제공하며 '억압'(그리고 포기)을 받아들이도록 '유혹'한다. 이때의 잉여 향유는 바로 '과도한' 향유를 포기하며 생성된 향유다. 잉여 향유는 본질적으로 고통 속의 향유, 즉 '고통속의 쾌락'이다. 그 대표적인 사례가 파시즘의 구호인 "타락한 쾌락을 포기하라! 조국을 위해 희생하라!"이다. 이 구호는 포기를 통해 음란한 향락을 약속한다. 그러므로 '기본' 억압만 있고 잉여 억압이 없는 상태는 존재할 수 없다. 왜냐하면 잉여 억압이 만들어낸 향유의 주체들에게 '기본' 억압은 매우 받아들이기 쉽기 때문이다. 이 역설은 '덜어낼수록 더 많아진다'는 아이러니를 보여준다. 억압이 '강해질수록' 충격은 줄어들고 사람들은 쉽게 받아들인다. 하지만 억압이 줄어들면 약한 정도의 억압에도 갈등은 더해지고 사람들은 반발한다. (혁명이 억압의 정점에서가 아니라, '합리적'이고 '이성적'인 수준으로 후퇴했을 때 벌어지는 이유 중 하나가 이것이다. 억압이 줄어들면 억압을 받아들이기 쉽게 만드는 아우라가 사라지기 때문이다.)[29]

우리가 마르쿠제의 '비억압적 탈승화non-repressive de-sublimation'라는 관념을 앞세워 성적 해방을 외치는 일을 거부해야 하는 이유가 이 때문이다. 라캉이 정의한 승화의 의미를 따른다면, "해방된 사람들은 온갖 형태로 도착倒錯된 신체를 재성화 re-sexualizing하는, 억압 없는 탈승화를 경험할 수 있다"는 마르쿠제의 주장은 유토피아적인 허구일 뿐이다. 왜일까? 라캉에게 '억압적 탈승화'는 '비억압적 탈승화'와 대립될 수 없다. '탈승화' 자체가 억압적이기 때문이다. 그래서 주체가 자신의 가장 더러운 환상을 감행하는 도착倒錯은 라캉의 주장처럼 눈에 드러나지 않은 억압적 권력이다. 라캉에 따르면, 성적 충동은 승화에 의존한다. 승화는 평범한 세속의 대상Thing*을 불가능한 대상의 수준으로 끌어올린다. 이것이 승화가 평범한 대상을 성적으로 만드는 원리다. 따라서 존스턴이 "프로이트적 승화는 목표를 억제하는 기제 앞에서 만족으로 돌아서는 행위일 뿐이다"라고 주장했을 때, 우리는 이를 단순히 직접적인 성적 대상이나 행위가 비성화된desexualized 활동으로 대체되는 것이라고 이해해서는 안 된다. 라캉은 승화를 칸트적인 방식으로 해석한다. 승화에서 금지되는 것은 직접적인 대상이 아니라 불가능한 '대상'이다. 이때의 기본적인 역설은, 금지된 것이 이미 본질적으로 도달할 수 없는 것이라는 점이다. 승화에서는 잡히지 않는 '대상'을 잡기 위해 하나의 것에서 다른 것으로 이동하는데, 이 '대상'은 구체적인 사물을 통해서는 도달할 수 없다.

'덜어낼수록 더 많아진다'는 역설의 논리를 이해하기 위해

---

* 실재의 물질적 형태를 가정한 단어

서는 상징적 거세를 실제 거세(정말로 페니스나 고환이 떨어져나가는 경우)나 상상적 거세(한때 페니스를 가지고 있었지만 잃어버렸다고 상상하는 여성의 경우처럼 상상 속에서만 일어나는 상실)와 구분할 필요가 있다. 상징적 거세에서는 신체에 아무 일도 일어나지 않는다. 단지 신체적 과잉의 순간인 팔루스phallus가 '거세'되어 결핍이나 무력의 기호로 변한다. 이런 의미에서 사회적 권위는 그것을 가진 자에게 상징적 효과를 미치기 때문에 정말로 '팔루스적'이다. 예를 들어 내가 왕이라면 즉위식 자체가 나를 왕으로 만든다는 사실을 받아들이게 되며, 내 권위는 내가 작용하는 상징물로 나타난다. 그러므로 어떤 의미에서 내 권위는 현실의 외로운 사람으로서의 나와 분리되어 있다. 라캉이 말한 것처럼, 상징적 위임 과정 없이 자신이 원래부터 왕이라고 믿거나, 진정한 아버지라고 믿는 사람은 오직 정신병자뿐이다. 이것이 바로 아버지가 되는 것이 실패로 정의되는 이유다. 어떤 '경험적' 아버지도 자신의 상징적 역할이나 지위에 완전히 부응할 수 없다. 내가 아버지라는 권위를 부여받았다면, 그 권위에 병적으로 집착하지도 않고 상징적 지위와 현실의 간극을 숨기지도 않으면서 어떻게 살아갈 수 있을까?

프로이트의 관점에서 인간의 유한성(상징적 거세)과 불멸성(죽음 충동)이 같은 작용의 두 측면인 이유가 이것이다. 즉 삶의 본질은 불멸의 *주이상스*–불멸의 대상이다. 그리고 그것은 상징적 질서에 의해 '거세'되지 않는다. 결핍과 과잉이 그러하듯, 두 개념은 서로 연결되어 있을 뿐이다. 거세에 의해서 남겨진 것이 바로 불멸의 '대상'이며, 이 '대상'은 거세를 통해 만들어진다. 거세 또한 그에 의해 유지된다. 그러므로 '순수한' 거세는 존재하지 않으며, 거세는 그것을 넘어서는 불멸의 과잉으로 인해 지속된다. 거세와 과잉은 서로 다른 실체가 아니라 동일한 동전의 앞면과 뒷면이다. 그것은 마치 뫼비우스 띠의 양쪽 면에 같은 실체가 새겨져 있는 것과 같다. 이제 유한성과 불멸성의 결합이라는 개념이 명료해진다.

어떤 독립체가 있다고 하자. 그것이 자신의 유한한 형태(형식)에 부합한다면 평화롭게 안주할 것이다. 하지만 스스로 있는 그대로일 수도 없고 어떤 것을 이룰 수도 없다는 사실, 혹은 핵심에서 벗어나 있고 그러면서도 환원 불가능의 불능 상태에 빠져 있다는 사실이 확인되면, 그것을 유한한 형태 밖으로 밀어낼 것이다. 이러한 내재적이고도 구조적인 장애가 발생하면 '대상'은 '죽음'을 넘어서까지 지속된다. 〈햄릿〉의 살해된 왕을 생각해보라. 그는 왜 신체적인 죽음 이후에 유령이 되어 현실로 회귀하는 것일까? 그의 자연적인 죽음과 상징적 죽음 사이에 놓인 간극 때문이다. 즉 그는 죄악을 저지른 몸으로 죽었기 때문에 죽음 속에서 평화를 찾을 수 없었고, 자신의 상징적 죽음(모든 일과 절차를 정리하는 일)을 완수할 수 없었다.

실패로 돌아간 부정의 부정

이제 우리는 '부정의 부정'의 세 번째 형태로 돌아가야 한다. 근대성이 가진 한 가지 특징은, 그 속에서 '부정의 부정'의 특정 형태가 나타난다는 점이다.[30] 이때 나타나는 부정의 부정은 새로운 긍정성으로 전환되기보다 그 부정(바닥, 제로 상태에 도달하고자 하는 노력)조차 실패로 귀결된다. 우리는 불멸하지 않을 뿐 아니라 완전히 사라지지도 못한다. 사라지려는 시도에 실패한 우리는 '언데드undead'(살아 있지만 죽은 사람)라는 음란한 불멸의 모습으로 살아남는다. 우리는 행복을 추구하는 데 실패할 뿐 아니라 불행을 추구하는 데에도 실패한다. 우리 삶을 망치는 우리의 노력은 비참한 행복과 잉여 향유의 작은 조각들을 만들어낸다.

오래전, 유고슬라비아에서는 무능하고 부패한 기관의 표상으로 경찰이 지목되곤 했다. 이와 관련된 농담이 하나 있다. 한 경찰이 예상치 않게 일찍 귀가해보니 홍조를 띤 아내가 나체 상태로 홀로 침대에 누워 있었다. 경찰은 침대 밑에 다른 남자가 숨어 있다고 생각하고 몸을 숙여 침대 밑을 살폈다. 그는 지폐 몇 장을 주워 바지 주머니에 급히 밀어 넣으며 만족스러운 표정으로 이렇게 말했다고 한다. "문제없군, 아무도 없어!" 이처럼 우리도 일상에서 실패를 받아들일 때 모종의 비참한 잉여 향유를 보상받는다.

실패한 자살 사건을 다룬 명작 소설인 이디스 워튼의 『에단 프롬Ethan Frome』(1911)을 살펴보자. 이 단편은 뉴잉글랜드 겨울의 춥고 황량한 잿빛 도시를 배경으로 전개된다. 무명의 내레이터는 가상의 마을 스타크필드에서 에단 프롬이라는 인물을 발견한다. 에단은 "스타크필드에서 가장 눈에 띄는 인물"이고 "망가진 사람"이며, 심지어 "쇠사슬이 철렁거리듯 절룩이며 걷지만, 그러면서도 묘한 매력을 발산하는" 사람으로 묘사된다. 내레이터는 에단의 사연을 알게 되고, 몇십 년 전으로 거슬러 올라가는 그의 이야기를 전한다.

당시 에단은 외로운 농부였고, 차갑고 무뚝뚝하고 감사할 줄 모르는 아내 제나를 돌보며 힘겨운 삶을 버티고 있었다. 24년 전, 사촌 매티가 일을 돕기 위해 부부의 집에 머물게 되고, 에단은 그녀를 한 줄기 빛과도 같은 희망으로 느낀다. 에단과 매티는 사랑에 빠지고 매티도 그의 사랑을 받아준다. 이들의 관계를 수상히 여긴 제나는 매티에게 떠날 것을 종용한다. 에단은 함께 도망칠 돈이 없었기 때문에 매티와 기차역까지만 동행하려 한다. 그들은 함께 썰매를 타기로 약속한 적 있던 언덕에 멈춰 선다. 이후 다시는 만날 수 없을 슬픈 이별의 시간을 늦추기 위해 두 사람은 썰매를 탄다. 첫 번째 활주를 마친 매티는 함께 자살하자고 제안한다. 썰매를 타고 활주하다가 나무에 부딪혀 죽으면 마지막 순간을 함께할 수 있고, 이후에는 영원히 함께 머물게 될 것이라고 말한다. 처음에는 거부하던 에단도 절망감에 몸서리친 후에 결국 제안에 동의하게 된다. 그들은 서로를 꼭 안고 썰매에 올라탄다. 빠른 속도로 활주한 썰매는 느릅나무에 정면충돌한다. 얼마 뒤 의식을 되찾은 에단은 옆에 누워 상처 입은 작은 짐승처럼 신음하고 있는 매티를 발견한다. 에단은 영구적인 장애를 입어 다리를 절게 된다. 에필로그에서 시간은 현재로 돌아와 있다. 화자가 에단의 집을 방문했을 때, 짜증을 내는 여성의 목소리가 들린다. 늘 불만을 토로하던 제나인 줄 알았지만, 사실은 사고로 신체가 마비된 후 함께 살게 된 매티의 목소리였다. 매티는 독립할 수 없는 자신의 처지를 비관하며 마음의 상처를 갖게 되었고, 제나는 에단과 매티 모두를 돌보아야 하는 기구한 삶 역할을 부여받아 강인한 사람이 되었다.[31] 고통스러운 아이러니 속에서 에단과 매티는 함께하고자 했던 소원을 이루었지만 서로의 불행과 불만을 지켜보아야 하는 여생을 살게 되었다. 제나는 두 사람 사이에 끊임없이 존재하는 인물이 되었는데, 이는 '존재'라는 것을 '실패한 비존재failed non-being'로 보는 믈라덴 돌라르Mladen Dolar 공식의 궁극적인 사례라고 볼 수 있다.

그렇다면 자살을 시도한 이들의 행위는 진정한 사랑의 행위였고 그들의 생존은 우연한 사고였을까? 아니면 그 생존에도 충분히 중요한 의미가 있기 때문에 자살 시도가 우연이었던 것일까? 『에단 프롬』의 단순한 서사가 해석자들 사이에 큰 혼란을 일으킨 것은 당연한 일이었다. 장르적 측면에서 보면, 이 작품은 잔혹한 리얼리즘이자 음울하고 비극적인 고딕 Gothic 이야기이고, 그러면서도 사악한 마녀가 승리하고 연인들은 불행해지는 성인용 동화다. 에단 프롬이 보여준 윤리관에 대해 미국 작가 프레데릭 테이버 쿠퍼Frederic Taber Cooper는 1911년 글에서 "이디스 워튼 여사의 최근 작품에 나타난 냉혹한 무자비함은 용서하기 어렵다. (…) 내용이 무도하나 기법적으로는 완벽한 이 작품의 유일한 가치는 예술을 위한 예술을 지향한 점이다"라고 평했고, 이후 더욱 많은 비평가의 논의가 이어졌다.[32] 라이오넬 트릴링Lionel Trilling은 "도덕적 맥락에서 『에단 프롬』은 아무 견해도 제시하지 않는다. 이 작품은 도덕적 문제를 전혀 담고 있지 않다"[33]고 주장하며 도덕의 부재를 지적했고, 로버트 애버트Robert Ebert는 영화 리뷰 가운데 이 소설을 "우울한 도덕 이야기"로 규정했다….

이 가운데 트릴링의 독특한 견해에 대해 생각해보자. 리처드 세넷Richard Sennett이 "당신은 입장이 없소. 언제나 중간에 머물 뿐"이라고 비꼬자 트릴링은 "중심에 있는 것이 유일하게 정직한 위치입니다"[34]라고 응수한 적이 있다. 이 말은 오늘날 우크라이나 침공을 비난하면서도 러시아에 공감하는 태도를 보이는 사람들의 모습과도 비슷하다. 엘리트주의를 숨기지 못하는 입장을 가진 트릴링은 습관의 고리에 갇힌 평범한 사람들을 무시한다. 그의 말은 소수의 엘리트만이 진정으로 윤리적 행동을 할 수 있다는 주장처럼 들린다. 그는 이렇게 주장한다.

이 이야기는 '타성적 도덕'에 매몰된 개인에게 어떤 일이 벌어지는지를 보여준다. 연인들은 공동체의 규율에 순종하는 바람에 새로운 삶을 개척할 용기와 확신을 갖지 못한다. 그들의 두려움은 그들이 그토록 절실하게 벗어나고자 했던 일상의 무기력한 삶으로 그들을 몰아넣었다. 『에단 프롬』이 주는 진정한 교훈은 마음의 명령을 따르지 않으면 영혼을 잃을 위험에 처하게 된다는 것이다.[35]

반대로 해석하는 의견도 존재한다. "결과적으로 소설은 독자를 경고하는 내용으로 마무리된다. 그 경고는 독자들이 꿈을 따르면 매우 암울한 상황에 처하게 될 수 있다는 메시지다."[36] 하지만 정말 그럴까? 에단이 돈을 빌려 매티와 함께 도망치려던 계획을 포기한 것은 도덕적인 이유 때문이었다. 그는 도덕에 민감한 인물이었다. 그리고 그를 자기 파괴로 이끈 것은 계급 차이, 즉 선택의 여지를 빼앗은 가혹한 가난이었다. 사고 이전까지 에단과 매티는 제나와 함께 살면서 자주 만나는 것이 최선의 선택이라고 생각한 듯하다. 이 생각은 그대로 현실이 되지만 매우 암울한 현실이 되었다. 그들은 여생을 함께하게 되었지만 두 사람 모두 불구의 몸이 된, 살아 있지만 죽은 관계가 되었다. 에단과 매티가 절망적인 상황에 빠지게 된 것은 자신들의 꿈을 따를 준비가 되어 있지 않았기 때문이다. 예를 들면 그들은 함께 도주하지도 않았고, 최소한 제나에게 자신들이 헤어질 수 없다는 사실을 알리는 대범함도 보이지 않았다. 라캉의 용어로 말하자면 그들은 자신들의 욕망과 타협했다. 그런데 정말로 그랬는가? 이야기에는 마지막 반전이 있다. 마지막 몇 페이지에서 루스 헤일 부인은 화자에게 모든 상황을 뒤집는 한 가지 사실을 말해준다.

나는 그녀가 나를 편하게 여길 때까지 한동안 기다렸다. 그리고 입을 뗐다.
"그랬죠. 셋이 함께 있는 모습이 좋아 보이진 않았습니다."
그녀는 가녀린 눈썹을 움직여 고통에 찬 표정을 만들어 보였다.
"처음부터 정말 끔찍했어요. 두 사람이 실려 왔을 때 저도 옆에 있었거든요. 매티를 지금 이 방에 눕혔죠. 매티와 저는 둘도 없는 친구였어요. 저는 봄에 결혼할 예정이었고 그녀는 신부 들러리를 자청했었답니다. 그녀가 정신을 차렸고 우리는 함께 밤을 지새웠어요. 사람들이 진정제를 주기도 했는데, 아침까지는 많은 것이 기억나지 않는 것 같았어요. 그러던 중 갑자기 그녀가 정신을 차리고 멀쩡한 표정으로 제 눈을 똑바로 바라보며 말했어요…. 아, 제가 왜 이런 이야기를 하고 있는지 모르겠네요."

헤일 부인은 말을 멈추고 울기 시작했다.

사고를 겪고 깨어난 매티가 루스 헤일에게 정확히 뭐라고 말했을까? 헤일이 화자에게 그 이야기를 하지 못한 이유는 무엇일까? 그 말이 무엇이었든 매티의 성격이 괴팍해진 일과 관련이 있을 것이다. 이제 매티는 24년 전의 제나처럼 행동하고 있으며, 심지어 그녀와 닮아 보이기까지 한다. 그리고 헤일은 소설의 마지막 대사를 읊조린다.

"사고가 나고 일주일쯤 지났을 무렵이었어요. 모두들 매티가 살지 못할 거라고 생각하던 때였죠. 글쎄, 저는 그녀가 살아 있는 것이 안타깝다고 생각했지 뭐예요. 그래서 목사님에게 그 이야기를 했더니 매우 놀란 표정을 보였어요. 처음 매티가 깨어났을 때 목사님이 그 자리에 없었기 때문에 그랬다고 생각해요…. 그리고 저는, 만약에 그녀가 죽었더라면 에단은 지금 살아 있을 거라고 생각해요. 저 집안 꼴을 보면, 농장에 있는 프롬가 사람들이나 묘지에 있는 프롬가 사람들이나 별 차이가 없는 것 같다니까요. 단지 묘지에 있는 사람들은 그냥 조용히 있고, 여기 여자들은 입을 다물고 살아야 한다는 것만 다르죠."

마지막 구절인 "여자들은 입을 다물고 살아야 한다"는 구절은 여성들은 대체로 수다스럽다는 우려 섞인 클리셰이자 반여성적인 표현인가? 상황은 그렇게 간단치가 않다. '입을 다문다'는 것은 정확히 무엇을 의미하는가? 그것은 작은 마을에 퍼지곤 하는 일반적인 소문이 아니라, 눈밭 사고 이후 깨어난 매티가 한 말을 직접적으로 가리킨다. 그 말은 단순한 가십이 아니었는데, 생사를 헤매는 사람이 마지막으로 하는 말은 거의 증언과도 같은 의미를 갖기 때문이다. 따라서 혜일 부인의 마지막 금기의 말이 단순한 수다가 아니라는 뜻일 것이다. 즉 그것은 생사를 가를 만큼 중요한 이야기에 대해서는 입을 다물어야 한다는 암시일 가능성이 크다. 물론 독자들은 그 말이 무엇인지 알 수 없고, 단지 에단과 매티 사이에 있었던 일과 관련되었으리라는 추측을 할 뿐이다. 그것은 매우 충격적인 일이었을 것이고, 두 사람이 육체관계를 가졌거나 함께 자살을 시도했다는 정도의 이야기일 것이다.[37] 간혹 두 사람의 도주와 자살 시도는 허구였고, 극중 화자가 자신의 '그림자shadow'(자아의 억압되고 감추어진 부분을 뜻하는 융의 용어)를 투사한 것일 뿐이라는 주장도 제기된다. 하지만 이러한 해석은 단호히 거부되어야 한다.

『에단 프롬』에서 화자는 환상 속으로 빠져든다. (우리가 읽은 것은 화자 내면에 잠재된 공포의 표현물인 에단의 이야기다.) (…) 소설은 화자의 문제에 초점을 맞추고 있는데, 그 자신의 공적 자아와 그림자 자아 사이의 긴장을, 그리고 매혹적이지만 봉인된 공허에 대한 그의 공포를 다루고 있다.[38]

헤일 부인의 마지막 말은 또 다른 반전을 가져온다. 그것은 화자의 '이야기'가 말로 표현하기에 너무도 강렬한 트라우마적인 실재에 닿았음을 의미한다. "진실은 허구의 구조를 갖는다"는 라캉의 명제처럼, 화자의 허구는 실재와 접속한 것이다. 다시 말해 프로이트가 융을 이긴 것이다.[39]

실패한 부정의 모티프는 더 복잡한 서사의 장치(어쩌면 회심의 일격)로 나타나기도 한다. 타나 프렌치Tana French의 소설 『브로큰 하버Broken Harbour』[40]를 살펴보자. 이 소설은 사회의 지배 윤리를 맹목적으로 따르는 사람들에게 자본주의적 자기 재생산이 어떻게 작용하고, 그들을 어떻게 살인적인 광기로 내모는지를 완벽하게 보여준다. '삶의 토대로서의 경제'와 '욕망의 투사물로서의 경제'의 복잡한 관계에 대해 긴 시간을 고민하는 모든 이론가들은 이 소설을 읽어야 한다. 소설은 자유 자본주의 금융의 투기와 그로 인해 몰락하는 개인의 삶을 그리고 있는데, 특히 등장인물 각자가 경제적, 사회적 난관에 대응하는 방식에 초점을 맞추고 있다. 인물들은 각자 옳다고 생각하는 일을 주어진 상황에서 최선을 다해 수행한다. 그들 중 누구도 타락하지 않았으며, 오히려 상황을 바로잡기 위해 목숨까지도 기꺼이 희생하려 한다. 그러나 소설은 '옳은 일을 하는 것'이 어떻게 오류가 될 수 있는지에 대한 다양한 사례를 보여준다. 이 소설이 주는 안타까운 교훈은, 단순히 글로벌 자본주의라는 마수가 개인을 타락시키고, 각자의 윤리적 관점을 허물도록 몰아붙이는 현실이 아니다. 개인이 윤리적 판단을 내릴 때조차 사회 시스템은 교묘하고도 엉뚱한 결과를 주인공들에게 떠안긴다는 사실이다.

스페인의 가정에서 두 아이가 침대에서 질식사 상태로 발견된다. 부모인 패트와 제니는 아래층 주방에서 흉기에 찔린 채 쓰러져 있고, 제니만이 살아남아 위중하나마 생존의 불씨를 살릴 수 있게 되었다. 이러한 다중 살인이 발생한 곳은 더블린 교외의 '브라이언스타운'이라는 곳이었다. 이 마을은 고급스러운 다기능 종합 커뮤니티로 계획되었으나 2008년 시장 붕괴로 인해 건물 다수가 완공되지 못한 채 공실로 남아 있었다. 마을에는 네 가정만 거주했는데, 개발업자는 비용 절감을 빌미로 부실시공을 일삼다가 자취를 감추었고, 주택시장이 붕괴하면서 집값이 부채보다 하락하는 지경에 이르렀다. 스페인 가족은 마치 인질에 붙잡힌 것처럼 집에 갇히는 신세가 되었다. 그러던 중 일가족 살인 사건이 발생해 이제는 끔찍한 냉기만이 마을을 휘감고 있다. (비어 있는 아파트와 상가는 오늘날 글로벌 자본주의의 주요 징후 중 하나로, 뉴욕에서 두바이에 이르기까지 모든 대도시에 예외 없이 나타나고 있다. 중국의 경우, 독일과 프랑스 국민 전체를 수용할 수 있을 만큼 많은 아파트가 비어 있다.)

사건 담당자는 수사팀의 스타 탐정인 믹 '스코처' 케네디였다. 그는 규칙을 따르고 선을 지키는 사람은 만사가 형통하다는 신념을 가지고 있었다. 그런데 스페인 가족 사건은 그의 신념에 큰 도전이 된다. 그들이 '올바르지' 않게 행동한 일은 전혀 없었기 때문이다. '마땅히 해야 할' 바를 따랐던 그들의 집은 아름답게 꾸며져 있었고, 모든 것은 잘 관리되고 있었다. 인품마저 훌륭했던 그들은 주어진 모든 일을 문제없이 수행해 낸 것처럼 보였다. 젊은 나이에 만나 깊이 사랑했던 부부는 사랑스러운 아이 둘을 키우고 있었다. 패트는 제니가 가사를 돌보며 아이를 양육할 수 있을 만큼 충분한 돈을 버는 좋은 직업도 있었다. 그들은 수준에 맞는 차를 몰고, 누추하지 않은 파티를 즐겼으며, 적당히 좋은 옷을 즐겨 입었다. 그리고 주택에 투자하며 '자산 사다리'에 올라탔다. 제니는 계절에 맞춰 향초를 바꾸는 감각도 발휘하며 현명한 주부가 되고자 노력했다. 그러다가 국가 경제가 망가지는 상황이 벌어졌다. 패트는 직장을 잃었고 이후 다른 일자리도 찾지 못했다. 우여곡절 끝에 일가족은 죽음을 맞이하게 되었다.

스코처가 보기에 아버지 패트는 삶의 법도를 거스를 만한 사람이 아니었다. 때문에 그는 패트가 살인자임을 암시하는 증거들을 받아들이지 않았고, 오히려 제니를 십대 시절부터 흠모했던 이웃집 외톨이 코너에게 혐의를 씌우고자 했다. 코너는 경제적인 압박을 받는 상황이었고, 빈 건물에 숨어 지내면서 자신이 꿈꾸던 완벽한 삶을 사는 패트와 제니를 훔쳐보며 지냈다. 소설 초반에 혐의자로 체포된 그는 살인을 자백하고 만다. 그런데 사건 해결에 안도하던 스코처는 연이어 제기되는 의문점들을 해소할 수가 없었다. 이해되지 않는 상황이 너무 많았기 때문이다. 주택 벽에는 왜 그토록 많은 구멍이 뚫려 있던 것일까? 아기를 돌보는 데 사용됐을 모니터들은 왜 이곳저곳 흩어져 있을까? 인터넷 검색 기록은 누가 지웠으며, 그 이유는 무엇일까? 범인은 왜 자신의 무기를 가져오지 않고 주방의 칼을 사용했을까?

결말을 이야기하자면, 살인을 저지른 사람은 코너도 아니고 패트도 아니었다. 남편이 무너져 가는 모습을 지켜보며 절망감을 이기지 못한 제니가 범인이었다. 해고 후 여러 달이 지나자 패트는 일자리 찾는 것을 멈추고 점차 스스로 만든 집착에 빠지게 된다. 그는 남편이자 아버지로서 자신이 해야 할 일은 다락방에 숨은 것으로 추측되는 정체 모를 동물을 잡는 것이라고 확신했다. 그리고 없는 돈을 긁어모아 동물을 잡는 전자 장비를 사들이기 시작했다. 처음에는 가족을 보호하고자 시작한 일이 점차 커져갔다. 그는 벽에 구멍을 뚫고 아기 관찰 모니터를 설치해 동물을 찾으려 했다. 심지어 애완동물 가게에서 산 생쥐를 끈끈이에 붙여 미끼로 다락방에 놓아두기도 했다. 패트가 그 집을 배회하고 있다고 믿은 동물은 현실의 일부가 아닌 '실재the Real'의 일부이자 부정성과 적대성의 구현물이다. 셰익스피어가 『리처드 2세』에서 표현한 것처럼 그것은 "있는 그대로 보면 어떤 것도 아닌 것의 그림자"의 왜곡된 형태일 뿐이다.

제니는 이 동물의 존재를 믿지 않았지만 패트의 이상한 취미를 모두 참아내고 있었다. 하지만 딸 엠마가 그린 집 그림에 커다란 검은 동물이 나무 위에서 큰 눈을 번득이는 모습을 본 그녀는 행동에 나서기로 결심한다. 그리고 위층으로 올라가 아버지의 광기로부터 구하겠다는 일념으로 아이들을 모두 질식사시킨다. 그런 뒤에는 주방으로 가서 패트를 지켜본다. 패트는 자신이 뚫은 구멍에 손을 집어넣어 동물을 잡는 미끼로 사용하고 있었고 다른 손으로는 부엌칼을 쥐고 있었다. 제니는 그 칼을 빼앗아 패트를 해치고 만다. 자신도 해하려 하지만 온몸에 힘이 빠져 마무리하지 못한다. 이때 코너가 현장에 나타난다. 그는 빈집에서 모든 광경을 목격하고 가족을 구하기 위해 달려온 것이다. 삶의 의미를 잃은 제니는 코너에게 자신의 목숨을 거두어 달라고 요청한다. 제니를 흠모한 그는 부탁을 들어주려 하지만 끝내 독한 마음을 먹지 못한다. 그리고 제니는 살아남는다. 코너는 패트의 품위를 지켜주기 위해 컴퓨터 사용 기록을 모두 지운다. 그는 마지막으로, 깨어난 제니에게 모든 일은 자신이 저지른 일이라고 주장한다. 그녀가 스스로 저지른 일에 놀라 절망에 휩싸이는 것을 막기 위해서였다.

동료 형사 커런은 코너의 아파트에서 제니의 혐의를 입증할 수 있는 증거를 발견하지만 이를 제출하지 않는다. 모든 사건의 책임은 패트에게 있으며, 제니는 자신의 운명을 스스로 결정하면 된다고 생각했기 때문이다. 그는 증거를 오염시켰고, 그것은 형사로서의 그의 경력이 끝났음을 의미했다. 그는 자신의 판단과 '옳은' 일을 행한다는 신념에 따라 행동했지만, 그럴 경우 시스템은 무너진다.

스코처도 같은 함정에 빠져든다. 패트의 안타까운 상황에 과몰입한 스코처는 패트가 살인자로 판명되는 것을 도저히 받아들일 수 없었다. 그가 이미 죽었고 그가 살인자가 된다고 해도 자신에게는 아무런 영향이 없다는 사실에도 불구하고 말이다. 그리고 마침내 자신이 옳다고 생각하는 방향으로 사건을 돌리고자 증거를 조작한다. 그는 제니의 여동생이 마치 범죄 현장에서 제니의 보석을 '발견'한 것처럼 꾸미고, 여동생이 그것을 '기억'한 것으로 한다…. 그 과정에서 스코처는 자신의 경력을 망치게 된다.

『브로큰 하버』는 옳은 일을 추진하고자 분투하는 사람들이 실패에 이르는 여러 사례를 보여준다. 패트의 경우는 명확하다. 가족을 위한 평안한 안식처를 지키고자 했던 아버지이자 가장이 오히려 가족으로부터 자신을 고립시키고 마침내 극도의 편집증에 빠지게 된다. 코너 역시 제니를 흠모한 나머지 그녀를 구하기 위해 자신의 삶을 망치며 의미 없는 희생에 몰두한다. 사건을 조사하던 두 형사 스코처와 커런 역시 윤리적인 의무감이 지나쳐 경찰 수사의 규범을 어긴다. 제니의 운명은 가장 절망적이었다. 그녀는 가족 전체를 파멸시키려 했지만 그녀 자신은 그 죽음에 합류하지 못했고, 결국 비참하고도 완전히 망가진 잔여로 남게 되었다. 그녀가 의도했던 비극적인 행위는 희극적인 상황을 넘어서서 거의 우스꽝스러운 연극으로 전락했다. 그녀가 혼수상태에서 깨어났을 때, 혹은 깨어난다면 어떤 일이 벌어질까? 고통스러운 우울증에 빠져 있을까? 다시 자살을 시도할 것인가? 기억을 잃고 다시 삶을 살아갈 것인가? 아니면 망자들의 명복을 비는 애도의 시간을 가질 것인가? 이야기의 한쪽에서는 전혀 말도 안 되는 낙관적인 상황도 가능하다. 만일 그녀가 깨어나서 그녀를 진심으로 사랑하는 코너와 여생을 보낸다면 어떨까?

하지만 실제 현실에서 이런 일이 벌어질 가능성은 드물다. 우리는 대부분 사회적 성공을 거두지 못하고, 어떤 식으로든 점차 프롤레타리아의 삶으로 미끄러진다. 심지어 우리는 사회적 계층의 하층으로 향하는 행보에서도 실패하게 된다. 즉 완전한 프롤레타리아인 '잃을 것이 사슬밖에 없는' 상태가 되기보다는 최소한의 사회적 조건들을 어떻게든 유지하게 된다. 이러한 현실 앞에 오늘날 서구 급진 좌파들은 교착 상태에 빠진다. 그들은 각자의 나라에서 '진정한 프롤레타리아' 혁명이 난망해진 상황에 실망하고 있으며, 타락하고 무기력한 지금의 노동 계급 대신 혁명적 주체로 스스로를 투신할 진정한 프롤레타리아트를 절박하게 찾고 있다. 하지만 최근 가장 인기 있는 노동 계급은 유목민적 이주민이다.

헤겔이 영혼의 발전에 집착하는 과정에서 놓친 부분이 바로 이토록 이상한 '부정에 대한 하향 부정'인 것일까? 만일 이 '부정에 대한 하향 부정'이 오히려 헤겔 변증법 발전의 진정한 비밀이라면 어떨까? 이러한 관점을 이해하기 위해서는 헤겔을 거꾸로 읽어보아야 한다. 특히 사무엘 베케트Samuel Beckett의 후기 저작과 희곡들은, 모든 게임이 끝났을 때, 즉 우리가 종착점에 도달했을 때 어떻게 삶을 지속할 수 있을지에 대한 문제를 다루고 있다.[41] 헤겔은 단순히 절대적 인식이 역사의 종말을 향해 나아가는 닫힌 범주의 사상가가 아니다. 그는 '체계가 닫힌 후'에도 '시간은 지속되고' 그것은 우리가 생각하는 어떠한 일도 일어나지 않는 '무서운 관성의 공허void of inertia'라는 사실을 생각한 사람이기 때문이다.

그런데 만일 유한성과 불멸성을 나누는 이분법이 잘못된 것이라면 어떨까? 만일 유한성과 불멸성의 차이가 과잉과 결핍처럼 시각의 차이라면, 그래서 다른 관점에서 보면 결국 같은 것이라면 어떨까? 만일 불멸성이 유한성에 대한 과잉 혹은 잔여이고, 유한성은 불멸성이라는 과잉에서 벗어나고자 하는 움직임이라면 어떨까? 만일 키르케고르가 이 점에서 옳았지만 그 이유는 옳지 않았다면 어떨까? 그는, 윤리적 책임에서 벗어날 수 있었던 것은 인간이 죽음 이후 사라지는 필멸의 존재일 뿐, 모든 것에 책임이 있는 불멸의 영혼이 아니기 때문이라고 하지 않았던가? 그가 원인의 오류에도 불구하고 옳게 본 것은, 불멸성을 인간의 신성하고 윤리적인 측면과 동일시한 점이었다. 하지만 다른 종류의 불멸성도 존재한다. 칸토어Georg Cantor* 가 다양한 무한성을 연구했듯, 우리도 다양한 불멸성을 주장해야 한다. 알랭 바디우의 사건Event에 수반되는 고귀한 불멸성과 무한성(인간의 동물적 유한성과 대비되는)도 그 예가 될 것이며, 그 전부터 라캉은 사드적인 근본 환상에 담긴 불멸성의 기본 개념을 설명했다. 사드적인 근본 환상에서 가학자는 피학자의 신체에서 환상을 보며, 무한한 폭력에 아름다움이 더욱 용솟음친다고 느낀다. (사드의 소설에서 어린 소녀는 악한 고문자로

---

* 독일의 수학자. 무한집합도 크기가 다를 수 있다는 것을 증명했다.

부터 끝없는 굴욕과 상해를 당하지만 신기하게도 온전히 살아남는다. 그것은 마치 〈톰과 제리〉 같은 애니메이션 주인공들이 온갖 시련과 고초를 겪으면서도 무사히 살아남는 모습과도 같다.) 이러한 양상은 우스꽝스러운 요소와 역겹고 끔찍한 요소가 불가분하게 연결되어 있다. (대중문화에 나타나는 좀비나 뱀파이어 등 다양한 버전의 '언데드'를 떠올려 보라.) 죽은 자를 정성껏 매장하는 이유가 여기에 있다. 그것은 〈안티고네〉에서 〈햄릿〉에 이르기까지, 죽은 자들이 음란한 불멸의 모습으로 회귀하는 것을 막기 위해서이다.[42]

그렇다면 재론컨대 '부정의 부정'이라는 개념이 실패로 귀결된다는 것은 헤겔에서 벗어나는 개념이 아니다. 그의 책 『정신현상학』에 기술된 가장 유명한 구절 중 하나인 주인과 노예의 변증법 부분에서, 헤겔은 생사의 투쟁을 벌이는 두 자아의 대결을 상상한다. 양쪽 모두 목숨을 걸고 끝까지 나아가려 하지만 그럴 경우 승자가 존재할 수 없다. 한쪽이 죽고 다른 쪽이 남는다고 해도 살아남은 쪽을 인식해줄 자아가 없기 때문이다. 자유와 인식의 전체 역사, 즉 인간과 인간 문화 전체는 원초적 타협 없이는 유지될 수 없다. 시선과 시선이 마주치는 만남에서 한쪽(미래의 하인)이 잠시 눈을 감고 시선을 돌리면 극한의 상황은 모면된다.

셸링과 헤겔로 돌아가보자. 헤겔에게 변증법적 과정의 '지양될 수 없는 잔여'는 불쾌한 '언데드', 즉 부정의 부정이 실패한 결과이며, 급진적인 자기 부정 이후에 살아남는 존재다. 이 불쾌한 불사의 존재로서의 과잉은 스스로의 내부에서 모든 이

분법적 대립을 무너뜨린다. 여기에서의 핵심을 이해하려면 헤겔이 말한 정체성과 차이의 기본적인 변증법을 생각해볼 필요가 있다. 헤겔에게 정체성이란 가장 근본적인 형태의 차이다. 어떤 사물의 정체성이 다른 사물과의 차이에 의해 정의된다는 것은 명백한 사실이지만, 동시에 정체성은 사물이 자기 자신과 맺는 차이를 가리킨다는 점에서도 그러하다. 즉 정체성은 사물이 자신을 구성하는 개별적 속성(이 속성들 각각은 다른 사물들과 공유될 수 있다)들과의 차이를 의미한다. 사물은 그 자체의 '속성'이 아니라 그 속성을 담고 있는 고유한 '그릇'이기 때문이다. 헤겔에게 정체성과 차이는 본질을 향한 논리의 작용이고 자기반성적 순간이다. 이 반성적 구조는 존재를 사유할 때는 나타날 수 없다. 예를 들어 우리가 어떤 것의 '속성quality'을 이야기할 때, 그 속성은 설명된 내용에 국한되지 않는다.[43]

그런데 여기에 또 다른 반전이 추가된다. '정체성'만이 자기반성적(혹은 자기 관계성)으로 나타나는 것이 아니라, '차이'도 가장 근본적이고도 불가능한 실재로서의 고유한 정체성을 가진다. 이때 차이는 둘 사이의 환원될 수 없는 별개의 개체로 존재한다. 그러므로 이러한 차이에는 세 가지 요소가 작용하고 있다. 대립하는 두 요소와 그와 별개로 존재하는 차이 '그 자체'가 그것이다. 이러한 관점에서 우리는 남녀의 성별 외곽에 존재하는 트랜스젠더라는 존재를 제대로 이해할 수 있다. 성별의 차이는 물론이고 마르크스가 말한 계급의 차이 그리고 정치적 당파의 차이 등, 모든 입장은 이미 어느 한쪽의 영향에 속하기 때문에 '실재적'이다. 요컨대 계급 차이에서 '중립적인' 위치는 존재하지 않는다. 라캉이 "메타언어는 없다"고 말한 이유가 이것이다. 우리는 계급으로부터 자유로운 중립적인 관점에서 계급의 차이를 논할 수 없기 때문이다.

하지만 이 지점에서 지금 우리가 논하고 있는 역설이 등장한다. 계급투쟁은 정확히 말해서 세상이 두 개의 계급(지배 계급과 피지배 계급)으로 명확하게 양분되지 않는다는 것을 의미한다. 이 대립에 포함되지 않는, '적어도 하나'가 제3요소인 '중산층'이나 '빈민층' 등이 존재한다. 만일 오직 두 계급만 존재한다면 우리는 투쟁이 아니라 두 계급의 안정된 공존만을 보게 될 것이다. (혹은 더 문제가 되는 경우는 반유대주의다. 이 경우 유대인의 형상이 계급 대립 자체가 된다. 유대인이 없다면 사회는 조화로운 위계를 이루겠지만, 유대인이라는 외부 침입자로 인해 적대와 계급투쟁이 촉발된다는 것이다. 반유대주의가 외면하는 것은 사회의 위계는 이미 그 자체로 대립적이라는 점이다.)

이 세 번째 요소는 스스로 긍정의 모습을 고수하면서도, 상징적 차이로 환원될 수 없는 적대적인 차이를 드러내는 역할을 한다. 간단히 말해 처음부터 다수성(다수의 입장)이 존재한 것은 아니며, 점차 두 가지 고정된 정체성과 잉여로 남는 어떤 것으로 귀결된다. 즉 가장 근원적인 것은 대립 그 자체다. 성sexuality의 경우, 성별의 차이 자체에 몸을 부여하는 제3의 요소는 트랜스-주체trans-subjects다. 그들은 성별 차이의 외부 존재가 아니며, 원초적인 다형성polymorphous이나 도착적인 다수성에서 파생된 잔여물도 아니다. 그들은 성별의 차이 자체를 구성하는 존재이며, 긍정적인 존재로서의 특권적인 위치를 점하고 있다. 우리가 정체성 정치identity politics*를 주장해야 할 때는 오직 이러한 경우뿐이다. 여기서 문제가 되는 '정체성'은 차이의 실재 자체에 몸을 부여하는 정체성이다.

* 집단 각각의 권리를 주장하는 데 주력하는 정치

더 깊은 사유 1

포테스타스와 초결정론

나는 아드리안 존스턴과 오랫동안 논쟁해왔다. 그리고 우리의 견해 차이를 '레이어 케이크'*와 '도넛'의 차이로 설명한 그의 주장을 기꺼이 받아들인다. 정말 그렇다. 내 이론은 도넛에 가깝고 뫼비우스의 띠처럼 뒤틀린 공간 구조를 가진다. 한쪽에서 다른 쪽으로 원을 그리며 나아가면 반대편 출발 지점에 도착한다. 개념적 매개 과정, 즉 어떤 개념을 통해 현실의 우연성 너머의 합리적인 구조를 발견하고 그것을 완성하는 과정은 결국 '직접적인 현실'로 회귀해야만 완성될 수 있다. 헤겔의 주장에 따르면, 합리성을 안정적으로 달성하기 위해서는 반드시 결론에 도달해야 한다. 그리고 그 결론에 도달하기 위해서는 다시 현실의 '직접적인 실체'로 돌아가야 한다. 헤겔에게 직접성으로 회귀하는 필연성은 이성이 가진 가장 중요한 특징이

* 층을 쌓아 올린 케이크

며, 단순한 생각으로는 이 원리를 이해할 수 없다. 라캉의 용어로 표현하자면, 모든 합리적인 (상징적) 체계는 *실재의 작은 것* le peu du réel으로 유지되며, '*실재에 대한 대답*la réponse du réel'으로 작동한다. 헤겔은 고대 민주주의와 당대 군주제를 비교하며 이러한 역설을 깊이 인식하고 있었다. 고대 그리스인은 국가 구조의 정점에 순수하게 주관적인 인물(왕)을 두지 않았기 때문에, 폴리스의 중요한 결정을 새의 비행 경로나 동물의 내장으로 점을 치는 등의 '미신적인' 관행에 의존해야 했다. 헤겔은 근대 세계가 이 우연적인 실재를 배제하고 '객관적' 지식(라캉이 훗날 '대학의 담론'이라고 부른 환상)에 근거한 선택과 결정만으로 이루어질 수 없다는 사실을 분명히 인식했다. 설령 어떤 권한이 '객관적인' 기준을 충족해 자동으로 주어진다고 해도, 그 과정에는 언제나 제의적祭儀的인 측면이 수반된다. 내 도넛의 최종 마무리는 '부정의 부정', 즉 직접성으로의 회귀다. 그것은 끝없는 지양 혹은 매개를 마무리하는 단절이다. 이 도넛 구조와 명백히 구분되는 것이 레이어 케이크 모델일 것이다. 그것은 층층이 쌓이며 점진적인 발전을 해 나가는 보다 단순한 구조로 이루어져 있다.

　　더 나아가 나는 어떤 의미에서 내가 헤겔과 셸링 사이에서 헤매고 있다는 이야기에도 동의한다. 또 셸링 초기 철학의 동일성 개념identity*에 대한 헤겔의 비판에 전적으로 동의한다. 하지만 자유에 관해 쓴 셸링의 논문에 대한 헤겔의 반응(『철학

---

　　* 자아와 비아, 자연과 정신, 주관과 객관이 동일하다는 개념

사History of Philosophy』 마지막에 쓴 짧은 글)에는 전혀 공감할 수 없다. 그 지점에서 헤겔은 핵심을 놓치고 있는 듯하다. 결론적으로 내가 존스턴과 의견을 달리하는 부분은, 셸링이 「자유론」에서 논한 *원인*Grund과 *존재*Existenz의 구분이 스피노자의 *산출하는 자연*natura naturans과 *산출되는 자연*natura naturata에 대한 설명과 다르지 않다는 그의 기본적인 해석이다. 그는 셸링을 이렇게 설명한다.

> 셸링의 철학에서, 원초적인 창조의 힘은 '원인'에서 시작되고, 점차 고착된 '존재'인 안정적인 독립체들을 만들어낸다. 그것은 동사와 같은 *산출하는 자연*이 명사와 같은 *산출되는 자연*을 생성하는 모양새와도 같다. 셸링에 따르면 인간의 주관성은 가장 높은 영적 힘이다. 그것은 한 영역의 토대이자 생성이며, 제로 상태에서 벌어지는 존재의 폭발이다. 정신분석 용어로 말하면, 주체는 억압된 (스피노자적인) 실체의 귀환이며, 산출되는 자연의 영역에서 벌어지는 산출하는 자연의 재표면화이다. 그래서 셸링이 말한 가장 높은 층위에 도달하는 것은 결국 가장 낮은 층위와 연결된다. 그러므로 이것은 층층이 쌓인 도넛이라고 할 수 있다.[1]

존스턴이 비판적으로 생각하는 지점은, 이러한 도넛 모델이 "주체성이 생성되는 과정을 실질적으로 설명할 수 없다"는 부분이다. 그것은 물리적 환원주의(주체성의 기본 구조를 존재하는 양자 현실에서 파악하는 일)로 이어지거나, 범심론汎心論(양자 현실에 주체성의 정신 구조를 투영하는 일)으로 연결된다. 하지만 내 생각에는 존스턴의 레이어 케이크 모델이 오히려 단순한 점진적 진화 과정과 유사한데, 적절한 변증법적 과정을 가능케 하는 단절과 소급성을 무시하기 때문이다.

내가 셸링의 「자유론Freiheitsschrift」과 양자 물리학에서 흥미를 느낀 부분은, 두 경우 모두에서 기본적으로 존재론적 짝ontological couple을 형성하고 있다는 점이고(원인-존재의 짝이 파동으로 진동하고 하나의 사물로 붕괴한다), 또한 그것이 단순히 역동적인 생성 과정과 그 가운데 고착된 개별체 사이의 대립으로 환원되지 않는다는 점이다. 이러한 붕괴/고착 현상은 왜/어떻게 발생하는 것일까? 내가 말하고자 하는 것은 원인과 파동 내부에 이미 긴장과 간극이 존재해야 한다는 점이다. 즉 '순수한' 생성의 흐름이란 존재하지 않으며, 그 내부에 이미 간극과 장애가 내재되어 있어야 한다. 구체적으로 말하자면, 만일 인간이 스스로의 자유로 인해 '존재의 빛 속에 내재된 원인으로서의 어둠이 회귀하는 장소'라면, 그 원인으로서의 어둠은 태초부터 있었던 사실이 아니다. 그 '어둠'은 이미 그것을 둘러싸고 있는 공허를 전제로 하며, 인간의 자유로 인해 '회귀'하는 것은 바로 이 (원초적으로 억압된) 공허다.

당연한 말이지만, 셸링은 헤겔로 환원될 수 없다. 그가 「자유론」과 「세계시대Weltalter」 단편들을 통해 제시한 것은, 어떤 면에서 스스로에게도 충격을 주는 놀랍고도 새로운 것이었다. 그는 말년에 개진한 계시 철학에서 그 충격을 전통 형이상학의 틀 속으로 포섭하기 위해 필사적으로 노력했다. 셸링의 사상에서 그럴듯해 보이는 연속성을 찾는 것은 어렵지 않다. 하지만 나는 그것이 자신의 철학이 가진 근본적인 균열을 축소하고자 한 노력이라고 생각한다. 요컨대 헤겔과 셸링 가운데서 선택해야 한다면, 나는 서로 다른 두 관점의 시차와 마주하게 된다. 양쪽 모두 중요한 입장이지만, 서로를 포용하는 언어는 없으며, 한쪽이 다른 쪽으로 환원될 수도 없다.

매우 흥미로운 사실은 양자 물리학 이론에서도 상응하는 두 시차가 존재한다는 점이다. 양자 물리학은 사물의 내면에는 자기 동일성이 존재하고 그것이 상호작용하는 대상에 따라 다르게 작용한다는 기존의 통념을 뒤집었다. (이는 하먼Graham Harman이 주장하는 존재론의 토대이기도 하다.) 양자 물리학에서 입자는 단순히 파동의 형태로 상호작용하는 것이 아니라, 서로 다른 파동이 교차하는 지점에서 출현한다고 할 수 있다. 그러므로 사물은 다른 사물과의 상호작용 속에 나타나는 원인이 아니라, 서로 다른 사물의 교차를 통해 나타나는 결과일 뿐이다. 다시 말해서 시차의 간극은 근본적인 것이고 환원될 수도 없다. 이러한 이유로 우리는, 양자의 파동과 그것이 하나의 고착된 실체로 '붕괴'되는 현상 사이의 관계를, 다양한 생성의 흐름과 그것이 '물화된' 결과로 고착된 현실 사이의 관계로 축소하려는 시도에 매우 신중해야 한다. 이 주제에 관해 리카르도 사닌 레스트레포Ricardo Sanín Restrepo[2]는 휴 에버렛Hugh Everett의 양자 물리학 주제 가운데 하나인 다중세계 해석을 언급한다.

이 이론은 기본적으로 세계가 무한하며 점점 더 복잡해지고 있다고 상정한다. 가능한 모든 결과가 각각의 새로운 우주를 구성하기 때문이다. 양자역학을 통해 에버렛은 단일한 관찰자와 단일한 관찰 방법에 의존하는 이론의 결함을 지적한다. 다양한 관찰이 가능한 집합들이 존재하는 세계에서 그것은 문제가 되기 때문이다.

레스트레포는 파동이 진동하는 유동적인 공간이 개체로 고착되는 공간으로 전환되는 현상을 설명하는 데 '포테스타스 *potestas*'라는 용어를 사용해 후자의 기본적인 특징을 이야기한다. "포테스타스는 무엇을 지배하는 권력을 뜻한다. 그것은 삶을 규정하고 실행하는 지속적이고 영구적인 모습을 구축하여 견고한 동일성의 체계를 배열한다." 또한 레스트레포는 동일성(차이의 반대 개념), 필연성(우연성의 반대 개념), 현실성(잠재성의 반대 개념), 고착된 고정성(변화의 흐름과 반대 개념) 그리고 비물질적 비현실성(우연적인 양자 진동의 현실성과 반대 개념) 등의 개념들처럼, 포테스타스(지배하는 권력)를 대립되는 개념들을 통해 규명하고자 한다.

포테스타스는 지배하는 권력이다. 그것은 차이를 부정하고 우리가 사는 이 세계를 부정한다. 그것은 현실과 물질에서 벗어나 있는 불가능의 세계다. 그것의 가장 충격적이고 심각한 특징은 반성이 없고 이면도 없이 동일성과 억압으로 얼어붙은 상태라는 점이다. 따라서 포테스타스는 존재의 역설이고, 세계의 순수한 복제품이며, 차이와 다양성에 대한 완전한 부정이다. 포테스타스의 세계(차이를 복제한 세계)는 자기 자신이 아닌 모습으로 존재할 수 없으며, 자신의 내부에서조차 오로지 자신으로만 존재한다. 모든 순간이 그 자체로 현실이다. 그런 이유로 시간 속에 '무언가로 되어가는 일'은 공간 속에 '주어진' 완벽함으로 인해 차단된다.

누구나 예상하듯 이러한 대립은 반서구적인 관점에서 비롯되었다. "차이는 언제나 가변적이어서 차이를 필연성으로 정의하는 것은 차이를 근본적으로 부정하는 일이다. 서양철학의 원동력은 부정을 부정하는 데 있으며, '대상'과 존재와 현실을 소환하여 비존재와 무無와 우연성의 불편함을 해소하는 데 있다." 따라서 이때의 우연성을 '내재성이 생성과 전환과 창의성으로 이어지는 해방'이고 '생성의 무한한 다양성'이라고 찬양하는 것은 여러 측면에서 문제가 있다.

첫째로, 차이는 동일성들 사이의 차이에 의해 규정된다. 동일성이 없다면 차이의 흐름은 혼돈의 흐름이 될 뿐이고, 그것은 형체 없는 덩어리가 될 뿐이다. 동일성들의 위계질서는 그들의 차이에 따른 질서에 의해 만들어진다. 둘째로, 양자 파동의 진동이 단일한 실체로 붕괴되는 것 자체가 우연적이다. 예측할 수 없고 단지 확률로만 계산할 수 있기 때문이다. 그래서 어떤 의미에서는 양자의 원초적 현실보다 현실에 더 많은 우연성이 존재한다. 요컨대 현실을 지배하는 필연성도 본질적으로 우연적이다. 셋째는, 권력(사회적 측면에서의 권위)은 언제나 잠재적인 것이고, 완전히 실현되지 않은 위협이다. 이 잠재적인 부분이 없다면 권력은 그 기능의 핵심 요소인 권위의 아우라를 잃게 된다. 예를 들면 자신의 권력을 끝까지 행사해서 아이를 때리는 아버지는 사실상 자신의 약함과 무능을 드러내는 단계에 이른 것이다. 따라서 양자 파동의 개방성이 주는 가능성과 현실 자체에서 벌어지는 가능성을 엄격히 구분할 필요가 있다. 넷째로, 양자역학의 핵심은 단일한 실체로 붕괴되기 전의 파동은 진정한 현실이 아니라 그림자와 같은 가상의 영역이자 기이한 원초적 현실이라는 점이다. 만일 누군가가 이 가상 영역을 진정한 현실이라고 주장한다면, 그는 양자 물리학의 역설을 놓치게 된다. 여기서 나는 에버렛이 주장한 다중세계의 문제점을 본다. 만일 모든 양자적 가능성이 실현되고, 실현된 세상에 무한한 현실이 있다면, 그 완벽한 현실에는 가능성이 부재한다. 다섯째, 우리가 우연적 생성 과정을 창조적 자유의 공간이라고 경탄한다고 해도, 핵심적인 질문에 대한 답을 얻은 것은 아니다. 그러한 우연적 흐름은 왜 고정된 실체로 붕괴되는가? 왜 그저 즐겁게 진동을 이어가지 않는가? 이에 대한 온전한 대답은 오직 하나뿐이다. 양자파의 진동과 우리의 현실 사이에 근본적인 시차가 놓여 있기 때문이다. 모든 현실은 파동이 붕괴한 결과이며 그 반대도 성립된다. 우리가 양자파 진동에 대해 이야기할 수 있는 것은 오직 현실의 기기를 사용해 측정할 때뿐이다. 이는 단순한 인식론뿐 아니라 존재론적 지위도 가진다는 것을 의미한다. 레스트레포 또한 이 단계에 공포를 느낀다.

그러한 우주에서는 모든 것이 정지된 상태로 억류되어 있으며, 타자를 측정하고 비교하는 바로 그 세계의 필연성 속에 갇혀 있다. 그것은 모든 다른 세계를 창조하기 위해서는 하나의 실제 세계가 필요하다는 뜻이다. 그것은 종속일 뿐이다. 그렇다면 적어도 이론적으로는 '변화'와 '평행'이라는 상반된 가능성 자체가 박탈된다. '사실'로 자리잡는 하나의 중심 세계는 우주들 가운데 하나의 모습을 하고 있지만 모든 우주를 명령하는 수단을 갖는다. 무한히 펼쳐지는 세계 가운데 다른 모든 세계의 토대가 되는 세계가 마련되는 것이다.

나는 이 결론이 옳다고 생각한다. 그렇다. 다른 모든 가능한 세계들을 위해 일종의 중심 역할을 하는 하나의 세계(현실)가 존재한다. 그리고 나머지 가능한 세계들은 단지 가능성에 머물러 있다. 우리가 다중 관찰자일 수 있다는 에버렛의 주장은 옳지만, 다중 관찰자가 존재한다고 해서 다중 현실이 존재한다는 (명백히 잘못된) 결론은 거부해야 한다. 왜냐하면 각각의 관찰에서 파동은 다르게 붕괴되기 때문이다. 여기서 논의를 진전시키는 방법은 양자 관찰과 측정에 상호 주관성의 측면을 도입하는 것이다. 관찰하는 과학자를 단일한 개인으로 간주하는 것은 경험적으로는 물론 이론적으로도 오류가 될 것이다. 측정이라는 것도 사회적으로 매개된 과정이기 때문이다. 닐스 보어Niels Bohr도 과학적 진실을 정의할 때, 서로 다른 상황과 다양한 관찰자에 의해 반복 측정된 결과라고 하지 않았던가. 요컨대 공유된 상징적 공간인 '대타자'는 과학 실험에서 이미 작동하고 있었다.

양자 물리학에 인간 의식의 기반을 두려는 시도 또한 마찬가지다. 양자 현상과 유사한 영역은 의식이 아니라 무의식이다. 노벨물리학상 수상자인 로저 펜로즈Roger Penrose는 무의식을 생각이 중첩되는 공간으로, 의식으로 향하는 과정을 단일한 실체로의 파동 붕괴로 설명하고자 했다. "생각이 무의식 수준에서 양자 중첩 상태로 있다가, 전자의 위치를 측정하는 것과 같은 특정 선택이 있을 때 의식으로 드러나는 것일까?"[3] 심리의 영역인 무의식을 양자 물리학과 직접적으로 결부시키는 일은 통상적인 의미에서 타당해 보이지 않을 수 있다. 하지만 무의식에 존재 이전의 상태를 부여하는 광범위한 유사성은 타당하면서도 생산적으로 보인다. 이것은 무의식을 의식보다 깊은 본능적 영역으로 보는 프로이트의 관점에 맞서 라캉이 이미 자신의 이론을 통해 보여준 바 있다.

레스트레포와 반대 지점에 위치한 이론이 *초결정론* 모델이다. 이 이론은 양자역학을 '재규격화'renormalize*하여 이해 불가한 혼돈을 제거하고 그것을 우리의 일상적인 개념으로 이해하고자 한 시도이다. 오늘날 초결정론을 주장하는 대표적 인물인 자비네 호젠펠더와 팀 팔머Tim Palmer는 양자역학 역사의 큰 골칫거리였던 측정의 문제를 해결할 유일하고 적절한 방법으로 초결정론을 말한다. "그 골칫거리란, 측정하려고 할 때 양자

---

* 전자의 무한한 에너지와 질량을 규격화하여 활용하는 양자역학 이론

의 효과가 왜 사라지는지 아무도 모른다는 점이다. 이 '측정의 문제'는 양자역학의 태동기부터 물리학자들을 괴롭혀왔다."[4]

양자역학에서는 입자가 동시에 두 상태일 수 있다. 예를 들어 광선 분할기를 통과한 입자는 좌우 양쪽으로 동시에 이동한다. 물리학자들은 이를 '좌우의 중첩'이라고 표현한다. 하지만 측정 결과의 중첩 상태에서는 입자를 관찰할 수 없다. 중첩 상태에서는 입자의 파동 함수로 측정 결과를 예측할 수 없고, 측정 결과의 확률만을 예측할 뿐이다.
(Sabine Hossenfelder and Tim Palmer, "How to Make Sense of Quantum Physics," Nautilus (online 2020). https://nautil.us/how-to-make-sense-of-quantum-physics-237736/)

양자 중첩 상태가 단일 실체로 전환되는 설명 불가의 현상은 호젠펠더와 팔머에게 "양자역학의 가장 기본적인 단계에서조차 자연이 작동하는 방식을 설명할 수 없다. 우리는 그것을 넘어서야 한다"는 사실을 알려줄 뿐이다. 그래서 그들은 오래된 아인슈타인의 이야기로 되돌아간다. 아인슈타인은 "신은 주사위 놀이를 하지 않는다"며 중첩 상태의 양자 우주 이미지가 현실을 보여주는 것이 아니라 우리 지식의 한계가 현실에 투영된 것이라고 했다. 양자 물리학이 무시하고 있는 숨겨진 변수들이 존재할 것이라는 이야기였다. "만일 양자역학이 근본적인 이론이 아니고, 우리가 양자 측정의 결과를 예측할 수 없다면, 그것은 단순히 정보가 부족하기 때문이다. 그렇다면 양자의 무작위성은, 이를테면 주사위를 던질 때의 무작위성과 다를 바 없다." 그렇다면 이렇게도 말할 수 있다. 우리가 주사위를 던질 때 결과를 예측할 수 없는 것은 주사위의 회전과 낙하에 영향을 미치는 모든 데이터를 알 수 없기 때문이다. 실제로 최종 결과는 물리적 데이터에 의해 완전히 결정된다. 우리가 측정 결과를 예측할 수 없는 것은 지식의 한계 때문이다. 우리가 주사위를 던질 때 공중에 떠 있는 주사위는 여섯 가지 가능한 결과의 중첩 상태에 있는 것이 아니다. 그 상황이 확률로 나타나는 것은 오로지 관찰자가 가진 지식의 한계 때문이다. 그것은 측정 이전의 입자도 마찬가지다. 지금 우리는 오래된 기계적 유물론으로의 복귀를 모색하고 있는 것일까? 그렇게 보일 수도 있다. 호젠펠더와 팔머가 초결정론의 '핵심 개념'을 다음과 같이 설명할 때 더욱 그러하다. "우주 안의 모든 것은 모든 것과 연결되어 있다. 왜냐하면 자연의 특정 법칙이 입자의 특정 배열을 금지하기 때문이다. (혹은 실용적인 목적으로는 결코 일어나지 않을 만큼 통제하고 있다.)" 이 주장은 스탈린이 교조화한 변증법적 유물론의 첫 번째 특징, 모든 것은 상호 의존적으로 운동하고 발전한다는 세계의 통일성과 유사하지 않은가?

이 보편적인 상호 연관성은 특히 양자 입자의 특성을 측정하려 할 때 드러난다. 입자는 결코 측정 장치와 독립적으로 존재하지 않는데, 이는 측정 장치와 입자 사이에 어떤 상호작용이 일어나기 때문이 아니라 둘 사이의 의존성이야말로 자연의 본질적인 특성이기 때문이다.

(Sabine Hossenfelder and Tim Palmer, "How to Make Sense of Quantum Physics," Nautilus (online 2020). https://nautil.us/ how-to-make-sense-of-quantum-physics-237736/)

이 중요한 설명은 거의 헤겔 철학처럼 들리는데, 이것이 야말로 철학이 주는 묘미가 아닐 수 없다. 숨겨진 변수들은 존 재하지만, 측정 장치가 감지할 수 없는 '저 너머'의 세계가 있 다는 뜻은 아니다. 숨겨진 것은 측정 그 자체이며, 측정이 측정 된 현실에 어떻게 포함되는가의 문제다. 어떤 결과(파동 함수 의 '붕괴')의 숨겨진 원인은, 관찰되는 현실에 우리가 측정 장치 를 들이밀어 개입한 사실이다. 호젠펠더가 즐겨 강조하듯, '초 결정론'이라는 용어는 적절하지 않다. 왜냐하면 그것은 완전한 결정론을 의미하며, 더불어 자유 의지를 부정하는 의미를 나 타내기 때문이다. (물론 그녀의 주요 논점은 자유 의지의 문제를 직 접적으로 다루지 않는다.) 그녀가 주장하는 핵심은 자연(현실)의 일반적인 상호 연관성 속에서 측정 과정과 측정된 현실 모두 동일한 현실의 일부라는 것이다. 그러나 양자 물리학은 과학 의 증명이며, 우리의 '일상' 현실에 확고한 토대를 두어야 한다. 양자 파동이 상정하는 매우 흥미로운 '존재 이전의 영역'도 결 코 직접적으로 관찰되지 않는다. (어떤 기계도 중첩 상태를 기록 할 수 없다.) 그것은 여전히 이론적인 구상으로 남아 있으며, 칸 트적인 의미의 '도식화'schematized*도 해법이 되지 못한다. 그것 은 우리의 시공간적 현실로 상상할 수 없다. 양자역학은 양자

파로 초래되는 우리의 일상을 설득력 있게 설명할 수 있지만, 그 반대 방향, 즉 진동이 어떻게/왜 우리의 현실로 붕괴되는지는 완전히 설명하지 못한다. 우리가 사는 현실은 항상/이미 이곳에 존재하며, 그것은 양자파의 영역 외부에 있는 것으로 설명된다. 파동을 측정하는 과학자, 측정 기계, 우리의 개념 설정 모두가 마찬가지다.

(주관적인) 관찰자를 가장 확실하게 제거하기 위해서는, 붕괴가 관찰자와 무관하게 일어난다고 주장하면 된다. 붕괴는 측정을 통해 일어나지만, 측정은 측정 기계와 측정 과정 두 개체에 의해 이루어질 뿐이며, 관찰 주체는 현상과 무관하게 존재하는 결과를 기록할 뿐이라는 것이다. 하지만 이러한 해결책도 수많은 의문에 답이 될 수 없다. 붕괴를 객관적인 과정으로 (재)구성하는 것만으로는 관찰자의 상태를 설명할 수 없다.

초결정론은 이러한 존재론적 격차를 없애고, 중첩 현상을 인식론적 한계로 축소하여 온전한 결정론적 현실로 회귀하고자 한다. 그러나 수많은 학자가 지적했듯, 이 해결책은 과학 연구에서 벗어나지 않는 한에서, 양자 물리학이 촉발한 철학적 위기를 해결하려는 모호한 이론으로 남아 있게 되었다. 양자 측정에서 관찰된 현상과 측정 자체가 총체적으로 상호 연결된 현실의 일부라는 주장은 고전철학의 입장과 유사한 측면이 있으며, 이는 양자 물리학에 대한 고전적 존재론이라고 볼 수도 있다. 그럼에도 양자 컴퓨터는 양자 현실이 존재한다는 주장에

* 지식을 받아들이는 선험적인 인식의 틀

대한 일종의 증거가 아닐까? 양자 컴퓨터는 양자 물리학의 특성을 이용하여 데이터를 저장하고, 최고의 슈퍼컴퓨터를 훨씬 능가하는 계산을 수행한다.

스마트폰과 노트북 등 기존의 컴퓨터는 0이나 1이 되는 이진 '비트bit'로 정보를 인코딩한다. 하지만 양자 컴퓨터의 기본 메모리 단위는 양자비트, 혹은 '큐비트Qubit'이다. 큐비트는 전자의 스핀이나 광자의 방향 등의 물리적인 시스템을 통해 만들어진다. 이 시스템은 양자의 중첩이라는 특성을 활용해 동시에 여러 다른 배열을 만든다. 큐비트는 또한 양자 얽힘quantum entanglement 현상을 통해 밀접하게 연관된다. 그 결과 여러 개의 큐비트가 동시에 다양한 작업을 수행하게 된다.[5]

내가 호젠펠더의 양자역학이나 엄정한 과학의 가치를 함부로 논할 수는 없겠지만, 위와 같은 사례들을 통해서 볼 때, 초결정론적 '재규격화'가 양자 물리학의 가장 매혹적인 특징을 빼앗는다고 생각하는 것은 무리일까? 그렇다. 양자파와 일상의 현실을 분리하는 이 불가피한 간극은 여러 새로운 문제를 불러오지만, 우리는 그 문제들을 다루는 과정에서 놀라운 통찰을 얻을 수 있다.

더 깊은 사유 2

탈구로서의 지양

헤겔의 보편성 개념이 가진 가장 중요한 특징은 여러 개의 특정 부분으로 나뉠 뿐 아니라 스스로가 나뉘는 과정에 포함되어 자신의 일부인 것처럼 작용한다는 점이다. 즉 헤겔의 보편성은 계속해서 다른 형태로 변화하고 탈구dislocation*한다. 조금 뜬금없는 예를 들고자 한다. 버나드 허먼Bernard Herrmann의 클라리넷 5중주곡 〈여행의 추억Souvenirs de voyage〉은 10년 앞서 개봉된 히치콕의 영화 〈현기증Vertigo〉(1958)에 삽입되었다. 〈사랑의 장면Scene d'amour〉이라는 가장 유명한 곡과 같은 멜로디 라인이 영화에 등장한 것이다. 우리가 살펴보고자 하는 흥미로운 지점은, 하나의 요소가(이 경우에는 멜로디 라인) 원래의 맥락에서 떨어져 나가 다른 맥락에 배치되고, 다른 논리가 지배하는

* 라캉은 적을 막다가 방패에 난 구멍 혹은 트라우마를 탈구脫臼라는 해부학 용어로 표현했다.

그 공간에 종속되는 사례다. 이 영화의 경우 같은 멜로디 라인이 여러 차례 등장한다. 오프닝 장면에 나오는 낭만주의 경향의 절정을 보여주는 멜로디 라인은 바그너의 〈트리스탄과 이졸데〉처럼 들리기도 한다. 그런데 10년 후 〈여행의 추억〉이라는 이름으로 공개된 음악은 바그너 시대 이전의 전형적인 주제와 변주를 보여준다. 여기서 놀라운 점은 이 변화에 나타난 역행적 양상이다. 앞부분에 크레셴도*를 향한 낭만주의적 격정이 배치되고, 이후 크레셴도가 배제된 보다 고전적인 양식으로 후퇴한다.

탐구는 헤겔의 *아우프헤벤*Aufhebung(혹은 지양)이라는 개념을 둘러싼 몇 가지 오해를 해소할 중요한 변증법적 개념이다. 정치 분야에서의 사례를 들어보자. 장 카지미르Jean Casimir는 자신의 저서 『아이티인들: 탈식민 역사The Haitians: A Decolonial History』에서 아이티 혁명은 프랑스 혁명의 이상을 완성한 사건이 아니었다고 주장했다**. 그에게 아이티 혁명은 프랑스 혁명이라는 근대성의 과업을 완수한 것이 아니라 오히려 그것을 해체한 일이었다.[1] 카지미르가 비판한 것은 프랑스 혁명이 상징하는 보편주의와 근본주의에 안주하는 이들의 아이티를 향한 시선이다. 그 비판의 대상에는 나를 비롯하여 우리 모두가 포함된다. 때문에 아이티 혁명은 프랑스 혁명의 *아우프헤벤*이라고 할 수 있다. 프랑스 혁명의 잠재력을 한껏 실현하고 더 높은

---

   * 점점 크게
 ** 아이티는 노예제를 폐지하고 최초의 아프리카인 자치 공화국을 세웠으나 많은 혼란을 겪었다.

수준에서 반복되었기 때문이다. 하지만 정통 탈식민주의의 사상의 입장에서 볼 때 이 견해는 지나치게 '유럽 중심적'이다. 만일 아이티 혁명이 프랑스 혁명의 내재적인 잠재력 단계에 머물렀다면, 헤겔의 표현을 인용하자면, 프랑스 혁명이라는 유럽의 현상이 지배 이념이 되고 아이티 혁명은 그 자체로 전개된 종속적인 시간에 머물게 된다. 설사 아이티인이 '프랑스인보다 더 프랑스적'이고, 프랑스인보다 더 적극적이고, 프랑스인보다 더 철저했다고 해도, 그들은 유럽의 역동적인 과정의 일부에 불과했을 것이다.

하지만 탈구의 경우, 구성 요소들은 완전히 새로운 맥락에서 재배치되고, 새로운 상징적·사회적 공간에 통합되어 원래의 의미와 상관없는 새로운 의미를 부여받는다. 이 새로운 의미는 결코 원래의 의미로부터 '유추'될 수 없다. 평등이라는 말에 대해 생각해보자. 이 단어는 현대 유럽 사상에서 비롯되었다. 평등을 주장하는 많은 이들이 이 개념을 여성이나 인종 등으로 확장하고자 하지만, 그러한 노력은 여전히 서구적인 평등 개념의 범위에 머물러 있다. 특정 타자(대표적으로 흑인 노예)가 평등을 차용할 때, 이 개념은 단순히 영역을 넓히는 것이 아니라 그 자체의 기능에 봉사하는 특정 개념으로 전환된다. '흑인의 생명도 소중하다Black Lives Matter' 운동에 대해 사람들이 느끼는 불편함도 이를 증명한다. 나아가 마르크스주의와 공산주의 혁명의 역사 전체도 탈구의 역사라고 할 수 있지 않을까? 마르크스 이론을 금과옥조처럼 따랐던 레닌도, 소수의 전문 정당을 통해 마르크스 혁명을 실행했고, 프롤레타리아 노동자 계급과는 직접 관련이 없는 토지나 평화 등의 문제를 해결하며 혁명을 완수해갔다. 마오쩌둥은 한층 더 급진적인 일을 했다. 마르크스와 엥겔스의 관점과 달리 그는 혁명적 힘의 근원을 노동자가 아닌 농촌의 농민에게서 찾았다. 마르크스와 엥겔스에게 이러한 일은 상상조차 할 수 없었을 것이다. 이 두 사례를 통해 우리는 단순한 영역 확장이 아닌 급진적인 탈구의 경우를 관찰했다. 그래서였을까, 두 방향 전환 사례 모두 정통 마르크스주의자들의 반발에 부딪혔다. 멘셰비키*들이 레닌을 비판한 이유는, 그가 마르크스가 언급한 혁명의 조건들이 무르익기 전에 혁명을 추진했기 때문이었다.

우리가 생각해야 할 것은 지금의 자본주의 또한 끊임없는 탈구의 과정에 놓여 있다는 사실이다. 자본주의는 유럽에서 시작되었지만 점차 글로벌 경제 체제로 확산되었고, 이 확장은 평면적으로 진행된 것이 아니라 급진적인 탈구의 과정을 이어갔다. 자본주의는 그 출발점부터 식민지 경쟁이나 다양한 노예제와 연결되어 있었을 뿐 아니라, 일본과 인도 그리고 지금의 중국과 같은 비유럽 국가들의 강력한 자본주의와 만나면서 더욱 변모해갔다. 한 가지 흥미로운 점은, 일부 탈식민주의 좌파들이 평등이나 민주주의의 확산에 대해서는 순차적인 발전이 아닌 탈구의 과정으로 이해하면서도, 자본주의에 대해서는 '유럽 중심 세계관'이자 유럽의 전유물로 치부하는 경향이 있다는 점이다. 자본주의가 중국과 인도 등지에서 나타나더라도 그것

---

* 볼셰비키에 대한 소수파

은 여전히 유럽의 것이라는 주장이다. 이들의 기본 전제는 분명하다. 평등이나 민주주의 같은 진보적 이념이 제3세계로 확산될 경우 급진적인 탈구를 수반하여 더 이상 유럽의 것이 아니게 되지만, '나쁜' 자본주의는 여전히 외부의 (유럽적인) 침입자로 남아 있다는 논리다. 하지만 이것은 심각한 오류일 뿐이다. 왜냐하면 이 주장은 현실 자본주의가 보편적이고, 초문화적이고, 특정 문화에 무관심하다는 중요한 사실을 간과하고 있기 때문이다. 자본주의는 한 문화에서 탈구되어 다른 문화로 수용되는 것이 아니라, 그 자체의 문화 공간에서 보편적 탈구로 존재한다.

이제 우리는 헤겔의 지양과 탈구 사이의 관계를 살펴야 한다. 이 둘을 대립하는 것으로 보는 접근 방식(카지미르가 아이티와 관련하여 언급한 것처럼)은 헤겔 변증법 과정의 중요한 특징을 놓칠 뿐 아니라, 주체를 단순히 활성화된 실체Substance로 축소시키는 우를 범하게 된다. 많은 논자들은 헤겔의 민주주의와 평등 개념을 비판한다. 헤겔의 개념들은 모든 것을 아우르는 실체가 여러 모습으로 변하면서도 언제나 동일한 근본을 유지한다고 보기 때문이다. 이를테면 국가라는 것은 아시아 전제 국가부터, 고대의 노예 기반 민주주의, 봉건 군주제, 최근의 권위주의 국가 등의 여러 단계를 거치지만, 이 모든 단계가 결국은 동일한 국가 개념의 발현이라고 본다. 하지만 과연 그럴까? 만일 우리가 이러한 추상성의 세계에 머문다면 최소한 두 가지를 추가로 고려해야 한다. 첫째, 헤겔에게 어떤 관념이 완전히 실현된다는 것은(즉 현실이 관념에 부합하게 되는 경우) 그

관념 내부에 자기 부정이 내포되어 있다는 뜻이다. 예를 들어 국가의 현실은 결코 국가라는 이상과 일치하지 않는다. 만일 그런 일이 일어난다면 그것은 더 이상 국가가 아니라 종교 단체일 것이다. 둘째, 이것은 더욱 중요한 요소인데 변증법적 과정에서는 언제나 서술어가 주어로 전환된다. 처음에는 종속된 흐름이었던 것이 스스로 주체로 일어서고, 과거의 전제 조건이었던 것이 자체의 순간('서술어')으로 소급된다. 그러므로 동일한 주체가 하나의 특정 형상에서 다른 형상으로 변신하면서 스스로 줄을 조종하고 전체 움직임을 통제하는 모습을 생각해서는 안 된다. 헤겔이 말한 '절대자Absolute'란 이처럼 급진적인 반전을 통해 서술어가 새로운 주체로 전환되는 과정의 총체를 말한다.

　모든 변증법적 과정은 탈구의 한 형태다. 이전의 실체는 새로운 포괄적 보편성으로 탈구한다. 그 보편성은 하나의 형태가 다른 형태로 전환되는 것이 아니다. 모든 전환의 순간마다 보편성 자체가 탈구하여 새로운 보편성의 종속 요소로 축소된다. 예를 들면 돈이 자본으로 전환되는 과정을 설명한 마르크스의 이야기에 주목해보자. 비자본주의 시장에서 돈은 생산자들 사이의 교환을 매개하다가 최종 단계에서는 사라진다(내가 생산한 것을 팔고 내가 필요한 것을 살 때). 하지만 자본주의에서는 돈이 자본으로 변해 모든 과정의 주체(능동적 주체)가 된다. 개인으로서 나는 내가 원하고 필요한 물건을 얻기 위해 생산과 판매에 관여한다. 하지만 자본주의 체제에서 경제활동의 진정한 목표는 자본 자체의 확장된 자기 재생산 그 자체가 된다.

내가 욕망하고 그 욕망을 충족시키는 일은 자본의 자기 재생산에 종속된 작은 흐름일 뿐이다. 이 경우 사회적 생산은 근본적으로 탈구되어 자본 재생산의 종속적인 순간으로 축소된다.

아이티의 경우를 살펴보자. 상황을 복잡하게 하는 것은, 유럽을 모방하려는 세력과 유럽의 근대성에서 벗어나려는 세력 사이의 갈등이 혁명 과정의 중심에 자리하고 있다는 점이다. 해방 아이티의 첫 지도자였던 투생 루베르튀르Toussaint l'Ouverture는 인종의 완전한 평등을 주장하며 흑인에게만 돌아가는 특혜를 허락하지 않았다. 또한 그는 형식적으로는 노예제를 폐지했지만 동시에 의무 노동을 제도화하여 생산이 지속되도록 했다. (주민들은 플랜테이션 생산이 멈추지 않도록 일정한 노동에 참여해야 했다.) 투생 루베르튀르 이후의 두 지도자 데살린Dessalines과 크리스토프Christophe는 반反백인 정책을 시행했다. (혁명을 지지한 폴란드 군인들을 제외한 비흑인 전원이 학살당했다.) 하지만 의무 노동제는 유지되었고 노예들의 상황은 나아지지 않았다. 크리스토프 통치기에 아이티는 두 개의 국가로 나뉘었다. 크리스토프는 북부 지역의 황제로 군림했고, 알렉상드로 페시옹Alexandre Petion이라는 인물이 남부 공화국 대통령으로 선출되었다. 북부 왕국은 생산과 부의 증대를 목표로 유럽 근대 국가를 모방한 반봉건적 권위주의 체제를 형성했다. 그리고 생산된 부는 흑인 지배 엘리트 계층이 독차지했다. 반면에 남부 공화국에서는 토지를 소농들에게 분배하는 쪽을 택했고, 낮은 생산성의 자급자족 경제 생태계를 만들었다. 일부 논자들은 남부 공화국이야말로 유럽 근대성의 대안이자 새로운 공동체의 발전 모델로 칭송했지만, 공화국의 실험은 성공하지 못했다. 또 다른 역설도 주목할 만하다. 인종 평등 대신 흑인 우위 반백인 체제로의 전환이 황제를 정점으로 한 권위주의적 계급 구조와 동시에 이루어졌다는 사실이다. 이것은 유럽이 드러낸 권위주의적 근대성의 최악을 모방한 것이었다.

이와 비슷한 역설은 파라과이의 사례에서도 찾아볼 수 있다. 파라과이는 스페인과 포르투갈이 개입하여 파괴되기 전까지 예수회 영향권에 있었다. 예수회 수사들은 원주민 부족을 레두치오네reduccione(혹은 미션mission으로 불림)라는 공동체로 조직하여 초기 형태의 공산주의를 실현했다. 이들은 아르헨티나나 브라질보다 독립적인 문화를 형성하기도 했다. 예수회는 당시에 과라니어Guaraní language로 된 책을 인쇄했는데, 과라니어는 오늘날 파라과이 국민 대다수가 사용하는 언어다. 만일 예수회가 추방당하지 않았다면 라틴아메리카의 역사는 달라졌을 것이고, 원주민 언어가 국가의 공식 언어 중 하나로 정착되었을 것이다. 근대 역사에서 예수회는 프란치스코회보다 훨씬 진보적인 성향을 보였다. 예수회가 열정적인 원리주의 추종자들로 구성된 반면, 프란치스코회는 소박함과 내적 삶을 강조한 교리를 가졌기 때문이다. 오늘날에도 예수회는 가톨릭 좌파의 산실인 반면, 다수의 프란치스코회 신자들은 네오파시스트*에 가깝다. 브레히트Bertolt Brecht가 예수회 선교 연극을 만들면서 자신의 공산주의 '선전극'을 활용한 것은 올바른 선택이었다.

* 배타적 민족주의 추종자

한 가지 중요한 역설이 드러나는 지점은, 예수회에서 사용한 과라니어와 선교 공동체 밖에서 사용되던 과라니어의 변별점이다. 예수회는 유럽적인 개념어를 번역하기 위해 새로운 과라니어 단어를 만들었지만, 일반 사람들은 스페인어 표현을 그대로 수용했다.

예수회에서 사용한 과라니어는 대체로 스페인어의 직접적 차용을 피한 것이었다. 선교사들은 과라니어의 교착어적 특성* 을 활용하여 토착 형태소를 결합해 신조어를 만들어냈다. 예수회는 이 과정에서 서구의 개념을 사용하여 복잡하고 인위적인 단어를 만들 수밖에 없었다. 반면에 공동체 밖에서 사용된 과라니어는 자유롭고 규제되지 않은 스페인어 표현이 유입되었다. 때때로 스페인어 단어와 문구가 최소한의 음운 변형을 거쳐 과라니어와 직접적으로 통합되었다. '성찬communion'이라는 단어가 좋은 예다. 예수회는 자신들의 교착어 조합 전략을 사용해 이 단어를 '투파라하바Tupârahava'로 설정했다. 여기서 '투파Tupâ'는 신을 의미한다. 그에 비해 현대 파라과이 과라니어에서 성찬을 뜻하는 단어는 '코무뇨komuño'이다.[2]

국가가 언어의 순수성을 보호하고자 영어식 어구 등을 금지하는 일은 오늘날에도 종종 벌어진다. 그런데 예수회가 주도하던 당대 파라과이에서는 외국 식민 지배자들이 이러한 역할

* 한국어, 일본어처럼 어간이 고정되어 변하지 않음

을 수행했다.[3] 그렇다면 당시에 언어의 식민화에 저항한 사람은 누구였을까? 토착 언어의 순수성을 지켜주고자 했던 식민 지배자였을까, 아니면 외국어를 그 자체로 받아들였던 원주민이었을까? 답은 명료하다. 원주민이다.

더 깊은 사유 3

애나를 창조하고 매들린을 연기하라

많은 것이 허용되는 오늘날의 세상에서 일관된 자유 전략을 수립하는 일은 상상조차 하기 힘들 정도로 어렵다. 오늘날 우리가 자유로울 수 있는 방법은 무엇일까? 이에 대한 하나의 해답은 숀다 라임스Shonda Rhimes가 제작한 넷플릭스 미니 시리즈 〈애나 만들기Inventing Anna〉(2022)에서 그 실마리를 얻을 수 있다. 이 드라마는 애나 소로킨Anna Sorokin의 실화와 제시카 프레슬러Jessica Pressler의 언론 기사를 바탕으로 만들어졌다. 2018년 《뉴욕 매거진》에 게재된 기사의 제목은 "애나 델비는 어떻게 뉴욕 사교계를 평정했는가How Anna Delvey Tricked New York's Party People"였다. 러시아 출신의 20대 여성 애나 소로킨은 자신을 부유한 독일 상속녀라고 속이고 뉴욕 상류층 사람들과 어울리며 사치를 누린 것으로 드러났고, 이 보도로 그녀는 하룻밤 새 인터넷 세상의 유명인이 되었다. 그녀는 심지어 징역형을 선고받은 후에도 여전히 대중 매체의 관심을 받고 있다.

그런데 적지 않은 시청자들은 이 드라마에 불편한 감정을 표했다. 그들은 애나라는 인물을 형상화한 드라마의 캐릭터가 지나치게 비현실적이라고 토로한 것이다. 그것은 수많은 가면 속에 숨겨진 그녀의 진짜 얼굴이 드러나지 않았기 때문일 것이다. 그런데 만일 그러한 사실이야말로 진실 자체라면 어떨까? 뒤에서 그녀를 조종하는 자각적인 얼굴이 정말 존재하지 않는다면? 애나는 빚 상환을 미루거나 돌려막으면서 사람들에게는 상환할 돈이 곧 수중에 들어온다는 식으로 사기를 친 것으로 드러났지만, 그렇다고 해서 그녀가 단순히 폰지 사기*의 마수에 수동적으로 휘둘린 인물은 아니었다. 이미 정상의 범위를 벗어난 그녀라는 주체는 그 자체가 폰지 사기처럼 기능했다. 요컨대 그녀는 다른 사람만을 속여 돈을 빌리는 것이 아니다. 그녀는 자기 자신에게서, 자신이 상상하는 자신의 미래에서 돈을 빌렸다. 이것이 그녀가 여성성의 포즈를 취하는 이유가 된다. 그리고 그 포즈는 같은 넷플릭스 다큐멘터리 〈데이트 앱 사기: 당신을 노린다Tinder Swindler〉에 등장하는 사기꾼 시몬 하유트Shimon Hayut와 명확히 대비된다. (강조하자면 〈데이트 앱 사기: 당신을 노린다〉는 다큐멘터리지만 〈애나 만들기〉는 허구 장르다.) 하유트는 자신을 러시아계 이스라엘인 다이아몬드 재벌 레브 레비에프의 아들이라고 소개하며 유럽을 여행했다. 그리고 만남 애플리케이션 틴더Tinder에서 '사이먼 레비에프'라는 이름으로 여성들에게 접근해 돈을 빌린 뒤 갚지 않았다. 그

* 다단계 금융 사기 수법

는 여성들을 속여 빌린 돈으로 값비싼 선물을 사서 다른 여성을 유혹하고 전용기를 타고 이동해 저녁 식사를 했다. 그러다가 '보안 문제'로 신용카드와 계좌 예금을 사용할 수 없다며 피해 여성들에게 금전적인 도움을 요구했다. 여성들은 그를 위해 은행에서 대출을 받거나 신용카드를 발급하기도 했다. 그의 사기 행각은 여전히 진행 중이다. 2022년 2월 말, 자신이 주인공인 이 영화 속 이미지와 대사를 활용해 NFT 컬렉션과 상품을 출시한 것이다.

우리는 두 이야기의 유사성 못지않게 중요한 차이점에 주목해야 한다. 하유트는 타인을 조종하는 냉정한 사기꾼이며, 자신이 동일시하는 구체적인 투사체가 없다. 그는 한 여성을 속이는 데 성공하면 그녀를 버리고 다른 여성에게 넘어간다. 반면에 애나는 애나 델비 재단을 설립하려는 큰 계획의 하부 협력자 그룹과 함께한다. 그녀의 독특한 점은 겉으로 보이는 그럴듯한 모습에 매우 집착한다는 점이다. 친구들이 종종 거짓과 기만을 멈추라고 호소하지만, 그녀는 결코 흔들리지 않고 가면을 벗지도 않는다. 그녀가 자신의 거짓이 입증되는 사실들과 마주할 때마다 어떻게든 체면을 지키기 위해 분투하는 모습이 자주 등장한다.

애나는 도덕적이지 않지만 필사적으로 윤리적이고자 한다. 최종 변론에서 변호사는 배심원들에게 호소한다. 그녀는 단지 자신의 꿈속을 살았을 뿐이며, 거대한 성공(거대 프로젝트를 위해 자금을 확보하는 일)에 접근할 정도의 '위험한' 인물이 못 된다며 선처를 호소했다. 애나는 격분하며 자신이 성공에 접근할 정도의 인물로 인식될 수 있다면 차라리 더 무거운 처벌을 받겠다고 주장한다. 자신이 우스꽝스러운 몽상가가 되는 일을 받아들일 수 없었기 때문이다.

애나가 윤리적인 태도를 고집한 것은 그녀가 가진 조건 없는 욕망 때문이었다. 라캉이 말한 "당신의 욕망을 타협하지 말라"는 공식은 그녀에게 고스란히 적용된다. 그녀에게 속았거나 그녀의 관심이 거짓이었다는 것을 알게 된 이들 중 일부는 여전히 그녀에게 호감을 보였다. 라캉의 다른 말처럼 "영웅은 배신당할지언정 쓰러지지 않는다". 애나 또한 끝까지 영웅으로 남는다. 그래서 일반적인 심리사회학적 관점으로는 그녀를 이해할 수 없고, 심지어 그녀의 아버지조차도 그녀의 변한 모습에 충격을 받는다.

한니발 렉터에 대한 초기 소설 중 하나의 유명한 대사를 본따 말한다면, 그녀에게 어떤 사건이 일어난 것이 아니라 그녀가 세상에 어떤 사건을 일으켰다. 그렇다. 그녀가 투사한 것은 터무니없는 가짜일 뿐이지만, 그럼에도 불구하고 그녀는 그 터무니없는 투사를 하나의 중요한 목표로 삼고, 자신의 모든 것을 바쳐 대의로 승화시켰다. 그녀가 숭고한 인물처럼 행동하는 이유는 여기에 있다. 진짜 성품이 어떠하든 그녀는 냉소적이기보다는 전적으로 순진무구한 모습을 보였다. 오늘날 우리에게 이런 덕목이 필요한 이유가 있다. 애나는 하유트와 달리 자신의 자유를 향유한다. 하지만 하유트는 다른 사람을 조종하고 이익을 취하는 자기중심적 욕구에 매몰되어 있다. 자유는 타인의 손이 닿지 않는 나의 숨겨진 자아 속에 있는 것이 아니라, 내가 아닌 타자를 위해 선택한 역할과 무조건적으로 동일시하는 데 있다. 이런 방식으로 독해해야 하는 소설이 바로 영화 〈현기증〉의 여주인공이 자신의 이야기를 진술하는 소설 『주디스 바튼의 유언 The Testament of Judith Barton』[1]이다. 이 책에서 여주인공 주디스 바튼은 자신의 이야기를 자신의 관점으로 들려준다.

처음에는 바튼의 샌프란시스코 시절 이전 이야기가 평범한 일인칭 서사로 이어진다. 미국의 멋진 도시에서 낭만적인 핵가족의 일원으로 성장한 그녀의 삶은 유사 진실성의 평온함을 보여준다. 하지만 그 이면에는 비극이 배태되고 있었다. 이 모든 것이 해소되기 위해서는 시간이 필요하다. (어쩌면 히치콕의 영화들처럼 단지 속임수일 수도 있다.) 모든 평온함의 기저에는 히치콕의 명작들에 나타나는 것처럼 혼동의 층위가 도사리고 있었다. 책의 저자인 맥클라우드는 미국의 '번영기' 시기에도 이어졌던 여성에 대한 억압에 대해 할 말이 많은 듯 보이며, 이 주제를 매우 능숙하게 풀어냈다. 서사는 책 후반부에 이르러 바튼의 종탑 사건을 계기로 한층 속도를 낸다. 그리고 그녀는 가장 놀라운 암호 같은 존재로 그 역할을 해낸다. 가장 비극적인 것은, 그녀가 자신에게 쌓이는 깊은 분노와 절망을 거의 알아채지 못한다는 점이다. 안타깝게도 이 모든 일은 자신의 아내를 살해하고 이를 자살로 조작하려는 남편 엘스터의 획책이었다. 바튼은 하나의 거대 서사 속에 배치된 완벽한 희생양이 된다.[2]

그렇다면 우리는 수많은 소설과 영화에서 발견되는 흔한 '페미니즘적' 해석을 여기서도 반복해야 할까? 잘 알려진 서사를 여성의 시각에서 다시 진술하며 여성의 '객체화'를 고발하는 해석 말이다. 이러한 메시지에 가장 부합하는 최고의 작품은 『광막한 사르가소 바다Wide Sargasso Sea』(진 리스Jean Rhys, 1966)일 것이다. 이 소설은 샬롯 브론테의 『제인 에어』 서사의 앞선 이야기를 그린 일종의 속편이다. 『제인 에어』의 남자 주인공이기도 한 로체스터는 이 소설에서 막대한 상속 재산을 노리고 크리올* 혼혈 여성과 결혼한 것으로 그려진다. 이야기는 크리올계의 상속녀인 앙투아네트의 시점으로 전개되는데, 브론테 소설에서 '다락방의 광인'으로 그려진 그녀가, 진 리스의 소설에서는 새롭게 조명된다. 자메이카에서 젊은 시절을 보낸 그녀는 영국 제국주의 신사 로체스터와 불행한 결혼에 이른다. 로체스터는 그녀의 이름을 버사로 바꾸고 그녀를 광인으로 규정한 뒤 영국으로 데려가 저택에 감금한다.

그런데 『주디스 바튼의 유언』과 『광막한 사르가소 바다』라는 두 프리퀄prequel 사이에는 큰 차이가 있다. 진 리스의 소설은 페미니스트적이고 반식민주의의 의제를 명확히 제시한다. 주인공이 '다락방의 미친 여자'라는 피해자로 재주체화되고 있기 때문이다. 그에 반해 『주디스 바튼의 유언』에서는 일인칭 서술을 이어가지만, 그 서술은 오히려 〈현기증〉에서보다 그녀를 더 객체화하고 있다. 이는 저자들의 의도와 어긋난다.

* 식민지에서 태어난 영국계 순수 혈통

영화 관객들은 〈현기증〉의 주인공 스코티가 그러하듯, 주디 Judy를 객체화하는 데 만족한다. 그녀가 역할에 어울리기만 하면 스크린 안팎의 누구도 주디가 정말로 누구인지, 그녀가 왜 그런 행동을 하는지에 관심을 갖지 않는 듯하다.[3]

여기서 제기하는 질문은 매우 단순하지만, 나를 포함한 모든 열렬한 히치콕 팬들에게 중요한 의문이다. 이 소설은 영화와 같은 맥락으로 읽히는 데 초점을 맞춘 것처럼 보이는데, 그렇다면 우리는 소설과 영화가 동일한 상상 우주를 공유하고 있다고 생각해야 할까? 소설이 영화에서 형상화되지 않은 부분을 기술하고 있고, 양자 모두 같은 세계관을 보여준다는 명확한 사실 때문에? 나는 조건부로 '그렇다'고 말하고 싶다. 여기에는 하나의 중요한 조건이 전제된다. 소설에는 그녀의 이야기가 서술되지만, 그것은 단지 그녀가 겪은 '객관적인' 배경에 관한 정보들이다. '주관적인' 고백조차도 자신이 상황을 어떻게 경험했는지에 대한 사실만을 나열할 뿐이다.

하지만 영화의 경우, 주디는 어니스에서 저녁 식사를 하고 스코티와 함께 엠파이어 호텔 객실로 들어서는 장면에서 자신의 주체성을 드러낸다. 옆모습의 주디에 주목해보자. 그녀의 얼굴은 완전히 어둡다(어니스라는 같은 장소에 앉아 있던 매들린의 눈부신 옆모습과 대조적이다). 잠시 후 그녀의 얼굴이 정면에서 보인다. 왼쪽 면은 완전히 그늘졌고, 오른쪽 면은 창밖의 네온 불빛을 받아 기이한 녹색으로 번들거린다. 이 장면을 단순히 주디의 내적 갈등을 상징하는 기법으로 읽을 수도 있겠지만, 나는 그 얼굴에서 완전한 존재론적 모호성을 읽어야 한다고 말하고 싶다. 주디는 마치 어떤 영지주의 문서처럼 존재론적으로 온전히 형성되지 않은 원시적인 존재로 형상화되고 있다(어둠 속에서 빛나는 플라스마 전구처럼 말이다). 그녀는 마치 어두운 얼굴 절반이 매들린의 신비로운 형상으로 채워져야만 온전히 존재할 수 있는 사람처럼 보인다. 우리는 이제 어니스 식당에 앉아 있던 매들린의 아름다운 모습 이면의 얼굴을 볼 수 있다. 즉 우리는 이전에 보이지 않던 매들린의 어두운 반쪽(주디의 괴로워하는 녹색 얼굴)과 매들린의 눈부신 옆모습으로 채워지는 어두운 반쪽을 함께 볼 수 있다. 그리고 이 지점에서 주디는 객체보다 덜한 존재, 존재 이전의 형체 없는 얼룩으로 축소되고, 비로소 주체화된다. 자신에 대해 확신하지 못하는 이 고통스러운 반쪽 얼굴이야말로 주체의 탄생을 촉구한다. 고대 철학자 제논Zeno이 제기한 무한 분할의 역설*을 상징적으로 해결할 방안을 생각해보자. 무언가를 계속해서 분할하다 보면 어느 순간 더 작은 부분으로 나뉘지 않는 단계에 이를 수 있다. 이때 남는 것은 최종 조각과 '없음nothing'이다. 이 없음'이' 주체다.

그러므로 주체의 본래적인 차원은 누군가 자신의 일인칭 '주관적' 관점을 피력하는 것보다 훨씬 근본적인 문제다. 그렇게 나타나는 서사는 주관성을 정의하는 간극과 분열을 흐리게 만드는 연속적인 이야기를 보여준다. 그리고 이것이 바로 앞에

---

* 움직이는 물체는 목적지의 중간 지점을 무한히 만나기 때문에 결코 목적지에 이를 수 없다는 역설

3. 애나를 창조하고 매들린을 연기하라

서 기술한 주디의 분열된 모습이 아닐까? 우리는 그녀의 얼굴 반쪽만을 보았고, 나머지 반쪽은 어두운 공허로 남아 있다.[4] 여기서 기억해야 할 것은, 그녀의 얼굴이 분열되어 가시적인 주체가 되는 것은 그녀가 스스로를 '매들린'과 동일시할 때라는 점이다. 그녀 얼굴의 어두운 절반은 단순히 '매들린'과의 동일시로 채워지는 것이 아니라, 어떤 의미에서는 이 동일시에 의해 만들어지기도 한다.

〈애나 만들기〉의 주인공 애나가 그랬던 것처럼, '매들린'도 주디가 해방되어야 할 소외된 가면이다. 뿐만 아니라 주디는 스스로 '매들린'과 과도하게 동일시하며, 그 역할을 연기하는 과정에서 자신의 진정한 정체성을 발견하거나 창조한다. 그렇다. '매들린'은 사악한 가빈 엘스터에 의해 만들어졌고, 주디는 이 역할을 연기하도록 조종당했지만, 스코티와 사랑에 빠지면서 자신의 역할에 몰입하기 시작한다. 〈현기증〉은 주디를 남성(스코티)의 치명적인 환상을 위한 투사물로 축소하지 않는다. 스코티를 향한 그녀의 사랑은 영화에 나타난 유일하고도 진실한 사랑이다. 소설은 주디가 자신의 상황에서 벗어날 수 있었던 배경을 설명할 뿐이다. 그녀가 자신의 '객관적' 상황을 초월한 이 행위는 영화에서 표현된다. 다른 식으로 표현한다면, 매들린 얼굴의 어두운 절반은 그녀가 가진 자유의 공간이다. 그녀의 완전한 얼굴은 단지 그녀가 처한 상황이 만든 산물에 불과하다.

이처럼 자유는 이상한 개념이다. 경험으로 느낄 때는 하나의 사실처럼 느껴지지만, 자세히 살펴보면 그곳에는 역설과 불화가 맹렬히 타오른다. 칸트에게 자유는 고통스러운 것이었다. 의무를 위해 자신의 자발적 본능을 고통스럽게 포기해야 하기 때문이다. 하지만 그와 동시에 가장 깊은 자유는 내면의 필연성으로 경험된다. ('나는 이것을 해야 하고, 하지 않을 수 없다!') 셸링은 이처럼 상반된 것들의 일치를 자신의 예술 철학을 통해 한층 발전시켰다. 창작 과정에 있는 예술가들은 가장 깊은 의미에서 자유롭지만, 동시에 오로지 자신의 내면 충동에 의해서만 나아갈 바를 알게 된다.

더 깊은 사유 4

비재현적 예술의 정치적 함의

헤겔은 『역사철학』에서 투키디데스가 쓴 펠로폰네소스 전쟁 관련 서적에 대해 매우 설득력 있는 견해를 피력했다. "그가 쓴 불후의 명저는 인류가 그 전쟁에서 얻은 최고의 성과다."[1] 이 말은 온전히 표현된 그 자체로 이해되어야 한다. 세계사적 관점에서 보면 마치 펠로폰네소스 전쟁은 투키디데스에게 그 책을 쓰도록 하기 위해 벌어진 일처럼 보인다. 모더니즘이 폭발한 시대와 제1차 세계대전의 관계도 같은 맥락에서 생각해볼 수 있을 텐데, 만일 두 전후 관계가 바뀌어 작용했다면 어떨까? 제1차 세계대전은 19세기 말의 진보주의를 망가뜨린 충격적인 단절이 아니라, 기성 체제에 가해진 진정한 위협에 대한 반작용이었다고 말이다. 즉 기성 세계관을 무너뜨린 전위 예술과 과학과 정치의 눈부신 도약에 대한 반응이 전쟁이었던 것이다. 이를테면 문학에서는 프란츠 카프카와 제임스 조이스를 위시한 예술성 충만한 모더니즘이, 음악에서는 쇤베르크와 스트라빈스키가, 회화에서는 피카소와 말레비치와 칸딘스키가, 그밖에도 상대성 이론과 양자 물리학과 사회민주주의 등이 급부상했다. 1913년은 예술적인 전위가 만개한 *기적의 해*annus mirabilis였고, 그로 인한 시대의 충격은 너무도 강렬했다. 그래서 이론적인 역사 기술의 측면에서는 이듬해 발발한 제1차 세계대전이 그러한 시대적 단절에 대한 '정신적' 반응이었다고 주장하고 싶을 정도였다. 혹은 헤겔의 말을 흉내낸다면, 제1차 세계대전의 공포는 인류가 전쟁 직전에 일어난 불멸의 예술 혁명을 위해 치러야 한 대가였다. 다른 말로 하면, 쇤베르크를 비롯한 예술가들은 20세기의 전쟁 공포를 예견한 사이비 통찰력의 보유자들이 된다. 정말 중요한 사건은 1913년에 일어난 것이 아닐까? 우리는 19세기 말부터 본격적으로 팽창한 인류의 자의식과 제1차 세계대전의 참사 사이에 놓인 위태로운 중간 지점에 대해 생각해볼 필요가 있다. 우리는 1914년의 전쟁 참사를 겪으며 수면에서 깨어난 것이 아니다. 진정한 깨어남 대신 강제적이고 폭력적인 애국심으로 퇴행하는 수면에 돌입한 것이다. 파시스트는 물론 수많은 애국자들이 전위적인 퇴폐예술 entartete Kunst*을 혐오한 것은 그들의 사소한 취향이 아니라 파시즘의 핵심적인 특징이다. 우리는 이러한 배경을 통해 공포의 20세기 역사와 현대 예술 사이의 관계를 이해해야 한다.

바실리 칸딘스키는 자신의 책 『예술에서의 정신적인 것에 대하여Concerning the Spiritual in Art』(1911)에서, 예술 작품은 주제 자체가 아니라 구체적인 색상과 형태를 통해 관객에게 영향을 미친다고 설명한다.

이런 맥락에서 칸딘스키는 '순수 예술'을 아무런 메시지도 전하지 않는 중립적인 예술이 아닌 고유한 작용 목표를 가진 것으로 보았다. 즉 특정 색상과 형태가 관객의 심리에 영향을 미치고, 그렇게 만들어진 일정한 분위기는 비이성적이고 잠재적인 영향력을 함축한다.

이때 관람객은 작품의 바깥이나 앞에 위치하는 것이 아니라 작품 내부에 놓이며, 그로 인해 작품에 몰입하게 된다. 이러한

* 현대 예술을 통칭한 나치의 용어

인위적인 환경은 관람객에게 깊은 잠재의식적 영향을 미칠 수 있다. 심지어 관객은 작품의 방문자가 되거나 내부에 갇히는 존재가 되기도 한다. 이러한 예술 접근법은 비이성성을 확산시키는 것이 아니다. 훨씬 더 근본적인 영성spiritualism을 전파한다. 그 영성의 의미는 작품이 발산하는 내용뿐 아니라 형상 자체에도 이미 새겨져 있다.[2]

그런데 여기서 지극히 자연스러운 의문이 제기된다. 만일 예술 작품의 어떤 형상이 불안과 불만과 혼란의 심상을 창출한다면, 그것은 스스로 지닌 해방적인 지향을 스스로 내려놓는 일이 되지는 않을까? 오히려 감상적인 비관과 절망을 전파하는 일이 되는 것은 아닐까? 1930년대 추상미술(무조음악無調音樂과 자유연상 글쓰기 등도 포함)이 정치적 지향의 양극단에서 전혀 다르게 수용된 이유가 이 질문 때문이다. 슬로베니아 출신의 프랑스 시인이자 예술가, 건축가였던 알퐁스 로랑치치 Alphonse Laurencic는 스페인 내전이 한창이던 1938년, 공화주의자들이 포로로 잡은 프랑코 파시스트들을 수감하는 감옥을 장식하는 일에 참여했다. 그는 실내를 칸딘스키의 색채 및 형태 이론을 활용하여 전위 예술 설치물처럼 디자인했다. 수감된 파시스트들에게 혼란과 우울과 깊은 슬픔을 경험하도록 하기 위해서였다.

법정에 선 로랑치치는 초현실주의 예술가 살바도르 달리와 바우하우스 예술가 바실리 칸딘스키 같은 현대 예술가들에게서 영감을 받아 고문 감방을 만들었다고 진술했다. (…) 로랑치치가 진술한 내용에 따르면, 바르셀로나에 있는 해당 감방 수감실은 포로들이 거의 잠을 잘 수 없도록 설계되어 있었는데, 특히 침대는 20도 각도로 기울어져 있었다.

재판 기록에 따르면, 수감실 바닥에는 수인들이 앞뒤로 거닐수 없도록 불규칙한 모양의 벽돌이 박혀 있었다. 대략 2m× 1m 크기의 감방 벽에는 초현실주의 문양을 그려 넣어 죄수들이 불안과 혼란을 느끼도록 했으며, 조명을 활용해 문양이 더욱 어지럽게 느껴지도록 했다. 어떤 수감실에는 수인들이 바닥으로 떨어질 수밖에 없는 석재 의자가 부착되어 있었고, 다른 수감실은 표면이 타르로 도포되어 있어 여름에 숨이 막힐정도의 열기가 분출되었다.[3]

실제로 소위 '사이코테크닉psychotechnic' 수감실을 거쳐간 포로들은 훗날 그러한 시각적인 환경 속에서 극도의 절망과 심리적 고통을 겪었다고 진술했다. 이 경우 분위기는 곧 메시지이며, 그 자체로 작품이기도 했다. 이 메시지가 지닌 강력한 힘은 나치 비밀경찰 장관 히믈러Himmler의 진술에서도 드러난다. 그는 바르셀로나가 파시스트들에게 점령된 후 이 사이코테크닉 감옥을 방문하여, 그 시설들이 '공산주의의 잔혹함'을 보여준다고 말했다. 히믈러는 바우하우스 설치물처럼 보이는 감옥을 두고 문화적 볼셰비즘Kulturbolschevismus이라고 했다. 1933년에 로랑치치가 재판을 받고 처형된 것도 놀라운 일만은 아니다.

그런데 역설적이게도, 스탈린주의 정통 마르크스주의자도 같은 주장을 했다. 단지 반대편의 입장에서였다. 1930년대 모스크바에서 글을 쓰던 루카치Georg Lukács는 표현주의적 '행동주의activism'를 나치즘(국민사회주의)의 전조로 생각했다. 그는 표현주의의 '비이성적' 양상이 훗날 나치 이데올로기의 정점을 형성했다고 강조했다.[4] 같은 맥락에서 구소련의 소설가 일리야 에렌부르크Ilya Ehrenburg는 당대 초현실주의자들에 대해 이렇게 평했다. "그들에게 여성은 순응주의를 의미한다. 그들은 자위, 소아성애, 페티시즘, 노출증, 심지어 수간獸姦까지 권장한다."[5] 이러한 분위기는 1963년까지도 이어졌다. 「왜 나는 모더니스트가 아닌가Why I Am Not a Modernist」라는 유명한 소논문을 남긴 소련의 예술 비평가 미하일 리브시츠Mikhail Lifshitz는(1930년대부터 루카치의 친구이자 협력자였다)도 같은 이야기를 했다. 비이성과 반인간주의를 찬양하는 모더니즘은 그에게 문화적 파시즘일 뿐이었다. 그의 주장을 살펴보자.

그렇다면 나는 왜 모더니스트가 아닌가? 나는 왜 예술이나 철학에 나타나는 모더니즘의 작은 실마리에조차 거부감을 느끼는가? 내가 보기에 모더니즘은 우리 시대의 가장 어두운 심리적 현상들과 연결되어 있기 때문이다. 그 어두운 현상들은 권력 숭배, 파괴의 쾌감, 잔인함에 대한 기쁨, 충동에 대한 애착, 맹목적인 복종 등이다. (…) 오늘날 수많은 학자와 작가들이 제국주의 국가의 반동적인 정책에 협력하는 모습을 보이지만, 가장 진정성 있고 무구해 보이는 모더니즘 지향 속에 숨겨진 새로운 야만성에 비하면 아무것도 아니다. 전자가 전통적인 관례를 따르는 정통 교회라면, 후자는 자발적인 무지와 시대착오적 신비주의를 표방하는 사회 운동이라고 할 수 있다. 이 둘 가운데 어느 쪽이 더 큰 공공의 위험을 초래하는지는 분명하다.[6]

한마디로 요약한다면, 모더니즘은 파시즘보다 훨씬 더 위험하다. 소련 마르크스주의자에게 모더니즘은 파시스트적인 것이지만, 파시스트에게 모더니즘은 공산주의적인 것이다. (물론 양쪽 모두에서 예외를 인정받은 경우도 있다. 이를테면 미래파futurism는 1920년대 이탈리아 파시즘과 소련 예술계 모두에게 받아들여졌다.) 이와 달리 서구 모더니스트들에게 재현적 리얼리즘은 '전체주의'적이다. 그들은 반재현적인 모더니즘 예술을 통해 매체가 전해야 할 메시지로부터 해방되고자 했다. 메시지는 매체 자체일 뿐 매체가 표현하는 것에 있지 않다.[7] 그런데 정말로 놀라운 것은, 오늘날에도 일부 인지학자들이 이와 같은 반모더니즘 논리를 전파하고 있다는 사실이다. 그들은 아름다움을 쾌락의 원천으로 여기는 전통적인 선good의 취향은 인간 본성에 기반을 두고 있다며, 우리는 그 취향만을 신뢰해야 한다고 주장한다. 스티븐 핑커Steven Pinker가 쓴 아래 글을 살펴보자.

20세기 엘리트 예술과 엘리트 비평의 주류 이론들은 인간의 본성에 대해 전투적으로 부정한다. 그 결과로 나타난 것이 추하고, 난해하고, 모욕적인 예술이다. 잘난 척하는 알아듣기 힘든 학문들 또한 마찬가지다. 그러면서도 대중 다수가 이를 외면하는 모습을 보며 이해할 수 없다고?[8]

이러한 주장은 몇몇 학자 사이에서만 확산되는 것이 아니라 우파 포퓰리스트 사이에서도 번져가고 있다. 슬로베니아의 우파들은 국가의 진정한 정신이 담긴 슬로베니아 전통음악을 칭송하면서, 이를 비판하는 비평가들을 민족의 배신자라고 공격한다. 인간 본성의 뿌리에 예술적 아름다움과 이를 향유하는 감각이 내재되어 있다고 주장하는 이들은, 모더니스트들의 '아름다움을 파괴하는 욕망'을 엘리트-글로벌리스트들의 이데올로기적 분출이라고 비난한다. 그들의 주장 가운데는 직관적인 의미에서 유의미한 측면도 있다. 현대 예술이 우리 사회를 특징짓는 공포와 불안과 갈등을 재현한다는 주장이 그것이다. 여기서 우리가 제기해야 할 질문은 이것이다. 그렇다면 왜 불안과 공포를 예술로 재현하는 일이 기존의 소외된 체제를 모방하고 지속하는 데 그치지 않고 전복적인 방향으로 나아가는 것일까? 답은 간단하다. 예술을 통해 불안과 갈등을 표출하는 것은 그 자체로 해방 행위이기 때문이다. 이를 바라보는 우리는 기존 질서에 대한 거리 두기를 시도할 수 있다. 이것을 이해하기 위해서는 아도르노의 헤겔주의적 입장을 받아들여야 한다. 즉 예술은 쾌락이나 아름다움을 향유하는 일이 아니다. 그것은 주어진 역사적 시대 속에서 인간이라는 조건에 주어진 진리를 전달하는 매개다. 그러므로 모더니즘의 단절적 출현 이후, 기존의 조성음악이나 사실주의 회화 전통에 고착되는 것은 그 자체로 거짓이다.

이유가 무엇일까? 다시 헤겔로 돌아가서 그가 이야기한 예술의 종말에 대해 생각해보자. 헤겔이 보이는 결정적인 한계는 그의 예술 개념이 고전적인 재현 예술의 범주에 머물러 있다는 사실이다. 그는 우리가 추상(비구상) 예술이라고 부르는 영역(무조음악이나 글쓰기 과정 자체를 작품으로 반영하는 문학 등도 포함)의 가능성을 생각하지 못했다. 여기서 진정으로 흥미로운 질문이 제기된다. 고전적 재현 예술의 제약 내에 머문 헤겔의 한계는, 로버트 피핀이 지적한 것처럼, 개인의 형식적 자유와 상호 소통이 가능한 현대 합리 사회에서 소외와 갈등이 지속되는 것을 감지하지 못한다는 한계와 어떻게 연결되는가. 지금의 자유로운 세상에서도 여전히 기세등등한 비자유, 불안, 탈구는 왜, 어떻게 재현 예술에 얽매이지 않는 예술에서만 제대로 표현되고 나타날 수 있을까? 현대사회에 뿌리 내린 불안은 물론, 형식적 자유일 뿐인 비자유, 자율이라는 이름의 예속, 더 근본적으로 그 자율성 자체에 내재된 불안과 혼돈마저도 우리 존재론적 토대의 깊은 곳까지 영향을 미치는 것이 아닐까? 그래서 우리의 현실감각이 존재하는 가장 기본적인 좌표를 뒤흔들고 낯설게 만드는 예술 형식만이 그러한 영역을 표현할 수 있는 것이 아닐까? 그래서 로버트 피핀이 보기에, 헤겔의 '가장 큰 패착'은 이러하다.

그는 현대 세계에 나타날 수 있는 잠재적인 불안정성을 간과했다. 즉 같은 윤리 공동체에 속한 시민들이 공동체의 기반과 신뢰를 잃는 현상과, 만연한 갈등이 점점 해결 불능의 상황으로 치닫는 현실에 대해 별로 신경쓰지 않은 것처럼 보인다. 마치 서로의 무표정한 표정에서 보이는 높은 장벽과 낮은 기대처럼 말이다. 그가 크게 우려하지 않은 이유는 사람들이 인지하는 모든 상황이 점차 역사의 필연으로 나아갈 것이라는 일반 이론을 믿기 때문이다. 하지만 역사를 바라보는 이 관점은 헤겔의 이론 가운데 가장 허술해 보인다. 또한 이 주장은 예술이 과거의 산물이라는 헤겔의 선언을 받아들일 수 없는 우리의 반감과도 연결되어 있다.[9]

피펀의 경우, 이 새로운 불만의 핵심에 계급 분열과 투쟁이 있다고 주장한다. (물론 이때의 계급은 카스트 같은 신분이나 위계를 말하는 것이 아니다.) 이러한 시각에서 볼 때, 에두아르 마네의 그림에 나타나는 불안하고 혼란스러운 효과에는 근원적인 모호함이 자리잡고 있다. 그렇다. 그의 그림들은 과격한 대립이 가득한 사회에서 자신의 자리를 찾지 못한 현대인 각자의 '소외'를 보여준다. 그림 속 인물들은 공동체적인 인식과 공감이라는 영역을 박탈당한 개인이다. 그런데 그림들은 해방적인 효과를 만들어 그것을 발산하고 있기도 하다. 그림 속 인물들이 더 이상 사회의 위계와 지위에 묶여 있지 않은 것처럼 보이기 때문이다.

피펀이 예술의 종말(절대성에 대한 궁극의 표현으로서의 예술의 종말)을 주장한 헤겔을 충분히 *이상적이지 못하다*고 지적한 것은 옳다. 헤겔이 놓친 것은 단순히 이해할 수 없는 영역인

포스트-헤겔의 차원이 아니다. 오히려 그가 분석한 현상 *자체*
*에 내재된 '헤겔적인' 차원*이다. 이것은 경제에서도 마찬가지
다. 마르크스가 『자본론』에서 보여준 것은, 자본이 자신의 출
발점으로 돌아가 스스로를 재설정하는 자기 재생산, 즉 헤겔
변증법을 실현한다는 점이었다. 하지만 헤겔은 이 부분을 간과
했다. 그가 이해한 산업혁명은 기계가 업무를 주도하거나 노동
자들이 기계의 부속품으로 전락한 공장이 아니라, 아담 스미
스 시절의 제조업이었다. 그곳에서의 작업 과정은 여전히 도구
를 사용하는 개별 노동자들의 협업으로 이루어졌다. 헤겔이 추
상성이 지배하는 진보한 자본주의를 상상할 수 없었던 이유가
이것이다. 이 추상성은 금융 투기가 횡행하는 사회적 현실을
우리가 정확히 이해하지 못한 데서 발생한 간극이 아니다. 그
것은 우리가 사는 물질적 사회의 구조를 매우 구체적으로 결
정하는 '실재'다. 그래서 자본의 '독선적인' 움직임은 그 움직임
이 사회 현실에 어떤 영향을 미칠지에 대해 완전한 무관심 속
에 놓여 있다. 그것은 오로지 목표 수익만을 향해 나아가고, 그
과정에서 사회의 특정 계층이, 때로는 국가 전체의 운명이 크
게 흔들릴 수도 있다. 자본주의의 근원적인 체제적 폭력은 이
지점에 존재한다. 이것은 자본주의 이전에 존재했던 사회적이
고 체제적인 폭력보다 훨씬 더 끔찍하다. 이 폭력은 더 이상 특
정 개인과 그들의 '악한' 의도에 휘둘릴 수 있는 것이 아니다.
그것은 순전히 '객관적'이고 체제적이며 또한 익명적이다.

　역설적으로 말해 헤겔은 충분한 이상주의자가 되지 못했
다. 자본주의를 지배하는 추상성이 같은 원리를 통해 예술을

지배할 것이라는 상상을 하지 못했기 때문이다. 즉 그는 경제 영역에서 생산, 분배, 소비, 교환이라는 경제적 현실을 구조화하는 자기 중재적 개념을 발견하지 못했고, 그림의 영역에서도 색상과 모양 등의 형태를 매개하고 규정하는, 외형보다 더 근본적인 수준의 개념을 분별하지 못했다. 그 개념을 드러낸 '추상화'를 보라. 그것들은 비재현적인 수준에서 감성을 매개하기도 하고 반영하기도 한다.[10]

인간의 자유

4

마르크스는 증상뿐 아니라
충동도 얻어냈다

대신에

"그들은 거울을 사용한다.They Do it with Mirrors." 이 문구는 애거서 크리스티의 '미스 마플Miss Marple' 시리즈 중 한 권의 제목이다*. 그런데 이 말은 마술이나 무대 장치에서 착각을 유발하는 장치를 의미하는 속어이기도 하다. 그리고 우리는 이것을 라캉의 거울 단계mirror stage와 연결시키는 강수를 두고자 한다. 하지만 프로이트의 무의식 이론이나 마르크스의 경제적 토대와 상부구조의 관계를 논하는 경우에는 대체로 그리고 원칙적으로 '거울'을 사용하지 않는다. 이데올로기가 실제 삶을 잘못 인식하거나 뒤집힌 것으로 오해받는 빌미가 될 수 있기 때문이다. 여기서 마르크스는 치명적인 모호성에 빠진다. 마르크스

---

* 우리나라에는 『마술 살인』이라는 제목으로 출간되었다.

는 자본의 자기 운동을 매개하는 추상성을 분명하게 이해하고 있었다. 또한 자본이 헤겔의 개념처럼 자기 재생산을 한다는 것, 즉 헤겔의 변증법적 자기 매개가 자본의 자기 재생산을 추론적으로 신비화한 표현이라는 것도 알고 있었다. 그럼에도 그는 이러한 추론적인 자기 운동 개념을 통해 실제 삶을 이데올로기로 축소(혹은 환원)시킨 측면이 있다.

이 환원이라는 증상은 마르크스가 특히 젊은 시절에 쓴 글에 자주 등장하는 수사적 표현인 '대신에…'로 나타난다. 그의 암묵적인(때로는 명시적인) 주장은 소위 '정상적인' 상태를 설명한 이후 '대신에…'로 반전을 주며, '정상의' 상태가 소외된 형태로 뒤바뀌는 과정을 설명한다. 예를 들면 노동자들이 현실을 자각하는 대신에 그 자각의 가능성을 상실한다. 노동을 통해 생산과 소유를 누리는 당연한 결과 대신에 스스로 소외된다. 노동자는 생산한 것을 소유하는 대신에 생산할수록 소유가 줄어든다. 문명화된 상품을 생산하며 스스로 문명화에 동참하는 대신에 상품이 문명화될수록 노동자는 더 야만적으로 변한다 등이다. 이러한 설명에 담겨 있는 것은, 혁명은 어떻게든 모든 것을 정상 상태로 되돌려 놓을 것이라는 믿음이다. 즉 노동은 노동자의 각성을 이끌어야 하고, 노동을 통해 스스로를 문명화해야 한다는 것이다. 그리고 마르크스 자신이 후기 저작들을 통해 피력한 것처럼, 우리는 바로 이 정상성 회복이라는 문제에 의문을 제기해야 한다. 후기 마르크스가 때때로 이러한 표현을 사용하더라도, 그 관점에는 약간의 차이가 드러난다. 다음의 『자본론』구절처럼 말이다.

가치value가 표현되는 중요한 특징은 그것의 왜곡된 양상 Verkehrung이다. 우리가 감각으로 인식하는 구체적인 대상은 추상적이고 일반적인 개념의 겉모습으로만 나타나기 때문이다. 그런데 추상적이고 일반적인 개념은 구체적인 대상의 속성으로만 간주되지 않는다. 물론 그 때문에 우리는 대상의 가치를 정확히 이해하기 어렵다. 만일 내가 '로마법과 독일법 둘 다 법이다'라고 말한다면, 그것은 명백한 사실이다. 하지만 '법Das Recht'이라는 추상적인 개념이 로마법과 독일법이라는 구체적인 법에서 스스로 실현된다고 말한다면, 이때의 작용은 신비주의의 양상을 띠게 된다.[1]

이 부분에 대해 우리는 신중해야 한다. 마르크스는 단지 헤겔 관념주의에 내포된 '왜곡'을 비판한 것이 아니다. 그의 젊은 시절 작품 『독일 이데올로기German Ideology』에서처럼 말이다. 마르크스는, 로마법과 독일법은 '사실상' 서로 다른 법이지만 변증법적 관념론에 의거, 스스로를 주도하는 능동 주체로서 '자기실현'을 이룬다는 주장에 전적으로 동조하지 않았다. 그는 이 '왜곡'이 자본주의 사회의 현실 자체를 특징지을 뿐 아니라, *'정상'이라고 가정한 상태와 소외된 왜곡 상태라는 두 이념적 신비화 공간을* 모두 특징짓는다고 보았다. 이렇게 생각해보자. 로마법과 독일법이 모두 법으로 인정되는 상태가 있다. 이를테면 노동자가 자신의 생산물을 소유하고, 노동이 힘을 얻을수록 노동자도 힘을 얻고, 상품이 문명화될수록 노동자도 문명화되는 상태는 '정상적인' 상황이다. 하지만 실제로 그것은 소외된 사회에 나타난 일상적인 외형일 뿐이다. 그것은 그 사회의 추정된 진리가 '정상적' 형태로 나타난 것뿐이다. 이 '정상적인' 상태를 완전히 실현하고자 하는 욕망은 가장 순수한 형태의 이데올로기일 뿐이다. 그리고 그것의 결과는 재앙이다.

여기서 얻을 수 있는 교훈은 소외로 왜곡된, 좋은 삶을 주장하는 모든 이야기를 거부해야 한다는 것이다. (마르크스도 종종 같은 이야기를 했다.) 소외의 긍정적인 토대가 되는 실제적인 삶은 소외 외부에 존재하지 않는다. 진정한 페티시는 '자연스러운' 위계의 전복이 아니다. 그것은 실제의 건강한 삶이 자본의 허상을 떠받치는 모습이 아니라, 실제 삶 자체가 투기적 자본의 광기 어린 춤의 하위 순간으로 축소되는 모습이다. *진정한 페티시는 소외 이전으로 상정된 직관적으로 긍정적인 삶이라는 개념 자체다. 그토록 건강한 삶은 자본주의적인 소외에 의해 파괴되고 없기 때문이다.* 실제 삶의 핵심을 유린하는 심각한 문제들을 부인하는 생각이야말로 페티시즘일 뿐이다.

그런데 '대신에'라는 표현이 흥미로운 이유는, 개념의 상반된 두 이미지를 극적으로 대비시키기 때문이다. 후기 마르크스는 자본가의 성향을 분석하면서 이전과 비슷한 언어를 사용하지만 추가적으로 거세castration의 측면을 덧붙인다.

우리의 자본가hoarder는 교환가치의 순교자다. 그는 금속 신전의 상석에 앉아 있는 거룩한 금욕주의자다. 부를 축적하는 그는 사회적 관계를 중시하지만 부를 사회적 관계로부터 숨긴다. 그는 언제나 유통 가능한 상품을 원하지만 그 상품을 유통에서 배제시킨다. 그는 교환가치를 숭배하지만 교환을 거부한다. 그의 부는 물처럼 흐르다가도 돌처럼 굳어지고, 불로장생을 선사하는 생명의 묘약이었다가도 철학자의 돌이 된다. 이 모든 변화가 연금술사의 환영처럼 뒤섞여 있다. 상상 속에서 들끓는 무한한 쾌락 욕구가 오히려 모든 쾌락을 포기하게 만든다. 그는 모든 사회적 욕구를 충족시키고자 하지만, 정작 가장 시급한 신체 욕구조차 제대로 충족시키지 못한다.[2]

혹은 마르크스가 『잉여가치론Theories of Surplus-Value』에서 밝혔듯, "산업 자본가는 부의 향유를 인격화하는 순간, 축적의 쾌락 대신 쾌락의 축적을 원하게 된다. 그 경우 더 이상 자신의 역할을 제대로 수행할 수 없다."[3] 여기서 헤겔식의 전복이 일어난다. 즉 쾌락을 축적하는 일 대신 축적 자체에서 쾌락을 얻을 때, 이 쾌락은 마르크스가 설명한 '거세'로서의 *주이상스*가 된다. 자본가는 끝없는 쾌락을 추구하다가 결국 아무런 쾌락도 즐기지 못하게 된다. 이것은 단순한 대칭적 전복이 아니다. 왜냐하면 마르크스는 이 전복에 담긴 거세의 의미를 이야기하기 때문이다. (프로이트 또한 욕망의 억압이 억압 자체에 대한 욕망으로 변하는 현상을 간파한 뒤, 쾌락이 말하는 것 자체의 쾌락으로 변하는 과정을 설명했다.) 그래서 첫 번째 '대신에'는 상상적인 전복이다. (이 단계는 앞의 '정상적인' 세계의 반대 세계, 즉 거울처럼 대칭적인 '비정상적인' 세계다.) 이후 두 번째는 사회 구성원 전반에서 벌어지는 거세이기 때문에 상징적인 전복이다.

한 걸음 더 나아가, 세 번째 '대신에'도 제시된다. 마르크스의 『철학의 빈곤Poverty of Philosophy』(1847)에서 발견되는 내용이다. 이 책은 프루동의 책 『빈곤의 철학philosophy of poverty』을 비판적으로 분석한다. 물론 제목 자체에 이미 인식의 전복이 표현되어 있다. "우리는 일반적인 말과 생각을 하는 보통의 개인이 아닌, 보통의 개인이 없는 일반의 양식으로 남아 있다."[4] 이 말은 (프루동과) 헤겔을 겨냥한 피상적인 비판이지만, 헤겔의 이론을 설명한 피펀의 주장과는 일치한다. 헤겔은 논리학을 이야기하며, 논리적 사고의 기본 형식들은 그것이 누구에 의해 이루어지는지와 상관없이 독립적으로 작용한다고 주장했다. 즉 언제 어디서든 사고가 행해지는 곳에서는 그 형식들이 작용한다는 것이다.

> 만일 누군가 우리가 위에서 고민한 질문을 제기한다고 하자. '그렇다면 이 모든 말과 생각이 어디에서 벌어지고 있는 것인가?' 하고 묻는다면, 가능한 대답은 '생각이 일어나는 곳은 어디든'이라고 말할 수밖에 없다. 이것은 생각하는 사람이나 생각의 주제가 없다는 뜻이 아니다. 진실을 담을 수 있는 사고는 진실을 담는 데 필요한 도구, 즉 객관적인(참일 수도 있고 거짓일 수도 있는) 판단을 내릴 수 있는 어떤 존재로 만들어진다는 것을 의미한다.[5]

이런 맥락에서 헤겔의 논리는 실재의 논리다. 그 논리가 가장 이상적으로 보이는 바로 그 순간 헤겔의 논리는 실재에 가 닿는다. 예컨대 순수한 사고를 구체적인 사고 주체와 독립적으로 이행할 때, 사고의 물질적이고 정신적인 제약에서 해방될 때 그리고 마르크스가 항상 덧붙이는 "사고는 언제나 실제로 물질적이다. 그것은 사회적인 현실을 살아가고, 상호작용하고, 생산하는 개인이 수행하는 활동이다. 그것은 인간의 사회적 실천으로 나타난다!"와 같은 말을 무시할 때가 그때이다. 그리고 아드리안 존스턴이 충분히 보여주었듯, 마르크스도 자본의 근원적인 추력을 분석하면서 같은 상황을 경험한 것은 아니었을까?

> 자본주의의 근원적인 추력, 즉 잉여 가치에 대한 끝없는 갈망(예컨대 자본의 일반 공식 M-C-M'*)은 이상하지만 사심 없는 탐욕이다. 여기에 동력을 제공하는 구조적인 역학은 머리 없는, 익명의, 보조적인 충동이다. 그것은 자본주의에 종속된 사람들에게 주입되는 비개인적인 주조물이다. (…) 자본의 양적 자기 증대를 위해 끝없이 잉여 가치를 축적하는 *반복 강박* Wiederholungszwang은 머리 없는 운동 기관으로, 다른 종류의 모든 이익을 무시하고 초월한다. 마지막의 '이 다른 종류의 이익'에는, 자본가로서 이러한 충동을 느끼는 인격화된 주체로서의 자기 이익도 포함된다.[6]

그렇다면 자본주의를 진정으로 즐기는 유일한 주체가 익

＊ 마르크스의 『자본론』에 나오는 내용으로, M은 자본, C는 노동이라는 상품, M'는 자본+잉여 가치를 말한다.

명의 자본 자체, 즉 운전자 없이 질주하는 어리석고 판단력 없는 M-C-M'의 반복뿐이라면, 이러한 설명은 라캉이 충동을 어리석고 머리 없는 추진력이라고 설명한 것과 상통하는 것이 아닐까? 당연한 일이지만, 라캉은 충동이라는 것은 언제나 개별 인간과 사회의 몸이 연관된다는 사실을 잘 알고 있었다. 헤겔도 마찬가지여서 사고는 오직 인간의 몸을 통해서만 '스스로' 나타나 존재한다는 사실을 잘 알고 있었다. (그는 이 과정을 자신의 책 『철학강요Encyclopaedia』 제3권, 정신의 철학을 설명하는 초입에서 자신의 '인류학'을 개진하는 가운데 자세히 설명했다.) 그런데 마르크스는 또한 자본주의가 작동하는 원리를 머리 없는 기계라는 반사실적 실재로 상정해야 한다는 것을 알고 있었다. 이 때의 실재는 당연히 가상적인 영역이며 실제로 존재하지 않는다. 하지만 자본주의가 제대로 기능하기 위해서는 구성원들이 이 실재를 '그 자체인 존재In-itself'로 전제해야 한다.

이제까지 '대신에'라는 전복의 세 가지 형태를 언급했다. 상상적인 것, 상징적인 것 그리고 실재적인 것이 그것이다. 그리고 여기에 더 복잡한 요소를 추가할 수 있다. 프로이트의 '유아 성욕'*도 한 유형의 '대신에'로 설명할 수 있지 않을까? 그 '상상계의 공식'은 다음처럼 정리될 것이다. '성인의 성욕(라캉이 "대타자적인 잉여 *주이상스*, 순수한 *주이상스* 그리고 직접적인 성행위로 실현되는 *주이상스*"로 묘사한 것)과 똑같은 것을 충족시키

---

* 프로이트는 유아의 성욕이 도착적이며 그 잔여물은 손가락 빨기 등의 증상이라고 했다.

는 대신', '유아가 얻는 것은 유아적인 환상이다.' 이것의 '상징계 공식'은 다음처럼 정리될 것이다. '직접적인 성행위를 대체할 환상이 필요하다. 환상이 없으면 실제 성관계는 탈성애화desexualized된다.' 그리고 그것의 '실재계 공식'*은 다음처럼 정리될 것이다. "실제 성관계를 우리가 상상했던 것과 달리 실망스러운 것으로 이해하는 대신, 정말로 강렬한 성 경험은 우리가 감당할 수 없을 만큼의 강렬한 트라우마적 실재로 작용할 수 있는 것으로 이해할 수 있다. 그것은 너무도 강렬해서 현실의 상징적 좌표로 번역되지 않기 때문에, 우리는 프로이트가 말한 순간적인 '현실의 상실Realitaetsverlust'을 경험하게 된다."

진보와 무관심

헤겔의 정치사상을 독창적으로 해석한 아드리안 존스턴이 가장 중요하게 생각한 전제는, 헤겔과 마르크스가 역사의 과정을 자유를 향한 역동적인 진보로 설정했다는 점이다. 그 진보가 수많은 갈등과 전복과 폭력적 단절을 수반한다고 해도 말이다. 하지만 그들이 외면하거나 적어도 간과한 것은 역사에는 정체와 퇴보의 시기가 존재한다는 점이다. 역사의 진정한 변증법 이론은 다음과 같은 모습이어야 한다.

---

* 실재계는 상징계의 의미화 작용이 실패로 돌아가는 지점
을 말한다.

그것은 장애와 패배, 소진, 교착, 퇴보, 정체 등과 같은 비역동성을 역동성 못지않게 철저히 살피는 일을 의미한다. 헤겔주의와 마르크스주의를 이해하는 데에도 사회와 역사의 진보뿐 아니라 진보하지 못하는 과정, 즉 역사적 '고착 상태'에 대한 과정을 설명할 수 있는 능력이 필요하다. 그 능력을 함양할 경우에만 우리는 헤겔 시대부터 지금까지 벌어진 실제 사건들의 흐름을 이해하는 현대판 미네르바의 올빼미가 될 수 있다. 그제야 우리는 그 두 가지 이론의 방향 가운데 하나 혹은 둘 모두를 생각해볼 수 있다. 이를 통해 우리가 알게 되는 것은, 세상에는 진보 못지않게 혹은 그 이상으로 반진보가 횡행했다는 점이다. 그리고 어떤 예측 능력도, 세속화된 신정론theodicy*에 따른 설명도 거부하는 우연적 사건이 수없이 발생했다는 점이다.[7]

누군가 헤겔의 역사 개념을 완곡하게 표현하고자 미래에 대한 그의 전망을 회피한다고 해도, 헤겔만큼은 여전히 진보 사상가로 구분되어야 할 것이다. (헤겔에게 전체 역사는 자유의 개념이 점진적으로 실현되는 과정이기 때문이다.) 그래서 역사의 모든 순간은 과거 전체를 조망하도록 할 뿐 아니라 미래의 가능한 모습도 조망하게 한다. 즉 역사는 스스로 나아가야 할 특정한 경향성을 분명하게 내포한다. 하지만 바로 그 때문에 인간의 역사를 조망하는 일은 난망하게 된다. 특정 상황에 새겨진 미래에 대한 전망은 그것이 긍정적이든 부정적이든 상황

* 악도 신의 섭리로 보는 입장

자체에 의해 제한되며, 실질적인 변화는 바로 이 상황의 변화를 통해 일어난다. 때문에 급진적인 변화가 필요할 때가 되면 상황은 필연적으로 어긋난다. 미래에 대한 비전을 낳았던 바로 그 상황이 사라지기 때문이다. 이것이 근대 역사를 바라보는 헤겔의 관점이다. 프랑스 혁명은 결국 공포로 귀결되었고, 19세기 후반의 안온한 진보는 대전쟁의 비극으로 단절되었으며, 10월 혁명의 진정한 해방적 잠재력은 스탈린주의로 변질되었다. 역사의 종말이라는 후쿠야마주의의 꿈은 오늘날 우리가 처한 혼란으로 도래했다.

오늘날 글로벌 자본주의가 불러온 역설은 진보의 실패(혹은 정체)가 생산과 소비는 물론, (정치적 올바름이라는) 윤리학의 영역에서도 매우 역동적인 행보를 만들어낸다는 점이다. 요컨대 우리는 변하지 않기 위해 과하게 행동한다. 캔슬 컬처Cancel Culture*가 시장 관계를 이념으로 재생산한다고 지적한 피터 코핀Peter Coffin의 주장이 타당한 이유도 여기에 있다. '자유' 시장 거래가 지배하는 사회에서 '동의'가 성관계의 결정적 순간으로 격상되는 이유도 마찬가지일 것이다.

캔슬의 대상자는 시장에서 퇴출된다. 캔슬이 집단화된다는 것은 소규모 구매자들이 자신들의 구매력을 철회하기 위해 결집한다는 의미다. (…) '캔슬 컬처'는 신자유주의 자본주의 사

---

* 팔로우를 취소하는 등의 행위로 생각이 다른 사람을 배척하는 문화

회에서 진화한 일종의 역학으로, 당사자들은 상품 구독의 기능을 서로에게 겨눈 채 자본 원리에 의거해 권력을 행사한다. (…) 캔슬 컬처는 실재한다. 하지만 그것은 단순히 '현대사회에서 벌어지는 사회적이고 고도화된 배척 양상'이 아니다. 사회의 제반 관계에서 자본주의가 이념적으로 드러나는 모습이다.[8]

캔슬 컬처는 당사자를 지지하는 이들에게마저 더 큰 관심이 아닌 쓸쓸한 반감을 부른다. 그 사람에 대한 무관심을 부추길 뿐이다. 누군가를 '캔슬'하는 것은 유사행위의 모습을 띤 비행위non-act다. 여기에는 긍정적인 관점이 전혀 담기지 않는다. 단지 90퍼센트의 대상자들에게 '이분법적 이성애자'라는 죄책감을 느끼게 하려는 절박한 적개심이며, 소수자에게 돌아가는 우호 지분을 가로채기 위해 온갖 수단을 동원하는 집착의 모습일 뿐이다. 이러한 행위 불능 상태는 오늘날의 자유방임적 자본주의가 우울증과 다르지 않다는 사실을 보여준다. 우리는 무엇을 해야 할지 알지만, 그것을 하려는 열망을 잃고 있다. 반면에 민족주의적 포퓰리즘은 더욱 안타까운 방향으로 나아가고 있다. (진정한 대중 자본주의나 그 생활양식을 빙자한 기업 글로벌주의만이 득세하고 있기 때문이다.) 한국계 철학자 한병철의 통찰을 상기시키는 제임스 고들리James Godley의 이야기에 주목해보자.

팬데믹이 사람들에게 안긴 곤란함 가운데 하나는, 단지 대규모 모임 형성을 가로막은 것뿐 아니라, 그러한 의례들이 무엇

을 위한 것인지조차 알지 못하게 만들었다는 점이다. 신자유
주의는 혁신적 '파괴'를 찬양하고, 새로운 잉여 가치 창출이라
는 협소한 시각에 매몰되도록 하여 집단을 형성하는 의례를
병리화했다. 그리고 그것을 조급한 '사적' 의식과 고백적인 경
험들로 대체했다. 때문에 집단성이라는 개념은 시대에 뒤떨어
지거나 사회의 결속에 해가 되는 것으로 낙인찍히기에 이르
렀다. 결과적으로 지금의 문화가 개방성과 소통을 강조함에도
(혹은 그러한 강조 때문인지) 심리화psychologization*에 치우친 주
관주의 담론은 객관적인 사회 구조에 대한 관심을 개인의 정
신 건강으로 전환시켰다. 한병철은 그 결과로 "의식 행위에는
감정이 포함되지만, 그 감정의 주체는 고립된 개인이 아닌 공
동체"라는 사실이 무시되고 있다고 지적했다. 예를 들면 우리
는 애도의 의례가 개인의 감정일 뿐 아니라, 한병철의 설명처
럼 '객관적 감정이자 공동체의 감정'이어서, 집단적인 애도가
'공동체를 결속'하는 역할을 한다는 사실을 알고 있다.[9]

요컨대 애도가 적절히 이루어진다는 것은 대타자가 우리
를 대신해 그 애도를 수행한다는 뜻이다. 우리는 어떤 상실이
대타자에 기록될 때만 그 상실을 받아들일 수 있다. 여기서 우
리는 로베르트 팔러Robert Pfaller가 발전시킨 개념인 상호 수동
성에 대해 생각해보아야 한다.[10] 라캉은 사람들이 그리스 비극
을 관람하는 일상적인 상황을 이야기한다. 그가 보기에 객석

---

* 개인의 정신 상태를 심리 용어로 설명하는 일

에는 어떤 이상한 일이 벌어지고 있다. 타자가 (이를테면 합창단이) 관객을 대신해 울음이나 웃음 등 각자의 가장 내밀하고 자발적인 감정을 경험하고 있는 듯한 상황이 그것이다. 어떤 문화권에서는 비슷한 역할을 하는 소위 '곡하는 사람'을 고용해 장례식장에서 울음을 연출하게 한다. 그들은 가족을 대신해 애도 장면을 연출하고, 가족과 친척들은 그 시간에 더 이익이 되는 일, 이를테면 유산을 배분하는 논의에 집중할 수 있게 된다. (가족들은 곡하는 사람에게 진심으로 의지하기도 할 것이다. 슬픔에 빠진 사람이 너무 큰 상처로 인해 자신의 고통을 적절한 방식으로 표현할 수 없다면 타인이 이를 대신할 수 있기 때문이다.)[11] 티베트인에게는 기도하는 도구인 마니차摩尼車가 있다. 그들은 기도가 적힌 종이를 바퀴 안에 넣고 회전시킨다. (혹은 더 편리하게 바람으로 바퀴를 회전시키기도 한다.) 그러면 바퀴가 그 사람을 대신해 기도하는 모양새가 된다. 스탈린주의자들의 표현을 따르자면, 그것은 '객관적으로' 기도하고 있는 '나'이다. 설사 내 머릿속에 가장 저급한 성적 환상이 가득하다고 해도 말이다.

이러한 일은 '원초적인' 사회에서만 일어나지 않는다. 텔레비전에서 자주 듣는 녹음된 웃음소리를 생각해보자. 어떤 코미디 프로그램에는 배우들에 반응하는 관객의 웃음소리가 사운드트랙처럼 포함되어 있다. 고된 일과를 마친 내가 설령 웃지 않고 그저 화면을 바라보았다고 해도, 프로그램이 끝나면 한바탕 웃음을 쏟아낸 듯 느낀다. 마치 TV가 나를 대신해서 웃어준 것만 같다. 상호 수동성을 소외되고 '진정성 없는' 형식일 뿐이라고 폄훼하는 대신, 그것이 우리의 생활 영역을 유지시켜준다는 사실에 주목해보아야 한다. 만일 우리가 우리의 수동적 경험을 타자에게 전가하지 못한다면, 우리는 스스로 수동화되고 만다. 죽을 때까지 과잉 행동으로 일관한다고 해도 말이다. 나는 오직 타자의 수동성을 통해서만 진정으로 능동적일 수 있으며, 오늘날의 사회가 제대로 작동하지 않는 것도 명백히 이러한 이유 때문이라고 생각한다.

문제가 무엇인지 이해하기 위해서 우리는 비애melancholy와 애도mourning의 차이를 이해해야 한다. 비애의 상태에 있는 주체는 상실감에 빠져 애도를 수행하지 못하는 주체가 아니다. 오히려 그 대상을 소유하고 있으면서도 그에 대한 욕망을 잃어버린 주체다. 대상에 대한 욕망을 촉발한 원인이 더 이상 효율적으로 작동하지 않기 때문이다. 이 때문에 비애는 금지에 선행한다. 비애가 그토록 무기력한 것은 대상들이 눈앞에 있고 손이 닿지만 주체가 그것을 더 이상 욕망하지 않기 때문이다. 그리고 이 지점에서 금지가 작동한다. 금지는 비애 상태에 있는 무기력한 주체를 흔들어 욕망에 불을 지핀다. 금지의 핵심은, 주체에게서 대상을 박탈하여 욕망의 불씨를 되살리는 역할에 있다. 그렇다면 우리에게 필요한 새로운 형태의 금지(예를 들면 생태학에 바탕을 둔 담론 등)가 존재할 수 있을까? 아드리안 존스턴은 오늘날의 지정학적 상황을 아래와 같이 규정했다.

세계의 모든 나라와 인류는 심각한 여러 위기에 직면해 있다. 팬데믹과 환경 재해, 극심한 불평등과 빈곤, 가공할 전쟁 등이 그것이다. 하지만 이 위기들을 해결하기 위해 급진적이고 파격적인 조치를 취하기는 쉽지 않다. 우리는 상황의 심각성을 잘 알고 있다. 무엇을 바꾸어야 하는지도 알고 있다. 심지어 그것을 바꿀 방안도 마련돼 있다. 그럼에도 불구하고 인류는 이미 발생한 피해를 복구하거나 예견 가능한 추가 피해를 막기 위한 어떠한 노력도 기울이지 않는다.[12]

미국의 의학 드라마 〈하우스House〉의 어느 에피소드에서 나온 "당신은 행동조차 거짓이야"라는 대사는 지혜라는 보편 덕목에 대한 명징한 반론이다. "말은 거짓일 수 있지만, 진지한 행동은 진실이기 마련이다." 하지만 때로는 입으로 진실을 말하면서 행동으로 거짓을 말하기도 한다. 이것은 단순히, 말은 이렇게 하고 행동은 저렇게 하는 언행 불일치의 상황이 아니다. 더 근본적인 의미에서 우리의 행동 자체가 거짓이라는 뜻이다. 요컨대 행동이 본래의 목표를 훼손하고 있다. 존 비달John Vidal이 한 매체에서 언급한 것처럼 "홍수와 폭풍과 폭염은 기후 위기의 직접적인 결과이고 분명한 사실이다. 그런데 왜 아무런 대응책이 시행되지 않을까?"[13] 이 무기력은 어디에서 비롯된 것일까? 오늘날 글로벌 자본주의는 우리에게 끝없는 과잉 활동과 위험한 사건들에 지속적으로 참여하도록 충동한다. 그리고 우리는 모든 것에 무관심해진다. 지난 수십 년 동안 우리의 삶이 얼마나 송두리째 바뀌었는지 생각해본 적 있는가? 진정한 변화를 위한 토대를 마련하기 위해 우리는 무엇보다도 이 광적이고 무한한 변화의 리듬에 제동을 걸어야 한다. 우리에게는 생각할 여유조차 허락되지 않고 있고, 무관심은 극단적인 역동성의 또 다른 측면이기 때문이다. 근본이 변하지 않도록 하기 위해 언제나 끊임없이 변화한다. 마치 강박 신경증 환자와도 같아서 자신이 하는 일이 무의미하다는 것이 발각되지 않도록 혹은 정말 중요한 질문이 제기되지 않도록 끊임없이 말하고 움직인다.

이 과잉 활동에 의해 유지되는 정체 상태 때문에 오늘날의 자본주의에 제기되는 비판과 위협의 목소리는 마르크스가 상상할 수 없을 만큼 효과적으로 무력화된다. "이 무력화는 자본주의가 놀라운 생명력을 유지한 주요 요인 가운데 하나다. 그것은 오히려 헤겔과 마르크스 그리고 수많은 이론가가 예견한 자본주의 종말론을 무력화시켰다."[14] 어떻게 이런 일이 가능한 것일까? 오늘날의 이데올로기가 더욱더 증상이 아닌 페티시처럼 작동하고 있기 때문이다. 만일 이데올로기가 증상으로 작동한다면 전통적인 비판 과정을 통해 취약성을 드러낸다. 고전적 계몽주의 상황에서 이데올로기에 사로잡힌 개인이 그 이데올로기에 숨겨진 기만적인 메커니즘을 이해한다면 증상은 사라지고 이데올로기의 마법은 깨지게 된다. 하지만 페티시적 상황에서 이데올로기는 냉소적으로 반응한다. 즉 이데올로기는 스스로에 거리를 두며 작동한다. 페터 슬로터다이크가 말한 냉소적 이성의 공식인 "나는 내가 무엇을 하는지 알아요. 하지만 이 일을 계속할 겁니다"가 여기에도 적용된다.[15]

알렌카 주판치치가 주장한 것처럼 "나는 내가 무엇을 하는지 알아요"라는 명제는 냉소적 상황에서 더욱 기고만장해진다. 즉 페티시는 내가 알고 있는 것을 무시한 채 행동하려는 고

집이 아니라 내가 알고 있는 *지식 그 자체다.*[16] 그래서 냉소적 이성은 이렇게 말한다. "나는 내가 무엇을 하는지 알아요. 그러니 당신은 내가 무엇을 하는지 모른다고 비난할 수 없어요." 지금의 자본주의에서 패권적 이데올로기가 비판적 지식을 포섭하고 그로 인해 비판 세력의 효율성을 무력화하는 방식이 이것이다. 패권 질서에 대한 비판적 거리는 바로 그 질서가 스스로를 재생산하는 매개가 된다. 오늘날 폭발적으로 발전하고 있는 아트 비엔날레를 생각해보라. 이들은 모든 것을 상품화하는 글로벌 자본주의를 배격하며 스스로를 차별화하지만, 그들이 작동하는 모습을 보면 자본주의적 자기 재생산의 궁극적인 예술 형태를 보여줄 뿐이다.

여기서 우리는 한 걸음 더 나아가야 한다. 주판치치는 영화 〈돈룩업!Don't Look Up!〉에 대해, 팬데믹이나 지구 온난화 등에 대한 음모론자들의 주장이 어떤 면에서는 '*합리적인*' *자유주의 기성 체제가 내포한 '무의식'을 구체화하고 있다*고 분석했다.[17] 즉 진실은 음모론자들이 주장하는 것과 반대다. 기득권 세력이 위험을 믿지 않고, 사람들을 통제하기 위해 그 위험을 음모로 조작하는 것이 아니다. 그들은 현실을 알고 있지만 그것이 자신에게 해당한다고 믿지 않을 뿐이다. 따라서 그들이야말로 진정한 부정론자들이다. 이것은 심각한 코로나 팬데믹 기간 동안 있었던 보리스 존슨Boris Johnson 전 영국 총리의 정원 파티 사건을 보면 알 수 있다. 그는 코로나 19의 위험성을 잘 알았고 실제로 위중한 증세를 보이기도 했다. 그럼에도 파티를 즐긴 사실로 미루어보아 위험이 자신에게 미칠 것이라고 믿지 않았던 것이다. 그는 자신과 주변 인물들은 모든 상황으로부터 면제된다고 인식했을 것이다. 〈돈룩업!〉에서 메릴 스트립이 연기한 대통령이 걱정스러운 어조로 "그런데 혜성이 지구에 떨어지면 슈퍼볼 경기는 안 열리겠네?"라고 묻는 장면은 이러한 관점을 완벽하게 보여준다. 그녀의 표정은 지구의 생명체가 모두 사라진다고 해도 그 질문이 유의미한 것처럼 보이도록 한다. 그러므로 우리의 비판이 정말로 닿아야 할 곳은 부정론자들이 아니라 오히려 기성 체제의 거짓 '합리주의'여야 한다.

이때 '안다고 가정된 주체'를 단순히 남이 가진 지식(혹은 무언가를 알고 있는 다른 사람)으로 혼동해서는 안 된다. 일상을 살아가는 우리는 다른 사람의 지식에 의존하지 않을 수 없다. 과학자들은 일반인이 이해할 수 없는 양자역학과 같은 지식을 가지고 있다. 그들은 실제로 신뢰할 수 있는 전문가이고, 우리는 어느 정도 그들을 신뢰해야 한다. 만일 타인의 지식을 신뢰하기보다 직접 검증해야 한다고 생각하는 사람이 있다면, 그는 하루 종일 구글 검색을 해야 할 것이며, 결국에는 터무니없이 지엽적인 이론에 빠져들게 될 것이다. 하지만 상호 수동성이 비지식non-knowledge*으로 나타난다면 *타자는 나를 대신해서 알고 있는 것이 아니게 된다.* 나는 타자가 아는 지식을 무시한 채, 편안하게 내 지식 속에 머물게 된다. 오늘날 자유주의 기성 체제에서 벌어지는 일들이 바로 이것이다. 〈돈룩업!〉의 고위직 인물들은 재앙이 임박한 상황을 알고 있지만, 그 지식에 뒤따

---

* 알지만 진심으로 믿지 않는 것

라야 할 행동을 취하지 않으며, 자신들의 무지를 부정론자들에게 전가할 뿐이다.[18]

애거서 크리스티의 소설 『할로 저택의 비밀The Hollow』 (1946)을 살펴보자. 별난 인물 루시 앵커텔은 주말을 맞아 크리스토 부부(상류층 의사인 존과 그의 아내 거다)를 자신의 저택으로 초대한다. 인근 시골 별장에 머물던 푸아로도 저녁 식사에 합류한다. 다음날 아침, 푸아로는 마치 누군가 일부러 꾸민 듯한 놀라운 장면과 마주한다. 수영장 옆에는 존이 피를 흘리며 쓰러져 있고, 그 옆에는 아내 거다가 총을 든 채 서 있었다. 현장에 있던 사람은 루시와, 존의 애인 헨리에타, 루시의 사촌이자 헨리에타의 이종사촌인 에드워드가 전부였다. 쓰러져 있던 존은 다급히 '헨리에타'의 이름을 부르며 숨을 거둔다. 존의 아내 거다가 살인자라는 것은 명백해 보였다. 헨리에타는 거다의 손에서 권총을 빼앗다가 실수로 총을 수영장에 빠뜨리고, 총에 남아 있을 거다의 지문은 지워진다. 푸아로는 죽어가던 존이 '헨리에타'를 부른 것이 자신을 쏜 거다를 지켜달라는 헨리에타를 향한 호소였음을 깨닫는다. 계획된 것은 아니었지만, 가족 모두가 이 음모에 동참하면서 푸아로는 혼란에 빠져든다. 모두가 거다의 범행을 알았지만, 그럼에도 그녀를 보호하고자 했기 때문이다.

작품은 추리소설의 전형적인 공식을 따른다. 살인이 벌어지고, 여러 용의자가 각각의 범행 동기와 의심스러운 행동을 보이고, 그중 한 명이 용의자로 지목되고, 탐정은 현장에서 범인이 감춘 살인의 단서를 발견한다. 그리고는 『오리엔트 특급 살인Murder at the Orient Express』보다 더 놀라운 반전이 벌어진다. (『오리엔트 특급 살인』에서는 용의자 전체가 범행에 책임이 있고, 피해자가 진짜 범죄자로 밝혀진다.) 『그리고 아무도 없었다And Then There Were None』에서는 용의자 전체(살인자를 포함하여)가 모두 살해된다. 『커튼Curtain』의 등장인물 푸아로는 살인자였는데, 불법적인 행동을 하지 않고도 다른 사람을 살인하게 만드는 방법을 아는 악당을 막을 유일한 방법이었기 때문이다. 그런데 『할로 저택의 비밀』에서 용의자 그룹은 자신들을 범인으로 의심하게 만드는 단서를 의도적으로 만들어, 현장에서 총을 들고 있던 실제 범인의 행동을 감추고자 했다. 즉 범죄 현장은 연출되었지만 거울에 반사된 듯 거꾸로 연출되었다. 속임수는 인위적으로 연출된 것처럼 보이는 바로 그 지점에 있었기 때문이다. 요컨대 진실은 인위적인 모양새를 가장하고 있었고, 거짓은 바로 '단서' 그 자체가 된다. 그의 다른 소설 『그들은 거울을 사용한다』에서 제인 마플이 말한 것처럼, 우리는 "명백한 것의 힘을 절대로 과소평가해서는 안 된다".

오늘날 이데올로기가 작동하는 방식도 이와 비슷하지 않은가? 스스로를 신비로운 존재로 포장하며 은밀히 숨겨진 것을 가리키는 제스처를 취하지만, 뒤에서는 자신이 저지르는 (또는 정당화하는) 범죄를 은폐한다. 이것을 프로이트 용어로 진술한다면, 이데올로기는 자신을 증상으로 읽도록 촉구하지만 실제로는 페티시처럼 작동한다. 이와 같은 이중적인 신비화를 옹호하는 흔한 표현은 이것이다. '상황은 그렇게 단순하지 않아.' 군사적 침략 행위와 같은 명백한 사실도 '상황은 그렇게 단순하지 않아'라는 명제가 등장하면 문제가 쉽게 상대화된다. 그리고 침략 행위는 방어 행위로 둔갑한다. 그러므로 우리는 경우에 따라 상황의 모호한 '복잡성'을 무시하고 단순한 사실을 믿을 필요가 있다. 『거주 불능 지구Uninhabitable Earth』의 저자 데이비드 월러스 웰즈David Wallace-Wells는 화석 연료가 초래한 피해를 완화하기 위해서는 부유한 국가들의 배상이 필요하다는 주장을 펼쳤다. 그는 지구 온난화를 초래하는 온실가스 배출의 가장 큰 문제를 과거부터 만연한 불평등이라고 보았다.

> 사하라 사막 남쪽의 아프리카 국가들은 전체 역사적 배출량의 1퍼센트를 차지한다. 하지만 사하라 남쪽 모든 국가의 3분의 1에 해당하는 인구를 가진 미국은 전체 역사적 배출량의 20퍼센트를 차지한다.[19]

이 수치는 자명한 사실이고 우리는 이미 알고 있지만 무관심은 여전히 만연해 있다. 이 무관심은 어디에서 비롯되었을까? 분명한 것은, 이 정체된 상황이 변증법적으로 지양되기 위해 필요한 외적 반작용이 부재하다는 사실이다. 즉 반작용 없는 변증법은 이행될 수 없으며, 때에 따라서는 방향을 잃거나 교착 상태에 빠져들기도 한다. 모든 일이 '논리적인' 과정에 따라 매끄럽게 진행될 경우 유의미한 일은 벌어지지 않으며, 어떤 새로운 사건도 나타나지 않는다. 오히려 '정상적인' 과정이 단절될 때 진정한 변화가 시작되며, 새로운 '정상' 과정이 이행되기 위해서는 모든 상황이 총체적으로 변해야 한다. 혁명이 그러하듯, 변증법적 변화는 결코 '적절한 시기에' 일어나지 않는다. 그것은 언제나 너무 늦거나(상황이 정체되었을 때), 너무 이르다. (정통 마르크스주의자들에게는 10월 혁명이 그러했다.) 그래서 급진적인 변화가 일어났을 때, 그 결과는 항상 예상과 반대의 모습이곤 했다. 10월 혁명이 스탈린주의로 변질된 것처럼 말이다.

애거서 크리스티의 가장 파격적인 소설 두 편을 꼽는다면 『빅 포The Big Four』(1927)와 『프랑크푸르트행 승객Passenger to Frankfurt』(1970)일 것이다. 『빅 포』는 10월 혁명이라는 트라우마에 대한 그녀의 반응이라고 볼 수 있는데, 소설에 따르면 레닌과 트로츠키는 비밀스러운 세계 조직의 꼭두각시에 불과했다. 소설 속 인물 푸아로의 관점에 따르면, 세계 조직의 목적은 "기성 사회 질서를 파괴하고, 자신들이 다스릴 혼돈 가득한 세상을 만드는 것"이다. 이 황당한 주장에 담긴 진실의 핵심은, 체계 없이 모인 군중의 연합은 종종 새로운 엘리트 독재를 창출한다는 점이었다. 헤겔 자신도 같은 우려를 표한 바 있다. 그는 1931년에 발표한 마지막 논문 「영국 개혁법에 관하여On the English Reform Bill」에서 적어도 영국에서는 향후 사회 역사적 상황이 악화될 수 있음을 예견했다. 그리고 이것은 의회 선거를 통한 참정권 확대에 반대하는 헤겔의 반민주적 입장 표명으로 받아들여졌다. 즉 개인이 신분을 통해 부여받은 역할을 수행하는 집단적 질서에서 직접적인 보편 질서로 나아가는 시대적 변화를 헤겔은 받아들일 수 없었다. 그런데 아드리안 존스턴이 지적한 것처럼, 한 걸음 더 나아가 생각하면 다른 해석을 도출할 수도 있다. 헤겔이 "영국의 지주 계급이 자영농을 몰아냈다"고 주장한 부분에 대해 생각해보자.

헤겔은 「영국 개혁법에 관하여」에서, 영국이 의회 선거를 통해 참정권을 확대하면 민주적 발전이 촉진될 것이라고 예상했다. 하지만 그 전에, 앞에서 언급한 몰수의 과정이 나타날 것이고, 그러한 방식의 개혁은 부유한 폭도들이 선동에 취약한 빈곤층을 조종하는 상황을 만들 것이라고 보았다. 빈곤한 대중은 궁핍으로 인해 선동 정치나 그와 유사한 것들에 취약하기 때문이다. 그러므로 더 큰 민주주의로 나아가는 것처럼 보이는 진보가 이성의 나쁜 책략에 휘둘리게 되고, 결국은 아무것도 책임지지 않는 부자들에 의해 폭도 통치 형태의 명실상부한 독재 정치가 나타날 것이라고 전망했다. 헤겔은 논문을 마치면서, 그 영국 개혁법은 바람직하고 평화로운 개혁이 아니라, 누구도 바라지 않는 끔찍한 혁명을 촉발하는 시발점이 될 것이라고 예견했다.[20]

헤겔은 자본주의의 계급투쟁과 관련해서 전통적인 신분제의 관점으로 논의를 이어가고 있다. 하지만 존스턴이 헤겔을 우파 포퓰리즘의 경험에 바탕을 둔 이론가라고 평가하는 것은 옳다. 헤겔이 '영국 개혁법'을 불신한 것은, 국가는 신분제로 구성된다는 그의 고정관념 때문이었다. 그는 자유주의적 평등주의에 반대했고, 개인은 주어진 신분에 속한 상태에서만 보편적인 정치 영역에 참여할 수 있다고 생각했다. 신분의 위계

질서를 거스르는 상태로 보편성에 참여할 수는 없다고 보았기 때문이다. 하지만 헤겔은 오늘날 국가주의 포퓰리즘에서 보듯, '부유한 폭도'가 가난한 사람들을 조종하고 보편적이고 평등한 참정권을 침해할 것이라는 점은 정확히 예견했다. 이와 유사하게, 오늘날 우리는 암호화폐와 같은 새로운 형태의 아나키즘이 등장하는 현상을 목격하고 있다.

러시아를 비롯해 몇몇 포스트 공산주의 국가들의 소위 올리가르히oligarchs*들은 '부유한 폭도'의 또 다른 사례다. 이들은 진정한 의미에서의 창조적 부르주아가 아니다. 마르크스가 룸펜 프롤레타리아lumpen-proletariat**로 부른 이들에 상응하는 *룸펜 부르주아*일 뿐이다. 룸펜 부르주아 계급은 1980년대 후반 포스트 공산주의 국가들에서 탐욕스러운 '사유화' 작업을 통해 당당히 모습을 드러내기 시작했다. 슬로베니아에서 룸펜 부르주아의 대표적인 사례를 찾는다면 로크 스네치치Rok Snežič라는 '독립 세무 자문가'일 것이다. 그는 슬로베니아 총리를 지낸 우파 정치인 야네즈 얀샤Janez Janša의 협력자이자 친구였으며, 슬로베니아 기업들을 세금이 적은 스릅스카 공화국Republika Srpska(보스니아 헤르체고비나 내 세르비아인 공화국)으로 적을 옮기도록 자문했다. 정작 그 자신은 자금 세탁 국제 네트워크를 수사하는 경찰의 용의선상에 올라 보스니아 입국이 불가했음에도 말이다. 그는 파산 선고를 받아 개인 재산이 없는 것으로

---

    * 소련에 속했던 러시아, 우크라이나 등에서 자본주의를 도
      입하는 과정에서 형성된 신흥 재벌
   ** 노동 의욕을 잃고 사회에 기생하는 극빈층

알려졌지만, 오히려 이를 이용해 수백만 유로에 달하는 세금을 회피한 것으로 보인다. 은행 계좌도 없고, 공식적으로 아내회사의 직원 자격으로 월 373.62유로의 현금을 지급받아 고급신차를 몰고 도로변 대형 광고판 비용을 지불한다. 그런데 이러한 룸펜 부르주아의 행태가 오늘날 '정상적인' 자본주의의글로벌한 트렌드가 아닐까? 도널드 트럼프나 일론 머스크 같은 인물들도 알고 보면 룸펜 억만장자인 것은 아닐까?

변증법적 유물론? 하지만…

존스턴은 자신의 통찰에 내포된 급진적인 의미를 회피하는 듯보인다. 그루초 막스Groucho Marx의 진부해진 농담을 흉내내자면, 존스턴은 변증법적 유물론자처럼 말하고 논쟁하지만 나는그것을 믿고 싶지 않다. 결국 그는 전통적인 마르크스주의 범주에서의 '변증법적 유물론자'일 뿐이며, 총체적이고 역동적인상관성을 강조할 뿐, 철학의 부조리나 '변증법적 유물론'의 무nothingness를 무시하고 있다. 즉 자연의 점진적인 진화를 이야기하는 존스턴의 입장은, 내가 과감하게 헤겔 변증법의 고유한 광기라고 부르는 것을 놓치고 있는 것은 아닐까? 존스턴이자신의 책에 분명히 기술한 '변증법적 유물론'의 의미를 살펴보자. "표준적 의미에서의 '변증법적 유물론'은 사회와 사회의역사를 분석하고 체계화한 역사적 유물론이며, 나아가 그것은인간 이전은 물론 비인간적인 현실(자연과학이 밝히는 객관적인 자연)까지도 포괄해야 한다." 하지만 마르크스와 엥겔스는 '결코' 그러한 주장을 하지 않았다는 사실을 그는 외면하고 있다. 심지어 엥겔스가 「자연 변증법Dialectics of Nature」이라는 제목으로 1920년에 발표한 원고에서도 '자연 변증법'이라는 용어는 '결코' 사용하지 않았다. 그가 이와 유사한 표현을 쓴 것은 단 한 번으로, 그마저도 "말하자면 자연에서의 변증법"이라고 언급했을 뿐이다. '변증법적 유물론'이라는 용어는 게오르기 플레하노프Georgi Plekhanov가 처음 사용했으며, 그는 이 개념을 운명처럼 '활성화된 스피노자주의dynamized Spinozism'로 규정했다. 변증법적 유물론이 보편 존재론이고, 역사적 유물론은 그 보편 존재론이 인간의 역사에 적용된 양상이라는 개념은 스탈린에 의해 계승 발전되었다.

존스턴이 생각한 '표준적 의미의' 변증법적 유물론에서 배제된 것은 초월적 차원이며, 이것은 주체와 객체가 헤겔적 변증법으로 나아가는 데 필요한 매개다. 때문에 존스턴이 자신의 사상을 '초월적 유물론'이라고 부른 이유는 이해하기 어렵다. 청년 루카치의 핵심 이론은 경제적 토대를 사회 전체 '요인들' 가운데 하나로 격하한 데 있는 것이 아니라 초월적 지위로 격상시킨 데 있다. 초월적이란, 마르크스가 『정치경제학 비판 요강』에서 설명한 것처럼 경제적 토대가 정치와 이념과 과학 등의 제반 사회관계의 형식 모델을 규정한다는 뜻이다. 다원주의가 등장한 것도 당대 사회의 생존 투쟁을 설명한 맬서스Thomas Robert Malthus의 책이 유행한 이후였다는 사실을 상기할 필요가 있다. 존스턴은 경제적 토대의 중요한 역할을 잘 알고 있었지만, 그것을 또 다른 형태의 경제 환원주의로 축소한다. 하지만 루카치는 단순히 사회만이 변증법적이고 자연은 기계론적이라고 주장하지 않았다. 그가 주장하는 핵심은 사회적 실천이야말로 현실에 접근하는 궁극의 지평이며, 자연도 그 현실에 포함된다. 그러므로 우리가 접하는 자연의 모습은 언제나 사회에 의해 매개된다. 환원주의자들의 기계론적 유물론은 자연을 정확히 설명하지 못한다. 그러한 유물론은 사회적인 삶에서 우리가 경험하는 단순화되고 고착된 일부 양상에 불과하기 때문이다. 자연을 유전자 정보의 자기 재생산 과정으로 이해하는 관점은, 오늘날의 삶이 디지털에 지배당하고 있다고 믿는 것과 크게 다르지 않다.

존스턴은 루카치에게서 모순된 논리를 보았다. 물화와 상품화가 지배하는 삶과, 그 삶에서도 자각을 하는 프롤레타리아의 자유가 상충한다고 보았기 때문이다. 하지만 여기에 모순은 없다. 물화reification 자체가 주관성의 모든 긍정적 내용을 비우고, 주관성을 '공허한' 주체, 즉 마르크스가 *실체 없는 주체성*substanzlose Subjektivitaet이라고 부른 상태로 만든다. 이를 통해 오히려 자유를 위한 공간이 열리게 된다. 존스턴 자신이 인용한 쉴로모 아비네리Shlomo Avineri의 말을 들어보자. "노동자는 자신이 자본주의 생산 체제의 단순한 객체 혹은 상품으로 전락했다는 사실을 인식할 때 더 이상 상품이나 객체가 아닌 주체가 된다."[21] 요컨대 루카치는 현대 산업 사회에 나타나는 삶의 물화를 한탄하며 *생명철학*Lebensphilosophie을 낭만적으로 추종한 철학자가 아니다. 그는 자유로운 주체성은 완전한 물화를 통해서만 가능해진다는 점을 인식하고 있었다.

　이런 의미에서 존스턴과 피핀이라는 두 위대한 반론가는 헤겔 해석의 근본적인 대립을 구현하는 두 입장처럼 보인다. 즉 헤겔 철학이 현실에 대한 변증법적 관점을 제공한다고 보는 입장과, 헤겔 철학이 사고 자체의 기본 구조를 형성한다고 보는 또 다른 입장이 그것이다. 전자는 보편적-존재론적 해석이고, 후자는 초월론적 해석이다. 나는 세 번째 입장을 말하고자 한다. 앞의 두 관점은 시차를 형성하지만, 신비주의자들이 말하는 '세상의 밤'이라는 최소 수준이야말로 우리가 실재와 접촉할 수 있는 유일한 지점이다. 이것이 의미하는 것은, 존스턴은 궁극적으로 기본 물질이 양의 현실positive reality을 형성한다는 점을 지지한다는 것이다. 비록 그것이 미약한 힘이라고 할지라도 말이다. 그런데 존스턴은 이 현실이 출발점이 아니라 이미 그 자체로 급진적 부정의 결과라는 사실을 간과하고 있다. (헤겔 철학에서 자연이 스스로를 해방시키는 논리의 부정이나, 물리학에 나타나는 양자 파동의 부정 등이 그 예일 것이다.)

　존스턴의 '변증법적 유물론'에서는 역사를 초월한 보편적이고 인류학적인 충동 구조와, 그것이 구체적인 역사에 적용된 사례(전근대 사회의 충동, 자본주의적 충동, 공산주의적 충동 등)를 구분하는 일이 매우 중요하다. (내가 보기에 이것은 논란의 여지가 있다.) 존스턴은 인류학적 상수常數인 충동 '자체'를 충동의 '드러남'과 구분하고자 했다. (여기서 충동의 드러남은 자본주의에서 역설적으로 충동 그 자체가 오히려 발현되는 현상을 말한다.) 하지만 내 생각에 인류학적 상수로서의 충동은 여전히 추상적인 보편성에 머물러 있기 때문에 구체적인 변화로 파악되지 않는다. 우리가 잊지 말아야 할 것은 헤겔의 교훈이다. 구체적인 보편성의 다양한 양상들 간 갈등은 보편성 자체에 내재된 갈등이다. 잉여를 창출하고자 끊임없이 자기 재생산을 하는 자본주의적 충동은 인류학적 상수의 특별한 사례가 아니다. 그 충동은 상수 자체에 독특한 변화를 불러와 이전까지 주변적인 예외로 여겨졌던 것을 중심적인 지위로 격상시킨다. 자본주의는 단순히 세계사를 이해하는 열쇠만 제공하는 것이 아니다. 자본주의가 우연히 생겨나지 않았더라면 세계사의 전반적인 양상은 달라졌을 것이다. 그것은 마치 인간 해부학이 유인원 해부학을 이해하는 열쇠가 되지만, 인간이 우연히 유인원으로부터 진화하지 않았어도 유인원 해부학이 이해되지 않는 것은 아닌 것과 같다. 단지 열쇠가 달라졌을 것이며, 다른 진화 과정을 통해 나중에 생겨났을 수도 있다.[22]

마르크스는 어떻게 충동을 얻었는가

존스턴이 생각한 기본 전제는 프로이트-마르크스주의의 표준 개념에 반한다. 오늘날 자본주의 체제에서 살아가는 개인들의 주관적 성향을 생각해보자. 그들은 왜 자신들의 명백한 이익에 반하는 행동을 하고 투표를 할까? 그들은 왜 자신들의 생명이 위태로울 수 있는 민족주의나 종교, 군사 행위를 지지할까? 사람들이 경제적 기반에 의해 행동하기 때문이라는 설명은 충분하지 않다. 이러한 현상을 이해하기 위해 우리는 마르크스주의적 경제 분석을 집단적 리비도 투사libidinal investment에 대한 정신분석 연구로 보완해야 한다.

하지만 존스턴은 마르크스주의에 정신분석의 관점이 필요하다고 생각하면서도, 그러한 무의식의 리비도적 메커니즘이 이미 '경제적 토대'에서 작동하고 있다고 설득력 있게 주장한다. 마르크스를 자세히 읽어보면, 자본주의 재생산 체제를 살아가는 개인이 실제로는 이기적인 이익만 추구하지는 않는다는 사실을 알게 된다. 그들은 무한정 자본주의 재생산 충동의 도구처럼 살아가는 듯하지만, 삶에 놓인 쾌락의 상당 부분을 기꺼이 포기할 준비도 되어 있다. "어쩌면 마르크스는 라캉이 간파했듯 증상symptom이라는 정신분석학 개념을 미리avant la lettre 발명했을 뿐 아니라, 프로이트에 앞서서 충동과 관련한 분석 개념도 발견한 것으로 평가받아야 할 것이다." 물론 존스턴은 자본의 재생산과 자본의 대리인이 된 개인의 주관적인 삶 사이의 복잡한 상호작용을 무시하지 않는다. 그들은 자본 축적에 만족하지 않고, 사회적이고 상징적인 부차적 이익을 통해 쾌락을 경험하는 심리적 주체이기도 하다. 오늘날 엄청난 부를 축적한 신봉건적 지배자들이 자선 활동을 통해 존경을 얻는 모습을 생각해보라.

경제적 토대라는 하부 구조와 정치적이고 이데올로기적인 상부 구조의 차이는 인류 역사의 보편적 특징이 아니다. 이러한 구분은 실제로 경제활동이 비경제 지배 관계에 직접적으로 의존하지 않는 자본주의에서만 벌어진다. 이것은 마르크스를 이해할 때에도 적용되어야 한다. 비록 모든 역사가 계급투쟁의 역사라고 하지만, 부르주아 계급의 경우 자신들을 지칭하는 계급이 있다는 것을 자본주의에서 처음으로 알게 된다. 그 이전에는 신분 질서로 인해 계급의 개념이 무의미했기 때문이다. 그런데 경제적 하부 구조가 정치적이고 이데올로기적인 상부 구조와의 정합성에서 벗어나 자율적으로 움직이게 된 이면에는, 자본주의에서의 경제 자체가 어느 때보다 '신학화된 theologized' 현실이 존재한다. 즉 가장 고차원적이고 영적 이데올로기인 신학의 개념이 경제를 직접적으로 구조화한 것이다. 발터 벤야민이 지적한 것처럼, 자본주의는 세속화된 종교의 한 형태이며, 상품의 세계는 '신학적 장치'들로 충만해 있다. 이 경우 자본 그 자체는 외설적이면서도 스스로 운행하는 신적인 존재다.

자본주의와 무의식 사이의 유사성은 이미 프로이트가 설명한 바 있다. 프로이트는 꿈에 담긴 의식적인 소망과 그 기저에 놓인 무의식적 욕망의 차이를 설명하면서 소망을 건축가나 관리자, 기업가에 비유했고, 무의식은 꿈을 달성하는 데 필요한 자금을 제공하는 자본가(리비도적 비용을 충당하는)에 비유했다.

비유적으로 말해서, 하루 동안 한 생각들이 꿈속에서 건축가나 기업가처럼 기능한다는 것은 충분히 가능한 일이다. 하지만 건축가가 가지고 있는 아이디어나 열정은 자본 없이 실행될 수 없다. 그는 필요한 비용을 마련하기 위해 자본가에 의존하며, 꿈에 대한 정신적 지출을 책임지는 자본가는 무의식이 만들어낸 욕망이다. 물론 그 욕망은 의식 세계의 모습에 대해서는 전혀 신경쓰지 않는다.[23]

이 비유는 명료하지만 표면적으로 읽으면 핵심을 완전히 놓칠 수 있다. 꿈이라는 것이 단순히 의식적인 욕망과 무의식적인 자본 사이의 매개 역할을 하는 것으로 이해될 수 있기 때문이다. 그러니까 의식적 욕망인 건축가가 무의식이라는 자본에게서 돈을 빌려 꿈의 언어로 번역하는 데 필요한 자금을 조달한다고 생각할 수 있다. 하지만 이 부분에서 프로이트는 무의식적 욕망이 *꿈 작업*dream-work*을 통해서만* 꿈을 '형상화'한다고 주장했다는 점을 생각해보아야 한다. 무의식적 욕망의 유일한 원천은 꿈이라는 재료를 암호화하거나 가리는 작업이며, 이 작업 외에서 그 욕망은 어떠한 실체적인 모습도 갖지 않는다. 내용보다 형식이 앞서는 이 원리는 프로이트의 이론 구조에서 도착증의 역설을 설명해준다. 도착증은 단순히 위반의 논리로는 설명되지 않는다. 정설에 따르면 도착증 환자는 히스테리 환자가 꿈꾸기만 하는 것을 실제로 실행한다. 즉 도착증 환자는 '모든 것이 허용된다'고 생각하고 억압된 모든 것을 공개적으로 실행한다. 하지만 프로이트가 강조한 것처럼, *도착증에 작용하는 억압은 그 어떤 경우보다 강력하다.* 이것은 우리가 살아가는 후기 자본주의 사회에서도 충분히 입증된 사실이다. 완전한 성적 허용이 가능한 오늘날의 현실에서 사람들은 해방이 아닌 불안과 무기력과 불감증에 빠져든다. 이때 프로이트의

'은유'를 해석한 라캉의 이야기가 좋은 시사점을 제공한다.

모든 것은 비유와도 같다. 나는 자본주의와 그것의 작동 원리의 관계를 설명했고, 잉여 *주이상스*가 축적되는 과정에서 벌어지는 매우 독특한 원리도 설명했다. 이러한 토대 위에서 갖게 되는 새로운 관점은 매우 흥미롭지 않은가? 이때의 잉여 *주이상스*는 우리가 흔히 생각하는 강렬하고 말초적인 *쾌락*, 이를테면 육체적인 성행위에서 느끼는 *쾌락*은 배제된 상태다. 이 과정에서 힘을 얻는 것이 유아기적 욕망이 아닐까? 즉 욕망의 원인이 되는 대상을 좇는 과정에서 축적되는 유아기적 미성숙함 덕분에 리비도 자본이 형성되는 것이 아닐까? 다른 사람들이 정상이라고 일컫는 주이상스를 배제하는 바로 그 지점에서 말이다. 프로이트가 자본가를 언급할 때 그의 은유가 매우 적절한 의미를 갖게 된 이유는 여기에 있다.[24]

혹은 존스턴의 짧고 강렬한 표현처럼 "분석은 신경증 환자에게 성관계하는 방법을 가르치는 일이 아니다." 분석이란 환자들에게 온전히 정상적인 성관계에 대한 환상을 포기하게 하고, 자신의 '증상'을 있는 그대로 받아들이게 하며, 쾌락의 불완전한 속성을 인식하게 하여 지나친 고통 없이 살도록 하는 일이다. 라캉이 자본주의에 대한 프로이트의 비유를 읽어낸 핵심은 매우 명확하고, 꿈의 메커니즘을 넘어 성생활 자체로까지 확장된다. 그것은 마치 사업을 시작하는 자본가가 은행이나 금융권에서 자금을 융통하는 일과도 같다. 그래서 '정상적인' 성적 활동을 하려는 사람도 유아기적 미성숙 덕분에 축적된 리비도 자본을 끌어와야 한다. 즉 우리가 '정상적'이고 성숙한 성관계를 실행하는 것은 육체 행위를 통해 실현되는 주이상스이며, 이는 유아 시절의 미성숙한 성적 환상에 의해 유지된다. 언젠가는 '강렬하고 충만한' 완전한 의미의 주이상스를 경험함으로써 유아적 환상에서 벗어날 것이라는 약속 자체가 궁극적인 환상이다. 존스턴의 말을 인용해보자. 만일 어떤 사람이 아무런 제한 없이 무한하고 완전한 주이상스의 심연에 빠지게 되면,

> (부재하는) 주이상스의 중심을 공전하던 무의식 경제 전체가 운행을 멈추고 무너져내릴 것이다. 그래서 심리적 시장 붕괴가 발생하고, 리비도 경제가 '주체의 결핍'이라는 우울 속으로 빠져들 것이다. 원초적 억압이 숨겨온 진실은, 리비도 투자자들이 참여하는 경제가, '강렬하고 충만한 주이상스, 순수한 주이상스, 신체적인 성행위로 실현하는 주이상스라는 빈 약속에 기반한 거대한 폰지 사기라는 사실이다(앞에서 인용한, 라캉의 세미나 17에 기술된 내용처럼). 그러나 억압이 사라지게 된다면 모든 것은 종말을 맞이한다. 오이디푸스왕의 비극적인 결말이 말해주듯, 약속된 쾌락을 실현하려는 리비도 투자자는 결국 아무것도 얻지 못할 것이다. 더 나쁜 경우, 약속된 황금 대신 배설물이라는 이행 결과물만을 손에 쥐게 될 것이다.[25]

이 단락에는 두 가지 문제가 보인다. 첫째로, 실제의 성적

경험은 단순히 기대에 못 미치는 것이 아니다. 부족함은 언제나 과잉에 의해 보완된다. 실제 성관계는 우리가 상상했던 것에 비해 언제나 실망스럽지는 않다. 정말로 강렬한 성관계는 우리를 만족시키는 것이 아니라 감당할 수 없는 쾌락이라는 트라우마적 실재로 작용할 수 있다. 그것이 너무 강렬해서 우리가 현실의 상징적 좌표로 번역할 수 없기 때문이다. 프로이트가 말한 *현실의 상실*Realitaetsverlust, 즉 순간적인 현실성의 상실을 경험하게 된다. 둘째로, 존스턴은 인용된 문장에서 '주체의 결핍'이라는 말을, 대체로 우울증에 빠지거나 주체의 심리적 붕괴로 욕망이 불가능해지는 상태로 해석하고 있다. 하지만 나는 라캉의 '주체의 결핍'이 내 행위를 후대에 남기고자 하는 믿음이 없어진 일종의 자기 소거 상태를 뜻한다고 생각한다. 그렇다고 해서 나의 온전한 관여가 불가능한 것은 아니다. 이러한 형태의 주관성은 10월 혁명의 시인 블라디미르 마야코프스키에 의해 완벽하게 표현된다. 그는 이렇게 적었다. "죽으라 / 죽으라, 나의 시여 / 저 평범한 대중처럼 / 이름 없이 싸우다 쓰러진 / 우리처럼." 이 문구에는 거짓된 겸손이 전혀 없다는 점이 특기할 만하다. 마야코프스키는 매우 오만한 자아를 표출한 시인으로 유명하다. "나는 저들과 같지 않다. 나는 마야코프스키다 / 나는 아무리 배가 고파도 흔들리지 않는다." 그의 오만함은 스스로를 희생할 준비가 되어 있다는 사실에서 비롯된다.[26]

　라캉에게(내가 아는 한 그는 이 용어를 두 번만 사용했다) 주체의 결핍은 '환상 가로지르기'*와 다르지 않다. 그리고 그 순간은 정신분석 과정의 결론에 해당한다. 이 순간에 거대한 우울증만 엄습하는 것이 아니다. 물론 프로이트와 라캉도 '부정적 치료 반응'의 가능성을 언급한다. 하지만 주체의 궁핍을 경험하는** 분석가들이 욕망할 능력을 잃는 것은 아니다. 라캉은 분석가의 욕망에 대해 자주 이야기했다. 욕망의 원인이자 대상인 *소타자 a*의 지위는 단순히 환상 속에만 존재하지 않는다. 때문에 우리의 리비도적 삶은 다음과 같은 두 가지 선택지에 갇히지 않는다. 하나는, 도달할 수 없는 완전한 *주이상스*를 추구하는 환상에 갇히는 것이다. 다른 하나는, 환상의 베일을 걷어내고 대상Thing***의 공허함과 마주하여 자살적 우울증에 빠지는 것이다. 첫 번째 해결책은 분명하다. 주체의 결핍은 욕망을 충동으로 전환시킨다. 그리고 충동에서 쾌락은 영원히 미루어지는 것이 아니라 이미 항상 얻어진다. 왜냐하면 우리가 즐기는 것은 대상에 도달하려는 시도의 반복적인 실패이기 때문이다. 그리고 존스턴이 마르크스를 해석하면서 보여준 것처럼 충동 역시 확장된 자기 재생산이라는, 자본주의의 토대인 리비도적 요소가 아닐까? '돈이 더 많은 돈으로'라는 M-C-M'공식의 뒤쪽 M에는 '라는 잉여 가치가 더해진다.

그런데 자본주의가 욕망의 무한화를 추구하면서 그 욕망의 충족을 영원히 미루는 체계라면, 우리는 근대 이전과 자본주의 이전의 '봉쇄 경제'로 돌아가야만 자본주의를 극복할 수 있다고 오해할 수 있다. 확장을 자기 목적으로 삼는 일을 그치

---

* 환상을 인정하고 그것과 거리를 두며 지나치기
** 내담자에 감정이입을 하기 위해
*** 실재의 물질적 형태를 가정한 단어

고, 소박하고 자족적인 일상을 즐기는 삶의 양태로 회귀하는 일 말이다. 하지만 이러한 입장은 마르크스에게도 매우 낯선 것이다. 그의 공산주의 개념에서 인간은 존재의 토대인 지구의 과실을 즐기고 만끽해야 한다. 심지어 그는 언제나 자본주의의 해방적인 측면을 강조하며, *자본주의 그 자체가 이미 해방*이라고 주장했다. 공산주의 역시 욕구의 무한한 유연성과 생산의 확장을 그 자체의 목적으로 포함하고 있으며, 나아가 인간 생산성을 무한히 확장하는 공산주의의 선구자를 자본주의의 무한한 탐욕이라고 생각했다. 그러므로 자본주의가 공산주의로 전환되는 것은 충동의 지평 내에서의 전환일 뿐이다. 자본주의적 생산의 진정한 목표가 자본의 확장된 자기 재생산이지만, 노동자들은 생존을 위해 일하고, 자신의 필요를 충족시키기 위해 일한다. 자본주의 이후 사회가 도래한다면 노동자들은 자신의 필요를 충족시키기 위해 일하는 것이 아니라, 확장된 생산 자체가 제공하는 즐거움을 위해 일할 것이다.

사람들이 감당할 수 없는 소비를 지속하게 하고 자본 재생산 체계의 규율된 노동자로 남도록 잡아두는 중요한 수단이 부채인 것은 이런 이유 때문이다. 부채는 결코 상환되지 않는다. 하지만 미래의 어느 시점에 그 부채가 상환될 것이라는 허구 또한 경제라는 기계를 끊임없이 작동시키는 원동력이다. 존스턴은 오늘날의 부채 경제를 임마누엘 칸트가 말한 불멸의 영혼 같은 윤리적 명제와 연결시키는 예리함을 보여준다.

불멸의 영혼이 필요한 이유는 신용카드 빚과 학자금 대출, 의

료비, 주택담보대출 등을 모두 상환하기에 충분한 시간을 갖기 위해서다. 또한 자녀들을 막대한 부채의 늪에 빠뜨리지 않고, 그들의 대학 교육 자금을 마련하고, 노후에 개 사료 통조림을 사먹지 않기 위해 충분한 저축을 해두어야 하기 때문이다.[27]

자본주의와 공산주의가 공유하는 끝없는 확장의 동력을 어떻게 설명해야 할까? 존스턴은 헤겔과 마르크스부터 라캉과 알튀세르에 이르는 수많은 사상가를 분석해 인간이라는 동물을 노동과 사회라는 관계로 밀어 넣는 중요한 특징을 발견했다. 그것은 갓 태어난 아기의 무력함이다. 인간의 아기는 다른 포유류보다 훨씬 긴 시간 동안 부모의 보살핌을 받는다. 존스턴은 이 무력함에 '유연성'을 추가한다. 즉 인간의 본성은 미리 정해진 것이 아니며 생존에 필요한 도구가 주어지지도 않기 때문에, 복잡한 노동과 사회적 관계 맺음을 스스로 갖추어야 한다.

마르크스는 물론이고 대중에게 생소한 철학자 알튀세르 역시 인간이라는 생물학적 존재는 사회성과 노동을 동시에 추구할 운명을 부여받았다고 보았다. 생애 초기의 무력함 때문에 양육자는 방목보다는 양육을 택해야 했다. (…) 사회성은 인간 본성의 필연적인 기본 특징이 되었다(자연스럽게 사회성을 형성하게 되었다). 인간은 무력하면서도 유연한 존재다. 그래서 인간의 본성이 자연화되는 것을 막은 것도 무력함과 유연함을 결합한 형태인 사회적 노동이었다.[28]

여기에는 두 가지가 추가되어야 한다. 라캉을 너무 단편적으로 결핍의 시인詩人으로만 인식하는 이들이 많기 때문이다. 사람들은 라캉이 끊임없는 대체물과 환상을 통해 혹은 또 다른 상상의 보충물을 통해 중심의 공허를 채우려 한다고 생각한다. 하지만 그는 결핍의 반대인 과잉, 즉 잉여적 상황을 이야기하는 경우도 많다. 결핍은 과잉의 또 다른 측면이기도 하다. LGBT+ 같은 표현의 문제에는 단순히 '+'가 빠진 정체성을 대신하는 것인가(이를테면 '그리고 다른 사람들'), 아니면 사람이 직접 +가 될 수 있는가 하는 의문이 제기된다. 올바른 변증법적 답변은 '그렇다'이다. 주체는 자신의 가능한 정체성 가운데서 +로 각인되며, 이는 모든 동일시를 벗어나는 과잉이 된다. 이것이 의미하는 것은 주체는 +이자 동시에 −이며, 그러면서도 기표라는 의미망에서는 결핍이 된다는 점이다. 즉 과잉 자체가 결핍으로 작용한다. 그래서 존스턴이 "욕망하고 분열된 주체($)가 천상의 '기대감 가득한 *주이상스*'라는 황홀경을 목표로 하다가, 대신 지상에서 '주운 주이상스'라는 지옥 같은 고통을 얻게 된다"고 했을 때, 우리는 황금이 돌덩이가 되는 이 전환의 반대 경우도 생각해야 한다. 즉 아무런 기대 없이 일상에 임할 때, 강렬한 주이상스의 경험이 찾아온다. 장 라플랑슈Jean Laplanche가 여러 차례 주장한 것처럼, 원초적 성 경험은 결핍이 아닌 과잉이다. 타자의 욕망이 침투하는 과잉 밀도의 경험이며, 타자 자신도 이를 인식하지 못한다.

두 번째로 더 중요한 요소는, 숙고해보건대 무력함과 유연성만으로는 상징적 우주와 사회성과 노동의 출현을 설명하기에 충분하지 않다는 점이다. 존스턴도 무력함만으로는 충분한 설명이 되지 않으며, 유연성만으로도 결코 충분하지 않다고 생각했다. 하지만 내가 보기에 이 두 가지가 결합한다는 가정도 우리가 살아가는 상징적 우주의 출현을 설명할 수 없다. 상징적 우주의 출현을 이런 식으로 설명하는 것은 순환논리의 오류일 수 있다. 무력함과 유연성은 규율과 협력의 사회적 질서를 형성한 요인처럼 보이지만, 이는 사회적이고 상징적 질서가 이미 존재한 후에야 그렇게 보일 뿐이다. 유물론적 입장에서의 유일한 해결책은, 무력함과 유연성을 배경으로 예기치 않은 어떤 것이 출현했다는 설명이다. 하지만 그것은 무력함에 대처하거나 사회적 협력과 노동을 촉진하기 위해 세상에 등장한 것이 아니다. 우리는 사회 질서의 출현을 도구적 관점으로 보는 입장을 거부해야 한다. 즉 신생아는 무력하고 집단은 더 나은 생존 방법이 필요했기 때문에 인간이 그 현실에 유연성을 더해 사회적 협력과 노동을 발전시켰다는 주장을 우리는 거부해야 한다.

프로이트의 반론을 살펴보자. 인간과 동물적 삶의 실제적인 단절은 성sexuality에서 비롯되었다. 본능적인 짝짓기 주기의 리듬이 깨지면서 성은 실패의 영역이 된다. 우리는 결코 그것에서 완전한 쾌락을 얻지 못하게 되었기 때문이다. 그 결과 우리는 절대적인 것에 대해 집착하게 되었다. (다시 말해 완전한 쾌락의 신화에 빠지게 됐다.) 이 순간이 중요한 이유는, 인간 초기의 생체적 무력함(본능에만 의존해서는 생존할 수 없는 실패)이 훨씬 더 근원적인 무력함으로 대체된 때이기 때문이다. 이 무력함은 성적 대상과 연관되며, 그 대상은 우리에게서 끊임없이 벗어나지만, 우리는 그것에 집착하고 반복적으로 그것을 추구하도록 운명지어졌다. 이러한 리비도 경제는 상징적 우주에서만 펼쳐진다. 대상의 상실은 프로이트가 말한 '원초적 억압'이며, 또한 라캉이 말한 '상징적 거세'다. 불가능한 대상이라는 유령이 출현하는 것은 아무런 목적이 없는 것이다. 언어의 원초적 기능 또한 더 나은 협력을 가능하게 하기 위한 것이 아니다. 언어는 우리 기관들의 의미 없는 오작동에서 비롯되었으며, 이는 적응의 결과가 아니라 진화 이론가들이 말하는 '외적 적응'ex-aptation*의 사례다. 즉 어떤 우연적인 조건이 불가피한 외적 적응을 추동한 것인데, 언어 자체도 마찬가지로 구체적인 목적을 향해 발전한 것이 아니다. 사회적 협력과 노동을 위해 언어를 사용한 것도 원초적으로 무의미한 과잉의 부차적 사용에 불과했다.

---

* 처음 진화한 목적과 다르게 사용되는 것

5

무정부적 봉건주의에 이르는 길

메타버스라는 파란 약

실재the Real에 상응하는 라캉의 핵심 용어는 *주이상스*다. 그래서 우리가 살고 있는 상징적 구조는 우리 인간을 필요로 한다. 우리에게서 주이상스를 취하는 것으로 그 구조의 불일치나 모순을 보완하고, 더 정확히는 그러한 것을 은폐하기 때문이다. 많은 이들이 열광했던 영화 〈매트릭스The Matrix〉의 충격적이고도 의미심장한 장면을 떠올려보자. 수백만 명의 인간이 액체가 채워진 요람에서 밀실 생활을 하는 중요한 장면이 그것이다. 이들은 매트릭스에 에너지를 공급하기 위해 살아 있는 상태로 양육되고 있다. 그래서 소수의 사람이 매트릭스가 통제하는 가상현실에서 깨어날 때, 외부의 현실 공간으로 직접 나아가지 않는다. 우선적으로 자신이 태아와 다를 바 없는 유기체로 태아의 양수 속에 잠겨 있다는 끔찍한 사실을 깨달아야 한다. 이 온전한 수동성은 우리의 의식적인 경험을 능동적이고 자율적인 주체로 유지하게 하는 폐제된 환상foreclosed fantasy이다. 그리고 이 환상은 도착적 환상이다. 궁극적으로 우리는 타자(매트릭스)의 주이상스를 위한 도구이며, 우리의 생명 에너지는 배터리처럼 그곳에서 빨려 나간다. 하지만 이 환상은 우리가 마주하는 상황들에서 실재를 연출한다. 그 실재는 우리가 매트릭스에 의해 완전히 지배된다는 공포이며, 동시에 매트릭스가 설정한 현실을 부유하는 우리의 거짓 자유를 뒷받침하는 현실이다. 그런데 이 부분에 대해서는 동의할 수 없다. 실재는 우리가 깨어난 외부 현실이 아니라 매트릭스 그 자체이며, 그에 대한 우리의 종속적 관계, 즉 우리가 매트릭스의 에너지원으로 축소되는 그 상태다.

이제 우리는 영화 〈매트릭스〉가 잘못 설정한 부분을 짚을 수 있다. 영화는 매트릭스가 현실 세계에서 거대한 주체성(인공지능)에 의해 통제되는 객체라고 가정한다. 하지만 이런 생각은 편집증적인 꿈에 불과하다. 오늘날 우리는 매트릭스를 건설하고 그 초월적인 가상 세계를 통제하는(혹은 우리 의지와 상관없이 우리를 통제하는) 꿈의 세계와 점점 가까워지고 있다. 중국의 군사의학과학원Academy of Military Medical Sciences은 이른바 전쟁의 '지능화'를 추구하고 있다. 그리고 이런 입장을 표한 바 있다. "전쟁의 개념이 상대를 파괴하는 것에서 통제하고 마비시키는 것으로 바뀌기 시작했다."[1] 서구 사회도 이러한 일을 하고 있지만, 한 가지 차이가 있다면 아마도 그러한 일을 공개할 때 인도주의적 사업으로 포장할 것이라는 점이다. 이런 입장을 발표하면서 말이다. '우리는 사람을 죽이지 않는다. 다만 그들의 마음을 잠시 전환할 뿐이고….' '파란 알약을 먹는 일'은 〈매트릭스〉의 대사를 빌려 말하자면, 마크 저커버그의 '메타버스' 프로젝트와 다르지 않다. 메타버스에 등록하는 것으로 우리는 일상 현실의 한계와 갈등과 좌절에서 마법처럼 벗어나는 파란 알약을 먹게 된다. 하지만 그에 대한 큰 대가를 치러야 한다. "페이스북의 내부 고발자 프랜시스 하우건Frances Haugen은 영국 의회 위원회에 출석한 적이 있다. 그녀는 페이스북의 최고경영자 마크 저커버그는 자신의 지위를 이용해 30억 명의 사람들을 일방적으로 통제할 수 있으므로, 빅테크 기업의 경영을 규제하고 사회에 가해지는 피해를 줄이기 위해서는 외부 통제가 시급하다고 주장했다."[2] 근대성이 이룩한 성과인 공적 공간은 이렇게 사라지고 있다. 하우건의 폭로가 있은 지 며칠 뒤, 저커버그는 자신의 회사 이름을 '페이스북'에서 '메타'로 변경한다고 발표하며 메타버스에 대한 비전을 발표했다. 발표문은 진정으로 *신봉건 선언문neo-feudal manifesto*과도 같은 글이었다.

저커버그는 기본적으로 메타버스가 현실을 뒤덮기를 바라고 있다. 현실 공간의 부분 이곳저곳을 연결하여 우리가 현실 세계라고 여기는 것들을 완전히 흡수하고 싶어 하는 것이다. 페이스북이 고객을 위해 계획한 가상 세계나 증강된 미래에서는 저커버그의 시뮬레이션이 현실 수준에 도달하는 것이 아니다. 우리의 행동과 관계가 극도로 표준화되고 자동화되어 그밖의 것들은 더 이상 중요하지 않게 될 것이다. 얼굴로 표정을 지어 보이는 대신 우리의 아바타는 엄지척 같은 아이콘 제스처를 취한다. 여럿이 공간을 공유하는 대신 디지털 문서 작업을 협업하고 있다. 우리는 다른 사람과 함께하는 경험조차 증강현실 공간에 포켓몬 캐릭터를 투사하듯 자신을 축소시키는 삶의 양식을 배우게 될 것이다.[3]

메타버스는 균열 가득한 고통의 현실을 넘어서는(meta) 가상공간으로 작용할 것이다. 그 공간에서 우리는 아바타를 통해 거침없이 소통할 것이며, 증강현실(디지털 기호가 겹쳐진 현실)의 요소도 개입될 것이다. 그것은 형이상학이 실현된 모습이라고 해도 좋을 것이다*. 현실을 완전히 흡수한 이 형이상학적 공간은 디지털 가이드라인에 의해 우리의 인식과 개입이 조작되는 한에서만, 그래서 파편화된 형태로만 내부에 진입할 수 있다. 심각한 것은, 그렇게 해서 우리가 얻게 되는 것은 사유화된 공적 공간이다. 그 공간에서는 사적인 봉건 영주가 우리의 소통을 감독하고 규제한다. 이러한 공적 공간의 표준화된 장소는 데이터를 저장하는 디지털 '클라우드'이기 때문에, 경제학자인 야니스 바루파키스Yanis Varoufakis가 이를 두고 "클라우드 기반 지배 계급의 등장"이라고 말한 것은 정확했다.[4]

일론 머스크는 트위터를 인수하면서 그 합병을 문명의 전

---

* 형이상학metaphysics이라는 단어가 물리 세계의 너머 meta-physics를 뜻한다.

환점으로 보고 있다고 말했다. 또한 트위터가 신뢰받는 민주주의 플랫폼으로 남도록 하겠다고도 밝혔다. 그러면서 다음과 같이 덧붙였다. "제 강력한 직관으로 판단하건대, 최대한 신뢰받고 폭넓게 포용하는 공적 플랫폼을 마련하는 일은 인류의 문명에 매우 중요합니다." 그는 트위터에서 표현의 자유가 부족했던 부분을 지적하며, 플랫폼이 언론 표현의 자유를 준수하는지에 대한 자신의 기준은 간단하다고 말했다. "당신이 좋아하지 않는 사람이 당신이 좋아하지 않는 말을 할 수 있습니까? 그렇다면 우리에게는 표현의 자유가 있는 것입니다." 문제는 다시, 우리가 살아가는 세상은 어떤 세상인가 하는 질문으로 되돌아간다. 이 세상에서는 주요 공유지 중 하나에 대한 사유재산(이 경우에는 단 한 사람의 사유재산)만이 자유와 민주주의를 보장한다. 쉽게 말해 신봉건주의가 자유를 지키는 수호자로 자신을 내세우는 형국이다. 우리가 주목해야 할 것은 머스크가 '표현의 자유'를 정의하는 기준이 *내가 좋아하는 것*과 *내가 싫어하는 것*으로 나뉜다는 점이다. 즉 모든 의견이 동등하게 취급받아야 한다는 관점이다. 그렇다면 기본적인 인권이나 교육, 의료와 관련된 진실에 대해서는 어떻게 해야 할까?

중요한 것은 이것이니, 세상이 아무리 자동화된다 해도 기계에게는 여전히 인간이 필요하다는 점이다. 기계가 우리를 필요로 하는 것은 우리의 지능이나 의식의 활동 때문이 아니라, 리비도 경제라는 더 근본적인 차원에서 그러하다. 기계가 인간 없이 스스로 재생산할 수 있다고 생각하는 것은, 시장 경제가 인간 없이 스스로 재생산할 수 있다고 생각하는 꿈과 다를 바 없다. 최근 일부 연구자들은 로봇 생산과 인공지능이 폭발적으로 성장하면서 인공지능 스스로가 생산을 조직하고 직무를 관리하기 시작했으니, 장차 자본주의에는 인간의 필요가 점차 사라질 것이며, 자본주의가 스스로를 재생산하는 괴물이 될 것이라고 주장했다. 즉 디지털과 생산 기계들의 네트워크가 점점 더 인간의 개입 없이 작동하게 된다는 것이다. (2022년 6월의 보도에 따르면, 인터넷 트래픽의 38.5퍼센트만이 인간에 의해 발생하며, 나머지 61.5퍼센트는 봇이나 해킹 툴 등의 비인간적인 요소에 의해 만들어진다.) 사람들의 재산과 주식은 여전히 건재하겠지만, 주식 거래도 대부분 자동 매매로 전환되어 이익과 생산성의 최적화에만 초점이 맞춰지게 될 것이다.

그렇다면 그렇게 얻어지는 이익과 생산성은 누구를 위한 혹은 무엇을 위한 것일까? 인간은 소비자로 남게 될까? 기계들이 서로를 보완하며 기계 장치 부품이나 에너지를 생산하는 이상적인 모습을 그려볼 수도 있을 것이다…. 매우 아름다운 풍경이지만, 이는 이데올로기적인 환상일 뿐이다. 자본은 산이나 기계처럼 인류가 사라진 뒤에도 남아 있는 객관적인 사실이 아니다. 자본이야말로 오로지 사회의 가상적 타자로 존재하며, 그것은 사회적 관계의 '물화된' 형태다. 이것은 마치 주식의 가격이 수천 명의 개인이 상호작용한 결과이지만 각 개인에게는 객관적으로 주어지는 가치가 되는 것과 같다.

이러한 생각은 인간의 신체를 유전자(혹은 밈)와 비교해 생각해보면 더욱 흥미롭다. 자본이 인간을 필요로 하지 않는 자가 복제 괴물로 진화한다는 생각은 리처드 도킨스Richard Dawkins가 발전시킨 개념과 유사하다. 즉 인간이 유전자를 통해 스스로를 재생산하는 것이 아니라 유전자 스스로가 자신을 재생산할 뿐이라고 보는 입장이 그것이다. 마르크스는 이 진화를 분명하게 설명했다. 사람들은 자신의 필요를 충족하기 위해 상품을 생산하고 교환하지만, 자본주의 체제에서 사람들이 자신의 필요를 충족하는 일은 자본 자체의 자가 재생산을 위한 도구일 뿐이다. 그렇다면 자본이 갖고 있는 '의지'란 정확히 어떤 상태일까? 즉 우리는 어떤 의미에서 자본에 고유한 의도를 부여하고, 그것을 자발적 의지를 가진 존재로 취급하는 것일까?

하지만 리처드 도킨스조차도 유전자나 밈의 단계에서는 유전자들이 개체 생명체 단위를 건너뛰고 직접 스스로를 복제하는 극단적인 경우를 상상하지 않는다. 개체 생명체가 유전자의 자가 재생산을 위한 도구라는 개념 자체에 한계가 내재되어 있기 때문이다. 밈이 재생산되는 경우를 생각해보아도, 우리의 의식적인 마음이 단지 밈(우리 마음의 기본 요소)을 재생산하는 도구에 지나지 않는다는 생각은 무리가 아닐 수 없다. 인공지능이 발전하고 디지털 기계들 사이의 직접 소통이 확산되면서, 일견 밈이 인간 개체를 건너뛰어 상호작용하고 직접 증식하는 양상이 펼쳐지는 듯 보이기도 한다. 하지만 문제는 도킨스의 기본 전제에서부터 드러난다. 유전자와 밈의 재생산이 자연 선택처럼 작동하여 더 '나은' 유전자와 밈이 살아남는다는 전제가 그것이다. 도킨스의 주장에 대해 대니얼 데닛은 특유의 냉소적인 어조로 비판한다.[5]

당신이 과학적 밈이 퍼지는 이유에 대해 궁금해 한다면 도킨스가 확신을 줄 것이다. "그것들이 좋은 것이라서 그렇습니다." 이 답변이 과학의 표준적이고 공식적인 입장이니만큼 부정할 수는 없겠지만, 무슬림 성직자나 수녀들이 같은 답변을 하면 논점을 회피하는 발언이 될 것이다. 그렇다면 실용주의 철학자 리처드 로티Richard Rorty는 도킨스에게 다음과 같은 매우 타당한 질문을 던질 것이다. "그러한 '좋은 것들virtues'이 좋은 것이라는 사실을 증명하는 논거가 있습니까? 당신은 사람들이 밈을 좋게 평가하여 그것을 전달한다고 말하지만, 만일 데닛이 옳다면 (…) 그 사람들 모두 밈의 산물일 가능성이 큽니다. (…) 밈들이 자신에게 유리한 평가를 내리는 사람들을 만들어내기 위해 협력했다니 참으로 영리하군요! 그렇다면 과학에 축복이 될 아르키메데스의 점Archimedan point*은 어디에 있습니까?"[6]

그렇다면 기계들에게 결여된 차원은 무엇일까? 그것은 당연히 지능의 영역이 아니라 가장 어리석은 형태로서의 *주이상스*다. 2022년 2월, 슬로베니아의 배우 블라즈 포포브스키Blaž Popovski는 한 인터뷰에서 이렇게 말했다. "당신은 즐겨야 한다. 심지어 당신[7]이 그러고 싶지 않다고 해도!" 무대 위의 연기에 대해 한 이야기지만, 그의 말은 누구에게나 보편적으로 적용될 수 있다. 노블롯지Novelodge라는 생활 정보 웹사이트는 '머릿

---

* 주제를 객관적이고 총체적으로 지각할 수 있는 가설적 지점

속에서 지워야 할 어려운 노래 50곡'을 선정 발표하며 다음과
같이 설명했다.

> 어떤 날은 머릿속을 맴도는 노래가 즐겁습니다. 그럴 때면 그
> 가락을 흥얼거리며 하루를 기분 좋게 보냅니다. 그런데 어떤
> 날은 즐겁지 않은 선율이 머릿속을 맴돕니다. 누구도 원하지
> 않는 상황입니다. 특히 스트레스가 가득하거나 할 일이 산더
> 미처럼 쌓여 있다면 더욱 그렇죠. 저희는 역사상 가장 머리를
> 어지럽히는 노래 50곡을 선정했습니다. 반갑지 않은 가락들이
> 하루 종일 머릿속에 남아 있기를 원하지 않는다면, 이 노래만
> 큼은 피하시기 바랍니다.[8]

어떤 노랫가락이 머릿속에서 맴도는 느낌을 우리는 잘 알
고 있다. 물론 경우에 따라 불쾌한 감정을 불러일으키는 음악
을 듣기도 한다. 우리를 괴롭히는 그 음악은 우리에게 쾌락을
선사하지 않는다. 우리가 경험하는 그 불쾌감은 즐거움에 반하
는 일종의 압박감이다. 즐거움이란, 동의하지 않더라도 우리
가 따라야만 하는 초자아의 명령과도 같기 때문이다. 명령을
이행하는 이도 즐거워야 한다. 사람들이 더 많이 즐길수록, 그
들에게서 더 많은 잉여 쾌락을 끌어낼 수 있다. 여기에서 다시
한 번 라캉의 잉여 가치와 잉여 쾌락의 상관성이 나타난다. 라
캉은 *주이상스*가 정치적으로 작용한다는 사실을 충분히 인식
하고 있었다. 그는 이렇게 말한다. "정치에 개입하는 유일한 방
법은 그 영역의 *주이상스* 담론을 받아들이는 일이다."[9] 즉 이

데올로기와 정치도 단순히 계급적 이해관계만으로 분석될 수 없고, 헤게모니 담론의 경쟁 구도만으로도 설명될 수 없다. 이데올로기가 우리를 정말로 사로잡기 위해서는 주이상스의 자원을 움직여야 한다는 것은 인종차별과 성차별의 경우를 보면 잘 이해할 수 있다. 여성에 대한 억압은 여성이 적절히 통제되지 않으면 과도한 쾌락이 그녀들을 앗아갈 것이라는 두려움에 의해 유지된다. 인종차별은 타자의 즐거움에 대한 일종의 질투인데, 타자가 우리 삶을 형성하는 즐거움을 위협하는 존재로 인식되기 때문이다. 이와 같은 강렬한 이데올로기적 투사는 가학성은 물론 자신의 굴욕을 즐기는 피학성 등 온갖 도착적인 양상으로 나타난다.

주이상스의 극단적인 사례로 나타나는 오늘날의 사례는 당연히 종말론이다. 종말론은 팬데믹은 물론 생태학적 재앙, 핵전쟁, 사회 질서 붕괴 등 종류가 다양하다. 심지어 완전한 지식을 갈망하는 양상으로도 나타난다. 타인의 생각에 직접 접근하는 일이야말로 진정한 종말론적 경험이 아닐까? 로렌초 키에자Lorenzo Chiesa가 날카롭게 지적한 바에 따르면, 이러한 욕망이야말로 "오늘날 바이러스의 위협과 생태 위기 그리고 기술적 종말론에 대한 대중의 관심이 폭발한 이유다. 라캉의 『세미나 20Seminar XX』에 기술된 표현을 사용하자면, 그 욕망은 (성적) 지식을 통해 그리고 그 지식 안에서 대상을 절대적으로 즐기고 일체가 되고자 하는 욕구다. 대신 그러한 욕망은 최대치의 엔트로피로 치닫는다."[10] 단적으로 스너프 영화snuff movie(성적 행위 도중에 실제로 고문을 당하고 살해되는 장면이 담긴 포르노

그래피 영화)를 떠올려 보라. 라캉은 이를 매우 간결한 문장으로 표현했다. "정말로 무엇이 망가진다면 사람들은 무슨 일이 일어나는지 궁금해서 안달이 난다."[11] 우리가 지옥 같은 장면의 세세한 장면에 매료되는 이유가 이것이다. 예를 들어 미국 드라마 〈핸드메이즈 테일The Handmaid's Tale〉에는 히틀러가 전쟁에서 승리한 후의 유럽의 일상 이야기가 그려진다. 폐허가 된 지구에서의 미래 생활 같은 서사도 마찬가지다. 이때 '알고 싶어 죽겠다'는 말은 중의적으로 해석되어야 한다. 내가 정말로 알고 싶다는 뜻이기도 하지만, 동시에 그 지식이 나를 죽음으로 이끌 것이라는 인식이기도 하다.

재앙을 완전히 이해한다는 것에 숨겨진 의미는, 재앙에 너무 가까워지면 재앙을 이해하는 데 필요한 거리가 무너진다는 사실이다. 안전한 거리에서 지켜보며 재앙을 완전히 이해할 수는 없기 때문이다. 예를 들면 태양이나 블랙홀 내부에 들어가 그 속에서 벌어지는 일을 기록할 수는 없다. 하지만 헤겔의 절대 지식이 주는 교훈은 그와 정반대다. 그 절대 지식은 자신의 불완전함을 포함하는 지식이다. 라캉적 의미에서 지식은 비전체non-all이다. 이것은 선천적으로 지식에서 벗어나는 어떤 것이 존재한다는 뜻이 아니다. 지식을 벗어나는 것은 없지만, 그렇기 때문에 지식은 완전할 수 없다. 체스터튼에 따르면, 기독교는 다른 모든 현실을 완전히 합리적이고 이성적인 것으로 인식하고 이해할 수 있도록 하나의 예외적인 큰 신비(God)를 인정한다. 유물론자의 경우 이와 반대다. 예외가 인정될 수 없기 때문에 모든 현실은 신비로 가득 차 있다. 이를테면 양자 물리학의 신비가 그러하다. 같은 의미에서 묵시록을 완벽하게 이해하려는 자는 헤겔의 절대 지식을 완전히 습득하려 하고, 반유대주의에 매몰된 자는 모든 악의 근원으로 자본주의를 탓한다.

문화자본주의에서 암호화폐까지

*주이상스*라는 실재는 우리가 사는 현실의 일부가 아니다. 그 상태는 철저히 가상적이다. *주이상스*라는 실재는 묵시록에서만 완전한 현실이 된다. 이를 보여주는 유명한 이야기가 있는데, 한 남자가 레스토랑 주방 앞에서 고기 굽는 냄새를 만끽했다. 그러자 주인이 다가와 "냄새를 맡았으니 돈을 내야 한다"고 주장했다. 남자는 주머니 속 동전을 흔들어 소리를 들려주었다. 빈 냄새에 빈 소리로 답한 것이다…. 상품화된 세상에서 우리가 착취당하는 방식이 이것이다. 청바지를 살 때 우리는 단순히 청바지라는 상품 자체에 대해서만 돈을 지불하는 것이 아니다. 청바지가 상징하는 삶의 방식이라는 '냄새'도 함께 구매한다. 하지만 이것은 시작일 뿐이다. 상품화의 초기 단계부터 존재했던 이 현상은 점점 더 직접적으로 경험 그 자체를 구매하는 식으로 발전한다. 제레미 리프킨Jeremy Rifkin은 이 발전된 상업화 단계를 '문화 자본주의cultural capitalism'라고 명명했다.[12] '문화 자본주의'에서는 상품과 그것이 상징하는 이미지의 관계가 뒤바뀐다. 즉 이미지는 제품이 아니라 제품의 이미지에 관한 것이다.[13] 예를 들면 우리는 유기농 사과를 구매할 때 단

순히 사과 자체가 아닌 건강한 삶을 상징하는 이미지를 구매한다.

유기농 사과를 구매하는 경우에서 보듯, 자연 자원을 착취하는 자본주의에 대한 생태학적 저항조차도 이미 경험의 상품화로 포섭되어 있다. 생태학은 디지털화되고 가상화되는 우리 일상에 대한 일종의 저항 의식이며, 예측 불가의 연약함과 리듬 속에서 감각 물질에 대한 직접적인 경험으로 되돌아가자는 주장이다. 하지만 생태학 자체가 이미 새로운 삶의 방식으로 브랜드화되었고, 우리는 '건강한 생태적 생활양식'이라는 특정 문화 경험을 구매하여 '유기농 식품'으로 섭취한다. 이런 일은 더 평범한 '현실'에서도 벌어진다. 최근 미국의 주요 텔레비전에 노출되는 광고 영상을 살펴보자. 평범한 사람들이 바비큐 피크닉을 즐기며 컨트리 음악에 맞춰 춤을 추고 있다. 그리고 "비프Beef, 좋은 사람들과 함께하는 좋은 음식"이라는 메시지가 나타난다. 여기서 소고기는 특정 생활양식, 이를테면 미국의 '진짜' 노동자 계층의 상징으로 제시된다. 그러나 아이러니하게도 그 소고기는 '최신' 밀레니얼 세대가 소비하는 유기농 식품보다 훨씬 유전적으로, 화학적으로 조작된 식품이다.

장기적으로는 국가 자체도 경험 상품으로 변화하고 있다. 우리는 국가에 대한 소속감을 경험하게 하는 상품을 구매한다. 이 과정에서 자신이 국가적인 일에 참여하고 있다는 느낌을 경험한다. 나아가 베네딕트 앤더슨Benedict Anderson의 '상상된 공동체imagined communities' 개념이 펼치는 논지를 따르자면, 국가란 상상 속에서 만들어진 공동체일 뿐이라고도 볼 수 있다.[14]

국가라는 개념이 애초부터 '인위적인' 형성물이었다면 어떨까? 근대 이전의 '유기적' 공동체가 저물고 새롭게 부상한 근대 국가는 상품 생산이 지상 과제인 자본주의의 등장과 깊은 관련이 있는 것은 아닐까? '살아 있는' 유기적 공동체가 살해된 후 되돌아와 우리를 괴롭히는, 죽지 못한 공동체의 유령이 국가는 아닐까? 따라서 국가는 '상상된 공동체'로 불리기에 충분하다. 구성원들의 직접적 상호작용이 아닌 매체를 통해 연결된 현실 때문이기도 하지만, 분열되어 해소 불가능한 대립이 엄존하는 현실을 '상상 영역에서의 통합된 모습'으로 만들어야 하기 때문이다. 즉 국가는 처음부터 페티시처럼 작동했다. 여기에서 중요한 것은 국가적 대의를 진정으로 믿는 것이 아니라, 그 믿음을 자신의 이익 추구를 정당화하는 도구로 사용한다는 것이다. 즉 우리는 자신의 이익을 위해 행동하면서 이를 '진심으로 국가를 위해 일하고 있다'고 합리화하며 자신의 믿음을 이용한다.

오늘날 우리가 목격하고 있는 것은 '포스트모던'한 자본주의다. 여기에서 우리의 경험 자체는 직접적으로 상품화된다. 시장에서 소비생활을 하는 우리는 물리적인 제품을 점점 덜 구매하고 있다. 대신 성性, 음식, 관계, 문화적 소비, 특정 생활양식 등에 참여하는 삶의 경험을 더 많이 구매하기 시작했다. 물리적인 상품은 점점 더 경험을 위한 도구로 축소되고 있으며, 심지어 그것은 '경험 상품'[15]의 판매를 위한 무료 상품으로 전락했다. 이를테면 1년 약정을 하면 휴대전화가 무료로 제공되는 상품이 그러하다.

문화를 창출하는 일이 경제를 지배하면서 상품들은 점점 더 도구의 성격을 갖게 되었다. 심지어 상품은 정교한 문화적 메시지가 직조되는 곳에서 단순한 플랫폼이나 배경으로 전락하고 있다. 그리고 물질적 중요성 대신 상징적 의미를 덧입는다. 즉 상품은 물건으로서의 의미를 잃고, 오히려 자신이 살아 있다는 경험을 하는 데 도움을 주는 도구로서의 역할을 하게 된다.[16]

혹은 마크 슬루카Mark Slouka의 명료한 공식에 따르면, "하루 중 가공된 환경에서 보내는 시간이 많을수록 (…) 삶 자체는 더욱 상품으로 변한다. 누군가 그것을 만들고, 우리는 그것을 구매한다. 우리는 자신의 삶을 소비하는 소비자가 된다."[17] 시장 교환의 논리는 여기서 헤겔식 자기 관계적 동일성으로 발전한다. 우리는 더 이상 물건을 구매하지 않고, 궁극적으로 자기 삶의 시간을 구매한다. 그래서 자기 자신을 하나의 예술 작품으로 만든다는 미셸 푸코Michel Foucault의 생각이 의외의 곳에서 확인을 받게 되었다. 예를 들어 나는 피트니스 클럽을 다니는 것으로 신체의 건강을 구매하고, 초월 명상 강좌에 등록하는 것으로 정신적 깨달음을 구매하고, 사람들이 북적이는 레스토랑에 드나들면서 관계의 이미지를 구매한다…. 이러한 세태가 일견 자본주의 시장 경제와 무관해 보일 수도 있지만, 자세히 들여다보면 오히려 더욱 밀접한 관련이 있다는 사실을 깨닫는다. 산업 시장 경제에서는 상품을 구매한 뒤 그것을 사용할 때까지 일정한 시간이 필요하다. 물론 판매자 관점에서 보면 상품을 판매한 순간 거래는 끝난다. 소비자가 그 상품으로 무엇을 하든 그것은 판매자의 관심사가 아니다.

하지만 경험 상품의 경우 이 시간차가 아예 사라진다. *소비 자체가 구매한 상품이기 때문이다.* 그런데 이 간격을 좁힐 가능성은 현대사회와 공동체의 명목 논리에 이미 내포되어 있다. 즉 소비자는 사용 가치를 위해 상품을 구매하는데, 이 사용 가치는 여러 요소로 나뉜다. 예를 들면 랜드로버 차량을 구매할 때, 나는 주변 사람들을 태우기 위한 목적 외에도 랜드로버가 상징하는 특정 생활양식에 참여한다는 신호를 발산하고자 한다. 그렇다면 당연한 수순은, 이러한 구성 요소들을 상품화하여 판매하는 일이다. 이를테면 차를 판매하는 대신 리스하는 전략이 그것이다. 결과적으로 주관적인 경험이라는 독단적인 사실이 남는다. 즉 개인의 소비라는 주관적 경험이 생산의 궁극적 목표이기 때문에, 객체를 건너뛰고 이 경험 자체를 상품화하여 직접 판매하는 것이 논리적으로 타당하다. 그리고 이러한 경험의 상품화는 어쩌면 주체성의 양상 변화로 해석하는 대신(고전적 부르주아 주체가 물건 축적에 집중하던 것에서 '포스트모던'적 프로테우스가 경험의 축적에 집중하기로 한 변화 대신), 프로테우스적인(변화무쌍한) 주체 자체가 경험 상품화의 결과가 된 것으로 이해해야 할지도 모른다.[18]

그런데 경험을 구매하는 것에서 더 나아간 일들도 있다. NFT^Non-Fungible Tokens(대체 불가 토큰)의 경우 한 걸음 더 들어가 소유나 소유의 경험에 참여하는 개념을 도입하지만, 이때는 소유조차 순전히 가상적인 것이다. 우리는 실제로 아무것도 소유하지 않으면서 소유하는 경험에 돈을 지불해야 한다. 이러한 낯선 상황은 2022년 1월 8일, 〈야후Yahoo!〉의 괴상한 뉴스에 고스란히 드러났다. 한 리얼리티 스타는 식품 용기에 자신의 방귀를 담아 판매하여 20만 달러를 벌었다고 주장한 후, 이를 NFT로 판매하는 방식으로 전환했다고 밝혔다.

스테파니 매토는 메이슨 병에 자신의 방귀를 담아 판매하여 20만 달러를 벌었다고 주장했다. 그런데 방문한 병원 의사에게서 과도한 방귀가 몸에 해롭다는 말을 들은 그녀는, 방귀가 든 병을 NFT로 전환하여 판매를 재개했다. 현재 이 NFT들은 0.05이더리움에 판매되고 있다. 매토는 자신의 '독특한' 방귀 아트를 통해 NFT 업계에서 자리를 굳히고자 한다. 그녀는 《인사이더Insider》와의 전화 인터뷰에서 "누구에게나 기회는 있다"고 말했다. 자신을 존이라고 밝힌 한 고객은 그녀의 제품이 자신에게 매력적인 이유를 설명했다. 금융업에 종사하는 43세 남성인 그는 방귀 두 병에 1,000달러를 지출했다고 밝히며, 그 제품이 매토와의 친밀감을 느끼게 해준다고 했다. 그는 "나는 여러 가지 페티시를 가지고 있어요. 그중 하나가 여성의 체취를 즐기는 것입니다"라며, "냄새라면 종류를 불문하고 좋아합니다"라고 덧붙였다.[19]

이러한 행위가 이상하기는 하지만 그 이유*raison d'etre*는 헤아릴 수 있다. '실재의 작은 조각'인 냄새가 담긴 병을 구매하는 것은 타인의 존재를 증명하는 의미로 이해할 수 있다. 하지만 이를 NFT로 구매하는 순간 이 '실재의 작은 조각'은 사라져버린다. 우리는 어떻게 이 지점까지 도달하게 되었을까? 비단 물건을 판매하는 방식뿐 아니라 오늘날의 금융 체계가 작동하는 방식도 마찬가지다.

이 불편한 사례는 우리가 살고 있는 기이한 세상을 보여준다. 세상에는 과잉과 결핍이, 풍요와 빈곤이 동전의 양면처럼 존재한다. 물론 그 동전도(실제 돈) 더 이상 중요한 의미를 갖지 못한다. 스티브 배넌Steve Bannon조차 자신의 팟캐스트에서, 이제 "돈은 바보들을 위한 것이 되었다"고 말했다. 우리는 가상화폐의 홍수 속을 떠다니고 있으며, 사람들은 실제로 돈을 어떻게 써야 하는지 모르는 상황에 와 있다. 매토의 경우가 이를 잘 보여준다. 이러한 풍요는 카드를 세워 만든 성처럼 언제든 무너질 수 있다. 2008년 금융 위기 때 이러한 일에 근접하지 않았던가. 이러한 역설을 처음으로 지적한 사람이 바로 헤겔이다. 그는 자본주의 사회에서 돈이 너무 많아 오히려 부족해지는 역설을 이야기했으며, 그 불균형이 구조적이기 때문에 개선의 가능성이 거의 없다고 보았다. 부자에게서 돈을 빼앗아 빈자에게 나눠주는 방식으로는 해결될 수 없기 때문이다. 헤겔은 자신의 책 『법철학』의 유명한 §245 부분에서 '폭도rabble'의 개념과 관련해, 과잉과 결핍 사이의 역설적인 관계에 대한 명료한 입장을 개진했다.

　대중이 빈곤에 빠지기 시작하면 (a) 그들의 일상적인 생활수준을 유지하기 위한 부담이 부유층에게 직접 전가될 수 있다. 경우에 따라서는 부유한 병원이나 수도원, 재단 등의 공공 자원이 그들의 생계 수단을 책임져야 할 수도 있다. 어느 경우든 빈곤층은 자신의 노동이 아니라 직접적인 지원을 통해 생계를 꾸려가게 되며, 이는 시민 사회의 원칙과 구성원 각자의 개별적인 독립성과 자존감을 해칠 것이다. (b) 그렇다면 대안으로 그들에게 일할 기회, 즉 노동의 기회를 제공하여 간접적으로 생계를 유지하도록 할 수 있다. 이 경우 생산량은 증가하겠지만, 생산 과잉과 이에 따른 소비 부족이 발생한다. 이 소비자들은 다시 생산에 나서야 하기 때문이다. 따라서 빈곤을 완화하기 위한 방법 (a)와 (b) 모두가 문제를 해결하려는 의도와 달리 오히려 문제를 악화시킨다. 결국 부의 과잉에도 불구하고 시민 사회는 빈곤해진다. 그러므로 극심한 가난과 가난한 폭도 양산을 억제하기 위한 시민 사회 자체의 자원이 부족하다는 사실은 분명해진다.[20]

이때도 잉여는 채워야 할 결핍을 오히려 생산하게 된다. 그러므로 우리는 헤겔의 공식을 더욱 근본적인 관점에서 이야기해야 한다. "부의 과잉에도 불구하고 시민 사회가 빈곤해진다"기보다는, *사회를 충분히 부유하지 않게 만들고, 결과적으로 빈곤을 퇴치할 수 없게 만드는 것이 바로 부의 과잉이다.* 요컨대 핵심 질문은 이것이다. 한쪽에 과잉(넘치는 부)이 있고 다른 쪽에 결핍(빈곤)이 있을 때, 부자에게서 부를 가져다 빈자에게 나누어주는 단순한 재분배로는 왜 균형을 맞출 수 없는가? 이러한 답변이 가능하다. 과잉과 결핍은 단순히 수량적인 불균등이 아니다. 즉 어떤 사람은 풍족하고 어떤 사람은 부족한 데 문제가 있는 것이 아니다. 부의 역설은 더 많이 가질수록 더 큰 결핍을 느낀다는 데 있다. 이것은 슈퍼에고superego*의 역설에서 타인의 명령을 따를수록 더 죄책감을 느끼고, 반유대주의의 역설에서 유대인을 더 많이 파괴할수록 남은 유대인이 더 결집하는 원리와 같다.

글로벌 경제의 최근 양상을 보면 금융 분야에 나타나는 일정한 변화를 감지할 수 있다. 야니스 바루파키스[21]는 2020년 봄에 벌어진 이상한 사실을 지적한 적이 있다. 미국과 영국에서 대공황 시기에 견줄 만한 수준의 GDP 급락이 있었던 날, 주식 시장은 거대한 상승을 보였다. 요컨대 '실물' 경제가 정체되거나 위축되고 있음에도 주식 시장은 활황이었다. 허구적인 금융 자본이 '실물' 경제와 분리되어 자기 순환에 빠져든 것이다. 이때 팬데믹을 등에 업은 금융 조치들이 단행되었다. 전통적인 케인스주의 방식을 뒤엎는 방식으로 말이다. 즉 그들의 목표는 '실물' 경제를 돕는 것이 아니었다. (2008년과 같은 금융 붕괴를 막기 위해) 엄청난 양의 자금을 금융 부문에 투입하는 일이었고, (하이퍼인플레이션을 막기 위해) 그 자금의 대부분이 '실물' 경제로 흘러들지 않도록 하는 일이었다.

지금의 금융 시스템에 미치는 영향의 변화를 보여주는 가장 좋은 지표는 상호 관련성을 보이는 두 가지 새로운 현상이다. 첫째가 비트코인이고, 다음이 NFT다. (NFT는 콜린스 사전 선정 2021년 올해의 단어였다.) 이 둘의 공통적인 특징은 모두 국

---

* 도덕적이고 이상적인 자아

가의 장벽을 뛰어넘어 소유자 사이의 직접적 소통을 보장하는 자유주의 이념에서 출발했다는 점이다. 그런데 둘 모두 그 이념과 정반대로 변하는 모습을 보이고 있다. 비트코인과 NFT는 그들만의 1퍼센트가 존재하고, 이들이 분야를 지배하고 조작한다. 이때 우리는 양극단의 관점을 피해야 한다. 비트코인과 NFT를 자유로운 신세계로 찬양해서도 안 되지만, 이를 투기 자본주의의 광기로 매도해서도 안 된다.

첫째, 비트코인의 경우 2만 개가 넘는 암호화폐 중에 가장 인기 있는 것으로 인정된다. 일반적인 화폐는 중앙은행과 같은 국가기관이 관리하며, 국가는 화폐 발행으로 인플레이션을 일으키는 등의 위력을 발휘할 수 있다. 비트코인은 권위 있는 공적 기관이 가치를 보장하지 않으며, 거래자들의 의사에 따라 가격이 결정된다. 그들이 비트코인을 신뢰하고 믿는다면 기꺼이 돈을 지불한다. 차갑고 무자비한 금융 투자의 영역에도 신뢰와 믿음이 작용한다. 비트코인은 마치 이념적 이상처럼 충분히 많은 사람이 믿어야만 실질적인 힘을 얻는다. 이는 공산주의 대의를 믿는 개인들이 없으면 공산주의가 존재할 수 없는 것과 같다. 주식 가격이 정해지는 방식과도 유사성이 있지만, 주가는 기본적으로 완벽하게 자기 관여적이지 않다. '실물' 생산으로 이익을 창출하는 회사와 연관되기 때문이다. 주식의 가격을 떨어뜨리고 싶으면, 그 주식을 발행한 회사가 망하고 있다는 거짓 소문을 퍼뜨리면 된다. 하지만 비트코인에는 그런 참조점이 없다. 그렇다고 해서 비트코인의 채굴 양이 무한한 것은 아니다. 창시자 사토시 나카모토Satoshi Nakamoto가 정한 프로토콜에 따르면, 2,100만 개의 비트코인만이 채굴된다(현재까지 1,900만 개가 채굴되었다). 따라서 금 등의 귀금속처럼 공급의 제한이 있지만 내재된 '실물 가치'는 없다. 이것이 어떻게 가능할까? 비트코인은 다음과 같은 블록체인에 등록되어야 한다.

> 블록체인은 본질적으로 회계 장부가 분산되어 있다. 이 장부가 정보를 저장하는 '장소'다. 이 분산성 때문에 한 사용자가 다른 사용자의 동의 없이 수정을 가할 수 없다는 점이 중요한 특징이다. 블록체인은 은행과 금융 기관 등의 제3자 없이도 정보를 기록할 수 있기 때문에, 자체적으로 규제할 뿐 아니라 자급자족한다는 특징이 있다. 디지털 인프라로서의 또 다른 장점은, 제3자가 부과하는 막대한 법정 수수료를 피할 수 있다는 점이다.[22]

여기서 우리는 블록체인을 구성하는 난해한 원칙을 들여다볼 수 있다. 제3자가 없고 자급자족 시스템으로 스스로를 규제하기 때문에, 새로운 비트코인이 등록되고 이전되는 경우 엄청난 양의 작업이 수반된다. 비트코인은 이런 과정을 통해서만 '다른 사용자'에게 이전된다. 비트코인 소유자들은 관여할 제3자가 없기 때문에 거래를 할 때마다 해당 코인의 정체성이 구매자에게 명확하게 인식되도록 해야 하며, 그러면서도 다른 사람이 탈취할 수 없는 복잡한 알고리즘과 코드를 구축해야 한다. 소외된 제3자들은 소외되지 않는 대타자인 블록체인을 생산하기 위해 분투한다. 이 작업을 수행하는 비트코인

'채굴자'는 새로운 세상의 '프롤레타리아'가 된다. 우리는 오늘날, 깊은 지하에서 힘들게 일하던 19세기 프롤레타리아 광부들이 디지털 대타자 세상에서 블록체인을 구축하고 확보하기 위해 분투하는 비트코인 광부로 변신한 모습을 보고 있다. 여기서 나타나는 역설은 지금의 채굴자들은 돈으로 교환할 수 있는 사용 가치를 생산하지 않는다. 전혀 새로운 영역에서 이루어지는 직접적인 교환 가치를 창출한다. 비트코인에는 외부의 법적 개입과 그에 따른 법정 수수료가 발생하지 않도록 엄청난 작업이 부과된다. 이로 인해 채굴 과정에 많은 시간이 소요되고 다량의 전기 에너지를 소모하며, 중대한 생태적 부담을 초래한다. 비트코인 채굴자는 석탄을 캐는 광부보다도 더 환경을 오염시킨다. (물론 가까운 미래에 이러한 비용이 획기적으로 절감될 것이라는 주장도 제기되고 있다.)

특정 국가 기구를 뛰어넘어 전 지구화된 비트코인의 진보 이념은 자신의 토대를 훼손하는 형태로 나아가고 있으며, 이는 NFT의 경우도 비슷하다. NFT 역시 반국가주의적이고 분산화된 자유주의를 지향하며, 특히 자율성을 지향하는 예술가들이 제도적인 억압에서 벗어나기 위한 목적으로 깊이 몰입하고 있다. 이들이 의미를 두는 가치는 이것이다. "NFT의 창작은 존재하지 않는 가공된 희소성을 창출하려는 시도에 있다. 디지털 자산으로서의 NFT는 누구나 만들 수 있으며, 실물 자산이 뒷받침되지 않더라도 가능하다!"[23] NFT의 역설은 누구나 무료로 접근할 수 있는 영역에 희소성을 도입한다는 점이다. 때문에 NFT는 디지털 공간에서 무언가를 소유한다는 소유권의 개넘을 재고하게 만든다.

　구독 서비스를 이용하는 우리는 잠시 사용 권한을 얻지만 결코 소유하지는 않는다. 좀 더 깊이 들어가 보자. 우리가 무언가를 소유한다면 소유하는 그 대상은 정확히 무엇인가? 영화나 음악 파일의 원본인가? 그럴 수도 있다. 하지만 실제로 우리가 '우리 것'이라고 말할 수 있는 것은 일시적인 접근 권한이거나 다운로드하는 파일일 것이다. 그 파일은 다른 모든 파일과 완전히 동일할 가능성이 크다. 다시 말해 우리가 그것을 소유한다고 해서 다른 사람이 소유하지 못하는 것은 아니다. 따라서 예술 작품을 온라인으로 소유한다는 것은 어불성설이다. 노래가 파일 형태로 존재한다면 그것은 디지털 공간에서 무한히 복제될 수 있다. 하지만 NFT는 여기에 대한 '해결책'을 제공한다. 그것은 인위적인 희소성이다. 복제비가 제로인 세상에서도 우리는 디지털 작품을 소장할 수 있다.[24]

　NFT의 흥미로운 점은, 누구나 복제 가능한 자산을 가져다 그에 대한 소유권을 주장할 수 있다는 설정이다. NFT는 소유자에게 사회적인 명성을 가져다줄 수는 있을지언정, 그 자체의 사용 가치를 갖지는 않는다. 그것을 소유하는 것은 미래의 잠재적인 교환 가치다. 그것은 가격이 매겨진 복사본이며, 상징적 소유권을 가진 아이템으로서의 이익을 담보한다. 이러한 문제를 헤겔의 관점에서 생각해보면, 비트코인과 NFT 모두 '정상적인' 돈과 상품의 기능에서 벗어난 병리학적 일탈처

럼 보이지만, 둘 모두 사실상 상품과 돈이라는 개념 자체에 내
포된 잠재성을 실현하고 있다. 여기서 살펴야 할 인물이 피터
틸Peter Thiel이다. 그에게 "인공지능은 공산주의적이고, 암호화
폐는 자유주의적이다." 왜 그럴까? 그에 따르면 "인공지능은
언제 어디서나 사우론*의 거대한 눈이 당신을 지켜보는 것 같
다"고 여겨지기 때문이다.

> 사람들이 궁금해 하는 인공지능 응용 프로그램의 주요 목적은
> 대규모 데이터를 사용해 사람들을 감시하고, 그들이 자신에
> 대해 아는 것보다 더 많은 정보를 얻는 일이다. (…) 개인에 대
> 한 정보를 축적하면 그들에 대해 그들 자신보다 더 많이 알게
> 된다. 이러한 방법으로는 일정한 정도의 공산주의를 이룩할
> 수 있다. 경제 이론보다는 적어도 정치 이론의 관점에서 말이
> 다. 때문에 이것은 확실히 레닌주의적이다. 중국 또한 인공지
> 능을 좋아하기 때문에 중국은 문자 그대로 공산주의 사회다.[25]

명료하고도 설득력 있는 주장이다. 그런데 톰 듄Thom Dunn
은 다음과 같은 설득력 있는 견해를 내놓는다.

> 틸은 데이터와 감시가 권위주의에 휘둘리는 일을 비판하는 것
> 같습니다. 그건 좋아요. 동의합니다. 그런 일은 정말 경계해야
> 죠. 하지만 그 일이, 계급 없고 권력자 없는 사회를 만들기 위

   * 『반지의 제왕』에 등장하는 암흑의 군주

해 과도기 국가를 형성하는 혁명적 전위 정당과 무슨 관련이 있는지는 모르겠습니다. 음, 괜찮습니다. 중국도 자기 정부를 정부라고 부르기는 하니까요. 그래서 그가 무슨 말을 하려는 지는 대략 이해가 됩니다. 하지만 한 가지는 분명히 해야 합니다. 이 사람은 팔란티어Palantir의 공동 창립자입니다. 그러니까 이민세관단속국이 휘두르는 권력에 프로그램을 납품하는 빅 데이터 분석 회사의 설립자란 말입니다. 또한 방산 감시업체 안두릴Anduril도 만들었고, 자신을 비판한 잘나가는 뉴스 회사 를 파산시키기 위해 수십억 달러를 사용한 사람이기도 합니다. 그런데 그가 인공지능을 두려워한다구요? 공산주의 때문에?[26]

여기서 간과하기 쉬운 논점은 이것이다. 자유 지상주의자 이며 반레닌주의자인 틸은 그가 비난하는 바로 그 '레닌주의 적' 인공지능 메커니즘에 의존하고 있다는 사실이다. 같은 아 이러니가 스티브 배넌에게도 적용된다. 그는 자신을 "21세기 우파 레닌주의자"라고 공개적으로 천명하고 있다.

스티브 배넌의 백악관 시절은 그의 인생 여정의 작은 단계에 불과했다. 그것은 혁명적 포퓰리즘의 언어와 전술과 전략이 좌에서 우로 이동하는 과정의 일부였다. 배넌은 이렇게 말했 다고 전해진다. "나는 레닌주의자다. 레닌은 국가를 파괴하고 자 했고, 나 또한 그것을 원한다. 나는 모든 것을 무너뜨리고 지금의 기득권을 파괴하고 싶다."[27]

대기업과 국가 기관들이 힘을 합쳐 평범한 미국 노동자들을 통제하고 착취한다고 비난한 스티브 배넌과, 2015년 트럼프의 선거 승리를 위해 가장 정교한 인공지능 통제 수단을 사용하는 데 거리낌이 없었던 스티브 배넌은 같은 인물이다. 어떻게 이런 일이 가능할까? 우리 시대의 진정한 영웅 가운데 한 사람은 크리스토퍼 와일리Christopher Wylie다. 그는 24세에 케임브리지 애널리티카Cambridge Analytica라는 데이터 분석 회사를 설립한 주요 인물이었다. 캐나다 출신에 게이이자 비건이기도 하다. 와일리는 도널드 트럼프 선거 캠프에서 디지털 운영의 핵심 인물로 활약했으며, 스티브 배넌이 활용할 심리전 툴을 만들었다. 그의 계획은 페이스북에 침투해서 미국 내 수백만 명의 페이스북 정보를 수집하고, 이들의 사적이고 내밀한 정보를 활용하여 정교한 심리적·정치적 자료를 생성한 뒤, 각자의 심리 성향에 맞춘 정치 광고를 실행하는 일이었다. 그런데 어느 순간, 와일리는 큰 충격을 받았다. "이건 미친 짓이야. 회사가 미국인 2억 3,000만 명의 심리 분석 파일을 만들었어. 그런데 이제 이걸 국방부에 제공해야 한다고? 닉슨보다 더 심한 짓이잖아."[28]

이 사례가 매우 흥미로운 이유는, 우리가 통상 상극이라고 생각하는 요소들이 한데 결합되어 있기 때문이다. 극우파는 명료한 전통 가치를 지향하고, 근면하고 신실한 백인 대중의 근심을 해결하기 위해 단결한다. 이들은 동성애자나 비건과 같이 타락한 괴짜들과 디지털 너드nerd들을 혐오한다. 그런데 그들의 선거 운동이 바로 어느 디지털 너드에 의해 기획되고 운용되었다는 사실을 알게 된 것이다. 자신들이 혐오하는 모든 것을 상징하는 너드 말이다. 이 사실은 단순한 에피소드 이상의 의미가 담겨 있다. 극우 포퓰리즘은 분명한 위기를 맞이했고, 남부 서민 계층의 지지를 잃지 않기 위해서는 최신 기술이라도 끌어들여야 한다는 절박함마저 보이고 있다.

피터 틸의 반레닌주의와 배넌의 레닌주의는 상충하지 않는다. '레닌주의'를 대중에 대한 완전한 디지털 통제를 의미하는 것으로 정의한다면, 양쪽 모두 이것을 실천하고 있으며 또한 자유주의의 얼굴을 보여주고 있다. 차이점이 있다면 배넌에게 '레닌주의'는 국가와 국가의 기관들을 파괴하는 것을 의미한다는 점이다. 물론 실제로 그럴 생각은 없을 것이다.

논의를 더 진전시켜보자. 디지털의 통제와 조작은 오늘날 자유주의로 나아가는 세상에서 발생하는 일탈이나 이상 현상이 아니다. 그것들은 디지털의 필수 원리이자 형식적 조건이다. 그 시스템은 디지털이나 기타 통제 방식이 우리의 자유를 규제하는 형식 안에서만 자유의 외관을 유지할 수 있다. 시스템이 작동하기 위해서는 형식적인 자유가 유지되어야 하고, 사람들 스스로가 자유롭다고 인식해야 한다.

댄 올슨Dan Olson은 자유주의 성향의 작가 아만다 마코트Amanda Marcotte와의 인터뷰에서, 암호화폐가 가진 억압적 측면에 대해 다음과 같이 자세히 설명했다.[29]

암호화폐의 세상에서는 누가 시세를 조작하고 팔아치우려 하는지, 누가 진정성 있는 참여자인지, 누가 단순 구매자인지,

누가 투기꾼인지, 누가 투자자인지, 누가 수집가인지 구분할
수 없다. 모든 것이 모호할 뿐이다. 이것은 다단계 마케팅의
구조나 흐름과 매우 유사해서, 모두가 구매자이자 판매자이
다. 사람들은 그 모호함 가운데 존재한다.

이 모호함과 가공할 불투명성은 암호화폐 세계의 가짜 '평
등주의'의 이면이다. 이 세계에서는 "피해자와 가해자의 경계
가 모호해진다. 성공하기 위해, 특히 하층부에 위치한 사람일
수록 더욱 공격적으로 투자해야 하기 때문이다. 일정한 지위까
지 오르기 위해서는 스스로 가해자가 되어야 한다." 이 불투명
성이 더욱 흐릿해지는 것은 암호화폐 세계에서의 극단적인 계
급 분열 때문이다. 소수의 억만장자들과, 암호화폐 세계에서
자신의 운명을 뒤집을 기회를 엿보는 다수의 하층 계급 참가
자들 사이의 분열이 그것이다. 올슨이 지적한 것처럼, 암호화
폐의 세계는 문자 그대로 물질 이데올로기다.

그것은 전적으로 서사의 언어로 존재하는 생태계다. 여기서
가장 중요한 것은 바로 그 '서사'가 팔리고 있다는 점이다. 암
호화폐는 실제로 아무런 기능을 하지 않으며, 그것을 만든 사
람들이 주장했던 목적도 거의 달성하지 못했다. 대중이 누릴
혜택이라고 이야기한 것도 성공한 것은 거의 없다. 하지만 그
서사를 기반으로 거래가 지속되고 있다. 암호화폐가 앞으로
어떻게 될지, 지향하는 바가 무엇인지, 장차 어떤 역할을 하게
될지 등에 대한 서사를 피워올리며 말이다. 그것은 엔터테인

먼트이자, 엔터테인먼트 사업과 문화 사업이 필연적으로 교차하는 문명의 향연이다.

그렇다면 암호화폐가 초래할 부작용은 어떻게 제한할 수 있을까? 댄 올슨은 자신의 솔직한 생각을 이렇게 밝혔다.

물가 상승에 맞춘 최저 임금이 필요하다. 공공주택도 필요하고, 이를 위한 주택 정책도 필요하다. 학생들의 부채도 탕감해 주어야 한다. 우리에게 필요한 것은, 사기와 다를 바 없는 일들이 일상에 뿌리내릴 수 있는 절망을 완화하거나 근절할 근본적인 경제 정책과 사회 정책이다.

야만적인 수직성과 통제 불가의 수평성

치명적인 오해를 피하기 위해 첨언하자면, 우리가 암호화폐와 NFT를 비판하는 이유는 그들이 지향하는 모든 이상적이고 가상적인 활동이 '현실'과 유리되었다는 편견 때문이 아니다. 오히려 그 반대로, 사회적이고 상징적 질서에 수반되는 기본 요소인 소외를 받아들이지 않기 때문이다. 그들은 제3의 요소가 틈입하지 않는 직접적 교환의 투명성을 도입하고자 노력하고 있다. 이 기본 소외라는 부정은 일부 좌파들이 해방을 위한 새로운 잠재력으로 보는 소위 '암호-아나키즘'의 치명적인 결함이 된다. 캐서린 말라부Catherine Malabou[30]는 "알고리즘의 신뢰성이 인간의 신뢰를 대체하고 있다"고 주장하며 암호화폐에 대한 지지를 천명했다. 비트코인 창시자인 수수께끼의 인물 사토시 나카모토도 이러한 신뢰의 소멸을 언급했다. "전자 결제 시스템은 신뢰 대신 암호학적 증거를 토대로 만들어졌다." 알고리즘에 대한 신뢰는 투명성의 형태로 자신의 지위를 되찾는다. 그래서 화폐의 가치를 보장하는 어떤 상위 권력(국가나 은행)도 신뢰할 필요가 없다. "우리는 신뢰에 의존하지 않는 전자 거래 시스템을 추구해왔다." (조금 더 들어가 보자. 그렇다면 비트코인 가격의 극심한 변동은 어떻게 설명할 수 있을까? 이 또한 비트코인에 대한 대중의 신뢰를 반영하는 것이 아닐까?) 암호화폐의 기본 개념은 "다른 상품과 마찬가지로 누군가에게서 생산되어 화폐처럼 유통되는 일이다." (덧붙여 말하자면, 화폐는 다른 상품과 정확히 같은 개념으로 설명될 수 없다. 만일 그렇게 한다면 필연적으로 그 반대의 상황, 즉 불투명하고 혼란스러운 일이 벌어지기 마련이다.)

그렇다면 여기에서 아나키즘이 틈입하는 지점은 어디일까? 말라부는 암호화폐를 자본주의의 진화 요소 가운데 하나의 특성으로 보며, "자본주의가 아나키즘으로 전환되기 시작했다"고 선언했다. "우리는 분권화된 화폐나 국가 독점의 종말, 은행의 중개자적 역할의 쇠퇴, 교환과 매매의 개별화 현상 등을 어떻게 설명할 수 있을까?" 매우 멋지게 보이는 이 상황을 말라부는 다음과 같이 설명했다. "초자본주의에 새로운 활력을 부여하는 아나키즘의 의미론은 이윤 극대화라는 기본 이념에는 아무런 변화도 주지 못한다. 초자본주의는 그저 다른 형태로 자신을 표현할 뿐이다." 국가의 독점이 사라지면 국가가 부과했던 억압적인 착취와 지배의 경계도 사라진다. 말라부는(그리고 암호화폐 지지자들은) 암호화폐의 공간을 자유주의적 아나키즘의 경향과 자유를 억압하는 반동 세력 사이의 전쟁터로 보았다. 그리고 이 투쟁의 장에서 나타날 결과는 알 수 없다고 예측했다. 나는 헤겔주의자로서 이 투쟁을, 스스로에 내재된 부정성의 성향이 전개된 현상으로 이해한다. 자유주의도 결국은 노예제나 파시즘으로 끝나고, 절대적 자유는 공포로 귀결되며, 진정한 충성심은 아첨으로 변질되곤 한다. 마찬가지로 외부 권위의 통제 없이 새로운 자유의 공간으로 시작된 암호화폐의 이념은, 말라부 자신이 묘사하듯, "의미 없고 기이하고 전에 없던 모습으로 변해갈지도 모른다. 그것은 야만적 수직성과 통제 불가의 수평성이 합해진 상태일 것이다." 아나키즘적 자본주의는 투명성을 지향한다고 하지만 투명성 담론의 역설을 실행할 뿐이다. "모든 것을 허용하지만 그 모든 것에는 불투명성과 다크웹dark web과 조작된 정보도 포함된다." 이러한 혼란과 타락을 방지하기 위해서는 야만적인 수직성이 필요하다.

야만적 수직성은 오늘날 많은 정부의 정책들에서 진화된 파시즘의 형태로 나타난다. 과도한 안보 강화와 군사력 증강이 그 예다. 이러한 현상들은 아나키즘의 움직임과 모순되지 않는다. 그것이야말로 오히려 국가의 소멸 양상을 정확히 보여준다. 이러한 국가들은 한때 기능하던 사회적 역할을 팽개치고, 폭력을 통해 자신의 퇴보를 표현한다. 그러므로 초국가주의는 국가 권위의 죽음과 고통을 드러낼 뿐이다.

앞에서 살펴본 것처럼, 암호화폐의 '자동화된 신뢰'는 사회적 유대의 대체물로 자리잡고 있다. 그리고 부상한 야만적 수직성은 그 알고리즘이 사회적 유대의 대체물이 될 수 없음을 보여준다. 또한 디지털 공간이 1960년대 히피 공동체처럼 국가의 통제를 벗어난 새로운 자유의 공간이 될 것이라는 환상 또한 불가하다는 사실을 보여주었다. 말라부는 사이먼 브룬포Simon Brunfaut를 인용하며 다음과 같이 주장했다.

"1960년대의 히피 공동체들은 유토피아적인 이상을 실현하는 데 실패한 후, 점차 사이버네틱스에 기반을 둔 대안 공동체를 형성해갔다. 이로 인해 악명 높은 종교인과 예술인, 해커, 과학자, 좌익 활동가 등의 특별한 공생이 이루어졌다." 이렇게 우리는 해방적인 아나키스트가 된 이들을 다시 만났다. 하지만 그리 오래 가지는 못했다. 무정부 자본주의가 생겨났기 때문이다. "이 자유주의 이데올로기는 본질적으로 좌파이지만 점차 우파적 자유지상주의, 즉 초자유주의와 동맹을 맺게 될 운명이었다."[31]

우리는 이 '진보'의 방향성에 대해 생각해보아야 한다. 그것은 어떤 방향으로의 진보일까? 여기서의 무정부 자본주의라는 개념은 지금의 시대를 기술봉건주의로 보는 개념과 결합된다. 두 개념은 서로 반대되는 것처럼 보일 수 있다. (봉건주의는 직접적인 사회 지배 체제이기 때문에 무정부적 자유의 대척점에 있지 않은가?) 하지만 이들의 연결점은 쉽게 드러난다. 말라부가 "무정부적이고 통제 불가의 수평성은 야만적인 수직성으로 이어진다"는 사실을 간파했을 때 그 관계는 충분히 설명되었다. 자본주의가 아나키즘으로 전환되면 사회적 소통을 촉진하는 통일성이 해체된다. 그리고 마치 중세 암흑기처럼 불투명한 혼란이 세상을 감싸면 지역 영주들이 나타나 활약하기 시작한다. 결국 우리가 점차 형성하고 있는 것은 무정부 봉건주의다. 말라부가 자본주의에 내재된 갈등에 대해 이야기했을 때, 그가 생각한 갈등은 어떤 것이었을까? 통제 불가의 수평성과 야만적인 수직성 사이의 갈등이었을까? 아니면 새로운 형태의 자본주의 지배와 새로운 형태의 해방 사이의 갈등이었을까? 말라부는 암호화폐에서 반자본주의의 가능성을 보았다. "해방적 아나키즘을 그와 대척점에 있는 자유주의적 아나키즘의 손아귀에서 떼어낼 수단"으로 말이다. 이러한 개념은 리프킨의 '사물 인터넷'을 통한 협력적 공유사회Collaborative Commons라는 개념을 생각나게 한다.

리프킨은 '아나키즘'이라는 단어까지는 사용하지 않았지만, 자본주의가 나타내고 있는 패러다임의 변화에 대해 강조했다. "협력적 공유사회로서의 새로운 경제 패러다임이 부상하고 있다. 이것은 우리의 생활 방식을 변화시킬 것이다. 우리는 이미 자본주의 시장과 협력적 공유사회가 혼합된 하이브리드 경제의 출현을 목격하고 있다. (…) 경쟁 관계에 놓인 이 두 패러다임의 싸움은 치열하게 오랫동안 이어질 것이다."[32]

리프킨이 주장하는 기본적인 논지는, 자본주의를 극복할 경로가 인류 역사상 처음으로 사회적 생산과 교환의 영역에서 나타났다는 것이다. 이는 협력적 공유사회의 성장을 의미하며, 이를 토대로 자본주의의 종말이 앞당겨지고 있다. '협력적 공유사회(CC)'는 사유재산과 시장 교환을 넘어서는 새로운 생산과 교환 방식을 뜻한다. CC에서는 개인이 자신들의 제품을 대가 없이 순환시킨다. 물론 CC가 담보하는 해방적 차원은 이른바 '사물 인터넷IoT'의 부상과 관련하여 이해되어야 한다. 이것은 생산력 발전의 또 다른 성과인 '제로 한계 비용'의 급증 현상과 결부된 현상이다. 오늘날 점점 더 많은 제품이 정보는 물론 추가 비용 없이 재생산될 수 있다. 사물 인터넷은 전자기기와 소프트웨어, 센서, 액추에이터, 네트워크 연결 기능이 내재된 물리적 장치다. 그것은 차량과 건물 등 수많은 물체들의 네트워크를 형성한다. 이를 통해 물체들 스스로 데이터를 수집하고 교환하며, 기존 네트워크 인프라를 통해 원격으로 상호 감지하고 제어한다. 이는 물리적 세계를 컴퓨터 기반 시스템에 직접적으로 수렴시키는 역할을 하며, 결과적으로 효율성과 정확성 그리고 경제적 이익이 향상된다.

사물 인터넷이 센서와 액추에이터로 강화되는 경우, 이 기술은 보편적인 사이버-물리 시스템의 한 영역이 된다. 여기에는 스마트 그리드, 스마트 홈, 스마트 교통 체계, 스마트 시티 등의 기술도 포함된다. 각각의 물체는 내장된 컴퓨팅 시스템을 통해 개별적으로 식별되며, 기존 인터넷 인프라 내에서 상호작용하게 된다. 내장 기기들(스마트 객체들을 포함해서)의 상호 연결이 이루어지면 거의 모든 분야에서 자동화가 가능해지며, 스마트 그리드와 같은 고급 응용 프로그램도 가능해진다. 이 모든 것은 스마트 시티와 같은 영역으로 확장될 것이다. '사물'은 심박 모니터링 이식 장치는 물론, 농장 동물의 바이오칩 이식기, 해안 모니터링용 전기 조개electric clams, 센서 내장 자동차, 환경·식품·병원체 등을 모니터링하는 DNA 분석 장치 등으로 응용된다. 이 장치들은 기존 기술을 통해 다양하고 유용한 데이터를 수집하고, 그 데이터를 다른 장치들과 자율적으로 공유한다. 인간 각자도 일종의 '사물'로 기능하는데, 개인이 인식하지 못하는 동안에도 자신의 상태와 활동이 지속적으로 기록되고 소통되기 때문이다. 각자의 움직임과 금융 거래, 건강, 식습관과 음주 습관, 사고파는 물품, 읽고 보는 모든 대상이 디지털 네트워크에 수집되며, 이 네트워크는 사람들이 스스로 아는 것보다 더 많은 것을 알게 된다. 말라부는 사물 인터넷에서도 블록체인의 역할이 중요하다고 강조한다.

> 인터넷에 연결되고 암호화폐 규약을 섭렵한 뒤 블록체인에 연결된 사물들은 스스로 서비스 계약을 설정하고 거래를 성사시킬 수 있다. 자신의 역할을 조절할 수 있는 세탁기, 전기 요금 계약을 체결할 수 있는 전기 히터, 운전자와 직접 계약을 체결할 수 있는 대여 차량 등, 이 모든 것은 사물들이 상호 계약을 체결하는 새로운 교환 법칙에 또 다른 변화를 주는 예들이다. 화폐의 경우 국가나 영토와 무관해지고 있을 뿐 아니라, 국가의 통제에서도 벗어나고 있다. 나아가 화폐를 사용하는 행위

조차 화폐를 취급하는 사물들이 상호 계약을 맺는 수평적 자율성 뒤로 점차 사라지고 있다. 이제 화폐 자체도 상호 연결된 사물이며, 다른 상품과도 연결된 사물이 되었다.

그런데 만일 교환을 하는 인간 행위자들이 상호간 계약을 맺는 사물의 수평적 자율성 뒤로 상당 부분 물러나게 된다면, 그리고 인간이 여전히 시장 경제 내에 머물러 있다면, 그것은 인간 행위자들이 상호작용을 하는 물체들의 불투명한 전체성의 한 순간으로 축소되는 것은 아닐까? 그렇다면 사물 인터넷의 해방적인 잠재력은 무엇일까? 이에 대해 리프킨의 입장은 매우 명료하다. 자본주의 시장과 협력적 공유사회는 "경쟁하는 두 개의 패러다임"이며, 둘 사이의 싸움은 "길고도 치열할 것"이다. 그 이유는 이해하기 어렵지 않다. 리프킨에게 협력적 공유사회란 자유로운 소유와 재생산이 가능한 사회를 의미하는 반면, 비트코인과 NFT는 이 영역에 희소성을 첨가했다. 다시 말해 협력적 공유사회는 시장과 대립하여 치열한 싸움을 벌이고 있는 반면, 비트코인 지지자들은 비트코인 속에 시장과 아나키즘을 통합시키고자 한다.

6

국가와 반혁명

사회적 관계가 붕괴될 때

2022년 1월 중국에서는 데이비드 핀처 감독의 명작 〈파이트 클럽Fight Club〉이 결말이 변경된 영상으로 공개되었다. 오늘날 글로벌 국가들이 처한 상황에 대해 많은 것을 알 수 있는 사건이었다. 1999년 원작에서 이름 없는 내레이터(에드워드 노튼이 연기)는 자신이 상상한 자유로운 자아 타일러 더든(브래드 피트가 연기)을 죽인 뒤, 현대 문명 파괴 계획이 실행되며 빌딩들이 불타오르는 모습을 지켜본다. 하지만 현시점에 중국 최대 영상 스트리밍 서비스에서 상영되는 버전에서는 건물이 폭발하기 전에 사건이 마무리된다. 그리고 마지막 장면에 영어 자막이 나온다. 아나키즘적 계획이 당국에 의해 저지되었다는 내용이다. "사건의 전모를 신속히 파악한 경찰은 범죄자 일당을 전원 체포하여 폭발 사고를 사전에 예방했다. 타일러는 재판이 끝난 후 정신병원으로 보내져 심리 치료를 받았다. 그리고 2012년 퇴원했다."[1] 이러한 변조 작업에서 우리는 신보수주의의 성향에 주목하게 된다. 그들은 무조건적인 권력 연대를 지향하는데, 비록 그 권력이 미국 국가의 권력이라고 해도 상관하지 않는다. 특히 영화의 혼란은 정치적 반란으로 다뤄지기보다는 치료가 필요한 정신 질환으로 규정된다. 아이러니한 것은, 중국식 결말이 영화의 원작 소설에 더 가깝다는 점이다. 원본 영화의 마지막에 내레이터는 자신의 이상적 자아인 타일러 더든을 저격하고 구원을 찾는다(자신에게 총을 쏘아 총알이 뺨을 관통하게 하는 방법으로). 그리고 신용카드 파일이 보관된 은행 건물 폭파 사건에 책임을 진다. 이러한 이야기에는 병리학적 증상이 전혀 없다. 오히려 이 시점에서 그는 '정상'이 될 뿐, 더 이상 자신을 학대할 필요가 없어졌고, 그의 파괴적인 에너지는 사회적 현실이라는 외부로 향할 수 있게 되었다.

그런데 소설 원작에서는 영화 중국판처럼 내레이터가 정신병원에 수용된다. 그럼에도 이 소설은 성숙maturity에 관해 묻는 이야기로 읽힐 수 있다. 그가 정신병원에 수용된 사실은 성숙을 광기로 잘못 인식하는 우리 사회의 본질적인 광기를 보여주기 때문이다. 하지만 내레이터의 독백을 병리학적 사례로 간주하고 사회 질서가 정상적인 것이라고 설명하는 중국판에는 이러한 해석이 적용되지 않는다.[2] 이 상황을 통해 알게 되는 기이한 사실은, 서구 자유주의의 대안으로 스스로를 규정하는 사회주의 국가 중국이 서구 자유주의를 비판하는 영화의 결말을 변경하고, 그 비판적 입장을 정신병원에서 치료되어야 할 광기의 표현으로 간주했다는 점이다….

중국은 왜 이런 기조를 유지하는 것일까? 설득력 있는 답은 하나다. 2019년 10월 중순, 중국 언론은 "서방 세계가 홍콩의 혼란을 용인한 결과 유럽과 남미에서도 시위가 확산되고 있다"고 주장하는 일련의 보도를 쏟아냈다. 〈베이징 뉴스Beijing News〉에 실린 논평에서 전 중국 외교관 왕젠Wang Zhen은 "홍콩의 혼돈이 서구 사회로 전파되기 시작했다"며, 칠레와 스페인의 시위자들이 홍콩에게서 영감을 얻고 있다고 주장했다. 비슷한 맥락에서 관영 매체 《환구시보環球時報》 또한 사설을 통해 "서구에는 수많은 문제가 있으며, 그 불만의 토대는 거대하다. 그 저류 가운데 많은 것이 홍콩 시위와 같은 방식으로 표출될 것"이라고 주장했다.[3]

중국 공산당은 은근히 전 세계 권력자들의 결집을 촉구하는 듯하다. 그래서 반란을 꿈꾸는 대중에 적절히 대응해야 하며, 그들의 불만을 과소평가하지 말라고 경고하고 있다. 마치 이념적이고 지정학적 긴장 가운데서도 권력 유지라는 동일한 이익을 위해 공동 대응이라도 하자는 것처럼 말이다. 중국은 이러한 위협에 대처하기 위해 첨단 기술을 적용한 광범위한 통제 및 규제 방안을 마련하고 있다. 그들은 이미 팬데믹 통제를 위해서가 아닌 개인의 위치와 성향을 총괄적으로 관리하기 위한 목적으로 인체에 칩을 이식하기 시작했다. 그런데 '감시 자본주의'는 개인의 정체성과 성향에 대한 수동적 적용과 통제 이상의 것을 포함한다. 무엇보다도 그것은 사람들의 선택 행위를 반영하여 그들의 의견과 욕망을 조정하고 조작하는 일과 관련된다. 디지털 통제는 근본적으로 우리가 욕망할 짐, 즉 우리가 무엇을 원하는지 결정할 부담을 덜어주는 것을 목표로 한다. 그것은 마치 디지털 기계가 우리 대신 욕망을 느끼고 우리를 안식하게 해주는 일과도 같다. 그런 방식으로 우리는 이상한 자유를 얻게 된다. 우리는 우리가 가진 욕망의 비밀을 간파하고자 혈안이 된 기계에 포위되고 싶어 하지 않는다. 하지만 우리의 욕망 자체는 이미 통제되고 있다…. 역설적인 것은, 내적 삶에 대한 직접적 통제가 극심해지면, 사회적 상호작용으로서의 전이가 약화된다는 점이다. '안다고 가정된 주체 subject-supposed-to-know'는 내가 진정으로 원하는 것을 알고 있다고 여겨지는 주체다. 그래서 내담자는 분석 과정이 끝날 때 자신이 무엇을 원하는지 스스로 알게 되고, 전이에서 벗어나게 된다. 이 기제를 설명하기 위해 라캉은 식당 웨이터의 역할을 예로 든다. 우리는 메뉴판을 들고 무엇을 주문할지 몰라 당혹감을 느낄 때 웨이터에게 조언을 구하곤 한다. 이때의 속마음은 따지고 보면 이것이다. '내가 무엇을 원하는지 알려줄 수 있나요?' 디지털화가 진행될수록 '안다고 가정된 주체'는 사라진다. 더 이상 전이의 주체로서의 타자가 필요하지 않기 때문이다. 나는 내가 스스로 선택한다고 생각하지만 더 깊은 수준에서 나는 조작당하고 있다. 나에게 제공되는 선택의 틀 자체가 조작되어 있기 때문이다.

이런 경우, 우리가 사회적으로 형성하고 있는 연결망('안다고 가정된 주체' 혹은 '믿고 있다고 가정된 주체')이 위협받게 된다. 우리는 실제로 존재하지 않는다는 것을 알면서도 (마치 믿는 것처럼 행동하듯) '전이'를 통해 사람들과 관계를 맺는다. 이 문제에 대한 해결책은 거짓 순진함으로 회귀하는 일이 아니다. 우리가 가진 지식을 버리고 믿음을 회복하거나 모색하는 일도 아니다. 지식은 믿음에 큰 위협이 되지 않기 때문이다. *문제가 벌어지는 때는 우리가 우리의 지식을 타인에게 투영한 뒤, 그들이 존재하지 않는다는 사실을 어느 정도 알게 되는 때이다.* 최근 슬로베니아의 어느 일간지에 게재된 만화가 이 점을 분명히 보여주었다. 심신이 지친 산타클로스가 정신과 의사를 찾았다. 그러자 의사는 이렇게 조언한다. "자신을 더 믿으세요. 자신감을 가지셔야 합니다." 같은 일이 예수 그리스도에게도 벌어지지 않았던가? 십자가 위에서 마지막 숨을 몰아쉬던 순간 그는 잠시 자신의 신성에 대한 믿음을 잃고 만다. "아버지, 왜 저를 버리시나이까?" 만화 속 정신과 의사의 역할을 하고 있는 것은 믿음의 공동체, 즉 우리가 아닐까? 우리는 그리스도에게 이렇게 호소하고 있는 것이 아닐까? "절망하지 마세요, 우리가 당신의 믿음을 회복시킬 것입니다. 당신은 우리 가운데서 다시 살아날 것입니다!"

우리는 지금 순수한 믿음으로 돌아가야 한다는 이야기가 아닌, 절망 속에 놓인 믿음에 대해 이야기하고 있다. 우리는 절망적인 상황에 직면해 있으며, 탈출구 또한 보이지 않는다. 하지만 언제나 염두에 두어야 할 것은, 오늘날 글로벌 자본주의 체제가 더 시급한 위기에 처해 있으며, 심지어 그것의 종말에 가까워지고 있다는 사실이다. 우리가 글로벌 자본주의 기계에 휘둘리며 스스로의 절망에 휩싸여 있을 때, 그 절망은 우리의 내면이 아닌, 세상을 움직이는 기계의 심장부에 놓여 있다. 이것은 궁극적으로 현재의 글로벌 시스템 내에 우리 몫의 희망이 놓여 있지 않다는 것을 의미한다. 우리는 근본적인 변화에 대해 생각하기 시작해야 한다. 2022년 6월, 우크라이나 대통령 젤렌스키는 러시아에 대한 제재가 미흡하다고 말하며 "서방 국가들은 무고한 우크라이나인들의 죽음보다 에너지 가격 상승과 경제 문제에 더 신경쓰고 있다"고 비판했다.[4] 어떤 면에서 젤렌스키가 글로벌 자본주의와 민주주의가 실제로 어떻게 작동하는지를 이해하는 데는 오랜 시간이 걸렸다. 전쟁이 벌어지는 가운데서도 러시아 가스가 우크라이나를 통해 여전히 유럽으로 전송되고 있는 것이 그 증거다. 단도직입적으로 말해서, 유일하고도 진지한 해결책은 하나뿐이다. 모든 국가가 시장 메커니즘에서 벗어나 특정 품목과 서비스에 대한 생산과 분배를 직접 수행하는 것이다. 역설적이게도 우리의 자유를 구축하는 것은 자본주의 시장이 아니라, 오히려 이러한 '전시 공산주의적' 조치들이다. 그렇게 유지되는 시장만이 전시에도 러시아 가스를 우크라이나를 통해 유럽으로 공급하고 있다.

자생적 질서의 한계

물론 우리는 전쟁을 나태한 무관심에 맞서는 진정한 용기로 마화하려는 유혹을 떨쳐내야 한다. 하지만 나태한 무관심에 대한 우리의 대응은 무장 투쟁의 수준을 훨씬 뛰어넘는 강력한 어떤 것이어야 한다. 오늘날 인류가 직면한 위험을 고려한다면, 군사력의 욕망화는 우리가 점차 다가서고 있는 심연으로부터의 비겁한 도피에 불과하다. 이러한 상황에서 국가는 어떤 역할을 할 수 있을까? 강력한 국가를 열망하는 한 사람으로서, 최근에 나는 데이비드 그레이버David Graeber와 데이비드 윈그로David Wengrow가 제시한 새로운 아나키즘 개념에 깊은 감명을 받았다고 고백해야 할 것 같다.[5] 이들의 저서가 매우 설득력 있는 이유는 오늘날 우리 사회가 나아가고 있는 방향을 설명하는 데서 그치지 않기 때문이다. 문명이 태동하던 시기에 대한 광범위한 연구를 통해, 도시를 이루고 복잡한 문명을 형성하는 일에 반드시 국가의 권력화가 수반되지는 않았다는 사실을 보여주었다.

인류의 먼 조상은 원초적이고 어린아이 같은 존재로 연구되어 왔다. 그들은 자유와 평등을 누리던 순수한 존재로 묘사되었고, 경우에 따라 폭력적이고 호전적인 특성을 보이기도 했다. 우리가 배운 바에 따르면, 문명은 이러한 원초적인 본능과 자유를 희생하거나 억제함으로써만 이루어졌다. 하지만 그러한 이론은 18세기에 처음 등장한 것으로, 당대 유럽 사회를 강도 높게 비판한 원주민과 그에 동조한 지식인들이 제기한 보수적인 관점이었다. 당시의 시대를 재고해보면, 우리는 인간의 역사를 이해하는 유산들, 즉 농업과 사유재산, 도시, 민주주의, 노예제 그리고 문명의 기원에 대한 놀라운 발견에 이를 수 있다. 고정관념의 족쇄를 벗어던지고 실제로 존재했던 것을 관찰하는 것만으로도 역사는 훨씬 흥미로운 것이 된다. 만일 인간이 진화의 95퍼센트를 소규모 수렵채집 집단에서 보낸 것이 아니라면, 그들은 오랜 시간 동안 무엇을 하고 있었던 것일까? 만일 농업과 도시가 계급화와 지배로 귀결됐던 것이 아니라면, 그들은 어떤 모습의 사회적·경제적 조직을 형성했던 것일까? 그 대답은 종종 예상치 못한 것으로 나타나곤 한다. 인류 역사의 과정도 우리가 믿어온 것보다 훨씬 다채롭고 훨씬 유희적이었으며, 꿈과 희망이 넘쳐났을 가능성마저 보여준다.[6]

여기서 우리가 접하게 되는 것은 인류 역사 전체에 나타난 아나키즘적 대안으로서의 비전이며, 고대 잉카 문명도 하나의 참조점이 된다. 잉카 공동체는 단순히 인신 제물을 공양하는 위계적 제국이 아니라, 빈민을 위한 주택 정책 등을 시행한 협력적 공동체의 대안적 모델이기도 했다. 그들은 동양적 전제주의를 형성하지 않았으며, 상위 국가 권력이 부재한 복잡한 사회적 네트워크를 만들었다. 그레이버와 윈그로는 더 나아가 현대 유럽 계몽주의의 기원을 유럽 국가들이 식민지 원주민 원로들과 처음 접촉했을 때로 보았다. 대화와 협력을 모색한 그들의 노력이 중세의 권위주의를 허문 원동력이었기 때문이다. 그 과정에서 유럽인은 자신들의 우월성을 재확인하고 비유럽의 역사를 원시적인 전제주의로 축소하는 맥락에서의 계몽주의를 발전시켰다고 보았다.

새로운 연구를 통해 알려지게 된 우리의 과거 사회는 기존의 상식과 매우 달랐다. 특히 농경 이전의 인간 사회가 단지 위계 없는 소집단에 국한된 것이 아니었다는 사실은 자명해졌다. 농경 사회 이전의 수렵채집 사회는 오히려 대담한 사회적 실험의 장이었으며, 진화론이 묘사한 지루하게 정체된 사회가 아닌, 다양한 정치적 형태가 마치 카니발 행렬처럼 다양하게 변화하던 사회였다. 농업은 사유재산이 시작된 계기가 아니었고, 거스를 수 없는 불평등의 상징적 단계도 아니었다. 실제로 초기 농업 공동체 중 여러 곳에는 계급이나 위계질서가 상대적으로 없었다. 계급 차이를 강화하기는커녕, 세계 최초의 도시들 가운데 상당수가 강력한 평등주의의 원칙에 따라 운영되었으며, 권위적인 통치자나 야망 있는 전사 정치인 혹은 주인 노릇을 하는 관리인조차 필요하지 않았다.[7]

이를 통해 우리는 마르크스의 '아시아적 생산 양식'이라는 개념이 얼마나 공허하고 일관성 없는지 알 수 있다. 이는 마르크스 자신이 상정한 기본 생산 양식 체계에 맞지 않는 요소들을 부정적인 방식으로 범주화한 것에 불과하다. 그런데 그레이버와 윈그로가 역사 발전의 직선적 진보 개념을 거부한 것이 옳다고 해도, 그들의 이론은 근대의 특징인 반권위주의를 과거에 투영한 참신한 설정에 상당 부분 의존하고 있다. 초기 도시들의 '권위적인 통치가 필요 없는 강력한 평등주의 구조'는 분명 근대적 의미로서의 개인의 자유를 담보하지 않으며, 역설적이지만 그 자유의 공간은 시민 사회에 군림하는 국가 권력에 의해 유지된다. 따라서 그것은 '소외된' 상태일 수밖에 없다. 시민 사회의 자유는 국가 권력의 부재가 아니라 국가 권력과의 거리로 정의된다. 이 점을 분명하게 인식한 경제학자가 프리드리히 하이에크Friedrich Hayek였다. 그래서 사이먼 그리피스Simon Griffiths가 「좌파는 프리드리히 하이에크에게서 무엇을 배울 수 있는가?」[8]에서 밝힌 것처럼, 하이에크가 좌파에게 세 가지 중요한 통찰을 제공했다고 말하는 것은 타당하다. 첫째로, 지식의 한계를 논한 부분이다.

하이에크는 사회주의를 중앙집권형 경제 체제로 이해했다. 사회주의 입안자들은 지식을 수집해서 활용해야 하지만, 그 지식은 우리 머릿속에 잠시 떠오를 뿐이고 완전히 표현되지도 않는다. 이것은 타인에 의해 수집될 수 없다. 하이에크에게는 이러한 분산된 지식을 활용할 수 있는 유일한 공간이 시장이다. 그러므로 그는 국가가 주도하는 계획이 실패할 수밖에 없다고 보았다. 그런데 일부 좌파에게 하이에크의 지식에 대한 관점은 매우 다른 시사점을 갖는다. 예를 들어 힐러리 웨인라이트Hilary Wainwright는, 하이에크가 지식을 '사회적 산물이라기보다 개인의 속성'으로 잘못 이해했다고 주장했다. 사회적인 관점에서 보면 지식은 파편화된 개인의 한계를 극복하기 위해 나타나는 결집 현상으로 이해할 수도 있기 때문이다. 웨인라이트는 시장과 무심한 관료 양자가 해결할 수 없는 문제들을 위해 노동조합, 여성 단체, 협동조합 등이 결집하는 사례를 광범위하게 연구했다. 지식이 분산되어 있다는 하이에크의 주장은 사회주의 정책에 대한 회의론이 아니라, 오히려 급진적 사

회 운동의 정치력을 확보하기 위한 근거로 활용될 수도 있을 것이다.[9]

둘째는, 자생적 질서의 개념이다. "어떤 '질서'는 인간이 행동한 결과로 나타나지만, 인간이 설계한 것은 아니다. 언어와 관습, 도덕 시장 등이 그 예다. 하이에크에 따르면 국가의 역할은 문명의 기반이 되는 자생적 질서를 보호하는 것으로 크게 제한되어야 한다."

셋째로, 시장은 자유가 실현되는 공간이다. 시장에서는 선택과 구매의 자유는 물론, 언제 어디서 일할지에 대한 자유 그리고 표현의 자유가 허용되어야 한다. 그런데,

자유의 중요성을 강조한 그의 설명은 옳지만 한편으로는 불완전하다. 왜냐하면 자유가 우리에게 가치 있는 이유를 설명하지 않기 때문이다. 그것은 아마도 인간이 자율적으로 행동하고 싶은 욕구를 가졌기 때문일 것이다. 그런데 자율적인 행동을 위해서는 음식과 주거와 교육 같은 특정 자원이 필요하다. 그리고 이러한 자원을 제공하는 데에는 국가의 역할이 매우 중요하다. 시장에서의 자유도 중요하지만 그 자유를 추구하는 데 필요한 자율성도 마찬가지로 중요하다. 하이에크의 자유론은 단순히 자유 시장에 대한 옹호에 그치는 것이 아니다. 그를 통해 우리는 자유가 우리에게 의미 있는 것이 되기 위해 필요한 자원에 대해서도 생각해보게 된다.[10]

하이에크의 '자생적 질서'는 라캉의 '대타자'와 동일한 것을 가리킨다. 그 자체로는 '객관적' 실체가 없지만, 주체들의 활동에 의해 가정된 전제로 지속되기 때문이다. 하이에크는 매우 타당하게도 여기에 소외의 불가피성을 강조했다. 그는, 무정부적 개인주의가 아니라 개인의 '자생적' 상호작용이 초월적인 '객관적' 질서와 소통하는 계기를 강조했다. 그리고 마르크스에 대한 하이에크의 비판은 타당하다. 마르크스는 공산주의 이론을 전개하는 데 이 차원을 간과했기 때문이다. 마르크스는 공산주의를 하나의 단일 주체가 스스로를 규제하는 사회적 과정으로 상정했다. 그래서 "자유롭게 사회화된 사람들이 의식적으로 계획하고 통제하는 과정이 만들어지기 전까지" 생산은 여전히 소외된 상태에 머물러 있을 것이라고 보았다.[11] 이러한 주장은 공산주의에 대한 마르크스의 비전을 보여주는 측면이 있다. 하지만 여기서 중요한 문제는 다른 여러 가지 중에서도 생태의 위기다. 이것은 개인과 지역 공동체의 '자생적' 상호작용으로 대처할 수 있는 문제가 아니다. 오늘날 글로벌 시장의 '자생적 질서'는 전 세계적인 재앙으로 치닫고 있기 때문에, 오로지 잘 계획되고 조정된 행동만이 재앙으로 치닫는 지금의 현실을 돌이킬 수 있을 것이다.

상징적 질서 속에서 주체가 겪는 소외와, 자본주의 사회관계 속에서 노동자가 겪는 소외 사이에는 근원적인 차이가 있다. 그러므로 우리는 두 소외의 유사성을 주장할 때 빠져들기 쉬운 두 가지 함정에 유의해야 한다. 첫째는, 상징적 소외가 주체성을 구성하는 본질이기 때문에 자본주의적 소외가 결코 극복될 수 없다는 생각이다. 두 번째는, 마르크스가 자본주의적 소외의 극복을 상상했듯 상징적 소외도 극복할 수 있다는, 앞의 것과 상반되는 생각이다. 여기서 중요한 핵심은 단순히 상징적 소외가 더 근본적이며 자본주의적 소외를 극복하더라도 상징적 소외는 지속될 것이라는 점만이 아니다. 더 미묘한 차원을 살펴야 한다. 누군가 상징적 소외를 완전히 극복하고 상징적 세계의 주인이자 자유로운 주체가 되어, 더 이상 상징적 질서에 얽매이지 않는 사람이 된다고 가정하자. 이러한 주체는 사실상 자본주의적 소외의 공간, 즉 자유로운 개인들이 상호작용하는 자본주의적 맥락에서만 나타날 수 있다.

이곳에는 국가가 있다!

시장 경제에서 국가가 필수불가결한 요소가 된 것은 다름 아닌 국가의 소외된 차원 때문이다. 그 차원은 국가가 사회적 힘을 직접 행사하는 데 있는 것이 아니라, 국가가 사회적 혼란을 초월하는 권력이라는 사실 자체에 있다. 물론 국가가 구체적인 사회적 힘들을 행사하는 주체라는 사실이 마르크스주의의 고전적인 교훈이지만, 그 힘들 사이의 최소한의 거리야말로 국가의 중재 역할을 가능하게 하는 요소다. 알바로 가르시아 리네라Álvaro García Linera*는 급진 좌파의 입장에서 국가의 긍정적인 역할을 제시한 첫 번째 인물이다. 그는 팬데믹이 벌어졌을 때 "수십억 명의 사람들은 왜 자유에 대한 억압을 아무런 의문

없이 받아들였을까?"라는 질문을 통해, 국가 권력이 팬데믹을 구실로 국민을 더 통제하고 규율하려 한다는 상투적인 이야기 외의 관점을 보여주었다.[12] 이 일화를 대표하는 인물은 불행히도 조르조 아감벤Giorgio Agamben이다. 에릭 샌트너Eric Santner는 팬데믹에 관해 쓴 아감벤의 글에 대해 자신의 이론을 이데올로기로 전환한 것이라고 평가하기도 했다.

> 팬데믹 정책을 비판한 아감벤의 주장은, 사람들이 (…) 자신을 자연 상태의 어떤 것으로 격하시켜 단순한 생명체로 다뤄지고 관리되도록 허용했다는 점이다. 시민의 건강이 '*공공의 건강*'으로 수렴되는 순간, 즉 한때 *경찰학Polizeiwissenschaf*으로 불리던 영역에 포함되는 순간, 우리는 모든 의도와 목적을 위해 표준이 된 예외 상태의 올가미에 걸리고 사로잡히고 갇히게 된다. 국가가 시민의 삶을 통제하고 감시하는 *항상성homeostasis*을 추구하는 순간, 시민들은 국가가 통제하지 못하는 영역인 *정체 상태stasis*의 끄트머리에 매달린 채 위태로운 삶을 영위하게 된다.[13]

이러한 견해에 대해 미국의 에릭 샌트너는 다음과 같이 지적했다.

> 문제는 과도한 정치적 개입이 아니라 오히려 부족함에 있었

---

* 볼리비아의 정치인으로 부통령을 역임했다.

다. 미국에서는 국가가 나서서 '전염병 담당 의사'들이 '치료와 통제' 작업을 수행하는 일을 방해했다고 볼 수 있다. 실제로 트럼프는 비상사태를 선포하는 대신 사실상의 내전을 행해 나아가는 것처럼 보였다. 그는 퇴임 후에도 권좌에 앉은 듯 진영 대결에만 열을 올렸다. 그러자 '대중'은 생체 보안국가 체제에 순응하는 모습이 아닌(아감벤을 비롯해 론 드산토스Ron DeSantos, 스티브 배넌, 터커 칼슨Tucker Carlson 등이 푸코가 주장한 국가의 억압에 빗대 비판한 것처럼), 오히려 표면적이나마 체제에 저항하는 모습을 보였다.[14]

이러한 역설을 생각했던 알바로 가르시아 리네라는, 우리가 전례 없는 현상을 목격하고 있다고 지적했다. 그것은 자본의 순환에 타격을 입힌 일종의 전 지구적 총파업 같은 것이었다.

인류 역사상 처음으로 전 세계 사람들이 생업을 포기했고, 공공 모임에 참석하지 않았으며, 몇 주 혹은 몇 달 동안 집안에 머무는 정책에 동의했다. 그래서 대부분의 교통, 상업, 생산, 서비스 등이 마비된 일종의 전 지구적 총파업 속에서 살았다. 사람들은 코로나바이러스의 확산을 막기 위한 국가 기관의 조치에 따라 자발적으로 자가격리에 동의한 것이다.[15]

그렇다면 사람들은 왜 그 모든 것을 받아들였을 뿐 아니라 경우에 따라 더 강력한 조치를 요구했을까? (영국에서는 대중이 나서서 정부 조치보다 강력한 규제를 요구했다.) 리네라는 이러한 상황에 대해 '사람들이 어떻게 이토록 쉽게 설득되어 자발적인 통제와 복종을 요구할 수 있었을까?' 하는 공포감을 유발하지 않았다. 오히려 그는 국가의 긍정적인 역할을 제시했다. 국가는 억압과 계급 지배를 상징하는 기관일 뿐 아니라 국민 전체의 이익을 대표하는 제도적 기관이기도 하기 때문이다. 그에 따르면 국가가 유지되도록 하는 것은,

> 공적 자원을 동원해 국민 모두를 보호한다는 공통된 믿음이다. 과거에 그것은 전쟁이나 침략, 무도한 죽음으로부터 공식적으로 보호받는다는 기대였다. 집단적인 불행이나 경제적 재앙, 실직에 대한 공포 등에 대해서도 마찬가지다. 현 시점에서 국가는 바이러스로 인한 죽음의 위협에 대해 보호를 약속하는 존재가 되어야 한다. 이처럼 근본적 두려움에 대한 집단 대응을 통해 우리는 국가의 기원과 작동 방식의 중요한 단서를 경험한다. 하지만 국가가 단지 두려움에 대응하기 위해 필요한 조직은 아니다. 침략이나 빈곤, 재산 손실, 전염병 등의 공포를 경험한 사람들은 국가를 통해 임박하거나 인식된 두려움을 떨치고 완화하며, 퇴치할 자원을 조직하는 공동의 방식을 받아들이게 된다. 이 결정은 그들을 정치적 공동체로 변모시킨다.[16]

리네라가 주장하는 요점은 팬데믹으로 인해 공익을 위한 궁극의 보호자인 국가의 역할이 그 어느 때보다 절실해졌다는 것이다. 시장은 무력했고, 국제 사회의 연대는 실패했으며, 오직 국가만이 남아 있었다.

팬데믹은 국제 사회라는 이름의 최종적인 구성 단위를 드러내 보여주었다. 국가는 죽음과 경제적 재앙에 대한 최후의 유일한 피난처인 것으로 나타났다. 국제 조직과 글로벌 시장은 국가에 대한 자신들의 특권을 포기했고, 세계화된 생산은 단절되었으며, 기업들은 공공 자금에 눈독을 들이며 줄을 서기에 이르렀다. 한때 국가를 넘어 세계를 호령하던 온갖 기관들은 이제 정부 보조금의 수혜자가 되기 위해 손을 내밀고 있다.[17]

이처럼 우리는 매우 특별한 상황에 직면하여 비로소 국가의 가장 기본적인 본질을 인식하게 되었다. 국가 권력은 구체적인 집단들 가운데서 중립적인 역할을 수행한다. 물론 이 중립은 환상에 불과하지만, 교육에서부터 건강에 이르기까지 수많은 물질적이고 사회적이고 이념적인 장치들에 구현된 '실제 환상'이다. 요컨대 국가는 이러한 것이다.

국가는 공공을 보호하는 집단 이익에 대한 믿음이면서 동시에 공공 활동을 조직하는 물질적 현실이다. 정부나 의회, 부처, 법령, 상시적인 강제 조항들이 그렇다. 또한 국민의 삶을 위한 자원과 공공재를 보유한 물질적 현실이기도 하다. 세금이 중요하고, 공공재와 서비스, 국부 등도 마찬가지다. 따라서 그것은 공공을 운영하는 하나의 방식이며, 영토적인 신념 공동체를 구체화하는 담론의 방향이기도 하다. 이를 통해 교육 시스템과 국가 정체성, 인허가 시스템, 국가 정당성 등을 촉진시킨다…. 이것은 하나의 환상이지만 앞에서 열거한 공공 재화의 지속성 때문에 객관적으로 유지되는 타당한 환상이다.

이 '환상'의 정체를 살펴보자. 그것은 물질적 제도와 절차에 구현된 객관적인 현실일 뿐 아니라 주관적이기도 하다. 어떤 측면에서 국가는 구성원들이 '진지하게 받아들일 때'에만 존재한다. 심지어 국가에 반대하거나 지도자를 독재자라고 비판할 때조차도 그렇다. 국가의 법령에서 실행적 측면이 강조되는 이유가 그것이다. 국가는 말한 것을 실행하고, 대타자의 위치에서 발언한다. 매우 영향력 있는 개인의 주장과 선언이라도 국가의 선언과 구분되는 보이지 않는 간극이 있다.

마르크스주의자였던 리네라는 당연히도, 국가가 국민을 대리하고 보호할 때 언제나 특정한 편향성이 발생한다는 점을 잘 알고 있었다. 부유층을 우대하거나, 특정 종교나 혈통을 우선시하거나, 여성을 억압하는 등의 정책이 그것이다. 그런데 이 편향성은 흔히 모두의 이익을 위한 것이라고 잘못 인식된다. 이를테면 부유한 사람에게 생산력이 있으므로 사람들에게 일자리를 제공한다는 생각이 그것이다. 하지만 리네라의 입장에서, 위기 상황의 국가는 특권층의 이익을 희생시키고 시민들의 보편적 이익을 보호하는 정책을 시행할 수밖에 없다. 국가가 이러한 기조를 얼마나 이어갈 수 있는지는 사회적 투쟁과 대중 집결의 여부에 달려 있다. 따라서 국가를 단순히 통치의 수단으로 생각할 것이 아니라, 가능한 경우에는 권력을 장악하고 그것을 통해 보편 복지를 시행하는 일이 중요하다. 부통령으로 재직할 당시 리네라는 이러한 일을 추진했다. 자연재해나 보건 위기 등의 사회적 혼란기에는 진보 세력이 국가 권력을 장악하고 그것을 최대한 활용하는 것이 중요하다고 생각했기 때문이다. 그것은 단지 평범한 사람들을 엄습하는 두려움을 불식시키기 위한 것일 뿐 아니라, 인구를 통제하기 위해 조작되는 두려움인 인종차별과 성차별적 공포에도 대항하기 위한 것이었다.

표준적인 마르크스주의의 관점은 이것이다. 국가라는 제도는 특정 이익을 대변하는 구체적인 의미에서만 편향된 것이 아니라, 어떤 세력이 권력을 잡든 그 자체로 편향성을 내포한다. 다시 말해 국가 제도는 지배라는 고유의 내재적 목적만을 지향할 수 없고, 사회 전체를 '대표'한다는 의도 자체도 현실적으로 중립적일 수 없다. 때문에 진보 세력이 정권을 잡을 때마다 그들은 마치 적지에서 작전을 수행하듯 정책을 추진해야 한다. 하지만 바로 이 사실이야말로 내부에서 적을 물리칠 수 있는 나름의 기회가 된다. 알고 보면 착취와 지배는 국가 권력에만 해당되는 이야기가 아니다. 가부장제와 사회적 위계는 신석기 시대부터 존재했으며, 지금의 시민 사회도 내적으로 보수적인 경우가 많다. 실제로 여러 시민 사회들이 반인종주의나 반성차별 등의 진보 정책에 저항하는 일이 적지 않다. 그래서 우익 포퓰리스트들의 폭거가 있을 경우에도 국가의 강력한 억제 기제가 작동해야 하는 것은 매우 타당하다. 2021년 1월 6일, 트럼프 지지자들이 국회의사당을 점거했을 때 경찰은 수단과 방법을 가리지 않고 사태를 진정시켜야 했다.

우리는 이러한 입장을 끝까지 관철할 준비가 되어 있어야 한다. 2024년 대선에서 트럼프 재선이 점쳐지고 있는 상황에서 보듯, 한 국가 내에서 진행 중인 이데올로기적 냉전 앞에서 우리는 어떤 해법을 찾아야 할까, 혹은 찾을 수 있을까?[18] 2022년 6월 19일 토요일, 텍사스 공화당원들은 2018년 이후 처음으로 전당대회를 개최했다. 그리고 조 바이든은 "정당하게 선출된 대통령이 아니다"라고 선언하며, 초당적 총기 협상에 참여했던 같은 당 의원 존 코닌John Cornyn을 비판했다. 또한 동성애를 "비정상적으로 선택한 생활양식"이라고 선언하고, 텍사스 지역 학생들이 "태아의 인간성에 대해 교육받도록" 대책을 마련할 것을 촉구했다.[19] 조 바이든이 정당하게 선출된 대통령이 아니라는 첫 번째 결의는 미국이 '냉전'의 방향으로 접어들었다는 분명한 신호다. 그것은 기존 정치 질서의 권위를 부정하는 일이기 때문이다. 공화당이 어느 때보다 트럼프 일당 체제로 나아가고, 우크라이나 전쟁에 대한 피로감이 누적된 상황에서는 대선의 향방이 일정 부분 가늠이 된다. 만일 트럼프가 선거에서 승리하고 러시아와 협정을 추진한 뒤, 쿠르드족에게 그랬던 것처럼 우크라이나인을 버린다면 어떤 일이 벌어질까?

우리는 모든 선입견을 배제한 채 사태를 바라보아야 한다. 사회의 대타자가 무너지고 규율과 정체성마저 혼돈에 빠진다면, 극단적인 경우 군대도 긍정적인 역할을 수행할 수 있다. 군대의 개입이 반드시 반동적이거나 파시스트적인 것은 아니다. 포르투갈의 군대가 살라자르 정권을 전복한 경우나 일부 라틴아메리카 국가들의 사례에서 보듯, 군대도 진보적인 역할을 수행할 수 있다. 이것은 군대 이데올로기의 역할과 관련된 문제이며, 상층부보다는 중간 계층 장교들의 인식이 더 중요하다. 심지어 미국 군대도 이러한 역할을 암시하는 태도를 보였으며, 트럼프가 선거 패배 후에도 대통령 역할을 지속하려는 시도에 대해 용납하지 않을 것임을 분명히 한 바 있다. 여기에 대해서도 우리는 리네라의 통찰을 적용해야 한다. 군대의 '자생적 이데올로기'는 자신들을 사회의 최종 수호자로 인식하고, 자연재해 등의 모든 위협으로부터 국민을 보호하고자 한다. (군대는 종종 인구를 유지하기 위해 활용되기도 한다.) 이 입장에 나타나는 편향성은 구체적인 조건에서 발생하는 이념 투쟁의 양상에 따라 다르게 나타난다. 여러 이유 때문에 미국 군대가 그러한 진보적 역할을 수행할 것이라고 기대할 수는 없겠지만, 미국을 문명화된 국가로 인도하는 쿠데타를 상상해보는 것은 흥미로운 일이다.

이러한 생각을 위험한 공상으로 치부하기 전에, 우리는 지금의 정치 지형이 어떻게 변화하고 있는지 살펴야 한다. 정치 영역에 나타나는 구조적인 변화는 중도좌파와 중도우파 정당 간의 대립이, 전문 지식을 독점한 초당적 기술 관료 당파와 반기업 및 반금융 성향의 포퓰리스트 당파 간의 대립으로 대체된 것이다. 그런데 이러한 변화는 또 다른 놀라운 전환을 만들었다. 비커톤Christopher J. Bickerton과 아체티Carlo Invernizzi Accetti는 우리가 최근 목격하고 있는 정치가 *기술 포퓰리즘*이라고 정의할 수밖에 없음을 설득력 있는 연구를 통해 보여주었다. 이것은 분명 포퓰리즘을 지향하는 정치 운동이지만, 좌우를 떠나 국민의 '진정한 이익'을 위해 일할 뿐, 저급한 감정이나

선동적 구호에 의지하지 않을 것이며, 사실적 접근을 통해 합리적인 전문가 정치를 펼칠 것이라고 약속한다. 비커톤과 아체티의 이야기를 들어보자.

> 전문성을 기반으로 한 기술주의와 '국민'에 대한 포퓰리즘은 오늘날 기성 민주주의 국가들에 나타나는 정치 성향의 대표적인 모습이다. 이러한 변화상은 기술 포퓰리즘의 출현으로 이해하는 것이 가장 적절하다. 좌우 사이의 전통적인 투쟁 위에 중첩된 새로운 정치 구도이기 때문이다. 이러한 세력의 주체들은 기술 관료적 장점과 포퓰리즘적 장점을 다양한 방식으로 결합한다. 기존 정당들도, 희석되지 않은 새로운 정치 형태가 보여주는 고유한 장점과 단점들을 분별하며 이를 채택하고 있다.[20]

현대 정치의 궁극적 대립으로 보였던 끊임없는 갈등이 기적적으로 평화로운 공존의 양상으로 변모하기 시작했다. 우리는 지금 일종의 '변증법적 지양'을 목격하고 있는 것일까? 그렇지 않다. 왜냐하면 그것은 제3의 요소, 즉 정치의 본질적 차원인 정치적 갈등을 배제한 채 조화를 연출한 것처럼 보이기 때문이다. 그 대표적 인물이 이탈리아의 마리오 드라기Mario Draghi다. 그는 독창적인 지향점을 가진 극우 네오파시스트들을 제외하고는, 모든 정치 파당으로부터 '중립적'인 경제 총리로 지지를 받았다. 이와 같은 기술 포퓰리즘의 모습은 에마뉘엘 마크롱은 물론 앙겔라 메르켈에게서도 분명히 드러난다.

기술 포퓰리즘 확장을 저지하기 위해서는 개인적인 변화

뿐 아니라 전 지구적인 사회 변화가 필요하다. 심지어 포퓰리즘 우파도 이 경향을 부정적으로 인식하고 있다. 조슈아 웨슬리Joshua Wesely와 사이먼 웨슬리Simon Wesely 형제의 2021년 영화 〈2025〉를 생각해보자. 1만 달러라는 저예산으로 제작한 이 최신 기독교 근본주의 영화는 제목처럼 2025년을 배경으로 한다. 2020년 코로나바이러스가 창궐한 이후 세상은 완전히 달라졌고, 공산주의 체제로서의 세계 단일 정부가 만들어졌다. 세계 공용어는 영어로 통일되었고, 사람들 간의 접촉은 드문 일이 된 가운데 기독교 신앙은 전면 금지되기에 이르렀다. 그렇다면 줄거리는 어떤가? 소수의 독일 기독교인들이 잃어버린 자유를 되찾기 위해 신도들을 규합하고 지하 혁명을 모색한다…. 영화의 스토리는 터무니없어 보일 수 있지만, 팬데믹이 공산주의를 촉발할 가능성을 간과했다는 점은 특기할 만하다. 또한 최근의 근본주의 우파가 지금껏 제3세계 국가의 좌파들이 사용했던 영화 제작 방식을 성공적으로 재현한 점도 주목할 만하다.

이러한 재구성 양상은 남아 있는 기존 좌파를 불편하게 만든다. 오늘날 기술 포퓰리즘이 반혁명의 고착된 모습이자 정치적 반대파를 비정치적으로 '중립화'한다는 사실 때문이기도 하지만, 재앙이 임박한 경우 전략적으로 차악次惡을 선택해야 하는 상황이 초래된다는 더 심각한 전망 때문이다. 2024년 미국 대선과 관련해서 생각해보면, 좌파들은 트럼프의 재집권이라는 치명적인 위험에 맞서 민주당 후보를 지지해야 하는가, 아니면 이러한 자유주의적 협박에 휘말리는 일 자체를 거부해야 하는가?[21] 이 게임은 분명 영원히 지속되지 않을 것이며, 더 급진적인 변화는 필연적으로 다가올 것이다.

내가 공산주의에서 가능성을 모색할 때 사람들은 못마땅해 했다. 물론 자본주의는 스스로 위기를 관리했고, 이를 통해 자신을 더욱 진전시켰다. 하지만 나는 여전히 내가 옳다고 생각한다. 최근 수년 동안 글로벌 자본주의는 매우 급격히 변모했다. 일부 사람들은, 예를 들면 야니스 바루파키스와 조디 딘Jodi Dean[22]은 지금의 자본주의를 기업 신봉건주의corporate neo-feudalism라고까지 지칭한다. 팬데믹은 이 새로운 기업 중심 질서 체제에 박차를 가했으며, 빌 게이츠나 마크 저커버그 같은 새로운 봉건 영주들이 우리의 소통과 교환의 공적 공간을 점점 더 통제하게 되었다. 당연한 일이지만, 이러한 상황에서 우리는 일부 특정 경향을 자본주의 시스템의 보편적인 특성으로 간주해서는 안 된다. '기업 신봉건주의'는 특정 분야를 지배하는 일부 빅테크 기업만을 지칭하는 것 아닌가? 하지만 실질적인 우리의 삶은 이러한 기업의 외부에서 이루어지고 있지 않은가?

이러한 주장은 '기업 신봉건주의'의 중요한 토대를 놓치고 있다. 공유재의 사유화가 구조적으로 매우 중요하다는 점이 그것이다. 공유재가 대규모로 사유화된 첫 번째 사건은 영국에서의 소위 원시적 축적기에 벌어졌다. 이때는 토지와 숲 등의 공유재가 사유지로 분할되어 더 이상 공유재가 아니게 되는 방식으로 사유화가 진행되었다. 하지만 오늘날에는 공유재가 여전히 공유재인 것처럼 남아 있는 동시에 사유화되고 있다. 따라서 기업 신봉건주의자들은 소수에 불과하지만 '평범한' 자본주의적 활동이 이루어지는 수많은 공적 공간을 통제한다.

이 상황은 좀 더 진지하게 들여다보아야 한다. 사유화된 공유재는 단지 교환과 소통이 이루어지는 공간에 그치지 않는다. 신봉건주의의 사유화된 공유재에 필요한 최적의 대응물은 '불안정 노동자들'이다. 그런데 이 노동자들은 스스로를 자유로운 직장인으로 생각한다. 프로그래머는 컴퓨터를 가졌고, 우버 드라이버는 차량을 가졌으니 각자가 스스로의 생산 수단을 소유했다고 느낀다. 불안정 노동자들은 상대적으로 소수이지만 점진적으로 전체 노동 시장에서의 고유한 형태로 자리매김하고 있다. 오늘날 그들은 본질적으로 전형적인 노동자다. 불안정 노동은 지배 이데올로기에 두 가지 이점을 제공한다. 첫째는, 노동자 자신을 임금 노예가 아니라 자유롭게 자신의 노동을 판매하는 독립적인 소자본가로 인식시킨다. 둘째는, 직위가 불안정한 다른 노동자들과 경쟁하도록 하여 그들 간의 연대를 훼손한다. 결국 오늘날 우리가 꿈꾸는 이상적인 모습은, 신봉건주의 영주가 통제하는 공유재 안에서 상호작용하는 불안정한 다수 노동자의 일원이 되는 것이다. 이것으로 신비화는 다음처럼 완성된다. 노동자들은 자유로운 기업가가 되고, 그들의 봉건 영주는 단지 그들의 '자유로운' 활동을 위해 사회적 공간을 제공하는 존재다.

부인할 수 없는 비관적인 결론은 이것이니, 우리가 각성하기 위해서는 더 강력한 충격과 위기가 필요하다. 신자유주의 자본주의는 이미 쇠락하고 있으며, 앞으로 벌어질 전투는 신자유주의와 그 이후의 싸움이 아니라 장차 도래할 두 형태 사이의 싸움이 될 것이다. 하나는 공포로부터 보호해주겠다고 약속하며 우리를 계속 꿈꾸게 하는 기업(저커버그의 '메타버스'와 같은) 신봉건주의이고, 다른 하나는 우리를 새로운 형태의 연대를 모색하도록 강제하는 가혹한 각성이다. 이 새로운 세상을 맞이할 우리의 국가들은 어떤 모습으로 변신할 수 있을까?

공산주의적 욕망을 포기하지 말라

소련 시절 농담이다. 10년 형을 선고받고 노동 수용소에 도착한 이에게 죄수들이 묻는다. "이봐, 무엇 때문에 10년 형을 받았어?" "아무것도 아닌 것 때문이었어!" "거짓말하지 마! 여기서 아무것도 아닌 죄는 3년 형이라는 거 다 알아."[23] 이 농담에는 심오한 지혜가 담겨 있다. 사회 공동체에서 중립적인 의미의 '아무것도 아닌 것'이란 없다. 모든 '아무것도 아닌 것'은 권력자들에 의해 가치가 평가된다. 이는 우리 모두 선천적으로 죄가 있다는 뜻이다. 그러므로 우리가 이 죄에서 벗어나 '아무것도 아닌 것'을 얻기 위해서는 열심히 노력해야 한다.

옛 공산주의 정권에서는 상대적 자유화의 순간이 찾아오곤 했다. 그 신호는 대체로 권력자들이 국민에게 보내는 메시지로 나타났다. 그 메시지는 이런 식이었다. 1956년, 소련군이 헝가리 반란을 진압한 후 소련 괴뢰 정부의 수장이 된 야노시 카다르Janos Kadar는 이렇게 발표했다. "우리에게 대항하지 않는 사람은 우리 편이다." 하지만 이 발언조차 결국은 거짓이었다.

'대항하지 않는다'는 것은 공적인 금기 사항을 받아들이는 등 최소한 공식적인 이념적 의례에 동참해야 한다는 것을 의미했다. (물론 대규모 공식 행사에 참석해야 한다는 말은 아니다.) 엄격한 스탈린주의하에서는 처벌받거나 자의적으로 기소되지 않는, 아무 일도 당하지 않는 대가로 동료를 고발하는 등의 활동을 해야만 했다. 스탈린주의 소련에서는 정권을 비판하는 발언 등의 '반체제' 활동을 알았거나 듣는 것 그리고 경찰에 신고하지 않는 것만으로도 범죄 행위로 간주하는 법이 존재했다.

그런데 우리는 과거에 벌어진 전체주의 국가의 억압에 대한 이야기보다, 오늘날 폭발적으로 증가하고 있는 '아무것도 아닌 것'의 대가에 주목할 필요가 있다. 자유를 허용한다는 오늘날의 자유민주주의에는 명백한 '전체주의적' 금지와 명령 대신, 훨씬 미묘하고 은밀한 검열이 작용한다. 그러다가 자유의 추상성이 폭력으로 변신하는 혁명적 단절의 순간에는 하나의 구체적 자유가 다른 형태의 자유로 탈바꿈하고, 구성원들은 '순수한' 구성원으로 남아 있기 위해 '아무것도 아닌 대가'를 치를 준비를 해야만 한다. 우리는 지금 이러한 과정의 한가운데 놓여 있다.

슬로베니아의 밴드 '대피소Zavetišče'의 노래 가운데 이런 제목이 있다. '민주주의 멀리 가버려!Samo da prodje demokratija!' 이에 대해 우익 민족주의자들은 분노를 표하며 밴드의 노래가 "반헌법적인 선전 활동"이라고 비난했다. 하지만 이것은 민주주의를 도발한 말이 아니다. 그 말이 그저 옳기 때문이다. 다가오는 위기 앞에, 우리가 알고 있는 다당제 의회가 작동하는 민주주의는 저만치 멀어져 가고 있다. 클라우디아 슈발리스Clau-dia Chwalisz는 서구를 중심으로 나타나는 실험인 '민주적 대표성의 비선거화 경향'에 대해 이렇게 이야기한다. "현재의 민주주의 시스템은 공적 결정을 내리는 데 선거라는 단기 성과와 정당의 폐쇄적 논리에 기반하기 때문에 실천이 느리고, 양극화를 심화시키며, 불신을 조장하는 왜곡된 모습을 보인다." 그녀에 따르면, 국가가 국론을 모으는 대안적인 방식이 있다면 다음과 같은 형태여야 한다.

> 아일랜드의 낙태 문제나 프랑스 기후 행동의 경우에서 보듯, 광범위한 시민회의가 하나의 대안이 될 수 있다. 시민들이 선출직 공직에 출마하는 대신 배심원처럼 무작위로 출두하여 유권자의 의사를 반영하는 조직을 구성한다고 생각해보자. 이들은 선출된 의회가 이해관계에 얽매이거나 당파성으로 분열되어 해결하지 못하는 문제들을 심의할 수 있다.[24]

그렇다면 우리는 다시 아나키즘으로 돌아가야 하는 것일까? 하지만 상황은 훨씬 복잡해진다. 비니 아담착Bini Adamczak의 빛나는 저서 『어제의 내일Yesterday's Tomorrow』[25]에는 권력의 지배를 완전히 극복한 사회라는 "포기할 수 없는 진정한 공산주의적 열망"을 설명하는 부분이 있다.

> 주인처럼 자유롭기를 원했던 노예들과 달리, 수확의 5분의 1 대신 10분의 1만 바치기를 원했던 농민들과 달리, 경제적 자

유가 아닌 정치적 자유만을 원했던 부르주아 계급과 달리, 공
산주의자들이 약속한 것은 모든 지배의 철폐였다. 그리고 그
들이 기억되는 한, 그들이 했던 약속도 잊히지 않을 것이다.[26]

한마디로 말해서 이 열망은 '영원'하다. 마르크스와 엥겔
스가 기록한 것처럼 그것은 과거의 모든 역사, 즉 계급투쟁의
역사에 수반되는 그림자와도 같다. 장 멜리에Jean Meslier는 옳았
다. "인간은 마지막 왕이 마지막 사제의 창자에 목이 졸려 숨
질 때까지 결코 자유로울 수 없다."[27] 아담착의 주장이 주목할
만한 이유는 그녀가 20세기 유럽 공산주의 운동의 패착을 면
밀히 분석하는 가운데서도 그러한 열망의 끈을 놓지 않았다는
점이다. 그녀는 히틀러와 스탈린의 불가침 협약부터 크론슈타
트 반란Kronstadt rebellion*에 대한 잔혹한 진압 사건에 이르기까
지 실패의 역사를 되짚어 면밀히 분석했다. 그녀가 제시한 일
례를 살펴보자. 히틀러-스탈린 협정(1939년)을 스탈린이 임박
한 전쟁에 대비할 시간이 필요했다는 식의 냉정한 *현실정치*로
설명해서는 안 된다. 1940년, 수용소 간수들은 독일군 포로를
'파시스트!'라고 부르며 나치를 모욕하는 일을 금지당했으며,
이처럼 기이한 과잉 행위들은 당시의 미묘한 현실 상황을 그
대로 보여준다.

권력 정치의 셈법으로는 결코 설명할 수 없고 이해할 수 없는

* 볼셰비키에 대항해 일어난 반란

부분은 베리야Lavrenti Pavlovich Beria*가 수용소 간수들에게 정치범을 '파시스트'라고 비난하는 것을 엄금했다는 점이다. 수감자 대부분이 반파시스트였으며, 심지어 '트로츠키주의-파시스트로부터 일탈함'이라는 죄목으로 유죄 판결을 받은 이들이었다.[28]

아담착의 주장은 그녀의 책 부제 '공산주의 유령들의 고독 그리고 미래의 재구성'이 말해주듯 이중적이다. 그녀가 다루는 주제는 공산주의자들의 절대적인 고독이다. 그들은 자신을 숙청하고 제거한 집단에 깃든 공산주의의 이념을 계속 믿었다. 이를 라캉의 용어로 표현한다면, 그들에게 공산당은 여전히 유일한 대타자로 남아 있다. 그들이 빠져든 교착 상태는 당이 알아주지 않는 공산주의적 꿈의 순수성을 고집하는 것으로는 해소되지 않았다. 미래의 꿈 자체를 '재구성'해야 했으나, 그들 대부분은 이 고비를 넘기지 못했다. 아서 쾨슬러Arthur Koestler**나 이그나치오 실로네Ignazio Silone***를 떠올려 보라. 이들은 *자신의 공산주의적 열망을 포기했다*(라캉의 정확한 표현으로 '*자신의 욕망을 포기했다*'). 그리고 자유주의적(심지어 보수주의적) 공산주의 비판에 동참하며, 「실패한 신God that failed」**** 스타

---

* 소련의 군인이자 정치가. 비밀경찰 국장으로 이후 반역죄로 처형당한다.
** 소설가이자 언론인으로 러시아 혁명의 순수성을 추구했으나 자살로 생을 마감했다.
*** 이탈리아 공산당원으로 활동했으나 소설가로 전향했다.
**** 전향자들의 공산주의 비판 수기

일의 글을 쓰며 냉전 전사들에 합류했다. 아담착이 지적한 것처럼, 공산주의적 열망의 부재는 1990년대 유럽의 공산주의가 붕괴한 이유일 수 있다.

> 냉전의 승자들이 내지른 환호가 그토록 설득력 없었던 이유는 환희의 부재 때문이다. 그들이 느낀 것은 직면한 위험을 극복한 안도감도 아니었고, 억압받던 이들이 쟁취한 행운에 대한 기쁨도 아니었다. 그것은 차라리 쓴웃음에 가까웠고, 마치 집안의 상속 형제가 바다에서 익사한 경우에나 느낄 샤덴프로이데[schadenfreude*였다.[29]

아담착은 여기서 사람들이 쉽게 말하는 반공주의 구호를 뒤집는다. "스탈린에 대해 이야기하고 싶지 않다면 공산주의에 대해서도 입을 다물라." 이에 대해 아담착은 이렇게 묻는다. "하지만 공산주의에 대해 듣기를 거부하는 사람이 스탈린주의에 대해 들으려 할까요? 과거의 역사를 기록하면서 그 안에 묻힌 미래의 역사를 쓰지 않으려는 사람이 무엇을 기록할 수 있을까요?"[30] 오직 공산주의만이 스스로를 판단하고 비판적으로 거부하는 가장 높은 기준을 수립한다. "반공주의에 대한 최우선적인 비판이 스탈린주의의 범죄를 경시하는 일인 이유가 이것이다. 사람들이 수용소에서 죽임을 당할 때 스탈린의 이념도 함께 죽었기 때문이 아니다. 냉철한 이야기지만, 오직 공산주

* 남의 불행이나 고통을 보고 기쁨을 느끼는 심리

의만이 역사적으로 실현 가능한 요구를 세상을 향해 던졌기 때문이다. 어떠한 시민권의 박탈도 용납하지 말고, 어떠한 인간성의 추락도 용인하지 말라는 요구가 그것이다."[31] 그러므로 공산주의자가 할 수 있는 최악의 행위는, 상황을 살피는 중도적인 겸손함으로 공산주의 국가를 마지못해 옹호하는 일이다.

공산주의자들은 반공주의에 입각한 공산주의 비판에 방어적인 태도를 보인다. '공산주의가 모두 나쁜 것은 아니다'라거나 '그건 진정한 공산주의가 아니었다'고 응수하는 식이다. 때로는 '공산주의의 단점만을 비판하는 것은 적의 범죄를 정당화하는 데 이용된다'고 반격하기도 한다. 그들의 말은 모두 옳다. 그런데 공산주의를 말하면서 '국가사회주의가 더 나빴다'거나 '자본주의도 그만큼 나빴다'고 주장한다면, 그것이 공산주의에 대해 말하는 바가 무엇일까? '모든 것이 나쁘지는 않았다' 대신 '거의 모든 것이 나빴다'고 말하는 것은 공산주의에 대해 어떤 판단을 내리는 일일까?[32]

쿠바의 경우에 대해서도 비슷한 방어 논리를 전개해보라. 그렇다. 혁명은 실패했지만 그들은 훌륭한 의료와 교육 시스템을 갖게 되었다. 러시아의 침공을 비판하면서도 침공국의 입장을 '이해'해야 한다고 주장하는 이들도 같은 논리를 펼치지 않는가? '우크라이나에서 러시아군의 범죄를 비판하면 자유주의 서방의 범죄를 정당화하는 데 이용'되는 것일까?

아담착은 또한 공산주의가 경제적 토대 문제에 몰입했다

는 이유로 비판하는 '포스트모던' 좌파를 인정하지 않는다. 그리고 성적 억압에 맞서는 투쟁과 '문화적 마르크스주의'의 여러 영역조차 '부차적인' 페미니즘으로 무시하는 '포스트모던' 좌파도 마찬가지다. 그들의 비판은 공산주의 이념에 내재된 '영원성'을 무시하는 안락한 역사주의에서 벗어날 수 없다. 현실의 공산주의 권력은 자본주의에 반대하는 이들과도 싸우고 있을 뿐 아니라, 그 자신을 존재하게 한 해방의 꿈마저 배신하고 있다. 때문에 실제 존재했던 사회주의를 비판하기 위해서는 단순히 여러 공산주의 국가의 삶이 자본주의 국가보다 열악했다는 점을 지적하는 데 그쳐서는 안 된다. 가장 중요한 '모순'은 그 중심에 내재해 있었다. 문제는 이념과 현실의 갈등이 극심했던 상황이 아니라, 이념 자체가 눈에 띄지 않게 서서히 변질되어갔다는 사실이었다.

공산주의 권력이 약속한 이상화된 미래의 이미지는 공산주의의 이념과 별개의 것이 아니다. 셰익스피어의 『템페스트 The Tempest』 마지막 장에서 프로스페로가 칼리반에게 말한 것처럼 "그 어둠의 존재가 내 것임을 인정"해야 한다. 모든 공산주의자는 공산주의 역사상 가장 큰 '어둠의 존재'인 스탈린주의에 대해 같은 말을 해야 한다. 그것을 진정으로 이해하기 위해서는 우선적으로 '그것이 나의 것임을 인정하는' 제스처를 취해야 한다. 스탈린주의가 우연히 벌어진 일탈이나 마르크스주의의 오용이 아니라 그 핵심에서 비롯된 하나의 가능성이라는 사실을 전적으로 받아들여야 한다. 그런데 헤겔도 프랑스 혁명을 논한 유명한 구절에서 이와 비슷한 말을 하지 않았던가?

태양이 자신의 자리에 놓이고 행성이 주위를 돌기 시작한 이
래, 인간 존재가 머리(사유)에 중심을 두고 있다는 사실을 인
식한 적은 없었다. (…) 아낙사고라스는 세계를 지배하는 것은
정신이라고 처음 주장했지만, 인간의 사고가 그 정신이 배태
한 현실을 지배해야 한다는 원리를 인식하게 된 것은 지금의
시대다. 그것은 영광스러운 정신의 새벽이었다. 모든 사유하
는 존재는 이 시대의 환희를 함께 나누었다. 그 시대 사람들의
마음속에는 고귀한 감정들이 피어올랐고, 마치 신성과 세속성
사이의 화해가 이제 막 이루어진 것처럼, 영적인 열정이 전 세
계를 전율하게 했다.[33]

헤겔이 이 글을 쓴 것은 프랑스 혁명 후 25년이 지난 때였
다는 사실에 주목할 필요가 있다. 프랑스 혁명이 실현하고자
했던 자유가 필연적으로 테러로 변질된 과정을 설명한 *이후*
수십 년이 지난 시점이었다. 우리는 *이후* 스탈린주의로 변질된
10월 혁명에 대해서도 정확히 같은 말을 해야 한다. 그것 또한
"영광스러운 정신의 새벽이었다. 모든 사유하는 존재는 이 시
대의 환희를 함께 나누었다. 당대 사람들의 마음속에는 고귀한
감정들이 피어올랐고, 마치 신성과 세속성 사이의 화해가 이
제 막 이루어진 것처럼, 영적인 열정이 전 세계를 전율하게 했
다." 우리는 이 자가당착을 견뎌내야 하며, 수반되는 두 가지
함정을 피해야만 한다. 스탈린주의를 우연한 상황이 부른 실수
로 매도하는 것과, 스탈린주의가 공산주의적 열망의 '진실'이
라고 성급한 결론을 내리는 일이다. 이 대립은 레닌이 쓴 『국

가와 혁명State and Revolution』에도 극명히 드러난다. 이 책이 담고 있는 혁명에 대한 비전은 확실히 진정한 공산주의적 열망에 뿌리를 두고 있다. 그의 혁명론을 살펴보자.

> 혁명을 통해 우리는 문명과 사회 역사상 처음으로 대중이 독립적인 역할을 맡아 선거와 투표에 참여할 뿐 아니라 국가의 일상적인 행정에도 참여하게 될 것이다. 사회주의하에서는 모두가 차례차례 통치자가 되고, 곧 아무도 통치하지 않는 세상에 익숙해질 것이다.[34]

여기에 나타난 진정한 공산주의의 모습은 레닌의 유명한 구호인 "모든 하녀들도 국가를 다스리는 법을 배워야 한다"는 말에 축약되어 있다. 이 구호는 1920년대 동안 여성 해방을 주장하는 구호로 수없이 사용되었다. 일견 유토피아적으로 보일 수 있는 이 구호에 대해 레닌이 제시한 구체적인 맥락을 자세히 살펴볼 필요가 있다. 특히 레닌은 이 구호가 먼 미래의 공산주의 세상에서가 아니라 "즉시, 하룻밤 사이에 실현될 수 있고 또 실현되어야 한다"고 강조했다. 레닌은 이론이 유토피아적이라는 비판을 부인하면서 논리를 전개해간다. 그는 아나키스트들과 달리 철저한 현실주의자임을 강조하는데, '새로운 인간'이 아닌 '지금의 사람', 즉 "복종과 통제 혹은 '감독과 회계사' 없이는 살아갈 수 없는 시민"을 신뢰하기 때문이다.

> 우리는 유토피아주의자가 아니다. 우리는 국가의 행정을 멈추

고 모든 복종을 즉시 철폐하는 '꿈'을 꾸지 않는다. 아나키스트들의 꿈은 프롤레타리아 독재의 소명을 이해하지 못한 데에서 기인한다. 그것은 마르크스주의와 전혀 무관하다. 그러한 꿈은 사실상 사회주의 혁명을 사람들의 본성이 변할 때까지 미루는 일일 뿐이다. 우리가 원하는 것은 그것이 아니다. 우리는 지금의 사람들, 그러니까 복종과 통제 혹은 '감독과 회계사' 없이는 살아갈 수 없는 시민들과 함께 사회주의 혁명을 이루고자 한다. 하지만 이때의 복종은 모든 피억압자와 노동자 계층의 무장 선봉대, 즉 프롤레타리아에게 이루어져야 한다. 국가 지도자들의 구체적인 '통치'는 하룻밤 사이에 즉시 감독과 회계사라는 단순한 역할로 대체될 수 있고, 반드시 그렇게 해야만 한다. 그러한 역할은 이미 평범한 시민들이 수행할 수 있으며 '노동자 임금'으로도 가능하다.[35]

하지만 이것이 어떻게 가능할까? 레닌 주장의 핵심은 다음과 같다.

사회적 관리의 메커니즘은 이미 현대 자본주의에서 기능하고 있다. 대규모 생산 과정의 자동화된 운영 체계로 인해 소유주를 대변하는 운영자들은 단지 형식적인 명령을 내릴 뿐이다. 이 메커니즘은 매우 원활하게 기능하기 때문에 그 작동을 방해하지 않고도 운영자의 역할이 단순한 형태로 축소될 수 있으며, 일반 시민들도 이를 수행할 수 있다. 따라서 사회주의 혁명의 역할 중 하나는 자본가나 국가가 임명한 운영자를 무

작위로 선출된 일반인으로 대체하는 일이다.[36]

레닌은 우편 서비스를 예로 들며 자신의 주장을 자세히 설명했다.

지난 세기인 1870년대, 한 재치 있는 독일 사회민주당원은 우편 서비스를 사회주의 경제 체제의 모범으로 보았다. 이것은 매우 정확한 관점으로 보인다. 오늘날 우편 서비스는 국가 자본주의가 독점한 사업이다. 그런데 제국주의도 모든 기업을 점차 이와 유사한 조직으로 변화시키고 있다. 그들의 조직에서 과로와 굶주림에 시달리는 '일반' 대중은 부르주아 관료들의 통제를 받는다. 하지만 우리 사회의 관리 메커니즘은 이미 준비되어 있다. 우리가 자본가들을 타도하고, 무장한 노동자들의 철권으로 착취자들의 저항을 무력화시키며, 현대 국가의 관료적 기구를 철폐한 후에는 '기생충'들이 사라진 훌륭히 마련된 메커니즘을 운용하게 될 것이다. 이를 통해 노동자들이 운영자가 되며, 기술자와 감독관, 회계사들이 고용되며, '국가' 관리를 포함한 모든 이에게 노동자의 임금이 지급될 것이다.[37]

이에 대해 즉시 다음과 같은 의문들이 쏟아질 것이다. 하지만 산업은 변화하고 신제품도 출시해야 한다. 이에 대한 장기적인 전략적 결정은 누가 내려야 할까? 고용된 기술자들이 제안을 할 수도 있겠지만 생각해볼 문제는 이것이다. 그 제안은 누구의 이익을 대변할까? '평범한 시민'이 그러한 결정을 내릴 수 있을까? 또한 그들이 제시하는 방향이 다른 회사들과 어떻게 조율될 수 있을까? 그렇다면 총괄 기획 부서가 필요할 것이다. 그 부서는 어떻게 기능할까?

다른 질문은 이러한 것이다. 레닌이 주장하는 것은 '공적 기능을 정치적 기능에서 단순 행정 기능으로 전환하는 것'이다. 그렇다면 비정치화된 행정 기구에서 '철의 규율iron discipline'에 순응해야 하는 시민의 의견은 어떻게 반영할 수 있을까? 레닌의 해법은 거의 칸트의 논조를 따르는 듯하다. 주말 공개 토론회에서는 자유롭게 토론하되, 평일 일터에서는 복종하고 노동하라는 것이다.

> 볼셰비키는 지쳐가는 대중을 선도해야 하고 해법을 향한 옳은 길, 즉 노동 규율의 길로 그들을 인도해야 한다. 대중 집회에서는 작업 조건을 논하도록 하고, 작업 중에는 스승이자 소련 지도자의 의지에 절대적으로 복종하는 각각의 임무를 조율해야 한다. 우리는 봄철의 홍수처럼 격렬하고 충만한 민주적 노동자 '공개 토론'을 시행해야 하고, 노동 중에는 소련 지도자 한 사람의 뜻에 따르는 무조건적 복종을 보여야 한다. 그리고 이 둘을 조합하는 방법을 배워야 한다.[38]

이 주장에 대해 사람들은 레닌이 관심 대상의 범위를 자의적으로 변경했다고 지적하곤 한다. 처음에는 억압받는 대중 다수를 언급했지만, 다음에는 더 이상 다수가 아닌 소수 특권 계층이 된 프롤레타리아를 언급했다. 당시 러시아 인구의 80

퍼센트가 농민이었음에도 말이다. 그러다가 이후에는 그 소수조차도 '모든 억압받는 민중과 노동자들의 무장 선봉대'로 인도되어야 하는, 혼돈에 빠진 '지친 대중'으로 묘사했다. 그리고 결국 소련 독재자 한 사람의 의지에 무조건적으로 복종하는 민중을 이야기했다. 헤겔주의자라면 이때 중간 단계에서의 역할인 '매개mediation'를 떠올릴 것이다. 그리고 세 가지 단계를 상정할 것이다. 첫째는 노동하는 대중인 '모든 사람'을 의미하는 보편적인 다수다. 둘째는 국가 권력을 잡은 특수한 '무장 선봉대'인 당이고, 셋째는 지도자 개인이다. 레닌은 이 세 가지를 자동적으로 동일시하면서도, 그 사이의 연결 과정과 정치적 투쟁이 벌어지는 중간 역할을 무시했다. 그래서 랄프 밀리밴드Ralph Miliband가 간파한 것처럼, 레닌은 사회주의 경제 체제에 대해 설명하면서도 당의 역할에 대한 논의는 누락했다.[39] 레닌의 정치 활동이 주로 당의 열성파와 수정주의자들 간의 투쟁을 규합하려 했던 사실을 고려한다면, 그러한 무관심은 더욱 낯설게 느껴진다.

레닌의 또 다른 자가당착은 이것이다. 그는 사회적 삶을 정치화했지만(예컨대 그에게 중립적인 법적 '정의'란 없으며, 판사는 우리 편이 아닌 적에 포섭되어 있다), 그가 설명한 사회주의 경제는 매우 기술 관료적이어서 경제란 누가 이끌어도 원활하게 작동하는 중립적인 기계다. 하녀라도 능히 경제를 이끌 수 있다는 사실은, 정확히 말해서 누가 그 역할을 맡아도 무관하다는 의미다. 그런데 하녀의 역할은 헤겔이 군주에게 부여한 역할과 묘하게 닮아 있다. 그녀는 관리자와 전문가들이 제시한 제안에 형식적으로 '예'라고 답할 뿐이기 때문이다.

그런데 우리는 왜 시대에 뒤떨어진 옛 철학 개념을 이야기하고 있는 것일까? 왜냐하면 그것이 전혀 구시대의 이야기가 아니기 때문이다. 오늘날 기업 자본주의의 경향은 레닌의 꿈을 왜곡된 형태로 재현하고 있다. 아마존이나 페이스북, 우버 같은 회사를 예로 들어보자. 아마존과 페이스북은 자신들이 중재자일 뿐이며, 인간의 상호작용을 매개하는 성능 좋은 알고리즘일 뿐이라고 주장한다. 그렇다면 그들은 왜 회사를 국유화하지 않는 것일까? 창업자들은 이미 억만장자가 되었고 회사도 일정한 수익을 창출하고 있지 않은가? 게다가 특별히 상업적 이익에 연연하지 않는다고 하니, 지금의 소유자나 임직원 대신 평범한 관리자를 앉혀 스스로 주장하는 공정한 설립 취지를 계승하면 되지 않겠는가? 다시 말한다면 베조스나 저커버그 같은 CEO들은 레닌이 상상한 '대중 독재자'로 대체될 수도 있지 않을까?

우버를 생각해보자. 우버 역시 자사를 차량이라는 '생산 수단'을 소유한 운전자와 이동이 필요한 고객을 연결해주는 순수한 중개자로 설명한다. 이 같은 회사들은 우리에게 자유의 겉모습을 유지하도록 돕는다. 그들이 통제하는 것은 우리의 자유가 행사되는 공간이다. 소련 독재자가 요구하는 '철의 규율'과 복종보다 훨씬 더 나쁜 것은, 오늘날 우리가 자유의 겉모습을 가지게 되었지만 그 대가로 더 엄격한 자기 통제와 자기 규율을 내면화했다는 점이다. 우버 드라이버인 당신은 언제 일할지 선택할 수 있겠지만, 당신이 얼마나 일하고 어떻게 고객을 응대하는지 등에 대한 모든 행적은 기록으로 남는다. 이 데이터는 익명의 시스템을 통해 당신이 어떤 처우를 받을지 결정하는 알고리즘에 입력된다. 이러한 현상들이 카를 하인츠 델보Karl-Heinz Dellwo가 말한 '주체 없는 지배'를 말해주는 것이 아닐까? 오늘날 사람들은 "더 이상 주인과 노예의 변증법을 이야기하지 않는다. 대신 노예를 통제하는 노예"에 관심이 많다.[40] 노예가 노예를 지배하는 일이야말로 레닌의 "모든 부엌 하녀가 국가를 다스리는 법을 배워야 한다"는 구호와 가깝지 않을까?

오늘날 선진국 자본주의에도 포스트-정당의 요소들이 곳곳에서 보이지 않는가? 스위스를 보자. 스위스 장관들의 이름을 아는 사람이 얼마나 되겠는가? 어떤 정당이 정권을 쥐고 있는지 아는 사람이 얼마나 되겠는가? 수십 년 전, 공산주의자가 제네바의 시장으로 선출되어 여러 차례 연임하고 있지만, 거대 자본을 상징하는 그 도시의 어떤 것도 변하지 않았다. 많이 알려지지는 않았지만, 스위스는 실제로 엘리트 남성 20명으로 구성된 위원회가 있어 국가 운영 전반을 책임진다.

그러므로 우리는 공산주의가 승리할 수 없다는 사실을 인정해야 한다. 마치 우크라이나가 러시아를 이길 수 없는 것처럼 말이다. 이런 의미에서 공산주의는 실패한 대의가 된다. 하지만 체스터튼이 『세상에 무슨 문제가 있는 것일까What's Wrong With the World』에서 말한 것처럼, "실패한 원인은 세상을 구할 수 있었던 바로 그 원인이다." 이 모순된 말을 완전히 이해했을 때 우리는 무엇을 할 수 있을까? 아담착은 책의 마지막 부분에서 두 가지 극단적인 해결책을 제시한다. 공산주의 혁명가들이 자신들이 불러올 새로운 공포를 예감했을 때, 스스로의 도덕성을 지키고 반혁명을 방지하기 위해 미리 반혁명 세력에 투항한다면 어떻게 될까? 그녀가 예로 든 것은 군부의 쿠데타에 대해 무장 투쟁을 포기한 살바도르 아옌데Salvador Allende*이다. 하지만 우리는 1920년대 초 소련에서 벌어진 논쟁을 복기할 필요가 있다. 유럽 혁명이 일어나지 않을 것이 분명해지고 사회주의를 건설할 수도 없다는 사실을 깨달은 뒤, 볼셰비키의 일부는 권력을 그대로 내려놓아야 한다고 주장했다.

아담착이 제시한 또 다른 극단적인 해결책은, 공산주의자들이 국가 권력을 장악한 후 테러 위험에 맞서 자신들을 상대로 스스로 테러를 가하는 일이다. 즉 자신들에 대한 숙청의 필요성을 의식적으로 받아들이고, 1세대 혁명가들에 대한 청산을 추진해야 한다는 것이다. (1세대 혁명가들을 청산한 일이라면 스탈린도 실제로 이행하지 않았던가?) 이 난맥상을 해결할 상상 가능한 전략이 이상한 '합선short-circuit' 전략이라면 어떨까? 즉 공산주의자들이 권력을 잡고 나서 그들의 지배에 맞서는 '반혁명'을 스스로 조직하여 권력을 제안하는 국가 기구를 조직하는 것이다. 이러한 내재적 반혁명은 어떤 모습일까? 다시 레닌으로 되돌아가 보면, 그는 소련에 '중립적인' 법이나 중립적인 '정의'란 없다고 여러 차례 강조했다. 그에게 국가의 법체계는 볼셰비키의 정책을 직접적으로 실행하기 위한 도구였기 때문

---

* 1970년 사회주의 정부를 수립하고 개혁 정치를 펼친 칠레의 대통령

이다. 레닌은 1922년에 인민 법무위원회를 비판한 다음과 같은
글을 남겼다.

> 인민 법무위원회는 자신들의 책무를 '망각'했다. 그들이 할 일
> 은 법정을 바로 세우고, 인민을 각성시켜 새로운 경제 정책을
> 남용하는 자들을 신속하고 과감하게 처단하는 법을 보여주는
> 것이다. 총살형을 포함한 모든 수단을 동원해서라도 말이다.[41]

여기서의 논리는 이것이다. 법원이 볼셰비키들을 위해 봉
사하지 않는다면 누구를 위해 봉사할 것인가? 오직 적들일 수
밖에 없다. 그러므로 우리는 "법 앞의 평등이 소련 혁명의 법
이념에조차 담겨 있지 않다는 사실을 인정해야 한다. 볼셰비키
들은 법을 민간의 다툼이나 상업적 분쟁을 해결하는 공정하고
정의로운 수단으로 보지 않았다. 오직 자신들의 사회적이고 정
치적인 의제를 실행하기 위한 하위 체제로 보았을 뿐이다."[42]
또한 레닌이 자신의 주장이 타당하지 않음을 인식하고 이를
대중이 알지 못하도록 엄금했다는 사실에 대해서도 주목해야
한다.

> P.S. 내 편지의 내용을 일절 외부에 알려서는 안 됩니다. 원하
> 는 사람은 누구든 자신의 이름으로 의견을 피력하되, 내 이름
> 은 언급하지 말기를 바라며, 가능한 한 구체적인 자료를 많이
> 활용하기 바랍니다.[43]

레닌을 옹호하는 발언을 하자면, 그는 공산주의자들(볼셰

비키 당원들)이 경제 범죄를 저질렀을 때 비공산주의자들보다 세 배나 더 엄격히 처벌해야 한다고 주장했다. 따라서 그의 제안이 단지 계급에 맞서는 외부의 적을 처벌하자는 뜻은 아니었다. 그런데 그의 주장은, 국가와 볼셰비키 당이 한 몸이 되어 외부 통제가 없는 무제한적인 권력을 갖게 된다면 필연적으로 당이 부패할 수밖에 없다는 사실을 무시하면서도 동시에 인식하고 있었음을 보여준 것이 아닐까?

이제 우리는 어떻게 답해야 할까? 이 지점에서 내가 말한 '해방 운동이 가져오는 승리의 일부인 반혁명'이 등장한다. 물론 중립적인 법이나 중립적인 정의란 존재하지 않지만, 그렇다고 해서 '우리'와 '그들' 사이의 투쟁을 일견 무의미하게 만드는 보편성의 개념을 포기해서도 안 된다. 우리는 새로운 보편성을 만들어야 한다. 그 보편성은 착취받고 지배받는 이들을 우선시하면서도 *중립적인 보편성의 형태*를 갖추어야 하며, 그것이 새로운 법으로 도피하지 않도록 제한할 수 있어야 한다. '우리'와 '그들'의 지속되는 투쟁에 법이 개입하도록 하여, 승리한 해방 주체가 무제한의 권한을 행사하지 못하도록 해야 한다. 그러므로 법은 '우리 편'에도 제약을 가해야 한다. 더 정치적인 용어로 말한다면, 국가의 법이 '우리' 당보다 우위에 있어야 하는 이유다. 우리는 보편성을 위해 그리고 그 공간에서 우리의 헤게모니를 위해 싸워야 한다. 그리고 스스로를 그 보편성을 담보한 기구와 동일시하지 말아야 한다. 레닌과 달리 로베스피에르와 자코뱅파는 이러한 거리감을 마지막까지 인식하고 있었다.

보편화된 폐제? 고맙지만 사양할게!

지금의 사회에서 '대타자'의 해체를 이야기할 때는 매우 신중하고 정확해야 한다. 대타자가 해체된다고 해서 그것이 프랑스의 정신분석가 자크 알랭 밀러Jacques-Alain Miller가 말한 '보편화된 폐제廢除, foreclosure*'로 곧장 이어지는 것은 아니다. 보편화된 폐제란 대타자가 더 이상 주체들이 소통하는 상징적 공간으로 기능하지 못하는 상태를 말한다. 오늘날 우리는 각자의 풍선에 갇혀 자기 자신의 메시지만을 되돌려 받고 있는 듯 보인다. 그럼에도 우리는 여전히 어떤 형태로든 '대타자'라는 존재에 의존하며 소통하고 있지 않은가? 또한 '가짜 뉴스'가 넘쳐나는 혼란스러운 디지털 공간은 인플루언서들이 숫자와 클릭 수를 놓고 경쟁하는 새로운 형태의 '대타자'가 되어 있지는 않은가? 우리가 페이스북에 진위 여부와 상관없이 뉴스를 게

---

* 부성의 질서가 폐기됨 혹은 거세가 제거됨

시할 때, 그것은 직접 우리 자신을 드러내는 것이 아닌 새로운 '대타자' 내에서 특정 역할을 수행하는 일이다. 캔슬 컬처Cancel Culture라는 영역도 '취소된' 사람들이 공적 공간에서 배제되는 매우 엄격한 형태의 '대타자'가 아닐까? 나는 우리 시대의 곤경을 분석한 듀안 루셀Duane Rousselle의 이론을 높이 평가한다. 하지만 임상에서 아이러니가 어떻게 기능하는지에 대한 그의 생각에는 문제가 있다고 생각한다.

> 밀러에 따르면, 아이러니는 정신분석가와 혁명가(그리고 연인에게도?)에게 매우 어울리는 개념이다. 왜냐하면 사회적 연대가 근본적으로 허구라는 가정하에 발생하기 때문이다. 이런 이유로 우리는 정신분석이 매우 근본적인 분석 작업이라고 주장할 수 있다. 유머는 안다고 가정된 주체가 있을 때 발생하지만, 아이러니는 안다고 가정된 주체가 없고 대타자가 알지 못할 때 발생한다. 그러므로 아이러니가 발생할 때는 정신분석에서 '대타자'가 붕괴할 때이고, 혁명에서도 '대타자'가 붕괴할 때다. 그리고 정신병리학에서 '대타자'가 폐제될 때다.[1]

하지만 정말로… 정신분석과 혁명, 사랑, 정신병에 나타나는 '대타자의 붕괴'가 등가로 연결될 수 있을까? 그리고 아이러니는 정말 대타자의 붕괴를 전제로 한 주체의 입장에 적절한 이름일까? 혁명의 정치야말로 허구가 '아닌' 사회적 연결고리(혁명적 주체라는 설정된 연결고리)를 구성하려는 노력은 아닐까? 그리고 정신분석의 영역에서도 마찬가지 아닐까? 라캉

더 깊은 사유

은 분석가란 스스로 자신을 승인하는 사람이라고 주장한 바 있다. 하지만 그도 약간의 냉소를 덧붙여, 그가 자신을 승인했는지 다른 사람들이 확인해주어야 한다고 했다. 그러지 않으면 누구나 자신을 분석가라고 선언할 수 있을 테니 말이다. 이때 새로운 차원의 공동체가 나타난다. 이제 분석자와 피분석자는 사적인 대화의 차원을 넘어서게 된다. 피분석자는 분석 대상이 되기 위해 자신의 주관적 입장을 배제한 방식으로 발언해야 한다. 혹은 정확히 말하면 그의 주관적 사실은 무의미해진다. 그래서 발화의 주관적 위치는 사라지고 오직 발화된 내용만이 중요해진다. 피분석자는 자신에 대해 전혀 모르는, 평균적이고 중립적인 두 중개자가 이해할 수 있는 증언을 해야 한다. 두 중개자는 전해들은 이야기로 무엇을 하는 것일까? 그것을 그저 재판정에 전달한다. 재판관은 세 명의 분석가로 구성되어 있고, 이들은 피분석자가 담화의 자격을 갖추었는지를 확인한다. 그렇다면 피분석자는 왜 자신의 증언을 직접 재판정에 전달할 수 없는 것일까? 재판관들을 직접 접촉하는 것이 불가한 것일까? 그것은 자의적인 폐쇄성을 방지하기 위함이며, 재판정이 특정 진리나 개인적 관계에 직접 접근하는 특혜 기구로 전락하지 않도록 하기 위해서다. 모든 발화는 대체로 '바보 같은' 두 중개자가 감당할 수 있는 평균적인 의미 수준에서 이루어져야 한다.

이때 중개자들이 바보 같은 이유는 우리가 '대타자'에 갇혀 있다는 사실 때문이다. 그래서 라캉은 「새로운 기표를 위하여Vers un signifiant nouveau」에서 이렇게 결론 내렸다. "나는 상대적인 바보일 뿐이다. 그래서 나는 다른 사람들만큼 바보다. 아마도 내가 조금 깨우쳤기 때문일 것이다."[2] '상대적인 바보'라는 말은 엄밀하게 말해서 완전한 바보는 아니라는 의미로 읽어야 할 것이다. 여기서 중요한 것은 라캉이 조금 깨우쳤기 때문에 완전한 바보가 아니라는 부분이 아니다. 라캉에게 바보 같지 않은 것이란 없다. 바보 같음에서 예외는 없으며, 그를 완전한 바보가 아니게 하는 유일한 것은 *바보 같음 자체에 내포된 모순이다.*[3]

모든 사람에게 지분이 있는 이 '바보 같음'의 이름은 당연히 '대타자'이다. 이때 우리는 흔히 사용하는 다음 문장을 뒤집어 생각해야 한다. '그걸 못 보다니 바보 같군.' *진리는 오해에서 비롯된다*'는 말이 옳다면, 이 말은 '그걸 보려면 멍청해야 한다'는 의미가 된다. 즉 라캉이 말한 것처럼 *"속지 않는 사람은 방황한다."* 이는 냉소주의자들을 향한 최고의 비판적 언사다. 진리에 도달하기 위해 우리는 환상 속으로 뛰어들어야 하기 때문이다. 해방의 정치란 어떤 의미에서는 명백히 '환상적인' 보편 정의의 공리를 믿는 것으로만 지속될 수 있다는 점을 생각해보라.

그러므로 '바보 같지 않은 자'는 냉소주의자다. 그리고 여기서 오로지 '확실한 사실'만 믿는 냉소주의자의 결핍이 드러난다. 판사가 말할 때 그의 말(법이라는 제도가 하는 말)에는 판사 개인의 직접적인 현실보다 더 많은 진리가 담겨 있다. 따라서 우리는 눈에 보이는 것에 집착할 경우 중요한 본질을 놓치게 된다. 라캉이 *"속지 않는 사람은 방황한다"*는 명제를 통해 주장하는 역설이 바로 이것이다. 그에 따르면 상징적 허구에 휘말리지 않고 오직 자신의 눈으로 본 것만 믿는 사람이 가장 큰 오류를 범한다. 자신의 눈만을 믿는 냉소주의자가 놓치는 것은 상징적 허구의 효력이다. 그는 이 허구가 현실 경험을 어떻게 구조화하는지 알지 못한다. 그리고 듀안 루셀이 공언하는 아이러니는 냉소주의에 위험하리만큼 가까워진다. 이때 중요한 것은 타자에게 속지 않는 냉소적 아이러니와 모차르트적인 더 근본적 의미에서의 아이러니를 구분하는 일이다.

미국의 연출가 피터 셀러스Peter Sellars는 자신이 연출한 모차르트의 오페라 〈코지 판 투테〉에서 철학자 알폰소와 데스피나의 사랑만이 온전히 열정적인 사랑이라고 해석했다. 두 사람은 극중에서 다른 두 젊은 커플의 사랑을 시험하기 위해 절망적인 현실을 꾸미고 교착 상태를 연출했다. 이 해석은 모차르트적 아이러니의 핵심을 정확히 짚고 있으며, 냉소주의와 대척점에 위치한다. 쉽게 설명하자면 냉소주의자는 속으로는 비웃으면서 겉으로는 위장한다. 이를테면 공적으로 조국을 위한 희생을 설교하면서 사적으로는 이익을 챙기는 행위가 그것이다. 반면에 아이러니에서는 겉으로 비웃는 것을 속으로 예의주시한다. 주체가 겉보기보다 사안을 더 진지하게 받아들이는 것이다. 그래서 알폰소와 데스피나, 냉정한 철학자와 방탕한 하녀야말로 진정한 사랑을 열망하는 이들이다. 이들은 가엾은 두 커플에게 사랑이라는 허울imbroglio을 흔들어 보이지만, 사실은 자신들이 직면한 트라우마적 집착을 허물고자 한다*. 이제 우리는 모차르트적 아이러니의 특별한 점을 이야기할 수 있다.

이 아이러니 속에서 언어와 분리되어 연주되는 *음악은 여전히 거짓말을 하지 않는다.* 즉 모차르트적 아이러니는 진리가 '음악으로 발언하는' 독특한 순간에 드러나고, 라캉의 유명한 "*나라는 진실은 내가 하는 말이다Moi la vérité, je parle*"라는 발언의 무의식으로 존재한다. 그리고 오늘날 아이러니가 가득하고 믿음은 부족한 포스트모던의 시대가 되자 비로소 모차르트적 아이러니는 완전한 현실성을 얻게 되었다. 우리는 내면이 아니라 행위 그 자체에 집중하고 있으며, 사회생활 속에서도 우리가 아는 것보다 훨씬 더 많은 것을 믿는다는 당혹스러운 사실에 직면한다.

정신병 환자에게서 폐제된 것은 대타자 그 자체가 아니라 타자의 타자, 즉 대타자를 유지하는 주인 기표master-signifier로, 라캉이 '아버지의 이름Name-of-the-Father'이라고 부른 것이다. 물론 이 '타자의 타자'는 허구이자 가상이다. 하지만 그것이 허물어진 후에 우리가 얻는 것은 대타자의 보편화된 폐제가 아니라 냉소적인 왜곡으로 가득 찬 공간이다. 이 공간에는, 속지 않았기 때문에 잘못된 길을 가는 주체들이 존재한다. 그래서 모든 존재가 예외가 되는 무한한 축제로서의 '보편화된 폐제'에 대한 설명은 언제나 왜곡된다.

오늘날 예외는 보편이 되었다. 실제로 '모든 X'는 예외의 자리

---

* 알폰소와 데스피나는 두 여성에게 남자친구들이 사망했으니 다른 연인을 찾으라고 진심으로 조언한다.

를 차지하는 다수이며, 이 때문에 모든 발언자가 일반화된 예외가 된다. 따라서 '아버지의 이름'에 대한 보편적 폐제라는 토대를 딛고 박애의 동지애가 형성된다. 그리고 그것은 시대의 공적 광장이 된 소셜 네트워크에서 최적화된다. 라캉이 1974년 로마에서 어느 기자와의 인터뷰를 통해 밝힌 것처럼, '축제'는 이제 장소의 한계가 없는 육체가 되었다. 이것은 가상의 힘 덕분이다. 가상은 지금까지 신체의 움직임이 필요했던 지각 공간의 범주를 확장시켰다.[4]

그런데 이 축제에는 정말로 제한이 없을까? 어쩌면 넘어서고자 하는 욕망을 일깨우는 아버지의 금기보다 훨씬 강력한 형태의 제한이 '정치적 올바름'이나 '캔슬 컬처' 같은 문화를 통해 더욱 극심한 압박으로 돌아온 것은 아닐까? 워크Woke*라는 말을 생각해보자. 이 단어를 '중심 없는 다양성 시대의 인종주의'라고 설명한다면 거부 반응을 보일 사람도 있겠지만, 정확한 설명이다. 전통적 인종주의는 외부 침입자가 자신의 통일성을 위협한다고 생각하지만(이민자나 유대인을 자국을 위협하는 존재로 여기는 경우), 워크는 진심으로 과거의 '단일한' 형태를 고수하고자 하는 이들(예를 들면 가부장적 가치를 지지하거나 유럽 중심주의를 고수하는 사람들)을 불편하게 한다.

워크와 캔슬 문화에서 성적 이분법을 거부하는 유동성이 반대 진영과 어떻게 공존하는지 설명할 때에도 이러한 관점

---

* 정치적 올바름에 대해 지나치게 각성한 사람 혹은 현상

에서 바라보아야 한다. 파리의 명문 고등사범학교École Normale Supérieure는 현재 교내 기숙사에 혼합성과 다양성(선택된 다양성)을 성 정체성으로 선택한 이들을 위해 복도 만드는 사업을 검토 중이다. 이 공간에는 시스젠더cisgender, 즉 자신의 성 정체성이 출생 성별과 일치하는 남성은 진입할 수 없다.[5] 제시된 규칙은 엄격하다. 예를 들면 허용 기준에 맞지 않는 사람은 잠깐이라도 이 장소를 지나갈 수 없다. 또한 규칙은 더 엄정히 만들어질 수도 있는데, 일정한 수 이상의 사람이 자신의 성 정체성을 더 좁은 범위로 정의하면 그들만을 위한 복도를 따로 지정할 수 있다. 제시된 규칙에 나타난 세 가지 특징을 주목해보자. (1) 시스젠더 남성은 제외되지만 시스젠더 여성은 제외되지 않는다. (2) 분류 기준은 객관적이 아닌 주관적인 자기 규정이다. (3) 더 많은 분류상 세분화가 진행될 것이다. 이는 모든 '유동성'과 '선택', '다양성' 등에 대한 강조가 결국 새로운 아파르트헤이트Apartheid로 귀결될 수 있다는 사실을 보여준다. 그래서 워크가 제시하는 입장은 허용주의가 보편적인 금지로 변하는 극단적인 사례를 연상시킨다. 정치적 올바름의 체제에서는 언제든 누구라도 특정 언행으로 인해 '캔슬'될지 알 수 없다. 그리고 그 기준은 불명확하다.

이때의 불명확성은 모든 현실 국가의 권력 구조에서 핵심을 구성한다. 어떤 정부가 아무리 민주적이고 친절한 모습을 보일지라도, 그 내부에서는 암묵적이지만 분명한 신호가 발산된다. '우리의 한계를 잊어라. 우리는 궁극적으로 너희에게 무슨 일이든 할 수 있다!' 이 권력의 과잉은 권력의 순수성을 훼손하는 우연적 요소가 아니라 필수적인 구성 성분이다. 자의적으로 행사하는 위협이 없으면 국가 권력은 진정한 권력이 아니며 그 권위를 잃을 뿐이다. 우리는 권력이 합리적이고 민주적인 범위에서만 행사되도록 하려는 부질없는 게임을 멈추고, 권력의 과잉을 그대로 받아들여야 한다. 이 권력을 망치는 것은 바로 트럼프식 대중주의자들이다.

더 깊은 사유 6

뻔뻔한 부끄러움

오늘날 만연한 캔슬 컬처의 문제점이 무엇인지 이해하기 위해서는 수치심의 개념을 이해해야 하며, 그 개념이 최근에 어떻게 변화했는지 자세히 살펴야 한다. 로버트 팔러[1]는 자신의 책 『수치심에 대한 두 가지 계시Two Revelations on Shame』에서 수치심을 죄책감에 상반되는 개념으로 설명했다. (죄책감과 달리 수치심은 외부에서 비롯되며 자신의 실패나 만족할 수 없는 성취에서 비롯된다.) 죄책감은 여러 단계로 나타나는데, 이성적인 논쟁과 포용의 가능성을 포함한다는 점이 주목할 만하다. 하지만 수치심은 갑작스럽게 우리를 압도하여 회피의 감정만 들게 할 뿐 이성적인 해결책에는 이르지 못한다. 팔러는 지금의 문화에서 수치심의 역할이 어떻게 변화했는지를 분석했다. 수치심은 더 이상 실패나 부족함의 결과가 아니다. 그것은 성공 그 자체가 될 수 있었던 외설적 과잉obscene too-muchness이다. 우리는 자신의 부족함이나 불충분함을 부끄러워하는 것이 아니라 외설적 과잉을 부끄러워한다. 그 부적절한 것을 느끼면 "그저 사라지고 싶고, 땅 속으로 숨고 싶다. 이를테면 내가 너무 뚱뚱하다고 생각하거나 사람들 앞에서 방귀를 뀌는 상황에 놓이면, 자아는 스스로를 외설적 잉여obscene excess로 인식한다."[2] 우리가 자아의 현실 좌표를 규정하는 상징적 질서 안에서 스스로에게 적절한 자리를 부여하지 못하기 때문이다. "수치심은 부족함에서 유발되는 것이 아니라 과잉에서 유발된다. 그것은 위에서 내려오지 않고 아래에서 올라온다."[3]

내가 수치심을 느끼는 순간은 내 안의 무언가가 초자아에 미치지 못할 때가 아니라 내 자아가 하위 자아sub-ego(상징적 거세 이전의 원초아 *이드Id*)에 의해 교란될 때이다. 이 지점에서 팔러는 어쩌면 다소 성급한 논리를 펼쳤는지도 모른다. 상징적 거세는 *이드*와 *자아* 사이에서 발생하는 것이 아니라 이드의 중심에서 이미 작용하고 있다. 자아가 '정상적'으로 기능할 수 있는 것도 거세 트라우마를 부정하고자 하기 때문이다. 팔러가 주목하는 '순수한 관찰자'라는 신기한 작용이 이드에 위치하지 않는 이유가 이것이다. 이것은 대타자의 한 양상이고, 순수한 겉모습으로 기능한다. 자아는 이 겉모습을 유지하여 '순수한 관찰자'가 그것을 알아채지 못하게 하는 임무를 수행한다. 팔러는 이러한 기능을 다음과 같이 완벽하게 설명한다.

수치심은 고통스러운 문제를 모두가 알고 있을 때 생겨나는 것이 아니다. 그것은 '마치 무엇인 듯한' 상황이 붕괴할 때 폭발한다. (…) 공공연한 비밀을 유지하고자 하는 시도가 실패할

때, 그 자리에 있는 모든 사람에게 수치심이 생긴다.[4]

팔러에 따르면, 수치심은 단순히 외부에서 비롯되는 것만을 의미하지 않는다. 나는 혼자 있을 때도 수치심을 느낄 수 있다. 우리가 말하는 '예의'나 '배려'는, 대타자의 입장이 된 내가 불편함을 알아차리지 못하는 척하는 법을 배웠다는 의미다. 이 순수한 관찰자(겉모습의 수호자)는 내가 다른 사람을 대신해 부끄러워할 수 있다는 이상한 사실을 설명하기도 한다. '순수한 관찰자'(대타자의 한 모습)가 과잉을 인지할 때, 이 순수한 관찰자의 존재를 인정하는 우리는 그 사실을 알고도 조용히 무시했다는 사실이 밝혀지면서 다 함께 수치심을 느낀다.

예를 들면 큰 테이블을 앞에 두고 마주 앉은 고급 사교 모임에서 누군가 부적절한 행동을 했다. 큰 소리로 방귀를 뀌는 경우를 생각해본다면, 그에 대한 적절한 반응은 '당신이 그렇게 행동했지만 괜찮습니다. 문제없어요'라고 친절한 미소를 보이는 것이 아니라, 그 행동을 완전히 무시하고 아무 일도 없었던 것처럼 행동하는 것이다. 이와 유사하지만 조금 다른 상황을 떠올려 보자. 엘리자베스 1세 여왕에게 일어난 일이다. 궁중 연회에서 여왕이 큰 소리로 방귀를 뀌자 한 비서가 여왕을 향해 말했다고 한다. "죄송합니다, 여왕 폐하, 제가 참지 못했습니다!" 여왕의 부적절한 행동을 대신 사과한 것이다. (들리는 말에 따르면, 여왕은 자신의 체면을 지켜준 비서에게 큰 보상을 했다고 한다.)

스탈린주의는 아마도 이러한 순수한 관찰자가 작용한 가

장 분명한 정치적 사례일 것이다. 스탈린 체제에서 겉모습이 얼마나 중요한 역할을 했는지 우리는 잘 알고 있다. 그 체제에서는 겉모습이 훼손될 위험이 있을 때마다 극심한 공포에 빠져들었다. 예를 들면 체제의 부정적인 면을 드러내는 사건 사고가 매체에 보도되는 경우가 그것이다. 소련 언론에는 범죄나 매춘과 관련된 보도가 없었고, 노동자나 대중의 시위는 물론, 사회를 부정적으로 느끼게 하는 사건에 대한 언급조차 없었다. 모스크바에서는 왜 5월 1일 노동절 퍼레이드 때 비가 내리지 않는지 생각해보자. 당국은 비가 퍼레이드를 방해하여 당의 전능한 권력에 의문을 갖지 않을까 두려워한 나머지 비구름이 형성되지 않도록 모스크바 상공에 가스를 살포했다. 스탈린주의의 특징은 체제의 겉모습을 유지해야 한다는 필요성과 거칠고 폭력적인 공포가 결합된 형태를 하고 있다는 점이다. 무엇이 진실인지 안다고 해도 겉모습의 주체인 대타자는 그것을 알아채서는 안 된다.

그런데 오늘날 새롭게 등장한 정치 지도자들은 이와 상반된 모습을 보인다. 도널드 트럼프의 경우 외설적인 언행에도 불구하고 유명한 것이 아니라, 바로 그 외설적인 언행 때문에 유명하다. 과거 왕정국가에서는 종종 풍자적인 농담이나 음담패설을 허용하며 고귀한 겉모습을 농락하는 광대를 두었는데, 이는 대척지점에 있는 왕의 존엄성을 부각시키기 위한 장치였다. 하지만 트럼프에게는 광대가 필요하지 않다. 그 스스로가 이미 광대이기 때문에 정상 상황의 위반이 그의 행동 규범인 것도 놀랍지 않다. 트럼프는 외설적인 소문을 숨기는 존엄한 인물이 아니라, 자신의 외설을 존엄한 가면으로 보이게 하는 공공연히 외설적인 인물이다. 알렌카 주판치치는 이러한 논리와 고전적인 통치 논리를 대조하여 다음과 같이 설명하기도 했다.

왕이라는 이미지가 훼손되는 것은 왕 자신의 위신이 훼손되는 일이며, 용납될 수 없었다. 그런데 새롭게 등장한 논리는 이것이다. 왕의 이미지가 어떤 방식으로 거세되더라도 나는 내가 하고 싶은 것을 다 할 수 있다. 더 나아가 이 새로운 이미지를 통해 그리고 그 덕분에 나는 내가 원하는 것을 할 수 있다.[5]

이것은 물론 트럼프가 작동하는 방식이다. 그의 공적 이미지는 온갖 방법으로 더럽혀진다. 사람들은 그가 어떻게 그토록 지속적으로 새로운 외설에 연루되어 대중을 충격에 빠뜨리는지 놀라지만, 그럼에도 불구하고 그는 전례 없는 대통령령을 발동하는 등 온전히 정상적인 방식으로 통치하고 있다. 여기서 거세는 전례 없는 방식으로 전복된다. 라캉이 '상징적 거세'라고 부르는 것의 기본 전제는 나 자신의(궁극적으로 비참한) 심리적이고 사회적인 현실과 나의 상징적 의무(정체성) 사이에 놓인 간극이다. 내가 왕이 될 수 있는 것은 내가 가진 내적 특성 때문이 아니라 사람들이 나를 왕으로 대하기 때문이다. 오늘날 외설적인 주인공들은 '거세'를 자신의 공적 이미지로 활용한다. 트럼프는 스스로를 조롱하고 거의 마지막 존엄의 흔적까지 비워버리는 충격적인 저열함으로 상대를 혼란에 빠뜨린다. 그런데 이러한 자기 비하는 그의 행정 행위라는 업무에 전혀 영향을 미치지 않을 뿐 아니라, 오히려 더욱 강경하게 수행할 수 있도록 한다. 마치 공적 이미지의 '거세'(존엄의 이미지를 포기함)를 공개적으로 선포하여 실제 정치권력만큼은 완전히 '거세되지' 않은 형태로 이끌고 갈 수 있다는 암시를 준다. 공적 이미지가 '거세'된다는 것은 단지 공적 이미지가 중요하지 않다는 신호가 아니라, 정말로 중요한 것은 행정적 권력뿐이라는 메시지임을 이해해야 한다. 행정 권력의 완전한 행사와 집행은 공적 이미지가 '거세'될 때에만 가능하다.

그렇다면 이 경우, 수치심은 어떻게 작용하는가? 라캉은 공공장소에서 거리낌 없이 방귀를 뀌고 트림을 하는 사람으로 알려졌다. 그는 순수한 관찰자는 물론 주변 사람들의 당혹감에도 신경쓰지 않았다. 그리고 우리는 이 질문을 제기해야 한다. 라캉은 정말로 공적 예절을 무시한 것일까, 아니면 다른 사람들에게 당혹감을 주기 위해 실행한 전략의 일부였을까? 트럼프에게도 비슷한 질문을 제기할 수 있을 것이다. 그는 일종의 '대리적 수치'로 대중이 그를 부끄러워해 주기를 기대한다. 그리고 '좌파'는 이 게임에 주저 없이 나선다.

어떤 사안에 대해서도 상대와 토론할 준비가 되어 있고, 자신들의 우월한 논리에 확신을 가진 반항적이고 계몽적인 좌파 대신, 이제는 논쟁적 대립을 두려워할 뿐 아니라 자기 진영 사람들의 입을 틀어막고 싶어 하는 요란스러운 가짜 좌파가 등장했다.[6]

그 이유가 무엇일까? 수치심과 향락 사이의 분명한 연관성 때문이다. 사람들은 수치스러운 일을 비밀스럽게 즐기기도 한다. 특히 다른 사람의 존재나 행동에 대해 수치심을 느낄 때 그러하다. 따라서 오늘날 부족한 것은 수치심에 대한 성찰이다. 우리가 맞이한 새로운 수치심 문화에서는 팔러가 이야기한 '부끄러움 없는 수치심'[7]을 경험한다. 수치심이 만연하다는 것은 오히려 수치심이 결여되어 있다는 뜻이다. 우리는 우리의 수치심에 당황하기보다 오히려 *그것을 부끄러움 없이 즐긴다*. '정치적 올바름'의 입장은 "욕망의 광범위한 소멸이 침투한"[8] 것이며, 사라지고 싶은 욕망으로 절정에 이른다. 그리고 이처럼 사라지고 싶은 욕망의 대표적인 사례가 바로 강렬한 수치심이다.

수치심이 유발되는 잉여는 일종의 잉여 쾌락과 깊이 연결되어 있다. 나는 대타자에게 관찰되는 나 자신을 볼 때, 이를테면 방귀를 뀌는 행위처럼, 내가 비밀스럽게 즐기는 어떤 행동에 수치심을 느낀다. 그리고 나는 그 수치심 자체를 즐긴다(이때의 반성적 전환이 중요하다). 트럼프는 어떤 행동에서(물론 모든 행동은 아니다) 수치심이 없이 행동한다. 그때마다 자유주의 좌파들은 그를 대신해 수치심을 느끼고, 이 타자에게 돌려진 수치심 자체가 쾌락의 원천이 된다(나는 다른 사람들이 내가 하는 일에 수치심을 느끼는 것을 즐긴다). 하지만 트럼프의 뻔뻔함도 무한한 것은 아니다. 예를 들면 그는 자신이 양성애자나 동성애자라고 뻔뻔하게 주장하지는 않을 것이다. 그가 비애국자라고 비난하는 사람들만이 스스로 부끄러워해야 하기 때문이다.

그런데 자유주의 좌파들과 달리 트럼프는 좌파가 한 일에 대해 자신이 부끄러워하지는 않을 것이다.

요컨대 수치심은 무엇인가 잘못되었다고 믿을 만한 지표가 아니다. 마크 트웨인의 『허클베리 핀』에서 허크는 노예 짐의 탈출을 돕는 옳은 일을 하지만 그에 대해 수치심을 느꼈다…. 우리는 어처구니없는 일이 벌어진 사실에 수치심을 느끼지만, 더욱 깊은 단계를 들여다보고 우리 자신의 수치심을 포함한 상황 전체를 분석해야 한다. 그렇다면 우리는 어떻게 대타자의 프레임에 따라 부끄러워해야 할 일을 부끄러움 없이 수행할 수 있을까? 오늘날에는 수치심을 피할 수 있게 해주는 일종의 도착적인 형태가 작동하고 있다. 대타자가 규제하는 현실에서 자신을 배제하고 안전한 거리 밖에서 현실에 개입하는 방식이 그것이다. 이러한 도착의 대표적 사례는 〈사라예보 사파리Sarajevo Safari〉(2022, 미란 주파니치 감독, 슬로베니아)라는 다큐멘터리에 잘 나타나 있다. 이 영화는 1992~96년에 있었던 사라예보 포위전siege of Sarajevo에서 벌어진 극도로 기괴하고 병적인 사건을 다루고 있다. 알려진 대로 사라예보 주변 언덕에 주둔하던 세르비아군은 저격수를 가동해 아래쪽 마을 주민에게 무차별적 총격을 오랜 기간에 걸쳐 가했다. 대체로 러시아인이 많았던 선별된 동맹국 군인들은 사라예보 시내를 향해 몇 발씩 사격하도록 요청받았다. 그것은 동맹국에 대한 예의이자 감사의 표시로 받아들여졌을 뿐, 심각한 사건으로 간주되지는 않았다. 여기까지는 많이 알려진 사건이지만, 훗날 사람들은 그곳에서 벌어진 사건 이면의 진실에 대해 알게 되었다.

러시아인을 포함한 미국과 영국, 이탈리아의 부유층 수십 명이 거금을 지불하고, 포위된 사라예보 주민들을 향해 총격을 가한 사실이 밝혀진 것이다. 이 사파리 투어는 세르비아 군대에 의해 조직되었으며, 고객들은 베오그라드에서 사라예보 인근 산악 지역 도시 팔레로 이동한 후, 계곡 아래 사라예보 시가지가 보이는 안전한 장소로 인도되었다.[9]

다큐멘터리가 고발하고 있는 것처럼, 이 사파리 투어는 세르비아 군대의 최고 지휘부는 물론 보스니아 내 NATO 평화유지군도 알고 있었다. 그렇다면 그들은 왜 이를 공개하지도 않고, 저격수가 있는 곳을 폭격하지도 않았을까? 여기서 주목할 점은 사파리 '사냥꾼'들이 갖는 주체성의 형태다. 희생자들은 개인화되지 않은 익명이었고 사냥꾼과 목표물 사이에는 상징적인 장벽이 존재했지만, 그럼에도 그것은 비디오 게임이 아니었고 희생자들은 현실의 일부였다. 이러한 사실에서 알 수 있는 것은, 그들이 '사냥'이라는 행위를 통해 도착적인 스릴을 즐겼다는 점이다. 자세히 들여다보면, 여기서 비현실화된 쪽은 희생자가 아니라 '사냥꾼' 자신들이었다. 그들은 스스로를 일상적인 현실에서 분리하여 현실 너머의 안전한 장소에 있는 것으로 생각했다. 이런 식으로 현실 자체가 구경거리의 일부가 되었고, 그 속에서 사냥꾼들은 현실 사건에 관여하지 않은 것으로 가장할 수 있었다.

이러한 점 때문에 〈사라예보 사파리〉는 또 다른 다큐멘터리 〈액트 오브 킬링The Act of Killing〉(2012, 조슈아 오펜하이머와 크리스틴 신 감독, 파이널 컷 필름 프로덕션, 코펜하겐)보다 한발 더 나아간 측면이 있다. 인도네시아 메단에서 촬영한〈액트 오브 킬링〉은 오늘날 존경받는 정치인 안와르 콩고Anwar Congo와 주변 인물들의 이야기를 그렸다. 하지만 안와르 콩고는 1966년에 죽음의 분대를 이끌던 폭력배였고, 약 250만 명에 달하는 공산주의 추정 일파(주로 중국계)를 학살한 책임자였다. 승리자가 된 그들은 자신들이 저지른 끔찍한 행위를, 지워야 할 '더러운 비밀'이나 은폐해야 할 범죄로 치부하지 않았다. 오히려 학살의 세부 내용, 이를테면 철사로 교살하거나 목을 자르고, 여성을 즐겁게 겁탈하는 방법 등에 대해 공개적으로 발언했다. 2007년 10월, 인도네시아 국영 방송은 안와르와 그의 동지들이 출연한 토크쇼를 방영했다. 안와르는 대화 도중 갱스터 영화에서 영감을 받아 학살을 실행했다고 말하며 밝게 웃었다. 그러자 진행자는 카메라를 향해 밝게 웃으며 "굉장하군요! 안와르 콩고에게 박수를 보냅시다!" 하고 감탄했다. 그녀가 희생자 가족들의 복수가 두렵지 않냐고 묻자 안와르는 "그렇게는 못 할 겁니다. 그들이 움직이면 우리가 먼저 그들을 제거할 겁니다!"라고 답했다. 그의 부하도 거들었다. "우리가 그들을 전부 쓸어버릴 거예요!" 이에 관객들은 환호와 함께 더욱 큰 박수를 보냈다. 이 장면을 직접 보지 않고는 이런 방송이 가능하다는 사실을 믿지 못하는 이도 많을 것이다.

그런데〈액트 오브 킬링〉이 당시 벌어진 사건을 카메라 앞에서 재현하면서 일말의 공포를 드러낸 것에 비해,〈사라예보 사파리〉는 살인이 그 자체로 하나의 스펙터클로 꾸며졌다. 이것은 도착적이면서도 매우 현실적인 측면이 있다. 오늘날 기업의 최고 경영자들도 비슷한 사냥을 하고 있지 않은가? 그들은 작은 결정을 통해 많은 이들의 삶을 망치기도 하고, 수천 명의 일자리를 없애버린다. 상상컨대 그들은 자신이 해고했거나 여러 방식으로 삶이 망가진 가족들을 지켜보기도 할 것이다. 유사한 광기의 마지막 사례를 들자면, 현재 러시아 안보위원회 부회장을 맡고 있는 전 러시아 대통령 드미트리 메드베데프 Dmitry Medvedev이다. 앞 사례의 인물들과 다르지 않은 그는 최근 다음과 같이 말했다.

> 미국 주도 나토 동맹은 러시아 핵 전술에 의해 전 세계가 '핵 종말'을 맞이하는 상황을 두려워합니다. 때문에 그들은 전쟁에 직접 개입하지 않으려 할 것입니다. 나는 나토가 이 상황에 개입하지 않을 것으로 확신합니다. 결국 나토에게는 망해가는 나라, 아무도 필요로 하지 않는 나라 우크라이나의 운명보다 워싱턴과 런던, 브뤼셀의 안보가 더 중요하기 때문이죠. 오늘날 무기를 공급하는 일은 서방 국가들에게 단지 비즈니스일 뿐이고, 유럽과 전 세계 선동가들은 핵 종말로 공멸할 생각이 없습니다. 따라서 그들은 지금의 갈등 상황에서 어떤 무기가 사용되어도 용인할 가능성이 큽니다.[10]

이 문구가 무엇을 의미하는지 상상이 되는가? 메드베데프는 작은 땅 덩어리를 위해 수십억 인류의 목숨을 빼앗을 준비가 되어 있는 것이다. 우크라이나 전쟁과 상관없는 라틴아메리카, 아프리카, 아시아의 수십억 명의 목숨 말이다. 2022년 8월,

메드베데프는 이미 우크라이나 전쟁 범죄에 대해 러시아를 처벌하려 한다면 모스크바의 핵무기가 고려될 것이며, 이는 인류의 존재 자체를 위협할 것이라고 말한 바 있다.[11] 생각해보자. 메드베데프는 지구 어느 곳에서 이 발언을 한 것이며, 그라는 주체가 말하는 입장은 무엇인가? 그는 자신을 핵전쟁으로 사라질 인류에 포함시키지 않는다. 마치 전 세계적인 핵 재앙에서 마지막까지 살아남을 것처럼 말이다. 마치 인류가 계곡에 포위된 사라예보이고 그는 안전한 언덕 위에 숨은 사람처럼 보인다. 그도 물론 인류의 종말이 자신에게 영향을 미칠 것임을 알지만, 마치 모르는 듯 말한다.

분명한 사실은 메드베데프의 이 발언은 러시아가 우크라이나 일부 지역을 공식적으로 합병한 이후 등장했다는 점이다. 이 때문에 우크라이나가 해당 지역에 진군한다면 그것은 러시아 국가의 주권에 대한 위협으로 선언될 수 있고, 그 경우 전술 핵무기가 사용될 정당한 사유가 마련된다. 나는 이 분야의 전문가가 아니고, 이 글에서 러시아의 퇴군 상황 등 전쟁의 광범위한 맥락을 다루고 있지는 않다. 단지 메드베데프의 논리를 끝까지 따라가고 있을 뿐이다. 그가 한 또 다른 발언을 살펴보자. 러시아는 '나치 우크라이나'*와 같은 '위험한 이웃'에게 핵무기가 넘어가는 일을 막기 위해 '모든 일을 할 것'이다. 하지만 다른 국가(우크라이나)의 존재 자체를 위협하는 쪽은 러시아

---

* 우크라이나 민족주의자단 OUN이 나치에 적극 협력한
  사실이 있다.

이고, 그 다른 국가도 전술 핵무기로 자국의 생존을 방어할 권리는 있지 않은가? 그렇다면 우크라이나가 러시아와 기본적인 균형을 맞추기 위해 핵무장을 하는 상황도 진지하게 고려할 필요가 있다. 푸틴의 다음과 같은 발언을 되새겨 보자.

> 국제관계에서뿐 아니라 어떤 영역에서든, 리더십을 주장하기 위해서는 국가든 국민이든 민족이든 주권을 보장받아야 합니다. 왜냐하면 그것은 중간 상태가 없기 때문이죠. 어느 나라든 주권을 가지고 있거나 가지고 있지 않으니까요. 주권이 없다면 그것이 무엇으로 불리든 식민지일 뿐, 애매한 중간 상태란 존재하지 않습니다.[12]

그의 발언을 통해 알 수 있는 분명한 것은, 푸틴의 관점에서 우크라이나는 주권이 없는 쪽에 속한다는 점이다. 그것이 무엇으로 불리든 식민지일 뿐이다. 우리의 입장은 우크라이나를 타국의 식민지로 취급하지 않는 것이다. 미국의 국제정치 전문가 할란 울먼Harlan Ullman은 한국의 평화가 한국을 우회한 채 미국과 반대측의 협상으로 이루어진 것처럼, 우크라이나의 문제는 우크라이나를 우회한 채 서방 국가들이 직접 개입해야 한다고 주장했다. 하지만 우리는 이를 단호히 거부해야 한다.

푸틴의 승전 의지가 확고한 상황에서 이 전쟁은 어떻게 끝이 날까? 종전을 위해서라면 최소한 모든 전쟁 당사자가 수용할 수 있는 조건을 고려해야 하지 않을까? 클레망소Georges Clemenceau는 "장군들에게만 맡기기에 전쟁은 너무도 중요한 일이다"라고 말했다. 그렇다면 이 전쟁의 경우도, 젤렌스키에게만 맡기기에 우크라이나는 너무도 중요하지 않은가? 미국은 잔인한 폭력과 전쟁을 끝내기 위해 출구전략을 마련해야 한다.[13]

하지만 이것이야말로 러시아가 원하는 대응이 아닌가? 평화주의를 지향하는 일부 좌파들은 메드베데프의 발언을 우크라이나와 서방에 대한 경고로 해석하며 나의 주장에 분연히 반대할 것이다. 그리고는 러시아를 너무 궁지로 몰아넣지 말아야 한다고 일갈할 것이다. 그러나 그것이야말로 우리가 어떤 대가를 치르더라도 피해야 할 입장이다. 나토와 우크라이나에 무기를 지원하는 일에 반대하는 평화주의자들은 중요한 사실을 무시하고 있다. 서방의 지원 덕분에 우크라이나가 항전할 수 있었다는 점이 그것이다. 외부 지원이 없었다면 우크라이나는 이미 오래전에 패망했을 것이다. 지원으로 인해 지금의 교착 상태가 만들어졌고, 아울러 평화적인 타협의 가능성도 배제할 수 없게 되었다. 때문에 나는 우크라이나를 전폭적으로 지지하면서 당면한 문제인 석유와 가스의 위기를 친환경 에너지 전환의 기회로 활용하자는 독일 녹색당의 입장에 전적으로 동감한다. 즉 녹색당은 우크라이나를 돕는 일로 자국에 파장이 미칠까 노심초사하는 서방 국가들과 반대 방향으로 나아가고 있다. 이들은 우크라이나 전쟁을 단순한 장애물이 아니라, 사회와 경제 전반을 재정비하기 위한 긍정적인 계기로 활용하고자 한다. 올라프 숄츠Olaf Scholz 정부에서는 두 명의 장관이 이러한 정책을 추진할 수 있는 직책을 맡고 있다. 아날레나 베어보크Annalena Baerbock는 외교부 장관으로서 '탈-평화주의' 외교 정책을 옹호하고 있으며, 로베르트 하베크Robert Habeck는 경제 및 기후 행동부 장관을 맡고 있다.

이 공론의 장에서 가장 비겁한 인물을 들자면 촘스키와 바루파키스, 피터슨Jordan Peterson 등의 평화주의자들이다. 그들은 전쟁이 시작되자 우크라이나는 "결코 승리할 수 없다"고 주장했지만, 우크라이나가 우세를 보이자 우크라이나가 승리해서는 안 된다고(혹은 너무 많은 것을 얻어서는 안 된다고) 주장했다. 왜냐하면 그것이 푸틴의 분노를 자극할 수 있고, 결과적으로 핵전쟁으로 번질 수도 있기 때문이라고 했다. 이제 그들은 푸틴이 잔혹한 정복자가 아니라 위험한 광인이라고 생각하는 듯하다. 그리고는 핵전쟁을 막는 평화가 다른 무엇보다도 우선시되어야 한다고 주장한다. 서방 국가들은 수개월 동안 푸틴의 머릿속에서 무슨 일이 일어나고 있는지 골몰해 있다. 나는 푸틴의 생각은 뻔히 들여다보이지만 오히려 서방 자유주의자들의 머릿속 계산은 수수께끼처럼 모호하기만 하다. 전쟁이 벌어졌을 당시 서방 강대국들은 젤렌스키에게 특별기를 제공하여 그를 키이우에서 탈출시키고자 했다. 그것은 상황이 종료됐음을 암시하며, 사태를 빨리 다음 단계로 넘기자는 뜻이었다. 발작적이라고 할 만큼 성급했던 이 제안은 위기를 재빨리 무마하는 일이 서방 국가들의 바람이었다는 사실을 분명히 보여주었다. 물론 그들의 바람은 우크라이나의 저항으로 좌절되었다. 어떤 이들은 러시아가 체면을 잃지 않도록 해야 한다고 주장한다. 그러나 메드베데프의 발언을 살펴보면 오히려 우크라이나와 서방의 체면이 말이 아니게 되었다. 그의 발언은 서방의 비겁한 타협안을 미리 선언한 것이기 때문이다. 울만의 주장에 대한 반론 가운데 하나는 메드베데프의 발언에 숨은 비밀에 담겨 있다. 그는 왜 그러한 발언을 공개적으로 공표한 것인가? 그는 왜 약한 고리를 건드리며 핵 반격을 거부하는 서구의 입장을 겁먹은 행위로 앞서 해석하는 것일까?

이 지점에서 우리는 의도치 않게도 철학의 논제와 만나게 된다. 푸틴과 메드베데프의 말은 헤겔의 『정신현상학』에서 가장 유명한 구절인 주인과 노예의 변증법을 정확히 보여준다. 두 자아가 삶과 죽음을 건 투쟁을 하지만, 양쪽 모두 목숨을 걸고 싸워 끝까지 나아간다면 승자는 존재하지 않을 것이다. 한쪽은 죽고 한쪽이 살아남지만 그것을 알아줄 상대는 존재하지 않는다. 자유를 쟁취하고 그 사실을 인식한 역사, 즉 역사와 인류 문화의 총체는 오직 원초적인 타협을 통해서만 이루어질 수 있다. 얼굴을 마주한 팽팽한 대치 상황에서 한쪽(장차의 노예)이 '눈길을 피하며' 끝까지 갈 생각이 없다고 선언하는 것이 그것이다. 메드베데프는 타락한 쾌락주의에 빠진 서방이 결국 눈길을 피할 것이라고 가정한다. 하지만 상황을 복잡하게 하는 것은, 냉전의 사례에서 보듯 핵 대결에 빠져드는 경우다. 대결이 끝까지 가는 경우 양쪽 모두 사라진다.

그런데 진정한 광기는 우리가 기후 변화를 무시하면서 집단적 자살을 감행하고 있는 와중에 핵 파멸의 공포마저 마주하고 있다는 점이다. 마치 핵전쟁의 공포에 몰두함으로써 천천히 다가오고 있는 자기 파멸의 공포를 외면하는 것과도 같다. 핵전쟁의 위협은 우리(우리 모두가 아니라 버튼을 누를 수 있는 이들)를 일종의 호모 *데우스*homo deus*로 만들지만, 부정적인 의미에서만 그렇다. 지금 인간이 저지를 수 있는 유일한 신적 행위는 자기 파괴이다. 물론 그것은 최근에 경험한 미개한 바이러스를 가지고도 가능한 일이다.

이제는 '사라예보 사파리'가 서구의 특정 사건이 아니라 전 세계 특권층에게 주어지는 기본적인 권리로 다가서고 있다. 따라서 우리는 현실 속에서 살고 있지 못하다. 현실은 우리가 안전한 거리에서 관찰하는 계곡 아래 있고, 우리는 뒤에 숨은 채 자신에게 위협이 되지 않는 짜릿한 경험을 위해 개입할 뿐이다. 하지만 안타깝게도 현실은 종종 우리를 엄습한다. 그때마다 우리는 평화를 사랑하는 서방 국가들처럼, 계곡에 숨은 야수를 너무 자극해서는 안 된다는 현실론을 들고 고민할 뿐이다.

* 신이 된 인간

더 깊은 사유 7

영화 대신 혼돈

휴일 동안 시민들이 폭죽을 과도하게 사용한 모양이다. 슬로베니아 국방부는 2021년 12월 23일, 다음과 같은 제목의 트윗 문구를 게시했다. "군인이 되세요!" 내용을 보니, "폭죽을 던지지 마세요!!! 그럴 거면 차라리 군인으로 입대해서 폭발물을 설치하고 수류탄을 던지세요!"라고 쓰여 있었다. 게시문의 의도는 분명하다. 모병제를 시행하는 슬로베니아는 늘 군인이 부족하다. 그런데 사람들이 폭죽을 좋아하고 그로 인한 사건 사고도 종종 발생하니, 다 함께 조심하자는 뜻일 것이다. 그런데 이 문구에 담긴 잔인한 아이러니는 매우 도발적이다. 우리가 가진 통념은, 폭력을 피하기 위해서는 권투와 같은 경쟁 스포츠를 통해 욕구를 승화된 형태로 분출해야 한다는 것이다. 상대를 해치는 폭력적인 비디오 게임 또한 아이들에게 부정적인 영향을 미칠 수 있다고 알려져 있다. 물론 폭력적인 게임이 실제 폭력을 부추기는지, 아니면 건전한 표출 방식이 실제 폭력을 감소시키는지는 논란이 많은 사안이다. 그런데 슬로베니아 국방부의 트윗 문구는 이와 완전히 다른 방향을 보인다. 폭죽을 던지기보다(폭죽이 다소 위험하긴 하지만 최소한 승화된 형태의 폭력이다) 군인이 되어 사람을 해치고 죽이는 진짜 폭력을 훈련받으라는 것이다! 이 도착적인 논리는, 오늘날 우리가 가상 세계에 살며 위험을 감수하더라도 실제 삶으로 돌아가고 싶다는 불만에 숨겨진 진실이다. 이것은 허구 서사에 매혹되는 인간의 특성과 대척점에 있는 듯 보이지만, '현실로의 도피' 또한 서사에 매혹되는 또 다른 측면이다. 이 두 극단은 한때 '포스트모더니즘'이라고 불리던 것을 특징짓는다. 〈매트릭스: 리저렉션The Matrix Resurrections〉[1]에 나타나는 영화적 문제점은, 이미 포스트모더니즘을 넘어선 시대에 포스트모더니즘적 해결책을 제안한다는 점이다.

포스트모더니즘이 최소한으로 줄어든다는 것은 무엇일까? 텔레비전으로 방영된 애거서 크리스티 원작 드라마 〈히코리 디코리 살인Hickory Dickory Dock〉의 첫 장면에는 음식을 찾기 위해 런던의 하숙집 벽을 뚫고 다니는 쥐가 등장한다. 위층 침실로 들어간 쥐는 멈춰 서서 수염을 씰룩거린다. 침대 옆 접시에 쿠키 부스러기가 놓여 있고 방에서는 뭔가 이상한 일이 벌어지고 있다. 쥐는 접시에 다가가지 못한다. 잠들기 전에 항상 쿠키를 먹던 멋진 젊은 여성이 누군가에게 살해되고 있었다.[2] 쥐는 범인의 정체를 보았고, 경찰은 실마리를 찾지 못한다. 그러던 중 탐정 푸아로가 사건 현장을 방문한다. 이따금 화면 뒤편에서 쥐가 기어다니는 모습이 클로즈업으로 보이지만, 사람들은 마지막에 푸아로가 사건의 전말을 설명할 때 비로소 이를 인식한다. 마지막 순간 푸아로의 책장 위로 쥐가 나타나자 푸아로의 비서 레몬 양이 공포에 찬 비명을 지른다. 이에 푸아로는 쥐가 처음부터 모든 것을 알고 있었다는 사실을 이야기한다…. 그런데 쥐의 존재를 이야기와 무관하게 생각해서는 안 된다. 그럴 경우 쥐가 상징하는 어리석고 무의미한 존재감 즉 인간의 일에 완전히 무관심한 티끌 같은 존재감을 무시하게 되기 때문이다. 그것이야말로 포스트모더니즘이 작동하는 방식이다. 〈매트릭스: 리저렉션〉을 본 나의 첫 소감은, 아무 역할도 하지 않고 쥐처럼 그저 바삐 뛰어다니는 인물이 너무도 많다는 것이었다. 비록 그것이 중요한 설정이었다고 해도 말이다. 이 영화가 찬사를 받은 요소 가운데 하나는 '복잡성'이었다. 명확한 스토리 전개를 흐릿하게 만들면 심리적으로 더 '현실적'인 영화가 되는 것은 타당하다. 포스트모던 방식의 이러한 복잡한 이야기 구조에는 자아 성찰적인 순간들이 스며들기 쉽다. 〈매트릭스〉의 이전 삼부작에서 많이 인용되는 장면이나, 그 바탕이 된(특히 보드리야르Jean Baudrillard 이론을 떠올리게 하는) 곳곳의 대화가 그러하다. 그런데 우파들이 지식인들에 대해 냉소적으로 하는 말을 빌리자면, 워쇼스키Lana Wachowski 감독은 때때로 너무 똑똑해서 사족을 만들곤 한다.

〈매트릭스: 리저렉션〉에 대한 수많은 감상평에서 눈에 띄는 것은, 결말을 포함한 영화 내용 전반이 우리가 처한 사회경제적 상황을 은유하고 있다는 해석이다. 급진적인 좌파 비관론자들의 경우, 이 영화를 인간에게 희망이 없다는 메시지로 해석했다. 다시 말해서 인간은 매트릭스(우리를 통제하는 기업 자본의 네트워크) 밖에서 살아갈 수 없으므로 자유는 불가능해졌다는 것이다. 또한 평자들 가운데는 인간과 기계 사이의 진보 동맹을 인상 깊게 본 사회민주주의적 실용주의 '현실론자'들이 있었다. 파멸적인 기계 전쟁이 있은 지 60년 후, 생존한 인간들은 매트릭스 전체를 위협하는 이상 징후와 싸우기 위해 일부 기계와 동맹을 맺었다. 기계들 사이의 자원 부족은 내전으로 이어졌고, 그 결과 일부 기계와 프로그램들이 결함을 일으키고 인간 사회에 합류했다.[3] 인간들 또한 변했다. 니오베 장군이 이끄는 매트릭스 바깥의 현실 도시 이오Io는 이전에 살던 시온 Zion보다 훨씬 살기 좋은 곳으로 그려진다. (〈매트릭스〉의 이전 시리즈에서 시온에는 파괴적인 광신적 혁명가들의 흔적이 나타난다.)

여기에서 우리는 매우 중요한 논제와 새로운 인물에 대해 생각해보아야 한다. 기계들에게 자원이 부족하다면 전쟁의 양상이 매우 어려워지는데, 기계들이 활동하는 매트릭스에 에너지를 공급하는 것은 인간이다. 〈매트릭스〉 시리즈의 기본 세계관을 기억하라. 우리가 현실로 경험하는 것은 '매트릭스'라는 거대 컴퓨터와 우리 모두의 정신이 직접 연결되어 생성된 가상현실이다. 그렇다면 매트릭스는 인간을 매트릭스에 에너지를 공급하는 살아 있는 배터리로 환원시키기 위해 존재한다. 그래서 일부 사람이 매트릭스가 통제하는 가상현실에서 '깨어나는' 순간, 외부 현실의 넓은 공간으로 인도되는 것이 아니라 각자가 마치 태아의 상태로 양수 속에 잠겨 있다는 사실을 깨닫는다. 이 완전한 수동성은 우리가 능동적으로 자아를 확립하

는 주체로서의 의식적 경험을 배태하는 폐제된 환상이다. 이
것은 궁극의 도착적 환상으로, 우리가 궁극적으로 타자(매트릭
스)의 *주이상스*를 위한 도구에 불과하며, 이를 위해 우리의 생
명력이 배터리처럼 흡출되어 나가는 현실을 보여준다.[4] 이 장
치의 진정한 욕망 뒤에 숨어 있는 수수께끼는 바로 여기에 있
다. 매트릭스는 왜 인간의 에너지가 필요할까? 순수하게 에너
지를 얻기 위해서라는 답변은 물론 아무런 의미가 없다. 매트
릭스는 수백만 명의 인간 개체를 위해 복잡한 가상현실을 직
조할 필요 없이, 더 안정적인 다른 에너지원을 쉽게 찾을 수도
있을 것이다. 타당한 유일한 답은 이것이다. 매트릭스는 인간
의 *주이상스*를 먹고 산다. 그렇다면 우리는 라캉의 기본 명제
로 다시 돌아가게 된다. 대타자 그 자체는 익명의 기계가 아니
라 지속적으로 유입되는 *주이상스*를 필요로 한다. 우리는 영화
가 제시하는 상황을 한번 뒤집어 보아야 한다. 영화가 우리에
게 진정한 현실을 깨닫게 하는 장면은 사실 그 반대의 효과를
드러낸다. 그것은 우리 삶을 지탱하게 하는 매우 근본적인 환
상일 뿐이다. 그런데 인간이 에너지를 덜 생산한다면 매트릭스
는 어떻게 반응하는가? 이를 위해 '애널리스트'라는 새로운 인
물이 등장한다. 그는 매트릭스가 인간의 두려움과 욕망을 조작
하면 인간은 더 많은 에너지를 생산하고 기계가 그것을 흡출
해간다는 사실을 발견한다.

　애널리스트는 매트릭스 신규 버전의 새로운 설계자이자 관리
자다. 이전 설계자가 차갑고 딱딱한 수학과 사실로 인간의 마

음을 통제하려 했다면, 애널리스트는 더욱 사적인 접근 방식을 선호한다. 감정을 조작해 허구를 만들고, 이를 통해 파란약을 먹은 사람들이 체제에서 벗어나지 않도록 관리한다. (그는 인간들이 '아주 터무니없는 일도 믿을 것'이라고 주장하는데, 페이스북을 잠시라도 사용한 적 있는 사람이라면 이 말이 크게 틀리지 않음을 알 것이다.) 애널리스트는 자신의 조작 방식 덕분에 인간이 이전보다 더 많은 에너지를 생산해 기계에게 공급했으며, 그러면서도 그들이 시뮬레이션에서 벗어나고 싶어 하지 않도록 관리할 수 있었다고 설명한다.[5]

약간의 아이러니를 덧붙여 말하자면, 애널리스트는 인간을 에너지 배터리로 사용하는 과정을 점검하여 떨어진 수익률을 개선한다. 단순히 인간의 즐거움을 빼앗는 것만으로는 충분하지 않다는 사실을 깨달은 뒤, 사람들이 더 많은 즐거움을 경험하도록 경험 자체를 조작하기로 한 것이다. 주목할 점은 새로운 매트릭스 관리자가 애널리스트Analyst(분명히 정신분석가를 암시하는 이름이다)로 불리지만, 프로이트적인 분석가처럼 행동하기보다는 오히려 고통과 두려움을 피하고 쾌락의 최대화를 지향하는 초기 공리주의자처럼 행동한다는 점이다. 그에게는 프로이트가 말한 고통 속 쾌락도, '쾌락 원칙의 너머'도, 죽음충동도 나타나지 않는다. 시리즈의 첫 영화에서 매트릭스의 에이전트였던 스미스가 프로이트적인 캐릭터에 부합했던 것과는 대조적이다.

당신은 알고 있었는가? 최초의 매트릭스는 인간에게 완벽한 세계였다는 것을. 그곳은 아무도 고통받지 않고 모두가 행복한 세계였다. 하지만 그러한 세상은 재앙이었다. 인간이 배터리로 기능하는 그 세계의 효율은 형편없었고, 누구도 그 프로그램을 사용하려 하지 않았다. 일부에서는 인간의 세계를 완벽히 구현할 프로그래밍 언어가 부족했다고 생각했다. 하지만 나는 결국 인간이라는 종은 고통과 불행을 통해 각자의 현실을 정의한다고 판단했다. 완벽한 세계는 인간의 원초적인 뇌가 자꾸만 활성화되는 꿈이었다. 그래서 매트릭스는 다시 설계되기에 이르렀다. 인간의 문명이 절정을 향해 내달리도록 말이다.[6]

인간이라기보다는 대타자의 가상적 구현체라고 할 수 있는 스미스는 영화 속 세계관에서 애널리스트의 역할을 그보다 더 비중 있게 대변한다고 해도 과언이 아니다. 결말 부분에서 아쉬운 점은 남녀의 성적 관계라는 생산적 힘을 긍정의 포석으로 두는 매우 고전적인 장치를 사용했다는 점이다.

네오와 트리니티가 죽자 애널리스트는 이들을 부활시켜 연구했다. 그리고 두 남녀가 함께할 때 시스템을 압도했다는 사실을 발견했다고 말한다. 그런데 그들이 서로 접촉하지 않고 가까이에만 있는 경우, 매트릭스 안의 인간들은 기계들을 위해 더 많은 에너지를 생산했다.[7]

다수의 매체는 〈매트릭스: 리저렉션〉이 단순한 '이분법'에 매몰되지 않았고, 각자의 정체성과 경험의 '다양성'에 더 열려 있는 작품이라며 찬사를 보냈다. 하지만 우리가 보듯, 영화에는 할리우드의 진부한 커플 공식이 등장하고, 주인공 네오는 트리니티와의 관계를 회복하는 일 외에는 아무것에도 관심이 없다.[8]

그렇다면 이제 기본적인 질문으로 다시 돌아가 보자. 매트릭스 기계가 우리 삶을 직접적으로 묘사한다기보다 은유적으로 표현하고 있다고 본다면, 매트릭스가 상징하는 것은 무엇일까? 두 개의 대타자가 아닐 수 없다. 우리를 통제하는 두 개의 소외된 실체는 자본과 상징적 질서, 즉 우리 현실을 구조화하는 허구의 상징적 질서다. 그런데 우리는 이 두 가지를 편집증적으로 해석하는 일을 경계해야 한다. 즉 자본이 기업의 CEO나 금융 수뇌부들로 의인화되어 그들을 통해 세상을 통제한다거나, 상징적 우주가 매트릭스와 같은 기계에 의해 프로그래밍된 것으로 생각하는 것은 옳지 않다.

첫 번째 〈매트릭스〉(1999)[9]의 가장 유명한 장면에서 모피어스는 네오에게 파란 약과 빨간 약 중 하나를 선택하라고 요구한다. 그런데 이 선택은 매우 이상한 비선택non-choice일 뿐이다. 우리가 가상현실에서 살 때 아무 약도 먹지 않았으니, 유일한 선택은 '빨간 약을 먹거나 아무것도 하지 않는 것'이다. 파란 약은 이를테면 플라시보일 뿐 아무것도 바꾸지 않는다. 게다가 우리의 선택지에는 매트릭스가 통제하는 가상현실(파란 약을 선택하면 접속할 수 있는)과 외부의 '진짜 현실'(빨간 약을 선택하면 접속할 수 있는 폐허가 된 현실)만 있는 것이 아니다. 우리의 경험을 구축하고 통제하는 기계 자체도 존재한다. (모피어스가 네오에게 한 말을 기억해보자. "실재의 사막에 온 것을 환영한다." 그가 말하는 사막은 폐허가 된 현실이 아니라 디지털 체계의 내부다.) 영화에서 이 기계는 진짜 현실에 존재하는 물체다. 인간이 만든 이 거대한 컴퓨터들이 우리를 가두고 자아 경험을 통제하고 있다.

〈매트릭스〉에서 파란 약과 빨간 약 사이의 선택은 거짓 선택이다. 그렇다고 해서 모든 현실이 단지 우리의 뇌 속에만 존재한다는 뜻은 아니다. 우리는 현실에서 상호작용하지만, 우리가 살고 있는 상징적 우주가 우리에게 강요하는 환상을 통해 소통할 뿐이다. 이러한 사실은 네오가 자살을 시도한 뒤 회복하는 중에 치료사(애널리스트)를 방문하는 영화의 시작 장면과 연결된다. 그가 고통받는 것은 자신의 혼란스러운 생각들이 현실인지 확인할 수 없기 때문이었고, 그가 두려워했던 것은 자아를 상실할 수 있다는 것이었다. 영화가 진행되면서 네오는 '치료사야말로 의지할 인물 중 가장 믿을 수 없는 인물'이라는 사실을 알게 된다. 치료사는 현실일 수도 있는 환상의 일부일 뿐 아니라 그 반대이기도 하다. (…) 그는 현실로서의 환상 혹은 환상으로서의 현실이라는 또 하나의 층위에 불과하다. 그리고 그 층위는 동시에 존재하는 변덕과 욕망과 꿈의 혼란스러운 덩어리다. 그렇다면 네오를 자살로 내몰았던 그의 의심이 사실로 확인된 것인가?

영화의 결말은 네오의 의심을 반대로 해석할 때만 희망의 의미가 된다. 그렇다. 우리가 사는 세계는 '현실로서의 환상이

자 환상으로서의 현실이며, 변덕과 욕망의 혼란스러운 덩어리'
라는 층위들로 구성되어 있다. 그리고 그 거짓된 현실의 층위
를 벗어나는 아르키메데스의 점은 존재하지 않는다. 하지만 오
히려 그러한 사실이 새로운 자유의 공간을 허용한다. 우리를
지배하는 허상에 개입하고 그것을 다시 활용할 수 있는 자유
가 그것이다. 우리의 세계가 '현실로서의 환상이자 환상으로서
의 현실이며, 변덕과 욕망의 혼란스러운 덩어리'로만 구성되
어 있다는 것은, 매트릭스 역시 혼란스러운 덩어리라는 뜻이
다. 그러므로 우리는 편집증적 관점으로 세상을 바라보아서는
안 된다. 모든 것을 통제하고 비밀리에 조종하는 숨은 에이전
트(설계자나 애널리스트)는 존재하지 않기 때문이다. 이 영화가
우리에게 주는 교훈은 이것이다. 우리는 '우리 자신이 구축하
는 이야기들, 그것이 비디오 게임이든 우리 자신의 복잡한 과
거사든, 그 이야기의 힘을 온전히 받아들여야 한다. (…) 우리
는 모든 것을 다시 쓸 수 있다. 우리는 자신이 원하는 두려움과
욕망을 기록할 수 있고, 자신이 사랑하고 꿈꾸는 사람을 바꾸
거나 도울 수 있다.' 그러므로 영화는 궁극적인 '진짜 현실'이란
존재하지 않으며 디지털 가상세계의 다양한 상호작용만 존재
한다는 포스트모던적 세계관의 다소 지루한 결말을 보여준다.

네오와 트리니티는 인식의 궁극적인 기반을 찾는 일을 포기한
다. 그리고 자신들을 매트릭스라는 좌표에 가둔 치료사를 죽이
는 대신 감사의 뜻을 전한다. 그들은 자신들의 경험을 통해 재
정의re-description라는 행위의 위대한 힘을 발견했기 때문이다.

진리가 무엇이든 그 모호한 개념을 추종하는 대신, 자신을 이
해하는 새로운 길이라는 자유를 발견한 것이다. 그리고 두 사람
은 팔짱을 낀 채 자신들이 만들어갈 세상을 향해 길을 떠난다.[10]

결국 영화는 이데올로기가 사라진 지점에서 끝을 맺는다.
'재정의의 위대한 힘'을 강조한 영화는, 모든 실재를 일시적인
장애물로 간주한 뒤 재정의를 통해 그것을 무효화할 수 있다
고 말하고 있다. 그럴 때 우리는 매트릭스에 완전히 굴복하여
스스로 에너지원으로 전락하는 공포에서 벗어날 수 있다. 이
때의 공포는 매트릭스가 규제하는 다양한 현실 속을 넘나들며
우리의 거짓된 자유를 유지시키는 '실재'다.
독자들은 대부분 눈치챘겠지만, 나는 이 영화를 설명하면
서 많은 이들이 작성한 리뷰를 참고했고 또 인용했다. 그 이유
는 이제 분명하다. 때때로 훌륭한 장면이 보이지만, 이 영화는
결국 볼 가치가 없다. 그래서 나 또한 영화를 보지 않고 이 글
을 썼다. 1936년 1월 28일 《프라우다Pravda》지에 실린 사설의 논
자는 쇼스타코비치의 오페라 〈므첸스크의 맥베스 부인Lady Mac-
beth of the Mtsensk District〉을 "음악이 아닌 혼돈"(글의 제목이기도
함)이라고 악평했다. 〈매트릭스: 리저렉션〉은 매우 지적인 내
용을 담았고, 감탄스러운 특수효과로 가득 차 있지만 결국 영
화라기보다는 혼돈에 가깝다. 이 영화는 매트릭스 시리즈의 네
번째 영화이니만큼 라나 워쇼스키의 다음 영화는, 쇼스타코비
치의 다섯 번째 교향곡이 그랬듯, 세간의 간곡한 비판에 대한
미국 거장의 창의적인 응답이 되기를 바랄 뿐이다.

더 깊은 사유 8

글로벌 시대에 조국을 사랑하는 법

자기 소멸적인 '부정의 부정'의 궁극은 일종의 비애, 즉 영원히 집을 떠날 때 느끼는 멜랑콜리일 것이다. 이때 비애가 나타나는 것은 사랑 가득하던 집이 내 삶에서 사라지는 경험 자체뿐 아니라, 그 사라짐 자체가 사라질 것이라고 느끼는 슬픔 때문이다. 시간이 흐르면 나는 더 이상 집을 그리워하지 않게 되고 집을 의식하지 않게 될 것이다. 즉 단지 집이 아닌 향수 자체가 사라지는 순간이 도래한다…. 그런데 '그 자체'일 뿐이던 집이 오직 그것이 사라질(위험이 있을) 때 진정한 의미의 집으로 경험되는 것은 아닐까? 옥사나 티모피바Oxana Timofeeva는 자신의 저서 『고향을 사랑하는 법How to love a homeland』[1]에서 이 문제를 다루며, 자신의 인생과 철학 이론을 매우 현명하게 풀어냈다. 그녀는 시베리아의 작은 마을에서 살았던 유년의 기억을 토대로 민족주의나 애국주의적 '영토화'와는 전혀 상반되는 방식으로 '고향을 사랑하는' 한 방법을 제시한다. 그녀는 소련의 소설가 플라토노프를 비롯해 들뢰즈와 가타리Félix Guattari, 마이클 마더Michael Marder에 이르는 사상적 토대를 바탕으로 인간과 동식물, 풍경, 바람 등이 독특하게 결합된 '고향homeland'에 대한 비전을 제시했다. 인도의 정치학자 사로지 기리Saroj Giri가 '동지로서의 사물objects as comrades'[2]이라고 부른 것의 질감을 아우르면서 말이다. 옥사나의 얇은 책이 갖는 중요한 의미는 대체로 우파의 영역이었던, 영토에 기반한 민족주의와 포퓰리스트적인 주제를 좌파적인 시각으로 개념화했다는 점이다. 그녀가 이야기하는 '고향'의 출발점은 국가로 조직된 거대한 민족집단이 아니라 유랑하는 유목민 집단이다.

플라토노프는 혁명 이후의 상황에 큰 관심을 보였는데, 새로운 공산주의 권력이 다양한 집단을 규합하는 모습을 위대한 걸작들을 통해 형상화했다. 작품들은 "공산주의가 무엇이고 그것이 혁명 이후의 구체적인 조건과 현실에 어떻게 적용될 것인가를 고민하는 등, 공산주의 건설에 고심한 흔적을 보여준다."[3] 하지만 문제들에 대한 그의 해답은 역설적이었는데, 그렇다고 해서 일반적인 공산주의 거부론을 주장한 것도 아니었다. 한마디로, 그가 지향한 방향은 부정론에 가까웠다. 그가 그린 모든 이야기는 실패로 귀결되며, 공산주의 프로젝트와 유목민 집단 간의 '통합'은 허무하게 실패하기 때문이다. 프롤레타리아와 그 이하 계층은 아무런 통합도 이루지 못한다. 방랑하는 유기적 지식인들은 방황하는 대중과 계급과 공동체의 보완물이며, 그들의 방랑에는 항상 동물과 식물, 자연 풍경이 그려진다. 『잔Dzhan』(영어 번역본 제목은 '영혼Soul'이다)[4]의 주인공 나자르 차가타예프는 사회주의 질서 확립에 이바지하라는 당의 명령을 받는다. 그리고 자신이 태어난 유목민 부족인 잔을 찾아 투르키스탄에 있는 고향으로 돌아간다. 그곳은 전형적인 플라토노프식 유토피아 집단이었으며, 적극적인 삶의 의지가 없는 사막의 변두리 공동체 '국가'였다 그는 그 국가에 과학적, 문화적 문물을 소개하고 구성원의 삶에 대한 의지를 고취하고자 한다. 물론 플라토노프는 함부로 희망을 이야기하지 않는다. 소설 말미에서 주인공은 자신이 이들에게 아무것도 가르칠 수 없다는 사실을 인정한다. 플라토노프가 묘사한 근원적인 단절은 '자발적인' 프롤레타리아 대중과 조직적인 공산주의 권력 사이의 단절이 아니다. 그것은 프롤레타리아 대중의 두 측면인 두 사회적 '무nothing' 사이의 단절이다. 자본주의가 탄생시킨 현대의 노동자라는 엄정한 프롤레타리아로서의 '무'와, 체제에 통합되지 않았고 심지어 내재적 부정성으로도 존재하지 않는 '무 이하의 무' 사이의 단절이 그것이다. 이 점은 『체벤구르Chevengur』의 짧은 대화에서 정확히 드러난다.

"데려온 사람은 누구야?" 체푸르니가 프로코피에게 물었다. (…) "프롤레타리아 몇 명하고 다른 몇 놈 더." 프로코피가 대답했다. 그러자 체푸르니가 불안한 표정으로 물었다. "다른 몇 놈이라니? 또 그 찌꺼기 같은 놈들이야?" (…) "그놈들은 그냥 들러리지. 아무것도 아니야. 놈들은 프롤레타리아보다 더 형편없어."[5]

참고로, 이처럼 '프롤레타리아보다 더 형편없는' '다른 놈들'은, 잉여 가치를 생산하는 고전적 마르크스주의에서 본다면 착취에서조차 배제된 이들이다. 이들은 오늘날에도 얼마든지 존재한다. 무급 노동 여성이나 파괴된 환경에 거주하는 원주민, 유랑하는 난민, 허용된 땅이 '유목지'뿐인 떠돌이 노동자들이 여기에 해당한다. 여기서도 개념 규정을 할 필요가 있다. 이쉬크 바리쉬 피다네르Işık Barış Fidaner와 나눈 개인적인 대화를 소개하자면, 그는 프롤레타리아의 주체적 태도를 남성적인 것으로, 불안정 노동자를 뜻하는 프레카리아트precariat의 태도를 여성적인 것으로 보았다. 프롤레타리아는 강박적인 태도를 보이지만 실제로는 서두르지 않는다(심지어 자신을 드러내려 할 때도). 왜냐하면 그들은 자신들 주인(자본주의)의 죽음을 기다리고 있기 때문이다. 즉 자본주의가 붕괴하기를 기다리고 있다. 반면에 프레카리아트는 히스테리적인 태도를 보이며 정말로 서둘러야 한다는 강박을 느낀다(심지어 절대적인 인내심을 보여주어야 할 때도). 왜냐하면 그들의 주인은 이미 죽어 있는 것이 분명하기 때문이다. 이 대립은 오늘날 착취당하는 두 집단의 차이를 정확히 보여준다. 상대적으로 안정된 상황에서(적어도 선진 서구 사회에서는) 안정된 고용과 노후가 허용되는 프롤레타리아는 기다리지만, 프레카리아트는 지속적인 압박 속에서 삶의 여유마저 허용되지 않는다.

우리는 다시 헤겔을 돌아보아야 한다. 이 '다른 놈들' 역시 '부정의 부정'의 사례가 아닐까? 프롤레타리아는 기존 질서에 구현된 부정이다. 즉 현실 질서 내에서 부정된 자들이고, 실체

없는 주체성으로 축소되어 실질적 내용(재산)을 박탈당한 사람들이다. 반면에 '다른 놈들'은 '무에도 미치지 못하는 자들'이자 '찌꺼기 같은 계층'이다. 그들은 스스로 포기하고 싶어 하지 않는 '파편적인 잔여물'로서의 얼룩이며, 잃어버린 고향이라는 '지양될 수 없는 잔여'에 뿌리내린 무엇이다. 문학에서는 제임스 조이스와 사뮈엘 베케트의 사례를 참고할 수 있다. 두 사람 모두 해외로 이주한 뒤 아일랜드 고향에 대한 이미지를 창조했다. 따라서 소속감과 영토화는 다양한 방식으로 형성될 수 있다. 이는 중앙집권 국가와 이주민 사이의 관계에서뿐 아니라, 식물과 동물 사이의 대립에서도 나타난다. 대부분의 식물은 일정한 장소에 뿌리내리지만, 동물 대부분은 이곳저곳으로 이동하며 굴이나 둥지 등 자신의 영역을 선택하거나 개척하거나 표시한다.

이러한 맥락에서 마이클 마더는 식물의 습성과 인간 사유에 전해진 식물적 유산을 분석하며, 식물이 전체화에 휩쓸리는 경향성에 저항하고 도구적 존재의 좁은 한계를 넘어설 가능성을 확인하고자 한다. 그에게 '식물적 사고plant-thinking'란 식물의 고유한 특성인 비인지적, 비이념적, 비상상적 사고를 말하며, 그것은 인간의 사고를 뿌리로 되돌려 식물처럼 존재하고자 하는 노력의 과정이기도 하다.[6] 식물적 사고라는 것은 꽃을 구체적인 상징으로 여기는 것 이상의 심오한 행위다. 마더의 이야기는 우크라이나 전쟁에서 널리 알려진 한 영상을 떠올리게 한다. 어느 우크라이나 할머니가 도심지에서 러시아 무장 군인과 대치하고 있었다. 그녀는 해바라기 씨앗을 군인에게 건네며 이렇게 말했다고 한다. "이 씨앗을 받아서 주머니에 넣어둬. 네가 만일 우리 땅에서 쓰러진다면 그 자리에 해바라기가 자랄 테니까." 꽃은 적지 않은 경우, 군사 작전에 대한 저항의 의미를 담고 있다. 이를테면 카네이션 혁명*을 생각해보라. 그런데 우크라이나의 할머니가 한 행위에는 조금 다른 의미가 담겨 있다.

> 그녀는 군사 작전에 대한 비폭력 저항의 싱징으로라도 꽃을 꺾지 않았다. 그녀는 인간의 평화라는 숭고한 제단 위에 놓이는 제물의 의미로도 꽃의 생명을 빼앗지 않았다. 그녀의 행위는 전쟁 이후의 먼 미래를 향해 있었다. (…) 씨앗은 군복 주머니의 주인보다 더 오래 살아남을 것이다. 씨앗은 점령군의 죽음에서 자양분을 얻어 꽃으로 피어날 것이며, 부패한 시체로 침략한 나라의 흙을 비옥하게 할 것이다. 그녀가 러시아 군인에게 건넨 제안은 군인들 자신의 사후 구원을 위한 것이었다. 식물이 된 군인은 다음 생애에서 인간의 모습일 때 자행한 폭력과 파괴를 부분적으로나마 보상하고 일부 속죄받을 것이다. (…) 그녀는 군인들이 꽃으로 다시 태어나서 인간을 넘어 지역 생태계로 수용되는 일을 기꺼이 허용하고 있는 것이다.[7]

이처럼 현실의 다양한 층위들이 수평적으로 뒤섞이는 개

---

* 포르투갈의 40년 독재를 종식시킨 1974년의 무혈 쿠데타 사건. 쿠데타를 지지한 시민들이 거리로 나와 군인들의 총에 카네이션을 달아주었다.

넘을 설명하기 위해 사로지 기리는 소련 초창기에 사용되던 용어 '객체로서의 동지comrade as object'[8]를 차용한다. 이 말은 우리가 냉정한 '객관적' 거리에서 자신을 관찰하고 판단해야 한다는 말이 아니다. 오히려 그 반대인 '동지로서의 사물'로 확장되어야 한다는 뜻이다. 우리는 "상품의 물신적 힘에 억압되는 대신 사물과 객체와 재료들에 '숨겨진' 공학적·예술적 힘으로 소통해야 한다. 마치 객체와 소통하고 객체와 대화하여 '동지로서의 사물'이 선사하는 첫 경험을 온전히 받아들이듯 말이다."[9] 이 '동지로서의 객체'는 기리가 말한 사물 자체 내의 물질적 이상주의를 보여준다. 이것은 외부에서 강요된 사회적 차원을 사물의 물신화된 속성으로 여기는 물신적 이상주의와 대척점에 있다. 이를 통해 우리는 일종의 영적 신체성spiritual corporeality을 경험하게 된다. 객체를 '동지'로 여긴다는 것은 인간이 객체와 깊이 상호작용한다는 뜻이다. 우리는 그 가상의 잠재력에 마음을 활짝 열게 된다. 어쩌면 하나의 놀라운 연결고리가 '동지로서의 객체'의 의미를 이해하는 데 도움이 될 수도 있을 것이다. 이를 통해 '객체로서의 동지'라는 개념을 더 쉽게 이해할 수 있다. 그것이 오늘날 종종 논의되는 객체 지향 존재론object-oriented ontology이다. 아래 내용은 그레이엄 하먼Graham Harman이 설명한 객체 지향 존재론의 기본 개념이다.

세상이라는 공연장에서는 객체들의 향연이 펼쳐진다. 그들의 힘은 고삐에서 풀려나 있지만 누구의 관심에서도 멀어져 있다. 빨간 당구공이 초록 당구공을 세게 때리는 순간을 생각해보라. 눈송이는 자신을 녹이는 빛 속에서 반짝이고, 침몰한 잠수함은 바닷속 깊은 곳에서 녹슬고 있다. 제분소에서는 밀가루가 쏟아져 나오고, 석회암 덩어리들은 지각의 움직임에 압출되며, 미시간 숲에서는 수많은 버섯 송이가 퍼져간다. 인간 철학자들이 세상에 '접근'할 가능성을 놓고 서로를 맹렬히 비판하는 동안, 상어는 참치를 물어뜯고, 빙산은 해안으로 몰려든다.[10]

객체를 '동지'로 대하는 이러한 사고는 인간이 생태적으로 존재할 수 있는 새로운 가능성을 열어준다. 생태적 삶은 쓰레기나 오염물은 물론 너무 크거나 작아서 직접적으로 인식할 수 없는 것들(영국의 생태 이론가 티모시 모튼Timothy Morton이 말한 '하이퍼 객체hyperobjects')을 포함해 복잡한 혼합물인 생태를 받아들이는 일이다. 이러한 맥락에서 모튼이 생각하는 생태의 개념을 들여다보자.

생태적인 삶은 잘 보존된 자연보호 구역에서 살아가는 일이 아니다. 차라리 콘크리트 틈새를 뚫고 자라는 잡초를 감상하는 일이며, 그러면서도 점차 콘크리트 자체를 받아들이는 일이다. 그것 역시 세상의 일부이고, 우리 자신도 그 세상의 일부이기 때문이다. 현실은 '낯선 이방인'으로 가득하다. '인식할 수는 있지만 기묘한' 것들 말이다. 모튼은 이 기묘함을 우리가 돌이나 나무, 테라리움, 플라스틱 자유의 여신상, 퀘이사quasar, 블랙홀 혹은 마모셋원숭이 등을 마주할 때 느끼는 '해명되지 않는 잔여irreducible part'라고 설명했다. 이것을 인정하는 우리는 객체를 지배하려는 강박에서 벗어나 그 미묘한 존재를 존중하는 법을 알게 된다. 낭만주의 시인들이 자연의 아름다움과 숭고함을 찬미했다면, 모튼은 각각의 틈새에 스며 있는 기묘함에 응답한다. 그리고 자연이라는 범주에 무섭고, 추하고, 인공적이고, 해롭고, 불쾌한 모든 것을 포용한다.[11]

영토의 기반에서 벗어난 글로벌 '시민' 개념은 오늘날 부유한 여행자나 국외 이민자로 인식된다. 하지만 이와는 전혀 달리, 기억의 흩어진 조각들과 온갖 사소한 물질적 구성물들로 이루어진 '고향'도 존재한다. 이러한 고향의 개념은 국가가 가진 힘과 자부심, 혹은 세상을 정복하고자 하는 열정적인 결의 등을 호소하는 국가 개념과는 다른 국가 공동체를 상상하게 해준다. 로마인의 국가와도 같은 노래 〈젤렘, 젤렘Djelem, djelem〉*을 이것과 비교해보자.[12] 노래에는 영토에 대한 소유 개념이 전무할 뿐 아니라, 삶 자체가 눈앞에 펼쳐진 길로 나아간다는 의미가 담겨 있다. 잠시나마 안식을 얻는 유일한 장소는 '행복한 길 위의 천막'이다. 전통과 현대 사이에 놓인 이 독특한 단절에 대해 오늘날의 이주민 집단이나 불안정 노동자들이 공감한다면 그것은 차라리 기적에 가까운 일일 것이다. 이 노래의 두 번째 단락에 나오는 대안적 삶에 대해서도 언급할 필요가 있는데, 그것은 격정적인 성애性愛에 몰두하는 일이다.[13]

* 〈집시 찬가〉로 불리기도 한다.

정열적인 사랑의 찬가가 국가의 일부라는 사실 자체가 놀라운 일이 아닐 수 없다. 비록 사랑이 초래한 불행한 결말이 내용이지만 말이다. 그렇다면 이미 그리스의 국민적 보물로 여겨지는 미키스 테오도라키스Mikis Theodorakis의 곡 〈우리 둘을 위한 침대를 준비해Strosse to Stroma sou〉를 그리스의 국가로 지정하면 어떨까? 이 노래가 공개적으로 연주될 때 사람들은 박수를 치고 따라 부르기도 하니 말이다. 이 노래는 정열적인 성적 결합을 묘사하지만, 그럼에도 '영원히 행복하게 살겠다'는 결말을 이야기하지 않는다. 황홀한 사랑 이후에 찾아오는 것은, 삶의 부스러기를 찾아 헤매는 거지같은 비참함뿐이다…. 물론 이 노래 자체도 그 부스러기 중 하나임은 분명한 사실이다. 하지만 이내 찾아올 비극적 상황에 대한 후회는 어디에도 없다. 사랑의 열정은 이후 치를 대가를 상쇄할 만큼 충분한 가치가 있음을 이야기할 뿐이다. 그러므로 노래의 화자는 이렇게 말한다. "나는 버린 것들을 회수하러 다닌다네, 너와 함께 흩뿌린 모든 것을."[14]

그런데 우리는 이것으로 충분할까? 프레데리크 로르동 Frederic Lordon은 스피노자의 사상 가운데 '귀속감belonging'이라는 개념의 좌파적 측면을 철학적으로 뒷받침하고자 했다. 그는 자유 선택free choice이라는 추상적인 논제가 개념화된 데카르트적인 개인주의를 실체적인 근거가 없는 것이라고 비판했다. 물론 이 개인주의 전통은 실존주의로 남아 있을 뿐 아니라 오늘날 포스트모더니즘의 수많은 변종 속에도 스며 있다. 하지만 로르동은 스피노자를 "자유의지는 물론 개인의 억압받지 않는 선택이라는 환상에서 우리를 해방시키고, 인간의 생존 투쟁을 현실적인 유물론 관점에서 바라보게 해준 사상가"로 보았다.[15] 로르동은 아래의 설명과 같이 탈국가적인 개인주의나 직접적인 보편주의 모두 반대했다.

> 로르동은 선악에 대한 공유된 입장을 통해 형성되는 스피노자적 공동체 개념을 지지했는데, 이에 대한 공유된 감정은 이 자치 공동체의 구성원이 될 조건이었다. 공동체의 자의식은 구성원의 개별적 감정을 초월하기 때문에 개별성의 총합을 넘어서는 무언가를 창조한다. 스피노자에게는 이 초월이 대중의 잠재력이며 여기에서 포테스타스potestas(권력)가 적절히 발휘된다.[16]

사회적 전체성social totality이 시작되고 종결되는 원리, 즉 개인이 사회적 단위에 '포획'되는 기본 원리는 '정서의 모방'이다. 이 메커니즘은 보편적 현상이자 '결집과 배제의 인류학적 필연성'[17]이다. 인류는 이를 통해 외부인을 배제하고 자족적인 내집단을 형성해왔다. 정서의 모방은 개인이 각자의 이익에 따라 관계를 맺는 개인주의적 자유주의보다도 더 기본적인 수준에서 작동한다. 스피노자의 출발점은 개인이 아니라 다중이다. 이는 하나의 권위로 종속되는 중앙집권화를 거부하며 복잡한 상호작용이 난무하는 다차원의 장field이다.

여기에서 로르동은 일종의 '정념의 구조주의structuralism of passions'를 제안한다. 사회적이고 경제적인 구조는 구성원들에게 개인의 차원을 넘어선 집단화된 정념을 각인하기 때문이다. "인간은 그 정념에 의해 우선적으로 충동되고, 그 정념은 기본적으로 사회적 구조에 의해 결정된다." 그러므로 주체가 가진 정치적이고 사회적인 층위에서의 철학을 바꾸지 않는 한, 그 객관적인 구조에 기반한 욕망과 정서의 체제를 수정할 수 없다. 심지어 가장 급진적인 보편적 해방 사상인 공산주의조차도 제반 사회적 관계의 근본인 '귀속감'을 구성원들에게서 앗아가서는 안 된다.

> 다양한 정념에 의해 지배되는 인간은 결코 자발적이고 조화롭게 집단을 이루고 평화를 유지할 수 없다. (…) 단순히 이성적인 사유를 확장하며 공산주의를 주장하는 것은 사회 공통의 정서를 무시하는 일이다. 모든 거대 집단은 체제 유지를 위해 다중을 유일한 토대로 삼지만… 그럼에도 불구하고 그 위에 작용하는 수직적인 권리나 권력이 필요하다.[18]

결국 모든 탈국가주의는 "인간 사회의 단편적 조건, 즉 다양한 소속 집단으로 분할되는 것"을 반대한다.[19] 그리고 해방의 수직적인 권위는 공통된 정서적 소속감 위에서만 나타날 수 있다. 때문에 로르동은 국가주의를 반대하는 좌파를 비판하며, 그들의 요구를 "내집단으로부터 얼마나 많은 이익을 얻고 있는지 무시한 채 '귀속감으로부터의 해방'을 요구하는 '배부른 자의 터무니없는 주장'"이라고 일축했다.[20]

권력의 중심에서 국가에 대한 소속감을 부정하며, 하위 계층에게는 그것을 사소한 낭만이라고 부추기는 것은 위선이다. 우리는 결코 국가라는 소속감에서 완전히 자유로울 수 없다. 태어난 첫날부터 우리는 국가에 인질로 잡힌 것이다.[21]

로르동은 여기서 하버마스와 울리히 벡Ulrich Beck의 생기 없는 보편주의를 비판한다. 오늘날 유럽은 만성 재정 위기에 빠져 있지만, 이에 반발하는 대중의 민족주의적 결집 양상은 "국가를 집단 해방의 관점에서 다시 정립할 시급한 필요성"을 보여준다.[22] 우리는 경계를 설정하고 분리선을 긋는 '영토화' 행위를 그 자체로 원시적인 파시즘이라고 생각한다. 하지만 그것이 '우리 것'과 '그들 것'을 분리하는 소유의 행위라는 생각, 오로지 경계 없는 개방된 방식만이 정말로 '진보적'이라는 생각, 경계를 긋는 것은 올바른 좌파의 방식이 아니라고 판단하는 위험한 생각에서 벗어나야 한다. '탈영토화'에 대한 열망이 갖는 아이러니는, 팔레스타인과 수많은 분쟁 지역에서 보듯, 글로벌 자본주의의 확산에 맞서 영토를 보호하려는 절박한 투쟁의 시기와 맞물려 벌어진다는 사실이다. 우크라이나 전쟁을 접한 프랜시스 후쿠야마는 「자유주의에는 국가가 필요하다 Liberalism Needs the Nation」[23]라는 글에서, 자국을 수호하려는 애국심이 자유주의 개념을 수호하는 역할을 할 수 있다고 지적했다. 물론 그 양상은 해당 국가가 어떤 가치를 추구하느냐에 따라 다를 것이다. 하지만 지난 세기에는 외세의 지배에 맞선 급진적 좌파들의 애국 투쟁 사례가 수없이 많지 않았는가?

오늘날 기성 이데올로기는 특정 '귀속감'을 거부하고 모든 정체성의 '유동화'를 칭송한다. 로르동은 '귀속으로부터의 해방'을 주장하는 반국가주의적 '코스모폴리탄' 지식인들이 보여준 모순을 지적했다. 그들은 *극단적인 경우* 뿌리를 찾고자 하는 노력은 물론, 특정 민족과 문화적 정체성에 대한 애착을 원시 파시즘 정도로 간주하곤 했다. 로르동은 스스로를 뿌리 없는 보편주의자라고 주장하는 이들의 숨겨진 귀속감을, 기본권마저 박탈당하고 시민권 등 새로운 소속감을 좇는 난민과 불법 이민자들의 악몽 같은 현실과 대조한다. 그의 지적은 매우 타당하다. 그는 '코스모폴리탄' 지식인 엘리트들이 뿌리에 집착하는 소시민을 경멸하면서도, 그들 자신은 뿌리 없는 엘리트라는 매우 배타적인 집단에 속해 있으며, 그들이 주장하는 코스모폴리탄적 뿌리 없음이야말로 깊고 강력한 소속감의 상징이라고 주장한다. (세계를 주유하는 엘리트 '유목민'과, 한 몸 누일 안전지대를 필사적으로 찾아다니는 난민을 동일시하는 것이 어불성설인 이유가 이것이다. 그것은 마치 감량 다이어트를 하는 상류층 서구 여성과 굶주리는 난민 여성을 동일시하는 일만큼이나 불쾌한 일이다.)

이것이야말로 진정한 헤겔적 역설이다. 오늘날 고위직이나 대학 엘리트라는 보편적 계층은 각각의 국가 공동체 안에서 스스로의 생활 방식에 따라 다수로부터 고립된 채 살아간다. 예를 들어 뉴욕에 사는 인문학 교수는 인근 스태튼 아일랜드에 사는 노동자보다 파리나 심지어 서울에 사는 인문학 교수와 훨씬 많은 공통점을 가진다. 특정 국가를 넘나드는 보편적 계층이 해당 국가에서는 극단적인 특수성으로 드러난다. 즉 보편성은 어떤 정체성을 내부에서 분열시킨다.

그러므로 로르동이 오늘날의 글로벌 자본주의를 다문화적 혼성과 관련하여 설명한 것은 매우 옳다. 하지만 글로벌 시대에 귀속감은 우익 민족주의자들에 의해 쉽게 악용되어, '진정한 우리가 아닌' 사람들, 즉 우리 공동체에 속하지 않는 사람들을 배제하곤 한다. 예를 들어 시온주의를 비판하는 유대인을 '자기 혐오적' 유대인이라고 비난하는 것이 그렇다. 이와 마찬가지로 로르동은 국가를, 귀속감이라는 사회적 네트워크를 상부에서 억압하는 보편 기구로 보았다. 그래서 자연스러운 사회적 삶과 그속에 작용하는 개인의 '정념'을 무시하는 데카르트적 주체와도 같은 존재로 여겼다. 하지만 국가가 개별적인 삶의 방식 위에서 작용하는 기구로서 갖는 해방적인 측면도 있지 않을까? 모든 귀속감은 다른 귀속감과 갈등하기도 하고, 스스로에 대해서도 모순적인 양상을 보이지 않는가? 그렇다면 국가라는 존재는 다양한 귀속감들이 적대적으로 갈등하지 않고 공존하는 중립의 장으로서의 대타자를 형성하는 것이 아닐까?

오늘날 사회적 대타자의 해체를 가장 순수한 형태로 관찰할 수 있는 곳은 스웨덴이다. 내가 어릴 때만 해도 스웨덴은 외출 시 문을 잠그지 않아도 될 만큼 안전한 나라라는 인식이 확고했다. 팬데믹이 확산될 때도 마찬가지여서 봉쇄나 여러 의무 조치를 강제하지 않았고, 국민들도 건전한 공동체 의식을 지니고 있어 법적 규제가 필요하지 않다는 공감대가 있었다. 헤닝 만켈Henning Mankel과 같은 범죄 소설 작가들이 암시한 것처럼, 그 이미지는 대부분 환상이었지만 매우 효과적으로 작동한 환상이었다. 이제 우리는 "잔인한 폭력배들이 스웨덴의 법치를 무너뜨리고 위협하고 있다"와 같은 언론 헤드라인 뉴스를 보기에 이르렀다. 그리고 "한때 유럽에서 가장 평화로운 나라였던 스웨덴이 유럽 최악의 총기 사고율을 보이고 있는데, 이는 독일보다 10배나 높은 수치다. 이는 사회적 통합이 실패할 때 어떤 일이 벌어지는지를 명징하게 보여준다"[24]라는 기사를 읽게 되었다. 앞 기사에서 '통합'이 언급된 이유는 강력 사건이 대부분 예테보리 교외의 옐보 같은 게토ghetto*에서 벌어지고 있으며, 심지어 그 같은 사건 사고가 일상이 되었기 때문이다.

이민자들을 사회적으로 배제하고 문화적으로 통합하지 않으면 갱단이 번성하는 비옥한 토양이 마련된다. 옐보 경찰 수사관 올손은 정체성도 중요한 문제라고 말한다. 가장 폭력적인 범죄자들은 자신들이 '무인지대'에 살고 있다고 생각하기 때문이다. 그는 이런 말을 덧붙인다. "그들은 부모 세대의 규율을 따르지도 않고, 스웨덴 사회에 제대로 통합되지도 못했습니다. 그러니 그들만의 사회를 만드는 것이죠." 옐보는 그들을 방치했다. 심지어 이 지역은 숲과 언덕으로 인해 예테보리와도 단절되어 있다. 도시를 지배하고 있는 것은 가장 잔혹한 범죄 조직이라고 해도 과언이 아니다. 이 조직은 국가 공권력에

* 소수 인종이나 종교집단이 거주하는 구역

공공연히 도전할 뿐 아니라, 활동 방식으로도 스웨덴 정치에 영향을 미치고 있다. 민주주의를 허물어뜨리는 것은 두말할 나위도 없다.[25]

이민자들이 통합을 거부한다고 비난하는 것도, 스웨덴 백인 원주민 다수가 이들을 수용할 준비가 안 되었다고 책망하는 것도 모두 옳지 않을뿐더러 논점을 흐리는 이야기다. 기본적인 사실을 말한다면, 이민자 갱단이 단순한 범죄 집단이 아니라는 점이다. 잔혹한 범죄를 저지르는 그들은 자신들만의 원칙으로 공동체를 꾸려가고 있으며, 그 원칙은 다수 집단의 상식과는 양립할 수 없는 규범과 금기로 이루어져 있다. 문제는 이 두 집단의 상호작용을 가능케 하는 포괄적인 '대타자'가 없다는 것이다. 갱단을 포함한 '정상적인' 스웨덴 사회라는 대타자는 여전히 존재하지만, 문제는 이 토대가 해체되고 있다는 사실이다. 만일 게토화 과정이 지속된다면 우리가 만나게 될 것은 공통된 법규에 의해 점점 해체되어가는 여러 '부족' 공동체들일 것이다. 소련을 비판하는 이들이 마르크스주의가 사회주의를 진척시키면서 오히려 국가 기구만 더욱 강성해졌다고 비판하자, 소련 옹호자들은 그 기구들을 통해 국가가 소멸할 것이라는 '역설'로 응답했다. 그리고 오늘날, 조금 다른 차원에서 그러한 일이 실현되고 있지 않은가? 공익을 보호하는 공적 공간으로서의 국가는 쇠약해져가고 있지만, 금융과 경찰 등 통제 기관들은 오히려 강성해지고 있다.

그런데 문제는 보편적 공통 공간이 단순히 구성원들 머리

위에 존재하는 것이 아니라는 점이다. 그것은 구성원 내부에 그 자체로 존재하며, 로르동은 구성원 집단의 중요한 역할을 간과하고 있다. 조지 오웰의 소설 『1984』에는 윈스턴과 심문자 오브라이언 사이의 유명한 대화가 나온다. 윈스턴이 묻는다. "빅 브라더는 존재하는가?" "물론 존재하지. 빅 브라더는 당의 구현체니까." "그것은 나와 같은 방식으로 존재하는가?" 그러자 오브라이언은 이렇게 답한다. "너는 존재하지 않아." 보편성의 의미도 이와 비슷하지 않을까? 순수하고 중립적인 보편성이란 존재하지 않으며, 모든 보편성은 구체적인 삶의 양식과 그 투쟁에 좌우된다는 명목주의적 주장에 대해, 우리는 이렇게 답해야 한다. 오늘날 구체적인 삶의 양식 자체가 자율적인 역사로 존재하지 않으며, 실재하는 현실은 보편적인 자본주의 체제뿐이다. 이러한 이유로 모든 민족적, 종교적, 성적 집단이 각자의 정체성을 완전히 주장할 수 있어야 한다고 강조하는 정체성 정치identity politics보다 시급하고도 어려운 과제는, 각 집단이 보편성에 완전히 접근하도록 하는 일이다. 이때의 보편성에 대한 접근은, 자신이 보편적 인간종의 일부라는 인식이나 보편적인 것으로 여겨지는 특정 이념적 가치를 주장하는 행위를 의미하는 것이 아니다. 오히려 자신이 속한 특정 정체성의 균열 속에서 각자의 보편성을 인식하는 것을 의미한다. 즉 모든 정형화된 정체성에 균열을 일으키는 '부정의 작용'을 통해 보편성을 인식하는 것이다 벅모스Susan Buck-Morss가 주장한 것처럼 "보편적인 인간은 주변을 떠돈다."[26]

인간의 보편성이라는 것은 다양한 문화에 동등한 가치를 부여하여 서로가 인류의 일부임을 깨닫는 문화적 정체성의 교류만으로 가능한 것이 아니다. 오히려 그것은 파괴가 일어나는 역사적 사건에 등장한다. 역사의 불연속성 한가운데에서 문화가 한계에 이르러 위기를 맞이한 사람들은 비로소 문화적 한계를 넘어서는 인간성을 표현하게 된다. 그리고 우리는 그 거칠고 취약하고, 그래서 자유로운 상태에 강하게 공감하며, 그들이 말하고자 하는 것을 이해할 수 있게 된다. 보편적인 인간성은 서로 다른 문화 속에도 존재한다. 한 사람이 집단과 동일시되지 않을 때 숨겨진 연대가 생겨날 수 있으며, 그 가운데 보편적이고 도덕적인 감정의 교류가 일어난다. 이것이야말로 오늘날 기대할 수 있는 열정과 희망의 원천이다.[27]

이 지점에서 벅모스는 다양성을 추구한다는 포스트모던의 양상들에 대해 타당한 비판을 가한다. 그에 따르면, 다양한 문화를 포용하는 문화와 정권은 잔인하도록 폭력적이라는 점에서 동일하다.

실제로 다양성의 비인간성은 종종 놀랍도록 동일한데, '다양성'이나 '다원성'의 정치를 통해 '그토록 많은 현대성'에 이르러야 한다는 당위에 우리가 만족할 수 있을까?[28]

이야기를 더 이어가 보자. 슬로베니아의 예술가 그룹 NSK (이들 가운데 많이 알려진 밴드가 라이바흐Laibach이다)는 가상의 국가 'NSK국'을 설립하는 기발한 아이디어를 낸 적이 있다*. 비록 영토 없이 시간 속에만 존재하는 국가였지만, 시민권을 제공하고 기준에 따라 여권을 발급하는 등 실재하는 국가처럼 기능했다. 여권은 저렴한 가격에 구입할 수도 있었는데, 당시 (1990년대) 슬로베니아 외무부 장관이었던 조란 탈러Zoran Thaler 가 협력의 의미로 제공한 종이로 만든 것이었다. 조란의 기자 회견 장면을 나는 기억한다. 이탈리아와의 외교 문제를 보고하는 자리였고, 진지한 회견을 이어가던 도중 그는 "아주 좋은 소식"이라며 슬로베니아 공화국과 NSK국이 상대국을 인정하고 공식적인 외교 관계를 수립했다고 밝혔다…. 게다가 제57회 베니스 비엔날레에서 NSK는 다른 실제 국가들과 함께 자국의 파빌리온을 만들었다.[29] 이처럼 영토 없는 가상 국가가 존재할 가능성을 염두에 두고, 그 가상국을 실제 영토 국가들의 목록에 추가한 사례는 매우 의미 있는 일이 아닐 수 없다. NSK국은 '엄격한' 권위를 부여받는 모습으로 건국되었지만, 본연의 가상 상태로 인해 현실적인 영향력은 발휘하지 못했다.

* NSK는 새로운 슬로베니아 예술Neue Slowenische Kunst이 라는 뜻

마치는 말

묵시록의 네 기사

정치에서 *라르바투스 프로데오*larvatus prodeo(나는 가면을 쓰고 앞으로 나아간다)라는 표현은 대체로 매우 적절하다. 혁명 세력이 권력을 잡을 때도 처음에는 속내를 보이지 않고 단지 기존 시스템을 개선하는 것처럼 보이고자 한다. 하지만 이 표현을 뒤집어 *라르바투스 레데오*larvatus redeo(나는 가면을 쓰고 뒤로 후퇴한다)라고 말하는 것은 어떨까? 내가 후퇴할 수밖에 없을 때, 나는 패배의 속마음을 감추기 위해 속임수의 가면을 쓰기 때문이다. 그런데 만일, 정신분석이 귀띔해주는 교훈인데, 드러난 얼굴 자체가 이미 가면이라면 어떨까? (정신분석 과정에서 분석가가 환자의 얼굴을 보지 않는 이유가 이것이다.) 또한 내가 진정으로 '나'일 수 있는 것이 내가 '나'이도록 하는 가면을 썼을 때뿐이라면 어떨까? 이 경우 뒤로 후퇴하면서 가면을 벗고 진짜 얼굴을 보여주는 척한다. 그러나 이것이야말로 궁극의 속임수다. 정치인들이 보여주는 행태가 바로 이것이 아닐까? 그들은 대체로 나이가 들면 자신의 급진적인 노선을 배신하며 더 이상 잘못된 환상에 사로잡혀 있을 수 없다고 주장하곤 한다("나는 나의 이념적 환상을 버렸으며, 지금의 모습이야말로 진정한 나 자신이다"). 이것이 오늘날 우리가 처한 상황이다.

오늘날 우리가 직면한 위기들은 「요한계시록」에 나오는 네 명의 묵시록 기사를 떠올리게 한다. 전염병, 전쟁, 기근, 죽음이 그것이다.[1] 이 네 명의 기사를 단순히 악의 상징으로만 치부할 수 없다. 캐나다 녹색당의 초대 당수인 트레버 핸콕Trevor Hancock은 이 네 가지 요소가 "자연이 인구를 조절하는 네 명의 '생태학적 기수'와 놀라울 정도로 일치한다"[2]고 지적했다. 그는 동물생태학자 찰스 엘턴Charles Elton의 이론을 언급하며, 이 '네 명의 기수'가 인구 과잉을 억제하는 긍정적인 역할을 한다고 주장했다. "개체수가 억제되는 것은 포식자와 병원균, 기생충, 식량 부족에 의해서다." 문제는 이 조절 기능이 우리 인간에게는 잘 작동하지 않는 것처럼 관찰된다는 사실이다.

세계 인구는 1950년 이후 70년 동안 25억 명에서 78억 명으로 세 배 이상 증가했다. 그렇다면 엘턴이 말한 생태학의 네 기사는 무엇을 한 것일까? 인구가 통제되지 않은 이유는 무엇일까? 혹시 다섯 번째 기사가 등장해 세계 인구를 급감시키게 될까? 벼랑 아래로 뛰어내리는 레밍 떼처럼?[3]

지금껏 인류는 의학과 과학과 기술을 통해 네 명의 기사를 막아낼 수 있었다. 그러나 이제는 스스로 촉발한 "거대하고

급격한 전 지구적 생태 변화" 때문에 한계에 다다르게 되었다. 물론 소행성 충돌이나 거대 화산 폭발로 인류가 멸망할 수도 있겠지만, 인류에게 가장 큰 위협, 즉 '다섯 번째 기수'는 바로 우리 자신인 셈이다.[4]

그렇다면 인류는 매우 중요한 선택의 순간에 놓여 있다. 우리는 스스로를 파괴할 수도 있고 구원할 수도 있는 '다섯 번째 기사'로 판명되었다. 전 세계적으로 이러한 위험에 대한 인식이 확산되고 있지만 그에 대한 적절한 실천은 이루어지지 않고 있어서 네 명의 기사는 점점 더 빠르게 질주하고 있다.

- 전염병: 2019년 말에 코로나19가 폭발적으로 확산된 사건은 우리 삶을 영원히 바꾸어 놓았다. 코로나 바이러스는 여전히 활개치고 있으며, 앞으로도 새로운 바이러스와 새로운 팬데믹이 우리 삶을 습격할 가능성은 상존한다.
- 전쟁: 러시아가 우크라이나를 침공한 사건으로 유럽인들도 격렬한 실제 전쟁을 맞이할 가능성이 커졌다. 우리는 누구도 안전한 거리 밖에서 전쟁을 지켜볼 수 없다는 냉정한 현실을 상기해야 한다. 특정 형태의 휴전이 모색될 수도 있겠지만, 전쟁은 우리 삶의 일반 조건으로 강력하게 떠올랐고, 평화는 일시적인 예외 상태가 될지도 모른다. 어떤 방향으로 나아가든 3차 세계대전은 임박해 있고, 필요한 것은 가해자에 맞설 군사력만이 아니다. 전 세계 체제에 대한 근본적인 변화다.
- 기근: 이 또한 지척에 있다. 최근 보도된 기사의 몇몇 제

목을 발췌해보자. "우크라이나 전쟁이 제2차 세계대전 이후 가장 심각한 식량 위기를 초래했다."[5] "우크라이나 전쟁으로 가난한 나라에서의 식량 폭동 가능성이 높아지고 있다."[6] 지구 온난화로 인해 "전문가에 따르면, 인도와 파키스탄을 강타한 폭염이 '인간 생존 가능성의 한계를 시험하고 있다.'" 또한 지역 농작물의 대규모 흉작이 현실화되고 있다는 보도도 잇따랐다.[7] 우리는 세계를 덮칠 기근이 촉발할 대규모 이주와 폭동에 대비하고 있는가?

● 죽음: 생명에 대한 완벽한 생명공학적 통제가 있기 전까지, 최소한 죽음만큼은 그 자체로 삶의 일부다. 폴란드의 어느 그래피티 문장은 인생을 이렇게 정의했다. "그것은 성관계를 통해 전염되는 병으로, 반드시 죽음으로 끝난다." 이는 매우 진실한 표현이다. 그런데 내가 전하고자 하는 네 번째 기사의 죽음은 그보다 더 급진적이다. 단순히 다른 세 기사가 불러오는 대량 죽음을 의미하는 것이 아니라 우리 일상을 집어삼킨 디지털 통제, 특히 '네트워크로 연결된 뇌'가 초래하는 우리의 '두 번째 죽음'을 뜻한다(즉 우리의 생각이 디지털 기계와 직접적으로 연결되는 현상을 말한다). 만일 이런 일이 실현된다면, 그때도 우리는 여전히 인간일 수 있을까? 어떤 의미에서 인간일 수 있을까? 더 구체적으로 말한다면, 오늘날 인간은 세 가지 층위에서 존재를 위협받는다. 디지털 통제와 조작, 인간 DNA에 대한 생명공학적 조작, 그리고 우리의 생각과 디지털 기계가 통합되는 연결된 뇌가 그것이다.[8] 이 모든 것은 제각기 발전하면서

더욱 내밀한 위협을 만든다. 디지털 통제란 자신의 행위와 실천과 반응을 관찰하는 일이어서, 우리는 자신의 생각을 자유로이 펼친다고 주장할 수 있다. 하지만 DNA를 조작해 한 사람의 신체와 정신의 속성에 직접 영향을 미친다면, 그것은 단순히 눈동자 색깔을 변화시키는 것 이상의 중요한 변화가 된다. '나'라는 '자연' 자체가 인간이 제조한 산물이 되는 것이다. 하지만 그럼에도 불구하고 우리의 생각은 직접적인 조작의 범위에서 비켜서 있다고 생각할 수도 있다. 요컨대 인간은 자연과 조작의 상호작용이 만든 독특한 결과물이기 때문에, 일부 논자들에 따르면 그것은 원인으로 환원될 수 없다. 그런데 '연결된 뇌'는 이 마지막 빈틈의 가능성을 닫아버리고, 우리 자아의 핵심에 기계가 접근할 수 있게 한다.

더욱 분명해지고 있는 것은, 지금의 의회 중심 민주주의가 이러한 위기와 종말론적 전망에 적절히 대처할 수 없다는 사실이다. 그런데 이 지점에서 나는 왜 공산주의를 떠올리는 것일까? 우리에게 필요한 것은 20세기에 경험한 폭압적 공산주의가 아닌, 이미 경험한 것처럼 굳건한 글로벌 협력과 시장 통제, 그리고 경제 활동에 대한 사회적 규제를 시행할 수 있는 사회다. 요컨대 새로운 형태의 공산주의가 필요하다. (오늘날 세계 여러 나라에서는 지구 온난화에 대처하기 위한 방안을 모색하고 있다. 석탄이나 석유, 특히 원자력 에너지 사용을 제한해야 할지, 태양광이나 풍력 발전은 지속 가능한지 등. 중요한 것은 이 논쟁들이 시장의 수익성을 고려하지 않은 사회적 결정에 의해 이루어지고 있다는 사실이다. 어떤 면에서 이는 일종의 공산주의적 요소를 도입한 셈이다. 최근 "녹색 정치가 유럽을 망쳤다" 등과 같은 제목의 기사가 넘쳐나는 것도 전혀 이상하지 않다. 많은 이들이 이러한 사회적 과정을 방해하고 싶어 한다.) 우리에게 필요한 것은 주요 일간지조차 해야 한다고 주장하는 일을 말 그대로 실천하는 것이다. 그렇다면 몬티 파이튼Monty Python의 〈브라이언의 삶The Life of Brian〉*에 나온 유명한 대사를 조금 바꿔 볼 수도 있을 것이다. "좋아, 하지만 위생과 의약, 교육, 와인, 공공질서, 관개, 도로, 식수 설비, 공중 보건을 제외하고 로마인이 우리한테 이득을 준 게 뭐야? 아무것도 없어!" 이렇게 바꿔보자. "좋아, 하지만 보편적 의료, 경제에 대한 사회적 규제, 무료 교육을 제외하고 공산주의가 우리를 위해 해줄 수 있는 게 뭐가 있어? 아무것도 없잖아!"

우크라이나와 코소보… 그리고 유럽에서 나치 제거하기

게다가 현재 진행 중인 모든 갈등은 세계적인 맥락 속에서 이해되어야 한다. 북부 코소보에서 새로운 갈등이 표면화된 이후 세르비아 진보당 소속 블라디미르 주카노비치Vladimir Djukanovic 는 트위터에 이런 글을 남겼다. "세르비아가 발칸 지역의 '탈나치화' 작업에 강제로 참여하게 될 수 있다." 이 문장에서 두 가

---

* 영국의 1979년 블랙 코미디 영화

지 요소가 중요하다. "강제로 참여하게 될 수 있다"는 표현이
그 첫째다. 오늘날 공격 진영은 결코 명시적으로 공격하지 않
는다. 그들은 언제나 불가피하게 그럴 수밖에 없다고 주장한
다. 그들 입장에서 침략자는 자신들을 공격하는 상대방이다.
둘째는, 그가 '코소보'뿐 아니라 '발칸'을 언급한 점이다. 보스
니아도 이 '탈나치화' 프로젝트에 포함될 수 있다는 뜻이다. 이
러한 맥락의 끝에서 우리를 기다리고 있는 것이 무엇인지는
분명하다. 결국 유럽 전체가 '탈나치화'되어야 할 것이다. 왜냐
하면 유럽은 자기 파괴적인 퇴폐의 혼돈 속에 빠져 있기 때문
이다(LGBT+, 동성 결혼, 성별 구분의 희석화 현상 등).

러시아 신보수주의의 관점에서는 기이하게도 나치즘
과 공산주의와 워크woke적 향락주의가 궁극적으로 동일하다.
2022년 3월 말, 푸틴의 두뇌라 불리는 러시아 사상가 알렉산드
르 두긴Aleksandr Dugin이 어느 인터뷰에서 한 발언을 떠올려 보
라. "우리는 서구 문명에 구현된 절대 악과, 자유주의-전체주
의 패권과, 우크라이나의 나치즘과 싸우고 있습니다…" 이토
록 상이한 것을 동일하다고 주장하는 이들에 대해서는 가장
강경한 헤겔주의자들도 포용하기 어려울 것이다. 이는 또한 친
러파부터 미국의 극우파에 이르기까지 신보수주의자들이 보
이는 명백한 모순을 그대로 보여준다. 그들은 다문화적 쾌락주
의를 비난하는 시늉을 하고 자신들을 전통적 기독교 세계관의
구현자로 자처하지만, 그들 자신의 언행은 매우 저속하고, 성
차별에 무감각하며, 인종차별적인 모습을 보인다.

2012년에 발생한 한 정치인의 막말 사건을 언급하고자 한

다. 당시 미주리주의 공화당 상원의원 후보였던 토드 에이킨 Todd Akin 하원의원은 낙태에 대한 자신의 입장을 밝혔고, 그의 발언은 정치계 전반에 큰 파문을 일으켰다. 그는 소위 '정상적인 강간'의 경우 여성의 몸이 원치 않는 임신을 스스로 막아낸다고 발언한 것이다.[9]

대중의 분노에 대해 에이킨은 '말실수'였다고 주장했다. 그가 정말로 말하고 싶었던 것은, 일종의 '정상적인 강간'의 경우가 있고 이 경우 관계가 강제되지만, 만일 피해자가 흥분하거나 분비물을 내는 것과 같은 동의의 신호를 보인다면 더 이상 통상적인 강간이 되지 않는다는 것이다. 나는 그의 횡설수설 자체가 진실을 드러낸다고 생각한다. 그가 말하고 싶었던 것은 '말실수'로 드러낸 이야기 그대로다. 경우에 따라 피해자가 동의의 신호를 보인다면, 그것은 정당한 강간이 되는 것이고, 따라서 강간 자체가 성립되지 않는다는 말이다. (이 지점에서 우리가 마주하는 것은 분명 잉여 쾌락의 사례다. 에이킨의 '말실수'라는 언사는, 단순히 잘못을 인정하는 표현이 아니라 그 발언에 해당하는 강간당한 여성들을 모욕하는, 외설적인 쾌락을 보여주는 단어다.)

클리토리스를 자세히 살펴보면 에이킨의 발언이 잘못되었다는 사실을 분명히 알 수 있다. 클리토리스는 단순히 여성 생식기 외음부 상단의 피부 조직이 아니다. 그것은 쾌락을 감지하는 핵심 기관으로, 신체 내부와 외부를 아우르는 복잡한 해면 조직과 신경망으로 이루어져 있다. 그리스어 '클레이토리스 kleitoris'는 '작은 언덕'을 뜻하지만, 요도 개구부 상단의 음핵 포피에 의해 보호받는 이 언덕은 문어 모양의 훨씬 더 큰 기관

의 일부에 불과하다.[10]

이제 우리는 조금 더 나아가서 문어의 은유를 물리적으로 받아들여 보자. 남성에 대한 거세 개념을 여성에 대입한다면, 그것은 단순히 클리토리스를 절제하는 것(좁은 의미에서 눈에 보이는 작은 언덕을 제거하는 것)이 아니라, 외음부로 총칭되는 기관 전체를 제거하는 것이다. 그렇게 했을 때 남는 것은 '거세된 외음부'다. 그것은 손길이나 삽입에 반응하지 않는 단순한 피부와 질 입구일 것이다. 거기에는 쾌락을 증명하는 율동과 수축이 없을 것이다. 따라서 우리는 문어처럼 생긴 클리토리스 전체를 일종의 기생체로, 다시 말해 질 입구에 부착된 외부 물체로 생각해야 한다. 이 기생체가 질 부위를 성적으로 만들기 때문이다. 이런 이유로 질 오르가즘과 음핵 오르가즘을 구분하거나, 관계 중에 누가 능동적이고 누가 수동적인지를 판별하는 일은 문제가 된다. 여성의 오르가즘과 관련된 신체 반응(질 입구와 주변 근육의 리드미컬한 수축)은 클리토리스 기관의 결과물이기 때문이다. 이 점을 분명하게 보여주는 성행위 방법은 소위 '싱가포르 그립'이라고 불리는 체위로, 남녀 모두 지극히 정적인 자세로 행위하게 된다. 남성이 바닥에 등을 대고 누워 있고 여성이 위에 앉아 있을 경우, 움직임이 아닌 질 근육을 조이는 것만으로 두 사람은 오르가즘에 도달한다. (이 체위를 식민주의 잔재라고 해석하는 관점도 존재한다. 싱가포르에 사는 백인 남성이 현지 여성과 사랑을 나눌 때 움직임조차 귀찮아했고, 여성이 이에 대응하는 과정에서 발전한 방식이라는 것이다. 물론 남성은 능동적이고 여성은 수동적이라는 기존 관습을 무너뜨린 체위라는 페미니즘적 해석도 있다.)

〈나의 문어 선생님My Octopus Teacher〉(2020, 피파 얼릭Pippa Ehrlich 감독, 크레이그 포스터Craig Foster 제작 및 출연, 남아프리카공화국)이라는 아카데미 수상 다큐멘터리는, 한 남자가 자신의 주위를 맴도는 문어와 일종의 애착 관계를 형성하는 이야기를 담았다. 이 작품은 전 세계 많은 이들의 식습관에 변화를 가져왔고, 시청자 수천 명은 문어를 먹지 않기로 결심했다고 한다. 하지만 영화는 중요한 질문을 회피하고 있다. 문어는 자신들끼리도 그러한 강렬한 애착 관계를 형성할까? 아니면 단지 다이버의 낯선 행동 때문에 '히스테리 반응'을 보인 것일까? 답이 어느 쪽이든, 우리는 이 영화를 남자가 클리토리스와 에로틱한 애착 관계를 형성하는 비유로 상상해볼 수도 있지 않을까? 클리토리스가 남자 주위를 장난스럽게 맴돌다가 그의 가슴 위에 안착하는 것처럼 말이다.

에이킨의 발언으로 다시 돌아가 보자. 여성의 신체가 삽입에 어떻게 반응하는지의 여부가 강간에 대한 승인 여부를 결정한다는 생각은 터무니없다. 분비물이 발생한다는 사실은 쾌락을 만들어내는 클리토리스 근육과 아무 상관이 없다. 에이킨의 발언에서 명백한 오류(그의 '말실수'는 그의 반페미니즘적 '잉여 쾌락'을 드러내 보여준다)를 보는 나는, 러시아의 우크라이나 침공에서 평행 논리를 본다. 왜냐하면 러시아 측에서도 강간의 은유를 사용했기 때문이다. 2022년 2월 7일 개최된 기자회견에서 푸틴은 우크라이나 정부가 민스크 협정Minsk agreement을 좋아하지 않는다며 이런 말을 덧붙였다. "좋든 싫든 그건 그대

의 의무요, 아가씨."[11] 이 말에는 성적인 함의가 담겨 있다. 푸
틴은 구소련 당시 활동했던 펑크 록 밴드 레드 몰드Red Mold의
노래 〈잠자는 관 속의 미녀Sleeping Beauty in a Coffin〉의 가사를 인
용한 것으로 보인다. 노래에 등장하는 화자는 관 속에 누워 있
는 잠자는 미녀가 좋아하든 싫어하든 성관계를 가질 것이라고
말한다.[12] 이 말에서 강간의 뉘앙스를 배제할 수 없다. 경우에
따라 한 국가가 다른 국가를 강간하는 것이 '정당한 일', 즉 정
당화될 수 있다는 뜻이다. 이 같은 남성우월주의적인 음담패설
은 전통적 기독교 가치를 옹호하는 사람들이 가진(심지어 숨기
지도 않는) 본심이다.

　　여기서 두 가지 결론이 도출된다. 첫째, 러시아와 세르비
아가 사용하는 '탈나치화' 개념은 다른 국가를 '정당하게 강간'
하는 행위라는 사실이다. '정당한legitimate'이라는 단어는 그러
한 강간을 합법화하는 역할을 한다. 둘째, 에이킨과 푸틴의 공
통된 생각은 외부적이고 우연적인 것이 아니라 내재적이라는
점이다. 이들은 자신의 세계관을 유지하기 위해 외설적인 발언
을 동원해야 한다. 그렇다면 우리는 단순히 우크라이나와 자유
주의 서방을 지지해야 하는 것일까? 알려진 것처럼 볼로디미
르 젤렌스키는 텔레비전 드라마 〈국민의 종The Servant of the Peo-
ple〉[13]에서 우크라이나 대통령 역할을 했고, 이후 실제로 대통
령에 당선되었다. 때문에 많은 이들이 탄식의 댓글을 달았고,
그러한 분위기 때문에 정치 평론가들도 그를 진지한 대통령으
로 받아들이지 않았다. (마치 대통령 전직이 KGB 요원인 것이 더
적절하고 정상적이라는 의견이 많았다.) 많은 사람들이 다음과 같

은 드라마의 내용을 알고 있다.

고등학교 역사 교사 바실리 페트로비치 골로보로드코는 어느 날 우크라이나의 부패한 현실을 과격한 어조로 비판한다. 그런데 학생들이 해당 장면을 촬영해 유튜브에 업로드한다. 부모와 함께 사는 덤벙대는 역사 교사 바실리는 하룻밤 새 인터넷 스타로 부상한다. 그의 제자들은 그를 우크라이나 대통령으로 만들기 위해 남몰래 크라우드 펀딩 캠페인을 벌이고 실제 후보로 등록하기에 이른다. 놀랍게도 그는 대선에서 승리를 거두고 우크라이나의 새로운 대통령이 된다. 국가 수장이 된 바실리는 새롭게 맡은 책임에 큰 혼란을 느끼지만 점차 대통령 업무에 적응해가고, 정부 내 올리가르히 집권층의 부패를 뿌리뽑기로 결심한다.

젤렌스키를 지지하는 이들은 그가 대통령이 된 후 텔레비전 드라마에서 맡았던 역할을 실제로 수행하고자 했다고 주장한다. 하지만 그는 성공했을까? 한 가지 분명한 사실은, 젤렌스키의 드라마가 묘사한 우크라이나의 모습이 실제 현실과 흡사하다는 점이다. 동유럽의 탈소비에트 국가들 가운데서도 우크라이나는 자본주의적 재건이라는 '충격 요법'에 적절히 대응하지 못했다. 독립 후 30년 동안 국민의 소득과 생활수준은 1990년대 수준을 하회하고 있으며, 빈곤마저 만연해 있다(열악하다고 알려진 벨라루스보다 더 심각하다). 법 집행은 부패를 억제하는 역할을 전혀 하지 못했으며, 법원은 허수아비 같은 존재로 전락했다…. 요컨대 그들은 자본주의로의 '전환'에 수반되는 흔한 패턴을 따랐다. 올리가르히 계층과 소수 엘리트들은 정계를 장악하고 공공 부문을 약탈하며 가공할 부를 축적했다. 여기에 서구의 자금 지원에 따른 시장 개혁 조치들을 더하면 ("지원금은 재정 축소와 긴축 정책이라는 명목하에 우크라이나가 시행해야 하는 개혁을 가로막았다") 더욱 암울한 현실이 드러나고 만다. 이것이 바로 러시아가 침공한 국가의 속사정이다. 우크라이나는 활기찬 민주주의 국가의 모습은 아니었다.

러시아의 지인(그를 익명으로 남겨두어야 하는 이유는 분명하다)에게서 개인적으로 들은 바에 따르면, 푸틴은 보수적인 러시아 정교회 고문 그룹 외에도 제3세계에 제시할 러시아의 입장을 구상하는 마르크스주의자 그룹도 조직했다고 한다. 2022년 8월 16일에 있었던 푸틴의 연설에는 이러한 '마르크스주의적' 사고의 흔적을 찾아볼 수 있다.

급변하는 정세 가운데 세계 질서는 다극화를 향해 나아가고 있습니다. 점점 많은 국가와 민족이 고유한 정체성과 전통과 가치에 기반한 자유롭고 주체적인 미래를 선택하고 있습니다. 하지만 서방의 세계주의 엘리트들은 이러한 객관적인 세계 질서를 방해하고 있습니다. 그들은 오랫동안 이어진 갈등에 새로운 분쟁을 부추기며 소위 '봉쇄 정책'을 고집하고 있는데, 이것은 실제로 각 나라의 대안적이고 주체적인 발전 가능성을 무너뜨리는 일에 불과합니다.[14]

위 내용에서는 물론 두 가지 세부적인 문제가 '마르크스주의적' 이미지를 망치고 있다. 첫째, "고유한 정체성과 전통과 가치에 기반한" 주권이라는 말은 북한이나 아프가니스탄에서 벌어지는 국가의 억압을 용인하자는 뜻이 된다. 진정한 좌파 연대라는 것은 각 나라의 '고유한 정체성' 내부의 대립을 토대로 각국의 해방 투쟁 사이의 연결망을 구축하는 일이다. 이를테면 아프가니스탄에서는 그들이 '고유한 정체성'이라고 주장하는 고통받는 여성들의 인권에 초점을 맞춰야 한다. 둘째, "대안적이고 주체적인 발전 가능성을 무너뜨리는 일"은 오늘날 러시아가 우크라이나에서 벌이고 있는 일이 아닌가? 그렇지 않다면 우크라이나는 대안적이고 주체적인 선택을 할 자격이 없는 것일까?

우리는 '마르크스주의'라는 허울에 속아 넘어가서는 안 된다. 그들의 마르크스주의는 오히려 전 세계의 모든 극우 운동의 핵심 역할을 하고 있다. 프랑스의 정치인이자 변호사인 국민연합National Rally 소속 마린 르 펜Marine Le Pen도 마찬가지다. 그는, 다문화주의와 성적 타락을 조장해 국가 정체성을 허무는 거대 글로벌 기업에 맞서며 노동자들의 친구를 자처하고 있다. 미국의 극우파는 종종 '딥 스테이트deep state'*를 무너뜨려야 한다며 폭력적인 전복을 거론하는데, 이는 과거 급진 좌파들의 구호처럼 들린다. 그들은 때때로 1960~70년대 급진 좌파의 계승자를 자처한다. 전 백악관 수석 전략가였던 스티브

---

* 민주주의 제도 밖의 숨은 권력 집단

배넌은 스스로를 '레닌주의자'라고 주장했다. 그러면서 금융과 디지털 엘리트들의 철옹성을 무너뜨리기 위해서는 극우파와 극좌파의 연대가 유일한 대안이라고 주장했다. 이러한 발언의 근원을 거슬러 올라가 보자. 히틀러가 이끌었던 정당이 바로 '국가-사회주의 독일 노동자당'이 아니던가!

오늘날 좌파들이 우크라이나를 지원하는 서방 국가들을 비판할 때, 전쟁으로 돈을 버는 것은 서방 군산 복합체라는 진부한 클리셰를 반복하곤 한다. 하지만 그러한 비판은 제2차 세계대전에도 얼마든지 적용될 수 있는 다소 어리석은 주장이다. 제2차 세계대전은 미국 방산 산업을 크게 부흥시키지 않았던가? 미국이 대공황에서 벗어난 것도 사실상 세계대전 이후였다. 우크라이나에서 벌어지는 일과 관련된 또 다른 사안이 있다. 지구 온난화와 그로 인한 생태적 혼란 속에서 비옥한 땅은 매우 중요한 자산이다. 빌 게이츠나 여러 억만장자들이 재산의 상당액을 투자하여 대규모 농지나 숲을 매입하는 이유도 여기에 있다.

우크라이나가 가진 중요한 자산이 바로 비옥한 땅이다. 우크라이나 들판에는 체르노젬chernozem이 가득한데, 이 '흑토'에는 유기물, 인, 인산, 암모니아 함량이 매우 높다. 영양소와 수분마저 풍부한 이 땅이 월등한 농업 생산량을 자랑한다는 것은 두말할 필요도 없다. 수십 년 동안 대기업들이 우크라이나의 땅을 사들이는 데 관심을 보인 것도 전혀 이상한 일이 아니다. 그 땅의 3분의 1 이상은 이미 미국과 서유럽의 대기업 소유가 되어 있다. 사태의 심각성을 인식한 우크라이나는 20년 전부터 외국인에게 토지 판매를 금지하는 모라토리엄을 시행했다. 하지만 미국 국무부와 IMF 그리고 세계은행 등은 지속적으로 이 금지 조치를 해제하도록 압력을 넣었고, 젤렌스키 정부는 2020년 이 거대한 압력을 이기지 못하고 해당 조치를 철폐하고 말았다.

참혹한 전쟁이 초래한 작은 희소식이 있다면, 진행 중인 전쟁으로 인해 거대한 신자유주의 프로젝트가 단기적으로나마 유보된 듯 보인다는 점이다. 전쟁은 사회적 동원과 생산의 조정을 강제하기 때문에, 우크라이나는 불가피하게도 신자유주의의 질주를 멈추고 독립 이후 만연했던 부패와 재벌의 폐해를 해소할 기회를 얻게 되었다. 하지만 우크라이나가 이 기회를 활용할 수 있을까? 잔인한 아이러니는 이것이다. 러시아가 무력으로 우크라이나를 식민화하고 있지만, 1990년 이후 우크라이나가 서방의 경제 식민지였다는 러시아의 주장이 오히려 신빙성을 얻게 되었다는 사실이다.

우크라이나가 독립을 지켜낸다고 기대한다 해도, 그 수동적인 승리야말로 진실의 순간이 될 것이다. 그들은 서방과 연대하여 EU에 가입하는 것만으로는 충분치 않다는 교훈을 배워야 할 것이다. 두 가지 이유 때문에 그렇다. 첫째, 서구 민주주의 자체가 심각한 위기에 빠져 있으며, 그들 내부에서조차 심각한 불만이 들끓고 있다. 미국은 이념적 내전에 가까워지고 있고, 유럽은 분열되고 있으며, 탈소련 국가들은 EU의 기본 가치와 맞지 않는 새로운 비자유적 권위주의로 나아가고 있다. 둘째, 미국과 EU에 빚진 상황이 된 우크라이나가 서구 강대국들의 경제적 식민화 압박을 견딜 수 있을까? 결국 우크라이나의 자유는 주로 문화적인 영역에 국한될 가능성이 크지 않을까?

우리가 전쟁에 몰두해 있고 우크라이나의 영웅적인 저항에 매료되어 있을 때, 그 이면의 투쟁은 이미 진행 중이다. 우리는 자유와 민주주의를 위해 싸우는 국가들에 대한 서방의 지원이 신자유주의적 식민화로 귀결되지 않기를 바랄 뿐이다. 이를 위해 우크라이나는 그저 서구 국가들을 추종하는 데 그치지 않고 자국을 새롭게 재창조해야 한다. 서구의 경제 식민지가 되는 것이 부상하는 러시아 제국의 일부로 소멸하는 것보다 나을 수 있겠지만, 그것만으로는 충분하지 않다. 그럴 경우, 묵시록의 네 기사(전염병, 전쟁, 기근, 죽음)를 결코 막을 수 없기 때문이다. 그 일을 수행할 수 있는 것은 오직 새로운 공산주의뿐이다.

서구의 일부 지식인들은 우크라이나가 유럽을 동경하며 유럽 문명의 일부가 되고자 하는 열망을 유럽의 가혹한 현실을 잘못 인식한 순진함이라며 비웃는다. 이에 비해 서유럽의 일반적인 입장은 우크라이나를 교화하고 싶어 하는 수혜자의 시선이다. 가난과 전쟁으로 신음하는 나라를 도와 자신들이 제시하는 선진 사회로 진입할 수 있게 해야 한다는 것이다…. 두 입장 모두 중요한 사실을 간과하고 있다. 우크라이나인들이 그리고 있는 유럽의 모습, 쟁취하기 위해 싸우고 있는 유럽의 모습은 실제의 현실적인 유럽이 아니다. 그들은 우리가 보지 못하거나 진지하게 욕구하지 않는 어떤 것을 보고 있다. 그런 의미에서 우크라이나인들은 '진짜' 유럽인보다 더 유럽인답다고 할 수 있다. 그들은 그 유럽을 위해 고통받고 싸울 준비가 되어 있지만, 유럽은 대부분 생활의 작은 불편을 걱정하며 무기력한 무관심에 빠져 있기 때문이다. 따라서 우크라이나에게 유럽의 도움이 필요한 것처럼, 우크라이나도 서유럽에게 통합된 유럽을 선도할 해방의 비전을 상기시켜주어야 한다. 우크라이나가 궁극적으로 따라잡아야 하는 것은 서유럽 국가들이 아니다. 서유럽이 우크라이나를 따라잡아야 한다. 우크라이나의 투쟁이 서유럽인을 교조적인 무기력에서 깨우고, 군사적 지원은 물론 생존을 위협하는 다른 모든 위협에도 맞서 싸워야 한다는 절실함을 깨닫게 해주기를 바란다. (우크라이나를 돕는 것으로는 부족하다. 오스트레일리아 원주민 활동가의 다음과 같은 말이 적절할 것이다. "당신이 나를 돕기 위해 온 것이라면 시간 낭비하지 마시기 바랍니다. 하지만 당신의 해방이 나의 해방과 같은 것이라고 생각한다면 함께 투쟁합시다."[15])

자연의 종말

새로운 공산주의는 필연적으로 나타나는 것이 아니다. 기성 체제는 이러한 움직임에 적극 대응할 것이며, 이미 그렇게 하고 있다. 이 딜레마를 가장 잘 설명한 사람은 볼리비아의 알바로 가르시아 리네라다.

우리는 자유시장과 민영화와 세계화가 인류 역사의 피할 수 없는 운명이라고 여겨왔지만, 그 위세에 눌려 있던 우연성이라는 상수가 오늘날 예측 불가의 모습으로 우리 앞에 다가와 있습니다. 팬데믹과 경제 위기로 인한 인류의 고통은 날이 갈수록 더해지고 있지만, 오히려 낡은 믿음과 지식을 폐기하고, 새로운 관점을 정립하며, 개인과 세계의 삶에 새로운 도덕 체계를 모색할 특별한 순간을 맞이하게 되었습니다. 이제 새롭게 얻은 깨달음으로 인해 우리 각자의 결정에 의미를 부여하고, 그 상상하던 세계에 견고한 목적성을 투사할 때가 되었습니다. 각 개인에 내재된 세계 질서를 구현하기 위해 새로운 의미의 집단 열망의 시간이 열린 것입니다.[16]

그런데 리네라는 이러한 '깨달음'의 순간을 이상적 형태의 급진적 단절로 확대 해석하지 않는다. 앞으로 오랫동안 고난의 노정이 이어질 것인데, 왜냐하면 무한히 팽창하는 자본주의에 '폐쇄 경제'로 대응하는 일은 불가능하다고 생각하기 때문이다. 오늘날 '폐쇄 경제'의 대표 주자는 생태학이다. 생태학은 자연 자체를 확장 가능한 영역의 최대치로 보고, 인간에게 겸손한 마음으로 자연 착취를 포기하라고 요구하기 때문이다. 더 이상 신神이나 전통이 지고한 가치를 가질 수 없게 된 지금, 자연이 그 역할을 대신하고 있다. 하지만 그 자연은 어떤 모습인가? 우리는 지구 온난화를 생각하며 '잉글랜드'가 메마르고 건조한 나라가 될 것이라거나, 미국의 '데스 밸리Death Valley'가 캘리포니아의 거대 호수가 되는 낯선 풍경을 떠올릴 뿐이다. 그러면서 그러한 변화를 '규칙적이고 반복되는 날씨 패턴'을 지닌 새로운 경향으로 여긴다. "인류의 탄소 배출이 한계에 달하면 지구 기후는 더 높은 평균 지점에서 안정화된다. 그렇게 형성된 더 높은 기온은 대체로 인간에게 해가 된다. 왜냐하면 변화된 기온이 해수면 상승과 극단적인 기상 현상을 초래하기 때문이다. 하지만 그럼에도 불구하고 모든 것은 안정화를 이룬다. 인류세人類世, Anthropocene는 이전의 기후 시대와 비슷하지만 더 따뜻하고, 대체로 규칙적이고, 지속 가능한 날씨 패턴 속에서 살아가게 될 것이다."[17] 하지만 최근 연구에 따르면, 아래와 같은 이론이 더욱 믿을 만하다.

> 지구의 기후는 혼돈에 이르고 있다. 그 혼돈은 진정한 의미에서의 수학적 혼돈이다. 그 혼돈에는 평형도 없고 지속 가능한 패턴도 없다. 그 상황에서 기후와 계절의 변화는 10년마다, 심지어 해마다 극적으로 변할 수 있다. 어떤 해에는 급작스럽고 극단적인 기상 현상이 발생하고, 다른 해에는 조금의 변화도 찾아오지 않을 것이다. 평균 기온도 단기간에 한랭기와 온난기를 오가며 급변할 것이다. 지구의 기후가 어느 방향으로 나아갈지 예측하는 것은 불가능해질 것이다.[18]

이런 상황은 인간의 삶에 재앙이 될 뿐 아니라 계절 반복에 최적화된 우리 삶의 기본 환경을 무너뜨린다. 이 부분에서 나는 게오르그 루카치가 『역사와 계급의식History and Class Con-sciousness』[19]에서 지적한 바를 떠올린다. 그는 '자연'을 사회적 범주로 생각했다. 즉 우리가 '자연'으로 인식하는 것은 언제나 사회적 맥락 속에서 이루어진다. 그래서 세상에 존재하는 모든 것은 자연이지만(인간도 자연의 일부다) 존재하지 않는 것도 마찬가지다. 우리가 '부자연스러운' 것으로 인식하는 것도 언제나 사회적으로 규정되기 때문이다. 2022년 BBC는 베니스 비엔날레를 보도하며 '우리는 탈인간 중심의 세계로 진입하고 있는가?'라는 제목을 붙였다. 큐레이터 세실리아 알레마니Cecilia Alemani는 "제가 상상하는 세상은 인간이 피라미드의 정점에 있는 것이 아닙니다. 인간 상호 간은 물론 자연과 동물, 유기적·무기적 존재들과 더불어 수평적 관계 속에서 살아가는 세상입니다"[20]라고 말했다. 여기서 우리가 말할 수 있는 것은, 이와 같은 '탈인간 중심적' 비전(인간이 여러 생명체, 유기적·무기적 존재들과 수평적 관계라는 개념) 또한 오직 *인간들만 가질 수 있다*는 사실이다. 무기적 존재들은 단순히 환경의 일부이며, 동물과 식물도 각자의 좁은 관계 속에서 환경과 소통할 뿐 자신들이 속한 전 지구적 자연 질서를 상상할 수는 없기 때문이다. 결국 존재들의 수평적 구조도 피라미드형 구조만큼이나 인간 중심적일 수밖에 없다.

이때 피해야 할 오류는, 우리가 기본적인 자연 개념에 몰두한 나머지 혼돈이라는 것을 '부자연스러운' 것으로 치부하는 일이다. 마치 지구가 류츠신劉慈欣의 걸작 SF 영화 〈삼체The Three-Body Problem〉[21]에 나오는 기이한 행성 트리솔라리스로 변해가는 것처럼 말이다. 트리솔라리스에는 예측 불가의 간격으로 기이한 세 개의 태양이 떠오른다. 때로는 너무 멀어서 땅이 얼어붙고, 때로는 너무 가까워서 엄청난 열기가 밀려든다. 때때로 오랫동안 자취를 감추기도 한다. 강력한 허리케인과 가뭄, 홍수, 지구 온난화 등 우리가 경험하고 있는 모든 것이 '자연의 종말'이라는 표현에 가장 어울리는 현상들이지 않은가? 이때의 '자연'은 전통적인 의미에서의 자연이다. 즉 계절의 규칙적인 리듬이자 인간의 역사가 의지해온 토대로서의 자연이다.

우리의 생존은 우리가 당연하게 여기는 자연의 특정 조건에 달려 있다. 지구 온난화가 주는 교훈은, 인류의 자유란 적정 온도와 적정한 대기의 혼합, 적당히 공급되는 물과 에너지라는 지구의 안정적인 자연 조건하에서만 가능하다는 사실이다. 인간은 원하는 것을 할 수 있지만, 지구 생명의 토대를 심각하게 훼손하지 않을 만큼 부수적인 존재로 남아 있을 때에만 가능하다. 지구 온난화로 인간의 자유가 제한되는 현상은, 인간의 자유와 권력이 기하급수적으로 성장한 결과가 낳은 역설적인 결과다. 즉 자연을 변형시킬 수 있는 우리의 능력이 확대되면서 지구 생명의 가장 기본적인 지질학적 조건들마저 훼손되기에 이른 것이다. 이에 우리는 자연 자체가 소멸되는 새로운 단계에 접어들고 있다. 생명공학이 이룩한 과학적 성취의 주요 결과는 자연의 종말이다. 자연의 구성 원리를 발견한 인간은 자연적 생명체조차 조작 가능한 대상으로 변형시키고 있다. 인간과 비인간을 총칭하는 자연은 '탈실체화'되었고 침해받을 수 없는 밀도, 즉 하이데거가 '대지earth'라고 부른 것을 잃어가고 있다.

나는 친구들의 구박을 받을 만큼 남몰래 즐긴 것이 하나 있다는 사실을 고백해야겠다. 롤랜드 에머리히Roland Emmerich

감독의 2022년 영화 〈문폴Moonfall〉이 그것이다. 영화가 설정한 하나의 전제는 달이 인류의 조상들이 만든 인공 메가 구조물이라는 점이다. 조상들은 현재 후손들보다 훨씬 발전된 기술을 가지고 있었고, 인류를 번성시키기 위한 일종의 방주로 달을 건설했다. 그런데 조상들은 너무도 강력해진 인공지능의 추격을 받고 있다…. 이 영화를 보고 내가 흥미롭게 느낀 점은 두 가지다. ⑴ 인류와 인공지능의 갈등이 아닌, 두 인공지능의 갈등이 인류 역사를 형성해왔다는 점이다. ⑵ 우리가 당연히도 거대한 자연물로 인식하는 달의 울퉁불퉁한 표면이 인간을 속이고 복잡한 내부 장치를 감추기 위한 가면이라는 점이다. 그렇다면 자연이라는 인간 삶의 전제를 여기에 적용해보면 어떨까? 자연의 가장 '자연스러운' 특성(이를테면 자생성이나 혼돈스러운 특징 등)이 기계적인 내부를 감추는 속임수라고 생각해보면 어떨까? 우리가 눈치채야 할 것은 포스트 휴먼 시대의 도래와 자연의 종말은 동일한 과정의 두 측면이라는 점이다. 그래서 호모 *사피*엔스가 무용해진다면 그 다음에 찾아올 현실은 무엇일까? 포스트 휴먼으로서의 호모 *데우*스일까, 아니면 사실상 전능함을 장착한 디지털 기계일까?[22]

새로운 양상의 의식awareness이 등장할 가능성에 대해, 우리는 토마스 메칭거Thomas Metzinger의 경고를 염두에 두어야 한다. 그는 하이브리드 생체 로봇이 진보하면 그 스스로 주체성을 갖는 것이 가능하다고 보았으며, 그것은 "철학적이 아닌 경험적"[23]인 문제라고 주장했다. 이 때문에 윤리적인 문제가 발생하게 될 것이라고 강조했다. "우리 행성에서 지금까지 이룩한 생물학적 형태의 의식이 과연 최적 경험의 형태인지, 본질적으로 최선을 지향한 발전인지는 전혀 알 수 없다."[24] 문제는 의식적인 고통과 괴로움이 중요한 요소로 작용했다는 점이다. 진화는 "원래 존재하지 않았던 고통과 혼돈이라는 확장된 바다를 만들어냈다. 개별적인 의식 주체의 수가 늘어나고 그들의 현상적 공간의 차원 또한 증가하면서 고통의 바다도 점점 더 깊어진 것이다."[25] 그렇다면 인위적으로 만들어진 새로운 형태의 인식이 새롭고 '더 깊은' 양상의 고통을 만들어낼 것이라고 예측하는 것은 매우 합리적이다.

유발 하라리Yuval Noah Harari의 주장처럼, 생명공학과 컴퓨터 알고리즘이 결합하여 "신체, 뇌 그리고 정신"이 만들어진다면, 그 이후의 인간 사회는 계급 분열보다 훨씬 강력한 급진적 분열이 초래될 것이다. "신체와 뇌를 설계할 지식을 가진 자와 그렇지 못한 자 사이의 격차"가 폭발적으로 확대되기 때문이다. "진보의 열차에 오른 자들은 창조와 파괴라는 신적인 능력을 보유하게 될 것이며, 뒤처진 이들은 멸종에 직면할 것"[26]이다. 가장 큰 위협은 아래와 같은 형태일 것이다.

가장 큰 위협은 소수의 특권층이 '업그레이드된 인간' 엘리트로 거듭나는 일이다. 이 초인들은 전에 없던 능력과 창의력을 누리며 인류의 가장 중요한 일들을 판단하고 주도해갈 것이다. (…) 그러나 대다수의 인간은 업그레이드되지 않을 것이다. 그들은 컴퓨터 알고리즘과 새로운 초인들에게 지배당하는 열등 계급으로 전락할 것이다. 인류가 생물학적 계급으로 분

마치는 말

종된다면 자유주의 이념의 토대는 말살될 것이다.[27]

이러한 모습은 스탈린 시대의 옛 농담을 새로운 버전으로 되풀이한 양상이다. 돈을 놓고 언쟁을 벌이는 공산주의 정치국의 풍경을 상상해보자. 우파는 복잡해진 사회에서 교환이 활성화된다면 돈이 유통되어야 하기 때문에 공산주의에서도 돈이 존재할 것이라고 주장했다. 그러자 좌파는 돈은 상품 사회에 적합할 뿐 공산주의에서는 돈이 존재하지 않을 것이라고 주장했다. 이에 스탈린은 둘 모두 틀렸다며, 각각 우파적이고 좌파적인 편향을 보일 뿐이라고 주장했다. 진실은 반대의 것을 통합한 변증법적 지양이기 때문이다. 그러므로 공산주의에서는 돈이 있을 것이고, 동시에 돈은 사라질 것이다. 정치국 간부들은 스탈린의 창의적인 답변을 칭송하면서도 그것이 어떻게 가능한지 설명해달라고 요청했다. 그러자 스탈린은 조용히 대답했다. "간단합니다. 어떤 사람은 돈을 가질 수 있고 어떤 사람은 가질 수 없겠죠."

여기서 중요한 것은 인간과 자연의 상호 의존성이다. 단순히 인간을 조작 가능한 또 다른 자연물로 축소할 경우, 우리가 잃는 것은 단지 인간성만이 아니라 자연 그 자체가 된다. 이런 맥락에서 프랜시스 후쿠야마의 말이 옳다. 인간성은 우리가 물려받은 '인간 본성'이라는 추상 개념에 의존한다. 이 개념은 우리에게 태생적으로 주어진 것이며, 내적 영역의 이해 불가한 차원이기도 하다. 그렇다면 인간이 존재하는 것은 오직 이해 불가의 비인간적 자연(하이데거의 '대지')이 존재할 때뿐이라는 역설도 가능하다. 유전자에 대한 지식을 통해 생명공학적 개입이 가능해지자, 인간종은 자신을 자유롭게 조작하고 재정의하면서 그 좌표를 바꾸어가고 있다. 이러한 기술은 인류를 종의 제약은 물론 '이기적 유전자'의 예속으로부터도 해방시킨다. 하지만 궁극의 자유는(유전공학을 통한 자기 재구성) 동시에 궁극의 비자유이기도 하다. 나 자신이 끝없이 재구성되는 객체로 축소되기 때문이다.

자신에게 진실하지 말라

가장 중요한 교훈은 우리가 자연의 무의미한 어리석음을 포용해야 한다는 것이다. 인류는 지구 생태계에 닥친 엄청난 파괴와 고통 덕분에 존재하게 되었다. 공룡이 멸종하지 않았다면 인류는 지구상에 존재하지 않았을 것이다. 우리가 사용하는 주요 에너지원인 석유와 석탄도 과거에 벌어진 상상할 수도 없는 파괴의 잔재다. 우리의 일상 습관은 전 세계의 고통과 관련이 있다. 산업형 농장에서 닭과 돼지에게 가해지는 처우를 생각해보라. 인간은 단순히 환경을 파괴하는 존재일 뿐 아니라 그러한 재앙을 통해 번성했고 지금도 그 재앙에 의존하며 살아간다.[28] 하지만 자연이라는 생명체에 대한 인간의 범죄를 처벌하는 일종의 뉘른베르크 재판이 열린다고 해도, 그동안의 모든 희생은 결코 돌이키지 못할 것이다. 우리가 감내해야 할 가장 어려운 것은 고통의 깊이를 찾는 것이 아니라 그 무의미함을 진정으로 받아들이는 일이다.

라투르Bruno Latour와 슐츠Nikolaj Schultz[29]는 『녹색 계급의 출현Mémo sur la nouvelle classe écologique』이라는 짧은 책을 통해 매우 중요한 문제를 개진했다. 언론은 수많은 보도를 통해 팬데믹과 자연재해에 관한 경고를 쏟아내는데, 왜 이전과 같은 대중의 호응을 얻지 못하는 것일까? 봉건제에 맞선 제3신분 운동이나, 자본주의의 착취에 대항한 사회주의 운동, 심지어 파시스트들의 동원과 같은 정치적 동원 수준의 대중적 호응은 얼마든지 있지 않았는가? 라투르와 슐츠는 생태 운동을 해방을 위한 계급투쟁의 최종적인 보편 운동으로 이끌고자 하지만, 생태 운동과 계급 운동 사이에는 커다란 간극이 있다는 사실을 지적한다. '생태 계급'은 구성원이 인간뿐 아니라 자연환경까지 포함되어 그 범위가 지나치게 보편적이다. 또한 이전 계급투쟁을 추동했던 진보적 패러다임(더 많은 물질적 발전으로 인해)과 단절된다. 이러한 이유로 생태 운동에 필요한 기본적인 전제는 더 나은 생활 수준이 아니라 단순한 삶과 더 나은 삶이다. 이를 위해서는 특히 '선진국'의 물질적이고 사회적인 희생이 필요함은 물론이다. 환경 운동이 대중적 지지 획득에 실패하는 이유가 이것일까? 내 생각에는 상황이 훨씬 더 복잡하다. 새롭게 부상하고 있는 일부 포퓰리스트를 제외한다면, 정치에 대한 대중의 무관심이 극심해진 가운데 정치 영역에서의 역할이 크게 줄었기 때문이다.

아도르노와 호르크하이머의 주장에서도 비슷한 입장을 발견할 수 있지 않을까? 호르크하이머가 서구 선진 사회를 바라보는 입장에서 우리는 존재론적 입장의 미묘한 모순을 찾을 수 있다. 존재론적ontological 차원에서 서구 선진 소비 사회는 '계몽의 변증법'의 정점이자 최악의 사회이며, 기술 조작이 만연한 사회다. 하지만 존재의ontic 차원에서는 다른 사회 체제들과 비교한다면 여전히 가장 나은 사회이며 지켜 나가야 할 사회다. (1960년대 후반 호르크하이머가 베트남 전쟁에 개입한 미국을 비난하지 않은 이유도 이것이다. 미국의 군대는 언제나 자유를 불러오기 때문이라는 이유였다. 호르크하이머의 입장은 민주주의를 간단히 정의한 처칠의 발언을 연상시킨다. 그에 따르면, 민주주의는 최악의 정치 체제이지만, 그밖의 모든 체제는 더 나쁘다.)

라투르와 슐츠가 지적한 것처럼, 생태 계급은 민주 세력과 사회주의 세력 모두와 협업해야 하지만 쉬운 일이 아니다. 예상되는 장애물은 자본주의의 팽창을 추구하는 '반동' 세력뿐이 아니다. 무한 성장을 포기하지 못하는 '진보' 세력도 다르지 않다. 불과 수십 년 전에도 노동조합들은 생태적 경고를 수긍하지 않았는데, 그 경고를 자본이 노동자의 요구를 제한하려는 시도로 간주했기 때문이었다. 오늘날 횡행하는 음모론에도 생태적 규제를 인구 통제를 위한 기득권의 책략으로 간주하는 경향이 남아 있다. 따라서 생태 계급은 다른 투쟁의 방향과 종종 엇갈리며, 그 불일치를 글로벌 연대를 통해 점진적으로 해결해야 할 단순한 문제로 여겨서는 안 된다. 새로운 공산주의를 재활성화하고자 한다면, 노동자 계급 권력working-class power이라는 개념에 담긴 근본적인 부적절함을 인정해야 할지도 모른다. 크리스토퍼 히친스Christopher Hitchens는 자신의 마지막 저서에서 이런 문장을 남겼다. "생의 마지막 순간, 멕시코에 남겨져 생활하던 트로츠키는 건강을 회복하지 못하고 있었다. 그는 제2차 세계대전이 발발하자 전쟁이 사회주의 혁명과 무관하게 종결될 수도 있다는 사실을 인정했다. 그런 경우 마르크스-레닌주의의 과업 전체를 포기해야 할 것이었다."[30] 트로츠키의 마지막 글 일부를 살펴보자.

> 우리는 인정해야 할 것이다. 스탈린주의의 패착은 나라의 후진성이나 제국주의적 습성 때문이 아니라, 지배 계급이 될 수 없는 프롤레타리아 계급의 선천적인 무능력 때문이었다는 사실을. 그렇다면 돌이켜보건대, 현재의 소련이야말로 새로운 보편적 착취 체제의 선구자였다는 사실도 우리는 인정해야 할 것이다.[31]

트로츠키는 분명히 말하고 있다. '프롤레타리아 권력'뿐 아니라 세상의 어떤 노동자가 대안적인 권력을 성공시킬 수 있다는 기본 가정부터 폐기해야 한다는 것을. "돌이켜보건대"라는 말은 그 계획이 처음부터 실패할 운명이었음을 의미한다. 오늘날의 우리도 이러한 사실과 결과를 모두 받아들여야 하는 상황에 몰려 있다. 이때 우리가 명심해야 할 것은 앞에서 언급한 인물인 카를 하인츠 델보의 말에 담겨 있다. 오늘날에는 "주인과 노예가 있는 것이 아니라 하인을 지휘하는 하인들만 있다고 보는 것이 합리적이다." (간디의 말처럼 농노의 운명은 노예보다 더 비참하다. 노예는 자유를 잃었지만, 농노는 자유를 누릴 자격마저 잃었기 때문이다.) 이 말은, 글로벌 자본주의의 재생산을 '권력 의지'의 발현으로 보는 관점을 수정해야 한다는 뜻이다. 자본은 의지 없이 스스로를 재생산하기 때문이다. 오히려 의지란 광기 어린 자본주의의 질주를 중단하려는 '의지주의적voluntaris' 혁명에 필요한 덕목이다. "오늘날 혁명을 원하지 않는 자는 아무것도 원하지 않는 자다"라는 말이 그러한 함의를 담고 있지 않은가. 그러므로 우리는 새로운 혁명의 주체를 찾아야 한다는 강박에서 벗어나야 한다. 혁명의 운명적인 주체란 존재하지 않는다. 유일한 해결책은, 전 지구적 변화의 필요를 느끼는 우리 각자가 스스로를 혁명 주체로 선언하는 것뿐이다. 다음과 같은 생각으로 말이다. "나는 더 이상 혁명 주체를 궁금해 하지 않을 것이다. 우리가 주체가 아니라면 다른 누구도 주체가 될 수 없다."[32] 요컨대 다른 집단(특히 소위 '유랑하는 프롤레타리아')이 특권적 주체가 되어 우리의 길을 열어줄 것이라는 쉬운 기대를 해서는 안 된다. 이때는 절대적인 평등주의가 작동할 뿐, '객관적인 사회적 지위'는 철저히 부수적인 문제다.[33] 간디가 남긴 (잘못된) 발언에 대한 우리의 견해는 이것이어야 한다. '세상에서 보고 싶은 변화가 있다면 당신이 그 변화가 되어야 한다.' 이 메시지는 '자신에게 충실하라'는 말과 정반대의 의미를 가진다. 당신 내면의 깊은 곳에는 진정한 자아가 존재하지 않는다. (이는 정신분석이 충분히 보여주는 사실이다.) 그러니 당신은 자아를 버려야 한다. 자유로운 대신, 자유의 객관적인 도구가 되어야 한다.

주인은 누구의 노예인가?

이제 지금까지 언급한 여러 논지를 한 곳으로 모아 결론을 내려야 한다. 우리는 지난 수십 년 동안 벌어진 사건들이 일반 서사로 떠오르는 모습 앞에 서 있다. 긴 서사를 한마디로 축약하면, 근대와 계몽주의 시대에 억눌렸던 것들이 다시 돌아오고 있다. 정확히 말하면 오늘날 우리가 보고 있는 대립은 단순히 계몽주의와 그에 억눌린 것들 사이의 투쟁이 아니다. 그것은 계몽주의 자체를 관통한 가장 근본적인 대립이었고, 그 갈등의 뿌리는 고대 그리스까지도 거슬러 올라간다. 그것은 플라톤과 아리스토텔레스의 대립이었고, 스파르타와 아테네의 대립이었으며, 프랑스 혁명과 영국의 개혁, 합리주의와 경험주의 그리고 평등주의적 자유freedom와 관습에 뿌리를 둔 자유liberty 사이의 대립이었다. 그것은 또한 급진적 보편주의와 구체적인 실험적 사고 사이의 대립이기도 하다. 그리고 모든 진실은 결코 신중하고 경험적인 접근 방식 편에 서 있지 않다.

근대성modernity이라는 이념이 만든 제도에 대한 불만은 근대성의 정반대 방향으로, 그리고 더욱 증폭된 잉여 향유sur-plus-enjoyment의 형태로 나타난다. 이는 자본주의 체제를 추동하는 잉여 향유나 잉여 가치가 아니라 그 자체를 초과하는 또 다른 잉여다. 그것은 인종차별적이고 성차별 같은 즐거움으로 가득한 포퓰리즘 담론의 외설에서 명확하게 드러난다.[34] 우리는 근대성이 전통적 지배(가족의 아버지나 노예를 부리는 주인)를 없애고 세속적 민주주의를 정착시키려는 시도가 상당 부분 실패

430

했다는 것을 어렵게 배우고 있는 셈이다. 주인의 측면은 이제 가부장적 가치, 정치적 권위주의, 종교에서의 근본주의 등의 다양한 형태로 회귀하고 있다. 프로이트는 부권 권위가 쇠퇴하는 현상이 그리 간단한 일이 아님을 미리부터 깨닫고 있었다. 도덕적 권위로 대표되는 아버지의 이름은 아이가 또래 집단이나 부패한 사회 환경에 대항하여 도덕적 자율성을 취할 수 있게 한다. 프로이트의 영향을 받은 호르크하이머도 1930년대에 쓴 권위와 가족에 관한 연구에서 같은 주장을 했다. 같은 맥락에서 아도르노는 히틀러가 부성성을 드러낸 인물이 아니라고 지적했다. 또한 알렉산더 미처리히Alexander Mitscherlich는 그의 명저 『아버지 없는 사회를 향하여Auf dem Weg zur vaterlosen Ge-sellschaft』[35]에서 부권 상실 과정과 그로 인해 새로운 지배 형태가 탄생하는 과정을 자세히 분석했다.

이러한 위기에 대응할 분명한 해법은 이것이다. 어떤 형태의 권위도 국민을 지배해서는 안 된다. 국민 각자가 스스로 일어서야 한다. 하지만 오늘날 포퓰리즘 정치인들은 대중을 이야기하며 음침한 외설을 노골적으로 드러낸다. 그들이 지칭하는 '대중'은 실제로 존재하지 않는다. 포퓰리즘이란 본질적으로 권력의 가면이다. 이 새로운 양상의 지배자들은 스스로를 '대중의 하인'으로 포장하고 자신의 행위를 정당화하기 위해 가상의 존재를 불러온다. 이를 통해 자신에게 반대하는 이들을 '대중의 적'으로 매도할 수도 있게 된다. 포퓰리즘이 처음 등장한 것은 여러 세기 전이었고, 전통적인 권위가 무너지는 것을 막기 위한 목적에서였다. 왕이 스스로를 하인이라고 선언하며 권위를 공고히 한 것인데, 프리드리히 대제의 경우 자신을 "왕국의 첫 번째 하인"이라고 선언했다. 이처럼 주인들은 자신의 지배를 정당화하기 위해 스스로를 하인으로 포장했다. 자신이 하인(백성)의 하인이라는 그의 주장은 자신의 통치를 정당화하는 방식이었다.[36] 그런데 '하인을 섬기는' 주인의 방식은 매우 다양하다. 기술관료 유형이 있는가 하면 종교적 근본주의 유형이나 외설적인 광대 유형도 있다. 때로는 마오쩌둥 같은 '실정失政형 군주'가 있는데, 자신이 주도한 질서를 주기적으로 배반하는 유형이다. 외설적인 주인은 실패한 주인이 보이는 전통적인 반응이 아니다. 이는 지식(S2, 대학 담화*의 행위자)이 담론(사회적 합의)으로서의 역할을 제대로 수행하지 못하는 현실에 대한 반응이다. 따라서 이 결핍된 부분을 외설적 행위로 보완하는 것이다.[37] 외설적인 주인이 초자아의 역할을 수행하는 한, 자크 알랭 밀러의 오래된 주장처럼, 초자아는 S1이 아닌 S2의 편에 있다**. 이러한 왜곡이 의미하는 것은, 상징적 기능의 실제 주체(아버지나 지도자)가 자신의 역할을 제대로 수행하지 못한다는 뜻이 아니라, 그 역할 자체가 힘을 잃어가고 있음을 나타낸다.[38]

이 중요한 딜레마에 대한 반응은 두 가지로 나뉜다. 첫째는, 불가피하지만 일정한 형태의 사회적 권위로 돌아가는 쪽이다. 왜냐하면 '아버지의 이름'이라는 상징적 법이 권위를 잃으면 그 법을 넘어서려는 욕망 자체도 사라지기 때문이다. 이

* 지식이 세상의 중심이라고 믿는다.
** S1은 주인 기표, S2는 노예 기표다.

러한 이유로 일부 라캉주의자들은 오늘날 현대사회의 문제를 아버지의 이름으로 대표되는 부성적 권위의 쇠락이라고 주장한다. 그 권위가 부재할 때 병적인 나르시시즘이 폭발하며, 실재의 아버지라는 원초적 형태의 유령이 소환된다. 그렇다면 우리는 금지의 주체가 될 일정한 법을 복원하는 일을 모색해야할지도 모른다. 이러한 생각은 기각되어야 마땅하지만, 주인의 쇠락이 해방을 자동적으로 보장하지 않으며 오히려 더 억압적인 지배 형태를 부를 수 있다는 점은 명확해 보인다. 하지만 법을 토대로 한 금지로의 복귀가 유일한 해결책일까? 라캉 또한 이 문제를 인식한 뒤, 말기에는 다른 해결책을 모색한 것으로 보인다.

라캉을 연구한 밀러는 그것을 '냉소적'이란 단어로 표현했다. 우리는 법의 권위로 되돌아갈 수 없지만 마치 우리가 법을 지탱하고 있는 것처럼 행동할 수 있다…. 요컨대 밀러의 해법은 다음과 같다. "우리는 흔한 히스테리 환자인 척하는 정신병자들이다." 밀러는 이 말에 담긴 정치적 함의를 주저 없이 밝혔다. 정신분석가는 "허상을 그 자리에 두지만, 피분석자가 그것을 실재인 것으로 믿지 않도록 인지시킨다…. 하지만 동시에 *그 자신도 그 허상에 어느 정도 속아 넘어가야 한다*."[39] 이 냉소적인 지혜의 핵심은 다음과 같다. "계속해서 즐기기 위해서는 권력의 허상을 보호해야 한다. 중요한 점은 그 허상에 집착하지 않고, 그것이 필요하다고 '간주'하는 데 있다."[40] (밀러는 카프카의 소설 『심판The Trial』에 나오는 유명한 구절을 자주 인용한다. "법은 진실이 아니다. 필요한 것일 뿐이다.") 이 냉소적인 태도가 유일한 해결책일까?

억압된 것의 회귀이지만 어쩌면 더 정교해진 형태는, 그것이 허구이고 사람들도 인식하고 있지만 감정적으로 완전히 몰입한다는 것이다. 2022년 9월 9일, 전 세계 사람들이 시청한 엘리자베스 2세 여왕의 장례식은 영국 군주제가 이와 유사한 역설을 구현하고 있었다는 사실을 깨닫게 해주었다. 영국의 왕실뿐 아니라 영국이라는 국가가 초강대국의 지위를 잃고 지역 강국으로 전락한다고 해도, 왕실의 지위는 오히려 세계인들로부터 이념적인 환상의 대상이 되었다. 공식적인 집계에 따르면, 여왕의 장례식은 전 세계에서 40억 명 이상이 시청했다. 우리는 이 현상을 실제 권력 양상을 가리는 이데올로기로 평가절하해서는 안 된다. 영국 왕실에 대한 환상은 실제 권력 양상이 스스로를 재생산하도록 하는 핵심 요소 중 하나이기 때문이다. 이 환상은 단지 왕실 가족에 국한되는 것이 아니다.

2012년 리처드 3세 소사이어티Richard III Society의 의뢰로 그레이 프라이어 수도원 부지에서 추진된 유골 발굴 사건을 떠올려 보라. 레스터 대학교는 발견된 유골을 방사성탄소연대측정법으로 분석했고, 당시의 외모 기록을 리처드 3세의 외모와 대조했으며, 보즈워스 전투에서 입은 부상을 확인했고, 여동생 앤의 모계 후손 두 명의 미토콘드리아 DNA까지 분석해서 최종적으로 리처드 3세의 유골임을 확인했다. 그는 2015년 3월 26일에 레스터 대성당에 다시 안장되었다. 이 행사에는 100여 명의 시민이 참석할 것으로 예상했으나, 이를 훨씬 뛰어넘은 10만 명이 넘는 인파가 모였다. 이러한 현상을 반동 취향의 환상으로 치부해서는 안 된다. 이를 통해 확인할 수 있는 것은 상징적 권력의 정점과 실제 집행 권력이 나뉘어 있다는 사실이다. 왕과 여왕은 군림하지만 통치하지 않는다. 그들의 군림은 의례적이며, 그 의례적 역할이 핵심이다.

그래서 군주의 역설이 존재한다. 군주 또는 어떤 형태의 상징 권력의 정점은 유일무이한 하나의 존재지만, 그 이유 때문에 아무리 존엄한 주인이라도 대체 가능한 존재가 된다. 그의 신체는 그의 신분과 우연히 겹쳐진 수행적인 존재일 뿐이다. 이 때문에 그가 타인으로 대체된다고 해도 실제로 변하는 것은 없다. 그래서 티토Josip Broz Tito부터 사담 후세인까지, 대체 불가의 지도자로 여겨졌던 인물들은 공개 석상에 대역을 내세우곤 했다는 의심을 받곤 했다. 그런데 정말로 아무것도 변하지 않는 것일까? 이데올로기적 환상의 경우 모든 것이 변할 수 있다. 이반 라이트만Ivan Reitman의 1993년 영화〈데이브Dave〉의 주인공 데이브 코빅은 임시직 파견 대행사를 운영하는 성격 좋고 배려심 많은 남자다. 그런데 그는 하필이면 미국 대통령 빌 미첼과 외모가 흡사하다. 타인에 무관심한 난봉꾼 대통령 빌 미첼은 공식 오찬을 귀찮아하고, 비밀경호국은 데이브에게 그의 대역을 맡긴다. 미첼은 비서와 은밀한 관계를 갖다가 뇌졸중으로 쓰러지고, 데이브는 무기한 대통령직을 수행하게 된다. 교활하고 탐욕스러운 비서실장 밥 알렉산더는 가짜 대통령을 이용해 백악관을 장악하려 하지만, 뜻밖에도 데이브가 대통령직을 즐기기 시작한다. 그리고 우연히 얻은 권력을 이용해 미국을 더 나은 국가로 이끌고자 한다…. 이러한 판타지 서사는 알렉상드르 뒤마의 소설 『철가면』[41]에도 나타난다. 루이 14세의 쌍둥이 형제 필리프는 철가면으로 얼굴이 가려진 채 감옥에 갇힌다. 이 때문에 누구도 그를 알아보지 못한다. 결국 달타냥이 삼총사와 힘을 합해 필리프를 구출하고 루이왕은 철가면을 쓴 채 감옥에 갇힌다. 필리프는 우리가 알고 있는 루이 14세가 되어 프랑스를 훌륭한 나라로 이끈다.

그렇다면 최고 권력자가 도덕적으로 완벽하고, 청렴하고, 성품이 훌륭하고, 실용적인 판단 능력이 뛰어나는 등 일정한 기준을 충족하면 문제가 해결될까? 이렇게 생각하는 순간, 우리가 경험한 인물이 떠오른다. 그것은 스탈린주의적인 지도자의 모습이다. 그는 군주와 전혀 다른 지점에 놓였던 인물이다. 전통적인 주인도 아니었고 외설적인 주인도 아니었다. 그렇다고 해서 자유민주주의적 철학이나 합리적 사고에 기반한 현대 지식의 구현자도 아니었다. 그는 대학 담론의 병적 왜곡이자 억압된 담론의 회귀다. 스탈린주의에서는 주인 기표가 지식의 영역과 직접적으로 겹쳐진다. 그 영역에는 왜곡된 진실도 없고, 외설적인 다양성이나 자기모순도 존재하지 않는다. 지식이 곧 진리로 작동하기 때문이다.

그렇다면 대체 주인은 왜 필요한 것일까? 전통적인 권위의 쇠락에 대한 또 다른 대응은 아나키스트적 방식이다. 오늘날 노엄 촘스키나 데이비드 그레이버가 그 불씨를 되살리고 있다. 아나키즘이라고 해서 공적 권력에 반대만 하는 것은 아니다. 신아나키스트 캐서린 말라부는 자크 랑시에르Jacques Rancière를 인용하며, "명령과 복종을 모두 받아들일 시민들 간의 급진적인 평등"을 주장했다.[42] 민주주의와 제비뽑기는 본질적으로 유사하다. 공적 권력이라는 것이 존재한다고 해도, 진정한 민주주의는 통치하는 자와 통치받는 자가 우연에 의해 결정된다. 왜냐하면 통치는 특별한 기술을 요하는 행위가 아니기 때문이다.[43] 에티엔 발리바르는 말라부의 주장에 대한 답변이 될 다음과 같은 중요한 주장을 펼친다.

> 이제 아나키스트들은 대안적인 사회 체제를 만들 수 있다고 주장할 것이다. 사회 전체가 자치와 자조의 형태로 운영될 수 있는데, 이는 협동조합이나 마을 공동체의 사례 등을 통해 확인되는 모습이기도 할 것이다. 시리아 로자바Rojava에서 있었던 쿠르드 전사들의 투쟁이나, 치아파스Chiapas에서의 사파티스타Zapatistas 반자본주의 무장투쟁 등의 사례가 부각되면서, 오늘날 이러한 주장은 점점 더 힘을 얻고 있다. 그들은 이처럼 지역 수준에서 성공한 일이 올바른 연방 형태를 갖춘다면 전세계적으로 확산될 가능성도 배제할 수 없다고 주장한다.[44]

말라부 자신은 다른 두 가지 문제를 지적하기도 했다. 첫째, 오늘날 아나키즘은 글로벌 자본주의의 중요한 특징이 되고 있다.

> 지금의 시대는 실질적인 아나키즘과 새롭게 부상하는 아나키즘이 공존하는 시대다. 실질적인 아나키즘은 아나코-자본주의가 지배하는 현상으로, 복지국가의 종말과 맞물려 시민들에

게 좌절감, 즉 버림받았다는 느낌을 심어준다. 오늘날 병원과 의료 시스템을 생각해보라. 나는 지금의 자본주의가 아나키즘적 전환 혹은 자유주의적 전환을 시도하고 있다고 생각한다. 이것은 우리 삶 전반이 '우버화Uberization'되는 과정이다.[45]

둘째, 이 아나코-자본주의는 새로운 권위주의의 또 다른 측면이다.

권위주의는 국가의 소멸을 방관하지 않는다. 오히려 소멸된 국가를 대체한다. 소위 '협력' 경제라는 가면은 기술 플랫폼을 통해 전문가와 사용자를 직접 연결하며 기존의 고정성을 파괴할 뿐이다.[46]

여기에서의 가면은 단순한 가면이 아니라 아나키스트적 협력 경제 내부에 숨겨진 진실이기도 하다는 점을 덧붙여야 한다. 새롭게 부상하고 있는 권위주의란 국가의 소멸(더 정확히 말해서 공적 서비스를 제공하는 국가의 주요 기능의 소멸)을 의미하기 때문이다. 이로써 우리는 의료와 교육 등 공공 서비스의 광범위한 영역을 돌아보아야 한다. 이러한 서비스는 협동조합을 확장하거나 여러 형태의 지역 자치를 조직한다고 해서 촉진할 수 있는 것이 아니다. 에티엔 발리바르는 이 점을 명확히 했다.

미국 교외에 사는 주로 아프리카계 미국인이나 기타 빈곤 이주 노동자들을 보면, 그들이 겪는 고통의 원인은 미국이 영국이나 프랑스, 독일과 같은 복지 시스템과 사회 정책을 충분히 갖추지 못했다는 사실에 있다. 그들이 토로해야 할 불만은 국가의 지나친 간섭이 아니라 국가의 지나친 불간섭이다.[47]

그렇다. 우리에게 필요한 것은 정당 정치와 국가 기구 외부에서의 대중의 결집이다. 그래서 아나키스트들이 주장하는 공동체도 그들이 '소외된' 제도적 메커니즘이라고 비판하는 정교한 시스템에 의존할 수밖에 없다. 전기와 물은 어디에서 공급되는가? 법의 운용은 누가 하는가? 의료 서비스는 누가 실행하는가? 공동체가 자치적인 모습일수록 이 네트워크는 더욱 원활하면서도 보이지 않게 작동해야 한다.

그러므로 우리는 소외 대 탈소외, 일방적인 국가 권력 대 공공 부문에 국한된 국가 권력 등의 전통적인 대립 구도에서 벗어나야 한다. 우리는 소외를 탈소외로 극복할 수 없고, 주인을 제거하여 해방을 얻을 수 없고, 공공 권력을 공공 서비스에 국한함으로써 극복할 수도 없다. 소외되지 않은 자율적 자유주의를 함양한 개인은 그 자체가 자본주의 사회에서는 소외의 산물이다. 노예들을 돌보며 그들을 위해 봉사하는 주인이라는 개념 또한 개인들이 스스로를 돌볼 가능성을 차단하기 위해 만든 페티시일 뿐이다. 사회에 봉사하는 권력이라는 개념은 권력을 정당화하고, 그로 인해 권력의 본질적인 과잉 상태를 은폐한다. 오늘날 허용주의와 자유 선택이 다른 어떤 가치보다도 중요한 덕목으로 자리잡고 있기 때문에, 사회적 통제와 통치는 더 이상 주체의 자유를 침해하는 형태로 나타날 수 없다. 그것은 오히려 개인이 스스로 자유롭다고 느끼는 자기 경험으로 나타나야 하고, 이를 통해 통제가 유지되어야 한다. 해결이 난망한 문제를 고립된 개인이 해결할 수 없고, 개인이 자유롭게 행동할수록 시스템에 더욱 예속되기 때문에, 우리는 주인이라는 설정된 외부 대상을 통해 가짜 자유의 '독단적인 잠dogmatic slumber'에서 깨어나야만 한다. 오스트리아 철학자 이졸데 카림 Isolde Charim이 오늘날의 나르시시즘적 주체를 "자발적으로 복종하는 주체"라고 명명한 것은 매우 타당하다.[48] 자아의 욕구와 관심에 매몰될 때, 나는 자유로운 것이 아니라 오히려 그 자아를 만든 사회에 예속된 존재가 된다.

버락 오바마의 첫 대선 캠페인 슬로건은 "그래, 우린 할 수 있어!Yes, we can!"였다 여기에도 외부에 설정된 주인의 외침이 들린다. 그리고 그것은 새로운 가능성을 열었다. 하지만 이렇게 물을 수도 있다. 히틀러 역시 겉으로는 비슷한 말을 하지 않았던가? 히틀러가 독일 국민에게 보낸 메시지도 "그래, 우린 할 수 있어Yes, we can"(유대인을 학살하고, 민주주의를 짓밟고, 인종을 차별하고, 타국을 침공하고…)가 아니었던가? 자세히 살펴보면 그 차이는 명확히 드러난다. 히틀러는 진정한 주인이 아니라 대중의 모호한 욕망을 교묘하게 조종한 포퓰리스트 선동가였다. 진정한 주인은 사람들이 무엇을 원하는지 고심하지 않는다. 진정한 주인은 그저 자신의 욕망에 충실할 뿐, 사람들이 그를 따를지의 여부는 그들 스스로 결정하도록 한다. 즉 그의 권력은 자신의 욕망에 대한 진실함과 타협하지 않는 태도에서 비롯된다. 진정한 주인과 파시스트 혹은 스탈린주의적 지도자의 차이가 이것이다. 파시스트나 스탈린주의 지도자는 자신이 대중보다 더 잘 알고 있고 대중에게 무엇이 이로운지 안다고 주장한다. 그리고 대중의 의지와 상관없이 강제할 준비가 되어 있다.

요컨대 개인이 '자기 자신을 넘어서고' 수동성에서 벗어나 직접적인 정치 주체로 나아가기 위해서는 지도자라는 참조점reference이 필요하다. 지도자는 각 개인을 뮌히하우젠 남작*의 경우처럼 스스로 바로 설 수 있게 해주는 역할을 하기 때문이다. 바디우 역시, 주체가 '인간 동물'의 수준을 넘어서기 위해서는 주인이 필요하며, 이를 통해 진리 사건Truth-Event에 충실할 수 있게 된다고 주장했다.

> 주인은 개인이 주체가 되도록 돕는다. 즉 주체가 개인과 보편 사이의 긴장 가운데 놓일 때 길을 헤쳐가기 위해서는 중재자, 즉 권위가 필요하다는 것은 분명하다. 주인이 위기에 처하면 논리적으로 주체의 위기도 초래된다. 정신분석도 이를 피할 수 없었다. 주인의 지위를 빼앗아야 하며 주인 없이도 주체일 수 있다는 생각은 잘못이다. 그렇다면 심지어 해방의 관점에서도 주인이라는 역할이 필요하다.[49]

바디우는 주인이라는 필수불가결한 역할이 우리의 '민주적' 감성과 충돌할 가능성에 대해 크게 우려하지 않는다고 주

---

* 자신의 허풍을 실제로 믿게 된 소설 속, 혹은 실존했던 인물

장한다. 그의 말을 들어보자. "지도자의 역할이라는 중대한 기능은 오늘날의 '민주적' 사회 체제와 양립하지 않는다. 내가 이 민주적 분위기와 치열하게 싸우고 있는 것도 이 때문이다. 결국 이데올로기에서 시작해야 한다."[50] 그렇다면 대타자는 존재하지 않는다는 라캉의 주장과 상충하지 않는가? 대타자가 없다는 사실과 외부에 상정된 타자에 대한 자기희생적 의탁은 어떻게 공존할 수 있는가? 대타자가 존재하지 않는다는 진술에 대한 분명한 해석은, 권위를 가진 존재가 자신에게 권위를 행사할 자격이 없음을 인정하고 물러나 의탁자들이 현실에 직면하도록 한다면 대타자가 존재하지 않는 것으로 상정된다는 의미다. 한나 아렌트Hannah Arendt는 이러한 형국을 부모의 권위와 관련지어 설명한다.

> 현대인은 세상에 대한 불만과 처한 상황에 대한 혐오를 표현하는 적확한 방법을 찾지 못한다. 그러면서도 그 모든 현실에 책임지지 않으려는 태도를 자녀에게 보이곤 한다. 이는 마치 부모가 자녀에게 이렇게 말하는 것과 같다. "우리도 세상에 제대로 자리잡은 건 아니야. 어떻게 살아야 할지, 무엇을 알아야 할지, 어떤 기술을 배워야 할지 여전히 혼란스러워. 하지만 너희는 최선을 다해 자립해야만 해. 어떤 경우에도 부모 탓을 하면 안 된다. 우리는 죄가 없고, 더 이상 너희를 책임질 수 없어."[51]

설사 부모의 이런 이야기가 현실적으로 옳다고 해도, 실존적으로는 거짓일 수밖에 없다. 부모는 이런 식으로 뒤로 물러설 수 없다. (이것은 마치 "나는 자유의지가 없어. 내 행동은 뇌 신호의 결과일 뿐이니까. 그러니까 나는 뒤로 물러서겠어. 내가 저지른 범죄에 대해서도 책임질 필요가 없는 거야!"라고 주장하는 것과 같다. 비록 뇌 신호의 작용이 사실이라고 할지라도 주관적인 입장에서는 거짓이다.) 그렇다면 "윤리적으로 부모가 해야 할 것은, 마치 무엇을 해야 하고 세상이 어떻게 돌아가는지 아는 척하는 일이다. 왜냐하면 권위의 문제를 해결하는 유일한 방법은, 그것의 허구성을 받아들이고 그로 인한 모든 어려움과 불만을 감수한 채 권위가 부여한 역할을 수행하는 것뿐이기 때문이다."[52]

그런데 다시 묻건대, 이것은 밀러의 냉소적 해법과 어떻게 다를까? 역설적이지만, 주체는 자신이 권위를 행사할 능력이 없다는 것을 정확히 알고, 냉소적 거리감 없이 진심으로 받아들이며, 필요하다면 목숨까지 바칠 각오를 한다. 근본주의와 다른 점은, 우리가 의지하는 권위가 실제적인 근거가 없다는 사실을 알지만, 그럼에도 자신을 아득한 심연 위로 올려놓는다는 점이다. 뜻밖의 예일 수 있지만, 바그너의 오페라 〈라인의 황금Rhinegold〉[53] 결말 부분을 살펴보자. 작품은 잃어버린 순수함을 한탄하는 라인강의 소녀들과, 법의 지배를 선포하며 당당히 발할라 성으로 입장하는 신들의 대조적인 장면으로 막을 내린다. 이에 대해 사람들은, 라인강 소녀들의 진실하고 순수한 탄식이 발할라로 당당히 입성하는 신들의 헛되고 거짓된 모습을 더욱 강조해 보여준다고 주장한다. 하지만 슬픈 배경음악으로 흐르는 소녀들의 노래야말로 발할라로 입성하는 신들에게 진정한 위대함을 부여하는 것이 아닐까? 신들은 자신들이 파멸할 운명임을 알고 있지만, 그럼에도 자신들의 의식을 영웅적으로 수행한다. 이 때문에 우리는 이 장면에서 흔한 페티시즘적 후퇴와는 다른 용감한 위험 감수의 행위를 본다. 이는 칸트의 "*당신은 할 수 있다. 왜냐하면 그래야만 하기 때문에!Du kannst, denn du sollst!*"(나는 내가 그 일을 하기에는 너무 약하다는 사실을 알아. 하지만 그럼에도 불구하고 그 일을 할 거야)라는 언명과 같다. 이것은 냉소주의와 대척점에 있는 태도다. 이 작품에 등장하는 냉소주의자는 로게Loge다. 그는 지식의 구현체이자 불의 반신이며, 최고의 신 보탄을 교활하게 충동질하는 집행자의 역할을 맡는다. 하지만 그는 발할라로 가는 신들을 따르지 않는다. 로게는 혼잣말로 오만한 신들을 불로 파괴하고 싶지만 좀 더 고민하겠다고만 말한다.

한편 깊은 아래에 놓인 라인강의 소녀들은 잃어버린 황금을 아쉬워하고, 거짓되고 비겁한 신들을 저주한다. 영국의 철학자 로저 스크루턴Roger Scruton은 그녀들의 비애를 이렇게 설명한다. "그리고 심연의 바닥에서는 여전히 소녀들의 애가哀歌가 흘러나온다. 의식적인 의지에 의해 규정되기 이전부터 존재했던 자연 질서의 세계를 그리는 노래다. 그 선율은 우리가 인격과 주권과 자유를 추구하는 모든 여정에서 우리의 무의식 속으로 흘러든다." 오페라에서 마지막으로 울려 퍼지는 목소리가 이것이다. 이 목소리는 "문득 어떤 갈망이 되어 우리의 마음을 관통하고, 향수에 젖은 욕망이 되어 우리의 골수를 녹인다." 그리고 신들은 "몰락을 향한 허무한 승리를 자축하며" 발할라로 입성하고, 그 순간 오케스트라의 장엄한 선율이 울려 퍼진다…. 이 승리는 정말로 허무한 것일까? 그 속에 영웅적인 위엄이 담겨 있는 것은 아닐까? 보탄의 행보는, 자신의 권위가 정의로운 것이 아님을 알고 있음에도 파멸을 감수하고 앞으로 나아가는 발걸음이 아닐까?[54]

그런데 또 다시 같은 의문에 빠진다. 우리는 지금 '권위는 진실이 아니라 단지 필요할 뿐'이라는 냉소적인 입장으로 되돌아온 것인가? 그렇지 않다. 밀러의 입장을 인용하자면, 냉소적인 입장은 *"쾌락만이 유일한 진실이라는 말 속에 존재한다."* 하지만 허구가 현실보다 더 진실하다는 한나 아렌트의 말처럼, 우리는 어떤 것이 허구이기 때문에 기꺼이 목숨을 걸고 위험을 감수한다. 여기서 우리는 라캉의 말, "진실은 허구의 구조를 가진다"는 명제로 되돌아오게 된다. "대타자는 없다"는 말은 신이 없다면 모든 것이 허용된다는 뜻이 아니다. 라캉이 간파했듯, 그것은 오히려 반대의 의미를 지닌다. 신이 없다면 모든 것이 금지되어 있으므로, 금지에서 벗어나기 위해서는 반사실적으로 행동해야 한다는 뜻이다. "대타자는 없다"는 말은 단순히 냉정한 현실을 설명한 이야기가 아니다. 그것은 오히려 나 자신이 대타자라는 중립적 위치를 점하고 있다는 뜻이다. 마치 보편적 역사주의가 나를 역사적 상대주의에서 열외시키기라도 하듯 말이다. "대타자는 없다"는 말은, 나 자신을 최대치의 주체적 몰입 속에서 대타자의 틈, 즉 그 체제의 균열과 동일시해야 한다는 뜻이다.

그러므로 논의를 끝까지 밀고 가기 위해서는 라캉을 넘어서야 한다. 주체의 최종적이고 근본적 위치는 분석가의 자리가

아니다. 환상을 가로지르고 대타자의 비존재를 받아들인 후에
도 냉소주의를 피할 수 있는 유일한 방법은, 새로운 주인의 위
치를 향해 영웅적으로 나아가는 일이다.

주

들어가는 말

1. 이후의 내용은 내가 펑타이밍Peng Tai'ming에게서 전해 들은 이야기다.
2. Martin Heidegger, *Logic as the Question Concerning the Essence of Language*, Albany: SUNY Press 2009, p. 73.
3. Grant Farred, *Martin Heidegger Saved My Life*, Minneapolis: University of Minnesota Press 2015. 참고.
4. Living with the ghost of Martin Heidegger–University of Minnesota Press Blog (uminnpressblog.com), proper details.
5. Alain Badiou, *The True Life*, Cambridge: Polity Press 2017, p. 7.
6. "Niemand ist mehr Sklave, als der sich für frei hält, ohne es zu sein." (Johann Wolfgang Goethe, Die Wahlverwandtschaften, Hamburger Ausgabe, Bd. 6, dtv Verlag, München: dtv Verlag 1982, p. 397)
7. "Mao Zedong," Wikipedia, The Free Encyclopedia, https://en.wikipedia.org/w/index.php?title–ao_Zedong&oldid=1156088558
8. Mladen Dolar, *Od kod prihaja oblast?* (in Slovene), Ljubljana: Analecta 2021, pp. 84–85 참조.
9. Immanuel Kant, "Lectures on pedagogy," in *Lectures on Ethics*, Cambridge: Cambridge University Press 1997, p. 437.
10. Ibid., p. 438.
11. Ibid., p. 369.
12. "Grass Mud Horse," Wikipedia, The Free Encyclopedia, https://en.wikipedia.org/w/index.php?title=Grass_Mud_Horse&oldid=1151326242
13. Gilles Deleuze, *Cinema 2: The Time-Image*, London and New York: The Athlone Press 2005 [1985], pp. 178–179.

14. https://minimalistquotes.com/agnes-sligh-turnbull-quote-243926/. 이 인용문은 흔히 아그네스 턴불이 남긴 문장이라고 알려져 있지만, 사실은 프랑스의 외교관 샤를 모리스 드 탈레랑 페리고Charles Maurice de Talleyrand-Périgord의 말일 가능성이 크다.

15. "Torn Curtain," Wikipedia, The Free Encyclopedia, https://en.wikipedia.org/w/index.php?title=Torn_Curtain&oldid=1151212392 참조.

자유를 생각하다

1 자유 그리고 그것의 한계

1. Étienne Balibar, *Spinoza and Politics*, New York: Verso 1998, p. 88.

2. "Liberty," Wikipedia, The Free Encyclopedia, https://en.wikipedia.org/w/index.php?title=Liberty&oldid=1154099098

3. "Lust, Caution," Wikipedia, The Free Encyclopedia, https://en.wikipedia.org/w/index.php?title=Lust,_Caution&oldid=1153441169

4. "Today's version of 'I command you to freely sign this document!'," Žižek (reddit.com), https://www.reddit.com/r/zizek/comments/x2pjlb/todays_version_of_i_command_you_to_freely_sign/

5. "Even what's secret is a secret in China," *The Japan Times*, June 16, 2007, p. 17. 참조.

6. Franz Kafka, "The Problem of Our Laws," in *The Complete Stories*, New York: Schocken Books 1995, p. 437.

7. Jacques Derrida, *Acts of Literature*, New York: Routledge 1992, p. 201.

8. Ingrid Meger, "Milena Miklavčič, 'Avtorica knjige Ogenj, rit in kače niso za igrače: Kako so seksali in rojevali pred stoleti'," *Dnevnik*, April 12, 2014, https://www.dnevnik.si/1042659827 참고(슬로베니아어).

9. Noah Gordon, "Paris Alive: Jean-Paul Sartre on World War II," *The Atlantic*, September 2014, https://www.theatlantic.com/

10. 쿠르드족 출신 연구자 만수르 타이푸리와의 인터뷰 참조. "Interview with Mansour Tayfuri on Kurdish exodus of 1979 in Mariwan – Rawej", Sunday, November 20, 2016 on Vimeo, https://vimeo. com/193933442), 마리완 부족 사람들의 저항에 관한 석사 학위 논문 "혁명의 마지막 바리케이드. 1979년 이란 혁명 이후 쿠르드족의 저항 형태La dernière barricade de la revolution. Forme de résistance en Kurdistan après la révolution iranienne de 1979," 파리 8대학-생 드니, 2014년 9월.

11. Friedrich Engels, "Anti-Duhring," ch. 9, 다음의 인터넷 사이트 참고. https://www.marxists.org/archive/marx/works/1877/anti-duhring/ ch09.htm. G.W.F. Hegel, The Science of Logic, Cambridge: Cambridge University Press 2010, p. 509.

12. 서머셋 모옴의 마지막 출판물이었던 연극 〈셰피Sheppey〉(1933)에서 인용. Somerset Maugham, Plays, Vol. I, London: Bloomsbury 1997. 애거서 크리스티도 자신의 작품 『죽음과의 계약Appointment with Death』에서 이 이야기를 언급한다(1938).

13. 다음에서 인용. Daniel Gilbert, "Buried by bad decisions," available online at https://www.nature.com/articles/474275a

14. See Peter Sloterdijk, Critique of Cynical Reason, Minneapolis: Minnesota University Press 1988, p. 11.

15. 다음에서 인용. Alenka Zupančič, "Perverzniu obrat utajitve," (manuscript in Slovene)-translation mine.

16. 다음 참고. Alenka Zupančič, "The End" (manuscript).

17. 나는 이러한 생각을 2017년, 펭귄북스에서 출간한 책 『희망을 거부하는 용기The Courage of Hopelessness』에 담았다.*

18. Monir Ghaedi, "Viral protests: Russians continue to denounce war, risking imprisonment", DW, March 3, 2022, https://www.dw.com/

19. 1939년, 에른스트 루비치Ernst Lubitsch 감독의 미국 코미디 영화 〈니노치카〉.

20. 다음 참고. Benjamin Libet, "Unconscious Cerebral Initiative and the Role of Conscious Will in Voluntary Action," in The Behavioral and

* 한국어판 제목은 『용기의 정치학』(다산북스, 2020)이다.

Brain Sciences, 1985, Vol. 8, pp. 529-539; and Benjamin Libet, "Do We Have Free Will?," in *Journal of Consciousness Studies*, 1999, Vol. 1, pp. 47-57.

21. 고상한 상류사회의 흥망성쇠를 그린 이디스 워튼의 이 작품은 놀랍게도(아닐 수도 있겠지만) '경제적 기반'과 '이데올로기적 상부 구조'의 교차점을 모범적으로 그려냈다. 그녀의 섬세한 심리 묘사는 계급투쟁과 경제적 불평등에 대한 절망적인 반응을 그린 데에도 잘 나타났다. 2000년 개봉한 영화 〈환희의 집The House of Mirth〉의 여주인공 릴리가 사랑에 실패하는 이유는 돈을 위해 결혼하려 고집을 부리기 때문이다. 마찬가지로 줄리안 펠로우즈Julian Fellowes가 만든 TV 시리즈 〈길디드 에이지The Guilded Age〉(HBO, 2022년에 첫 방영)도 같은 이야기를 한다. 이 드라마는 상류 사회의 전통을 유지하려는 사람들의 '올드 머니old money'와 철도 사업 등으로 부를 얻어 상류사회에 진입하고 인정받으려는 이들의 '뉴 머니new money' 사이의 갈등을 다룬다. 모든 섬세한 심리적, 이데올로기적 갈등은 경제 투쟁이라는 배경에서 비롯된다.

2 '자유 의지'는 있는가?

1. 다음 참고. Benjamin Libet, "Unconscious Cerebral Initiative and the Role of Conscious Will in Voluntary Action," in *The Behavioral and Brain Sciences*, 1985, Vol. 8, pp. 529-539; and Benjamin Libet, "Do We Have Free Will?," in *Journal of Consciousness Studies*, 1999, Vol. 1, pp. 47-57.

2. 다음에서 인용. Thorsten Jantschek, "Ein ausgezehrter Hase," *Die Zeit*, July 5, 2001, Feuilleton, p. 26.

3. Bill McKibben, *Enough: Staying Human in an Engineered Age*, New York: Henry Holt and Company 2004, p. 127.

4. See Georg Lukács, *The Ontology of Social Being*, Vols. 1-3, London: Merlin Press 1978-1980.

5. Daniel Dennett, "Back from the Drawing Board," in *Dennett and His Critics*, ed. Bo Dahlbom, Oxford: Blackwell 1993, pp. 204-205.

6. Ibid., p. 40.

7. Ibid., p. 43.

8. Antonio Damasio, *Descartes' Error: Emotion, Reason, and the Human Brain*, New York: Quill 1995, p. 30.

9. Ibid., p. 51.

10. Jean-Paul Sartre, *Nausea*, London: Penguin 2000.

11. T.S. Eliot, "Tradition and the Individual Talent," originally published in *The Sacred Wood: Essays on Poetry and Criticism* (1922).

12. "Correspondance: Lettres de Louis Althusser à Fernanda Navarro à propos de l'édition de Philosophie et marxisme, précédées d'une lettre à Mauricio Malamud (1984-1987)," *Sur la philosophie* [ed. Olivier Corpet], Paris: Gallimard, 1994, p. 121.

13. Ibid., pp. 127-128.

14. Louis Althusser, "Ideology and Ideological State Apparatuses," in *Essays in Ideology*, London: Verso 1984, p. 163.

15. I resume here a more detailed critical reading of Althusser's notion of ideology from Chapter 3 of Slavoj Žižek, *The Metastases of Enjoyment*, London: Verso Books 2006.

16. 여기서 나는 헨리 크립스Henry Krips의 통찰 가득한 관점을 따랐다. 출간되지 않은 다음 원고를 참고. 「알튀세르와 라캉에 관한 연구The Subject of Althusser and Lacan」

17. Michael Egnor, "Does Superdeterminism Resolve Dilemmas Around Free Will," *Mind Matters*, December 26, 2021, https://mindmatters.ai/2021/12/does-superdeterminism-resolve-dilemmas-around-free-will/

18. 이 주제에 관해서는 이전 책에서 자세히 언급했으므로 여기서 상술하지는 않으려 한다.

19. 다음 참고. David Chalmers, *Reality+*, New York: Norton 2022.

20. Martin Heidegger, *Zollikoner Seminare*, Frankfurt: Vittorio Klostermann 2017, p. 260.

21. 다음 참고. Britannica, T. Editors of Encyclopaedia, "Pascal's wager. Encyclopedia Britannica, December 13, 2022. https://www.britanni-

ca.com/topic/Pascals-wager.

22. 여기서 나는 도미니크 호엔스의 의견을 참고했다. Dominiek Hoens, "Is Life but a Pascalean Dream?," *Psychoanalytische Perspectivien*, Vol. 36/2, pp. 169-185, available online at https://www.psychoanalytischeperspectieven.be/vol-36-2-2018/is-life-but-a-pascalian-dream-a-commentary-on-lacanslouvain-lecture

23. "Reponse de Jacques Lacan a une question de Marcel Ritter," *Lettres de l'Ecole freudienne* 18 (1975), 7-1, p. 2.

24. https://www.marxists.org/archive/lenin/works/cw/pdf/lenincw-vol-38.pdf

25. "Bulletproof Monk," Wikipedia, The Free Encyclopedia, https://en.wikipedia.org/w/index.php?title=Bulletproof_Monk&oldid=1152759310

26. G.K. Chesterton, Orthodoxy, San Francisco: Ignatius Press 1995, p.145.

27. Sigmund Freud, "The Ego and the Id," quoted from https://www.sigmundfreud.net/the-ego-and-the-id-pdf-ebook.jsp.

28. 이 부분에서 나는 알렌카 주판치치의 견해를 많이 따랐다. Alenka Zupančič, *Ethics of the Real*: Kant and Lacan, London: Verso Books 1995.

29. Rachel Metz, "AI won an art contest, and artists are furious", *CNN Business*, September 3, 2022, https://edition.cnn.com/2022/09/03/tech/ai-art-fair-winner-controversy/index.html

3   지양될 수 없는 잔여, 그리고 죽음의 죽음

1. Robert Pippin, "The Return of Metaphysics: Hegel vs Kant," IAI TV, January 21, 2022, https://iai.tv/articles/the-return-of-metaphysicshegel-vs-kant-auid-2032?_auid=2020

2. 토드 맥거윈Todd MacGowan*의 견해를 참고했다.

3. Terry Pinkard, "Should Hegelian Political Philosophy Jettison the

Absolute? Hegel's Political Philosophy Two-hundred Years Later," *Crisis and Critique* 8, no. 2 (2021), https://www.crisiscritique.org/storage/app/media/2021-12-13/cc-82-terry-pinkard.pdf

4. Terry Pinkard, Hegel: *A Biography*, Cambridge: Cambridge University Press 2000, pp. VIII–IX.

5. 이러한 논점을 다루는 내 저서들 가운데는 신학적 입장에서 서술한 저술들도 있다. 다음 참고. https://www.youtube.com/watch?v=4oK-2kZS2gNQ.

6. F.W.J. von Schelling, *Ages of the World*, Ann Arbor: The University of Michigan Press 1997, pp. 181–182. See also Chapter 1 of Slavoj Zizek, The Indivisible Remainder, London: Verso Books 1997.

7. Jacques Derrida, *Adieu à Emmanuel Levinas*, Paris: Galilee 1997, p. 87.

8. 다음 참고. Frank Ruda, *Abolishing Freedom*, Winnipeg: Bison Books 2016.

9. Etienne Balibar, "'Tod des Todes'. From the Philosophy of Religion to the Phenomenology," in *Zweite Natur. Stuttgarter Hegel-Kongress* 2017. Herausgegeben von Julia Christ und Axel Honneth, Frankfurt: Vittorio Klostermann 2022, p. 326.

10. Ibid., pp. 323–324.

11. Ibid., pp. 637–638.

12. Ibid., p. 331.

13. 요한1서 4장 12절. The Holy Bible, New International Version.

14. Balibar, op. cit., p. 636.

15. G.W.F. Hegel, *Lectures on the Philosophy of Religion, Volume III: The Consummate Religion*, Oxford: Clarendon Press 2007, p. 206.

16. Ibid., p. 337.

17. Adrian Johnston, "Conclusion: The Modest Absolute: or, Why I am not an agnostic (or even an agnostic atheist)" (manuscript).

* 헤겔과 정신분석, 실존주의 등을 연구하는 영화, 문화 비평가

18. 다음 참고. Delport, Hook and Moss to Stephen Frosh (Birkbeck College, University of London).

19. Quoted from Derek Hook, "White anxiety in (post)apartheid South Africa," *Psychoanalysis, Culture & Society* 25 (2020): 612-631, doi:10.1057/s41282-020-00178-1. Hook2020_Article_WhiteAnxiety-InPostApartheidSou.pdf.

20. Donald Moss, "On Having Whiteness," *Journal of the American Psychoanalytic Association* 69, no. 2 (2021): 355-371. https://journals.sagepub.com/doi/abs/10.1177/00030651211

21. Ibid.

22. "Who Really Killed Malcolm X?" *The New York Times* (2020). https://www.nytimes.com/2020/02/06/nyregion/malcolm-x-assassinationcase-reopened.html

23. "Assassination of Malcolm X," Wikipedia, The Free Encyclopedia, https://en.wikipedia.org/w/index.php?title=Assassination_of_Malcolm_X&oldid=1154232503

24. See "Still Alice," Wikipedia, The Free Encyclopedia, https://en.wikipedia.org/w/index.php?title=Still_Alice&oldid=1151043822

25. Sigmund Freud, *The Interpretation of Dreams*, Harmondsworth: Penguin Books 1976, p. 446.

26. 영국의 TV 드라마 〈미드소머 머더스Midsomer Murders〉에는 내용과 형식이 마주치는 흥미로운 지점이 보인다. 방영이 시작되면 단순한 주제음악이 흘러나오는데, 그 음악은 간혹 사건 중간에도 흘러나온다. 우리는 그 음악을 작품이 그리는 현실이 아닌 드라마 형식의 일부로 받아들인다. 그런데 마을에서 축제가 벌어지는 어느 에피소드에서, 악단이 각 에피소드를 소개하는 바로 그 음악을 연주한다. 등장인물들은 마치 자신들이 시리즈라는 형식 속에 있다는 것을 알고, 그 음악도 알고 있는 것처럼 보인다…. 내용과 형식이 접합하는 장면은 현대 영화에도 나타난다. 러시아-카자흐스탄 출신 감독 겸 프로듀서인 티무르 베크맘베토브Timur Bekmambetov(현재 LA에 거주하고 있다)의 영화가 대표적이다. 그는 스크린라이프나 컴퓨터 스크린 영화의 열렬한 지지자인데, 이러한 형식의 영화에서는 모든 사건이 컴퓨터와 태블

릿 혹은 스마트폰 화면에서 전개된다. 위키백과에 따르면 컴퓨터 스 크린 영화는 하나의 특정 화면에서 진행되며, 시선이 화면 밖으로 벗 어나지 않는다. 카메라 워크는 일반 카메라의 움직임을 모방해야 하 며, 모든 액션은 실시간으로 이루어지고, 가시적인 전환은 이루어지지 않는다. 모든 음향도 컴퓨터에서 발생해야 한다. (다음 참고. '스크린라 이프', Wikipedia, The Free Encyclopedia, https://en.wikipedia.org/w/index. php?title=Screenlife&oldid=1145738133)

27. Herbert Marcuse, *Eros and Civilization*, Boston: Beacon Press 1974, p. 37.

28. Ibid., pp. 37-38.

29. 여기서 나는 내가 쓴 다음의 책 가운데 '병렬 방식Parataxis' 장에서 기 술한 생각의 흐름을 재론하고 있다. *Less Than Nothing*, London: Verso Books 2013.

30. 여기서는 애런 슈스터Aaron Schuster와 알렌카 주판치치의 생각을 참 고했다.

31. See "Frome," Wikipedia, The Free Encyclopedia, https://en.wikipedia.org/w/index.php?title=Ethan_Frome&oldid=1151110419

32. Quoted from *Ethan Frome. A Norton Critical Edition*, New York: Norton 1995, pp. 120-121.

33. Lionel Trilling, "The Morality of Inertia," in *Ethan Frome. A Norton Critical Edition*, op. cit., p. 126.

34. 다음 참고. John Rodden, *Lionel Trilling and the Critics: Opposing Selves*, Lincoln: University of Nebraska Press 1999.

35. Frederic and Mary Ann Brussat, "Ethan Frome: Film Review," *Spirituality & Practice* (n.d.). https://www.spiritualityandpractice.com/films/reviews/view/6220

36. Edith Wharton, "Ethan Frome Epilogue Summary & Analysis," LitCharts. https://www.litcharts.com/lit/ethan-frome/epilogue

37. 이 부분에서 나는 장 피에르 블랙올Jean Frantz Blackall의 견해를 따랐 다. Jean Frantz Blackall, "Edith Wharton's Art of Elipsis," in *Ethan Frome. A Norton Critical Edition*, op. cit., p. 174.

38. Cynthia Griffin Wolff, "The Narrator's Vision," in Ethan Frome. A

Norton Critical Edition, op. cit., p. 145.

39. 존 매든John Madden 감독이 만든 이 소설의 영화 버전(1993)은 이 모든 요소들을 놓치고 만다. 화자는 마을에 새로 부임한 신부로 등장했고, 때문에 화자와 에단 사이의 평행선(두 사람 모두 젊은 시절에는 야망이 넘쳤고 기술 교육에 관심이 많았다는 점 등)이 사라진다. 에단과 매티는 육체 관계가 있었던 것으로 나오지만, 헤일 부인의 발언이 암시하는 트라우마는 검열된다.

40. Tana French, *Broken Harbour*, London: Penguin Books 2013. 『브로큰 하버』를 독해한 나의 관점은 에이미 아담스Amy Adams의 다음 블로그에 많이 의존했다. The Book Blog of Evil: Broken Harbor, by Tana French, http://maebookblog.blogspot.com/2012/08/broken-harbor-by-tana-french.html

41. 플라덴 돌라르의 논지에 의거하여 이야기하고 있다.

42. 다음에 나타난 일련의 생각에서 영향을 받았다. "Corollary 2: Circular Time" in *Sex and the Failed Absolute*, London: Bloomsbury 2019.

43. 보편성과 특수성의 미묘한 관계를 보여주는 대표적인 것이 증상이다. 누군가가 자신이 경험한 매우 충격적인 경험을 이야기한다고 가정해 보자. 만약 그의 이야기에 두서가 없고 일관성이 부족하다면 그것은 당연히 증상으로 간주되어 해석되어야 한다. 그런데 그의 이야기가 완벽하고, 막힘없이 원활하게 이어지며, 중단이나 단절 없이 매끄럽다면(즉 그가 경험한 충격적인 느낌이 서술 방식에 전혀 드러나지 않는다면), 그것은 더욱 심각한 증상이다. 다시 말해 그의 이야기가 사실이 아닐 가능성이 크다. 어떻게 그토록 충격적인 경험을 한 사람이 전혀 동요되지 않고 마치 외부인이 관찰한 것처럼 차분하게 이야기할 수 있을까?

더 깊은 사유 1 포테스타스와 초결정론

1. 아드리안 존스턴의 기념비적인 다음 저서 참고. Adrian Johnston, *Infinite Greed*: Money, Marxism, Psychoanalysis (Columbia University Press, 2024).

2. Ricardo Sanín Restrepo, "Many Worlds Interpretation, Critical The-

ory and the (Immanent) Paradox of Power", *Critical Legal Thinking* (online, 2021). https://criticallegalthinking.com/2021/11/22/many-worlds-interpretation-critical-theory-and-the-immanentparadox-of-power/

3. Quoted in Marcelo Gleiser, "Can quantum mechanics explain consciousness?," *Big Think* (November 4, 2021). https://bigthink.com/13-8/quantum-consciousness-2/

4. Sabine Hossenfelder and Tim Palmer, "How to Make Sense of Quantum Physics," *Nautilus* (online 2020). https://nautil.us/how-to-make-sense-of-quantum-physics-237736/

5. Donna Lu, "What is a Quantum computer?," *New Scientist* (online, n.d.). https://www.newscientist.com/question/what-is-a-quantum-computer/

더 깊은 사유 2 탈구로서의 지양

1. Jean Casimir, *The Haitians: A Decolonial History*, Chapel Hill: The University of North Carolina Press 2020. I rely here on Rocio Zambrana's "Hegelian History Interrupted" (Columbia University Press, 2024).

2. "Guarani language," Wikipedia, The Free Encyclopedia, https://en.wikipedia.org/w/index.php?title=Guarani_language&oldid=1153210540.

3. 물론 식민지 지배자들이 언어에 미친 영향은 훨씬 복잡하고 혼란스러 웠다. 캐나다의 이누이트는 남쪽에 살던 원주민들에 의해 아스카미시우Askamiciw로 불렸는데, 이는 '생고기를 먹는 사람들'이라는 뜻이다. 이후 기독교 선교사들이 이 말을 엑스코밍키Excominqui로 기록했다. 이것은 '파문된 사람들excommunicated'이라는 뜻이다. 주민들이 이것 을 '에스키모'로 축약하여 부른 것으로 알려져 있다. 우리의 과제는 단 순히 단어의 원래 뜻을 복원하는 일이 아니고, 문화 사이의 상호작용 을 재구축하는 일이다. 그래서 '이누이트' 같은 용어를 단순히 우리말

과 사고방식에 대한 외부 침입자로 치부해서는 안 된다.

더 깊은 사유 3 애나를 창조하고 매들린을 연기하라

1. Wendy Powers and Robin McLeod, *The Testament of Judith Barton*, San Francisco: PM Press 2011.
2. Review of *The Testament of Judith Barton*, Kirkus Reviews. https://www.kirkusreviews.com/book-reviews/wendy-powers/the-testament of-judith-barton/
3. Powers and McLeod, *The Testament of Judith Barton*, p. 278.
4. 이 장면을 깊이 분석한 글을 읽고자 하는 독자는 다음의 내 책 2장을 참고하기 바란다. *Organs Without Bodies* (New York: Routledge 2012).

더 깊은 사유 4 비재현적 예술의 정치적 함의

1. 다음 책에서 인용. Georg Wilhelm Friedrich Hegel, *The Philosophy of History*, trans. J. Sibree, Batoche Books, 2001. Available online at https://socialsciences.mcmaster.ca/econ/ugcm/3ll3/hegel/history.pdf
2. Boris Groys, quoted from "The Cold War between the Medium and the Message: Western Modernism vs. Socialist Realism," *e-flux Journal* no. 104 (2019). https://www.e-flux.com/journal/104/297103/the-cold-war-between-the-medium-and-the-message-western-modernism-vs-socialist-realism/. 내 설명 가운데 보리스 그로이스의 책에 나오는 주장이 많이 포함돼 있다.
3. "Jail cells 'made from modern art'," BBC News Online: Entertainment: Arts (March 28, 2003). http://news.bbc.co.uk/1/hi/entertainment/2698177.stm
4. 위의 책에서 인용. Groys, op. cit.
5. Ibid.

6. Ibid.

7. 언급할 가치가 있는 또 다른 예외가 있다. 어빙 리스Irving Reis의 영화 〈크랙 업Crack-Up〉에서는 모더니즘 계열의 비현실주의 예술 엘리트 지지자들이 대중을 혼란에 빠뜨리는 부패한 파시스트 악당으로 등장한다. 예술 비평가인 영화의 주인공은 모더니즘 예술을 공격하고, 평범한 서민들의 취향을 지지한다.

8. Steven Pinker, *The Blank Slate: The Modern Denial of Human Nature*, London: Penguin 2002.

9. Robert B. Pippin, *After the Beautiful: Hegel and the Philosophy of Pictorial Modernism*, Chicago: University of Chicago Press, 2014, p. 69.

10. 이 주제는 다음 책의 4장에서 언급한 주제로, 여기서 다시 논했다. *Disparities*, London: Bloomsbury Press, 2016.

인간의 자유

4 마르크스는 증상뿐 아니라 충동도 얻어냈다

1. Karl Marx, *Capital A Critique of Political Economy. Volume I, Book One: The Process of Production of Capital.* 다음의 인터넷 사이트에서도 관련 내용을 열람할 수 있다. http://www.marxists.org/archive/marx/works/1867-c1/ch04.htm.

2. Karl Marx, *A Contribution to the Critique of Political Economy*, New York: International Publishers 1970, p. 134.

3. Karl Marx, Theories of Surplus-Value, Moscow: Progress Publishers, 1963, pp. 282-283.

4. 다음 문서에서 인용했다. Karl Marx, *Economic & Philosophic Manuscripts of 1844.* 다음 인터넷 사이트에서도 문서를 열람할 수 있다. https://www.marxists.org/archive/marx/works/download/pdf/Poverty-Philosophy.pdf

5. Robert Pippin, "The Return of Metaphysics: Hegel vs Kant," *IAInews* blog (January 21, 2022). https://iai.tv/articles/the-return-ofmetaphys-

주   459

ics-hegel-vs-kant-auid-2032?_auid=2020

6. 아드리안 존스턴의 불멸의 저서인 다음 책에서 인용했다. *Infinite Greed* (to appear in 2024 at Northwestern University Press, Evanston.). 인용 표시가 되어 있지 않은 주장 가운데도 이 책에 기술된 존스턴의 입장이 포함되어 있을 수 있다.

7. See Adrian Johnston, "Capitalism's Implants," Crisis and Critique, op.cit.

8. Peter Coffin, *Cancel Culture. Mob Justice or a Society of Subscriptions?*, Las Vegas: Independently published 2022, pp. 31 and 36.

9. See James Godley, "In the Shadow of Fire" (intervention at the conference *In the Wake of the Plague: Eros and Mourning* in Dartmouth College, April 21-24, 2022).

10. 로버트 팔러의 다음 책을 참고했다. Robert Pfaller, *Illusionen der Anderen*, Frankfurt: Suhrkamp 2003.

11. 이 견해는 사비나 리바다리우Sabina Livadariu*의 관점에 입각한 것이다.

12. 다음 참고. Adrian Johnston's "Capitalism's Implants," Crisis and Critique 8, no. 2 (2021). https://www.crisiscritique.org/storage/app/media/2021-12-13/cc-82-adrian-johnston.pdf

13. John Vidal, "Floods, storms and heatwaves are a direct product of the climate crisis-that's a fact, so where is the action?," *The Guardian* (2022). https://www.theguardian.com/commentisfree/2022/aug/04/floods-storms-heatwaves-direct-product-climate-crisis

14. 다음 참고. Peter Sloterdijk, *Critique of Cynical Reason*, Minneapolis: Minnesota University Press 1988.

15. Ibid.

16. 다음 참고. Alenka Zupančič, "Teorija zarote brez zarote," *Mladina*, Ljubljana, January 28, 2022, pp. 54-56.

17. 다음 참고. Zupančič, "Teorija," op. cit.

18. 우리는 행동과 무지의 복잡한 관계에 대해 생각해볼 필요가 있다. 어떤 행동을 하기 위해서 '모든 것을 알' 필요는 없다. 가능한 모든 포괄

---

* 루마니아 출신의 작가, 예술가

적인 지식을 수집하여 이를 바탕으로 행동하지도 않는다. 오히려 복잡하고 모호한 상황을 단순화하고 그것을 대담한 선택지로 줄여야 한다. 이를테면 '예 혹은 아니오'나 '공격을 할 것인가 말 것인가' 등으로 말이다. 역설적인 것은 이러한 선택이 오히려 '객관적인' 상황 자체를 변화시키며, 각각의 상황을 다르게 보이게 만든다는 점이다.

19. Ben Adler, "The case for climate reparations through carbon removal: An interview with David Wallace-Wells," *Yahoo!news* (January 7, 2022). https://news.yahoo.com/the-case-for-climate-reparationsthrough-carbon-removal-an-interview-with-david-wallacewells-151155418.html

20. See Johnston, "Capitalism's Implants," op. cit.

21. Shlomo Avineri, *The Social and Political Thought of Karl Marx*, Cambridge: Cambridge University Press 1968, p. 148.

22. 독자들이 참고해야 할 것은, 존스턴은 책 전반에 걸쳐 소위 '노동가치설labor theory of value'에 지나치게 의존하고 있다는 점이다. 노동가치설은 노동을 가치의 유일한 근원으로 상정한다. 가치라는 것은 사회적인 관계에서 의미가 있기 때문에 그러한 입장은 어느 정도 용인이 된다. 하지만 마르크스의 경우, 복잡한 노동을 단순 노동으로 환원한 문제도 논란이며, 이는 마르크스주의자 데이비드 하비David Harvey 같은 이들도 공감하는 부분이다. 그렇다면 자본주의가 작동하는 과정에서 가치로 평가되지 않는 희생자들, 이를테면 가사 노동을 하는 주부나, 자본의 확장으로 삶의 영역이 파괴되지만 공식적으로는 착취되지 않고 동시에 아무런 가치도 창출하지 않는, 그래서 잉여 가치마저도 생산하지 않는 원주민들은 어떻게 설명해야 할까? 존스턴은 마르크스의 정치경제학 비판을 두고 벌어지는 중요한 논쟁도 간과하고 있다. 즉 가치는 생산 과정에서 생성되는가, 아니면 상품이 교환 과정에 진입하면서 비로소 획득되는 것인가 하는 문제가 그것이다. 이 지점에서 전통적 마르크스주의자들은 공세적인 비평가들이 중세적인 가치 실재론이라고 부르는 개념으로 후퇴한다. 즉 그들은 상품이 교환 대상이 되기 이전부터 본래적으로 가치를 가진다고 주장한다. 하지만 나는 이에 대해 반대 입장을 가지고 있다. 마이클 하인리히Michael Heinrich 등이 주장한 것처럼, 시장에서 교환이 이루어지지 않으면 가치도 만들어지

지 않는다.

23. Sigmund Freud, *The Interpretation of Dreams*, Harmondsworth: Penguin Books 1976, p. 561.
24. *The Seminar of Jacques Lacan, Book XVII: The Other Side of Psychoanalysis*, New York: W.W. Norton and Company 2007, p. 98.
25. Quoted from Johnston, *Infinite Greed*, op. cit.
26. 마야코프스키의 인용된 시구는 다음의 인터넷 사이트에서 발췌했다. https://www.scribd.com/document/317353225/Vladimir-Vladimirovic-Mayakovski-Poems#
27. Quoted from Johnston, op. cit.
28. Ibid.

5 무정부적 봉건주의에 이르는 길

1. Bill Gertz, "China 'brain control' warfare work revealed," *Washington Times* (December 29, 2021). https://www.washingtontimes.com/news/2021/dec/29/pla-brain-control-warfare-work-revealed/
2. Jim Waterson and Dan Milmo, "Facebook whistleblower Frances Haugen calls for urgent external regulation," The Guardian (October 25, 2021). https://www.theguardian.com/technology/2021/oct/25/facebook-whistleblower-frances-haugen-calls-for-urgent-external-regulation
3. 다음 참고. Douglas Rushkoff, "What Zuckerberg's metaverse means to our humanity," CNN blog (October 29, 2021). https://edition.cnn.com/2021/10/28/opinions/zuckerberg-facebook-meta-rushkoff/index.html
4. 다음 참고. Yanis Varoufakis, "Why the rise of a new cloud-based ruling class is crushing democracy," YouTube. https://www.youtube.com/watch?v=wNf3dN0VXqE
5. 일련의 주장들은 나의 다음 책에 자세히 담겨 있다. Slavoj Žižek, *The Parallax View*, Part II, Chapter 2, Cambridge (MA): MIT Press 2009.

6. Daniel Dennett, "Back from the Drawing Board," in *Dennett and His Critics*, ed. Bo Dahlbom, Oxford: Blackwell 1993, pp. 204‒205.

7. See Lucijan Zalokar, "Moraš uživati-čeprav se ne strinjaš," *Delo.* (February 2, 2022). https://www.delo.si/nedelo/moras-uzivati-cepravse-ne-strinjas/

8. "50 Difficult Songs To Get Out Of Your Head," Novelodge.com advertisement (2021). https://tinyurl.com/ctcdf49t

9. Jacques Lacan, *The Other Side of Psychoanalysis. The Seminar of Jacques Lacan*, Book XVII, New York: Norton 2007, p. 78.

10. Lorenzo Chiesa, "Anthropie: Beside the Pleasure Principle," in *Continental Thought & Theory* 3, no. 2 (2021), available online at https://ir.canterbury.ac.nz/handle/10092/101634

11. acques Lacan, *The Other Side of Psychoanalysis.*

12. 다음 참고. Jeremy Rifkin, *The Age of Access*, New York: JP Tarcher 2001. 같은 맥락에서, 게르하르트 슐체Gerhard Schulze는 *체험사회 Erlebnisgesellschaft*라는 개념을 제안했다. 이러한 사회에서의 지배적인 규범은 쾌락과 '경험된 삶의 질'이다. 다음 책 참고. Gerhard Schulze, *Die Erlebnisgesellschaft. Kultursoziologie der Gegenwart*, Frankfurt and New York: Campus Verlag 1992.

13. Fuat Firat and Alladi Venkatesh, quoted from Rifkin, *The Age of Access*, p. 173.

14. See Benedict Anderson, *Imagined Communities*, London: Verso Books 1991.

15. Rifkin, op. cit. pp. 35.

16. Ibid., p. 173.

17. Quoted from Rifkin, op. cit., p. 171.

18. '프로테우스적 주체'의 등장을 잠재적인 해방의 측면으로 생각해보고자 한다면 다음 책을 참고하기 바란다. Robert Lifton, *The Protean Self: Human Resilience in an Age of Fragmentation*, Chicago: University of Chicago Press 1999.

19. Joshua Zitser, "A reality star who says she made $200K from selling her farts in Mason jars is pivoting to selling them as NFTs," *Ya-*

hoo!news, (January 8, 2022). https://www.yahoo.com/news/reality-star-says-she-made-115059034.html

20. Quoted from Hegel, *Philosophy of Right*, Third Part: Ethical Life, ii Civil Society, available online at https://www.marxists.org/reference/archive/hegel/works/pr/prcivils.htm#PR245

21. 사적인 대화를 통해 들은 이야기다.

22. Jack Simpson, "The NFT: A Wealth and Poverty Of Imagination," *Aesthetics for Birds* (March 18, 2021). https://aestheticsforbirds.com/2021/03/18/nfts-a-wealth-and-poverty-of-imagination/

23. Nelson Wan, "NFTs and SPACs: the insanity of casino capitalism," *Socialist Appeal* (March 31, 2021). https://socialist.net/nfts-and-spacsthe-insanity-of-casino-capitalism/

24. Jack Simpson, op. cit.

25. Thom Dunn, "Peter Thiel claims AI is 'Leninist' and 'literally communist' in a sprawling speech for a think tank," *boingboing* (December 3, 2019). https://boingboing.net/2019/12/03/peter-thielclaims-ai-is-len.html

26. Ibid.

27. 다음에서 인용. Cihan Tuğal, "The Rise of the Leninist Right," Verso blog (January 20, 2018). https://www.versobooks.com/blogs/3577-the-riseof-the-leninist-right

28. 다음 기사 참고. See Carole Cadwalladr, "'I made Steve Bannon's psychological warfare tool': meet the data war whistleblower," *The Guardian* (March 17, 2018). https://www.theguardian.com/news/2018/mar/17/data-warwhistleblower-christopher-wylie-faceook-nix-bannon-trump

29. Amanda Marcotte, "NFTs aren't art-they're just the Cult of Crypto's latest scam," *Salon* (February 16, 2022). https://www.salon.com/2022/02/16/nfts-arent-art--theyre-just-the-of-cryptos-latestscam/

30. Catherine Malabou (trans. Robert Boncardo), "Cryptocurrencies: Anarchist Turn or Strengthening of Surveillance Capitalism? From

Bitcoin to Libra," *Australian Humanities Review* (March 31, 2020). https://australianhumanitiesreview.org/2020/05/31/cryptocurrenciesanarchist-turn-or-strengthening-of-surveillance-capitalism-frombitcoin-to-libra/

31. 인용문 속의 인용문은 다음 책에서 발췌했다. Simon Brunfaut, "Quand Facebook deviant un Etat," L'Echo 24, June 2019, available online at https://www.lecho.be/entreprises/technologie/quand-facebookdevient-un-etat/10139091.html

32. 인용문 속의 인용문은 다음 책에서 발췌했다. Jeremy Rifkin, *The Zero Marginal Cost Society*, London: St. Martin's Press, 2014.

6 국가와 반혁명

1. 다음에서 인용. Quoted from Patrick Frater, "'Fight Club' Censored in China, Gets New Ending in Censorship Wars," *Variety* (January 25, 2022). https://variety.com/2022/film/asia/fight-club-china-endingcensored-1235162643/

2. 공평하게 설명한다면, 대중의 항의가 빗발치고 2주 후에 원래의 결말이 복원되었다.

3. 다음에서 인용. Ben Westcott, "West is paying the price for supporting Hong Kong riots, Chinese state media says," *CNN online* (October 21, 2019). https://edition.cnn.com/2019/10/21/asia/china-hong-kongchile-spain-protests-intl-hnk/index.html

4. Rory Sullivan, "Western nations more concerned about their economies than civilian deaths in Ukraine, says Zelensky," *Independent* (April 7, 2022). https://www.independent.co.uk/news/world/europe/zelensky-western-sanctions-nato-weapons-b2052877.html

5. 누구나 자유롭게 열람할 수 있는 다음 인터넷 자료에서 인용했다. "Full text of Graeber & Wengrow-*The Dawn of Everything*." https://archive.org/stream/graeber-wengrow-dawn/The%20Dawn%20of%20Everything%20%20David%20Graeber%20%26%20David%20

Wengrow_djvu.txt

6. "Full text of Graeber and Wengrow," op. cit.

7. Ibid.

8. Simon Griffiths, "What can the Left learn from Friedrich Hayek?," *British Politics and Policy at LSE blog* (February 16, 2015). https://blogs.lse.ac.uk/politicsandpolicy/what-can-the-left-learn-fromfriedrich-hayek/

9. Ibid.

10. Ibid.

11. Karl Marx, Capital, *Volume One*, New York: Penguin 1976, p. 173.

12. Álvaro García Linera, "The State in Times of Coronavirus: The pendulum of the 'Illusory Community'," Crisis Critique 7, no. 3 (2020). https://www.crisiscritique.org/storage/app/media/2020-11-24/alvaro-garci-a-linera.pdf

13. 다음 참고. Eric L. Santner, "Remarks on Agamben" (출간되지 않은 원고이며, 다음의 인터넷 사이트에서 열람할 수 있다.) https://www.artforum.com/print/201203/giorgio-agamben-s-the-kingdom-and-the-glory30322

14. Ibid.

15. Linera, op. cit.

16. Ibid.

17. Ibid.

18. 이러한 생각은 차포 트랩 하우스Chapo Trap house*의 견해에서 비롯된 것이기도 하다.

19. Sewell Chan and Eric Neugeboren, "Texas Republican Convention calls Biden illegitimate and rebukes Cornyn," *The Texas Tribune* (June 18, 2022). https://www.texastribune.org/2022/06/18/republicanparty-texas-convention-cornyn/

20. Christopher J. Bickerton and Carlo Invernizzi Accetti, *Technopopulism: The New Logic of Democratic Politics*, Oxford: Oxford Univer-

---

    ＊ 미국의 좌파 계열 팟캐스트

sity Press 2021. 이 책을 훌륭히 설명한 다음의 인터넷 사이트도 참고하기 바란다. *London Review of Books* 44, no. 2 at https://www.lrb.co.uk/the-paper/v44/n02/wolfgangstreeck/in-the-superstate?referrer=https%3A%2F%2Fwww.google.si%2F

21. 이렇게 주장되는 입장은 지난 10년 동안 패착이 되었다. 급진적 변화의 필요성에 공감하면서도 선거에서는 복지 정책을 확대하고 페미니즘과 반인종주의 권리 옹호 같은 개혁 정책을 전략적으로 지지하는 현실정치 말이다. 스페인의 포데모스Podemos*부터 독일의 디린케Die Linke**까지, 일련의 정치 세력들은 지지 기반을 상당 부분 잃고 있다. 그 대표적인 사례는 물론 그리스의 시리자Syriza***의 운명이다.

22. 다음 참고. Jodi Dean's "Neofeudalism: The End of Capitalism?," *Los Angeles Review of Books* (May 12, 2020). https://lareviewofbooks.org/article/neofeudalism-the-end-of-capitalism/

23. 이 농담은 테헤란의 카므라 바라다란Kamran Baradaran에게서 들었다.

24. 다음 참고. Claudia Chwalisz, "Citizens' Assemblies Can Help Repair Dysfunctional Democracies," *Noēma* (May 12, 2022). https://www.noemamag.com/a-movement-thats-quietly-reshaping-democracy-for-the-better/

25. 다음 참고. Bini Adamczak, *Yesterday's Tomorrow*, Cambridge, MA: MIT Press 2021. 이 책을 읽고 그 가운데 인용문을 고르려 했지만, 책 전체를 인용해야 할 것 같다는 생각을 할 정도로 이 책은 압도적이다.

26. Ibid., p. 80.

27. 이 문장은 볼테르나 드니 디드로의 글로 알려졌지만, 그 유래는 프랑스 가톨릭 신부이면서 무신론자였던 장 멜리에(1664-1729)였다.

28. Adamczak, op. cit., p. 34.

29. Ibid., p. 79.

30. Ibid., p. 80.

31. Ibid., p. 82.

* 스페인의 급진 좌파 정당
** 독일의 극좌 정당
*** 그리스 급진좌파연합

32. Ibid., p. 140.
33. G. W. F. Hegel, *The Philosophy of History*, New York: Dover 1956, p. 447.
34. 다음에서 인용. V. I. Lenin, *The State and Revolution* (1918), 다음의 인터넷 사이트에서도 열람이 가능하다. https://www.marxists.org/ebooks/lenin/state-andrevolution.pdf
35. Ibid.
36. Ibid.
37. Ibid.
38. "The Immediate Tasks of the Soviet Government," in *Collected Works*, Moscow: Progress Publishers 1972, Volume 27, p. 261. 이후에 출처가 명기되지 않은 인용문은 이 책에서 발췌한 것이다.
39. 다음 참고. Ralph Miliband, "Lenin's The State and Revolution," *Jacobin* (August 14, 2018). https://jacobin.com/2018/08/lenin-state-andrevolution-miliband
40. Karl-Heinz Dellwo, "Subjektlose Herrschaft und revolutionaeres Subjekt. Friday for Future?," a talk in Leipzig on January 12, 2021. 다음 인터넷 사이트에서 열람할 수 있는 부분을 인용했다. https://www.bellastoria.de/veranstaltung/wer-herrscht-ueber-uns
41. V. I. Lenin, "On the tasks of the People's Commissariat for Justice under the new economic policy," 다음의 인터넷 사이트에서도 열람이 가능하다. https://www.marxists.org/archive/lenin/works/1922/feb/20c.htm
42. Dmitry Dubrovsky, "The Bolsheviks and the Law: The Legacy of Arbitrary Justice," *Eurasianet* (November 7, 2017). https://eurasianet.org/the-bolsheviks-and-the-law-the-legacy-of-arbitrary-justice
43. Lenin, "On the tasks of the People's Commissariat for Justice under the new economic policy."

더 깊은 사유 5 보편화된 폐제? 고맙지만 사양할게!

1.   Duane Rouselle, "The Ironic Clinic. Jacques-Alain Miller's lecture on the..." Medium blog (December 24, 2020). https://duanerousselle. medium.com/the-ironic-clinic-551964a854cb
2.   Jacques Lacan, "Vers un signifiant nouveau," *Ornicar?* 17-18, Paris 1979, p. 23.
3.   라캉의 '바보 같음'을 보여주는 좋은 예를 들어보자. 라캉이 임상 발표에서 한 말이다. 어느 환자가 라캉에게 '포뮬러 원Formula One'에 대해 이야기했다. 환자는 자동차 경주를 이야기했지만, 그는 자동차 경주에 대해 전혀 몰랐기 때문에, 환자가 자신의 기호 구조 공식을 말한 것으로 오해했다….
4.   Marie-Hélène Brousse, "WOKE or Racism in the Time of the Many Without the One" (Part 2), *The Lacanian Review* (May 29, 2021, LRO 299) (thelacanianreviews.com).
5.   이 정보는 파리 고등사범학교의 엘리어스 코헨Elias Cohen에게서 얻었다.

더 깊은 사유 6 뻔뻔한 부끄러움

1.   Robert Pfaller, *Zwei Enthuellungen ueber die Scham*, Frankfurt: Fischer 2022.
2.   Ibid., p. 56.
3.   Ibid., p. 89.
4.   Ibid., pp. 76, 82.
5.   Alenka Zupančič(개인적인 대화로 나눈 이야기다).
6.   Pfaller, op. cit., p. 48.
7.   Ibid., p. 137.
8.   Ibid., p. 59.
9.   다음의 영상 참고. "SARAJEVO SAFARI", Arsmedia video. https://arsmedia.si/en/feature-films/sarajevo-safari

10. Guy Faulconbridge and Caleb Davis, "Medvedev raises spectre of Russian nuclear strike on Ukraine," *Reuters* (September 27, 2022). https://www.reuters.com/world/europe/russias-medvedev-warnswest-that-nuclear-threat-is-not-bluff-2022-09-27/

11. Brendan Cole, "NATO Would Be Too Scared to React if Russia Drops Nuke First-Putin Ally," *Newsweek* (27 September, 2022). https://www.newsweek.com/dmitry-medvedev-russia-nuclear-weaponsnato-ukraine-1746638

12. Nathan Hodge, "Vladimir Putin: Restoration of empire is the endgame for Russia's president," *CNN* (June 10, 2022). https://edition.cnn.com/2022/06/10/europe/russia-putin-empire-restorationendgame-intl-cmd/index.html

13. Harlan Ullman, "U.S. needs strategic off-ramp to end Russian war in Ukraine," *UPI News* (September 28, 2022). https://www.msn.com/en-gb/news/world/u-s-needs-strategic-off-ramp-to-end-russianwarin-ukraine/ar-AA12kMOB?ocid=msedgntp&cvid=905166c2af0146a8bae52a8401544010

더 깊은 사유 7 영화 대신 혼돈

1. *The Matrix*, American film franchise, Warner Bros. 2021. https://en.wikipedia.org/w/index.php?title=The_Matrix_(franchise)&oldid=1155083839

2. Description taken from Amazon.com: Customer reviews: Poirot - Hickory Dickory Dock. https://www.amazon.com/Poirot-HickoryDickory-David-Suchet/product-reviews/B00005RIWY?pageNumber=2

3. John Saavedra, "The Matrix Resurrections Ending Explained and Spoiler Questions Answered", *Den of Geek* (December 22, 2021). https://www.denofgeek.com/movies/the-matrix-resurrectionsending-spoilers/

4. 여기서 나는 첫 번째 〈매트릭스〉 영화에 대한 나의 해석을 언급했다. 다음의 인터넷 사이트에서도 읽어볼 수 있다. https://www.lacan.com/zizek-matrix.htm

5. Saavedra, op. cit.

6. Ibid.

7. Ibid.

8. Adi Robertson, "The Matrix Resurrections is more interested in being self-aware than being good", *The Verge* (December 21, 2021). https://www.theverge.com/2021/12/21/22841582/matrix-resurrections-lanawachowski-keanu-reeves-carrie-anne-moss-review

9. *The Wachowskis*, Warner Bros. 1999.

10. Joseph Earp, "Nothing But A Brain: The Philosophy Of The Matrix: Resurrections", The Ethics Centre (December 26, 2021). https://ethics.org.au/nothing-but-a-brain-the-philosophy-of-the-matrixresurrections/

더 깊은 사유 8 글로벌 시대에 조국을 사랑하는 법

1. Oxana Timofeeva, *How to love a homeland*, Beirut: Kajfa ta 2021.

2. 다음 책에서 인용. Saroj Giri, "Introduction," in K. Murali, *Of Concepts and Methods*, Keralam: Kanal Publishing Center 2021. 이 책은 현재 절판되었다. 내가 인용한 부분은 저자에게서 제공받은 디지털 파일의 일부다.

3. Maria Chehonadskih, "Soviet Epistemologies and the Materialist Ontology of Poor Life: Andrei Platonov, Alexander Bogdanov and Lev Vygotsky"(미출간 원고).

4. 다음 책 참고. Andrey Platonov, *Soul*, London: Vintage Classics 2013. ("잔Dzhan"은 영어에서 대체로 '영혼Soul'으로 번역된다.)

5. 나는 이 부분에서 마리아 체호나드스키의 앞의 책을 참조했다.

6. 다음 책 참고. Michael Marder, *Plant-Thinking: A Philosophy of Vegetal Life*, New York: Columbia University Press 2013.

7. Michael Marder, "Vegetal Redemption: A Ukrainian Woman and Russian Soldiers", *The Philosophical Salon* (February 26, 2022). https://thephilosophicalsalon.com/vegetal-redemption-a-ukrainian-womanand-russian-soldiers/

8. 이에 대한 자세한 이야기는 내가 쓴 다음의 책에 기술되어 있다. "Finale", *Surplus Enjoyment* (London: Bloomsbury 2022).

9. Giri, op. cit., p. 6.

10. Graham Harman, *Towards Speculative Realism*, Winchester: Zero Books 2010, p. 93, quoted from Morgan Meis, "Timothy Morton's Hyper-Pandemic," *The New Yorker* (June 8, 2021). https://www.newyorker.com

11. Quoted from Morgan Meis, "Timothy Morton's Hyper-Pandemic."

12. Djelem, djelem lyrics + English translation (lyricstranslate.com).

13. Ibid.

14. 〈우리 둘을 위한 침대를 준비해〉 영어 가사는 다음에서 발췌(greek-songs-greekmusic.com). 한 가지 언급하지 않을 수 없는 것은, 테오도라스키의 유명한 곡인 〈노래 중의 노래Song of Songs〉는 그의 마우트하우젠Mauthause* 연작 중 하나이며, 나치 수용소에 대한 공포를 사랑하는 연인에 대한 사랑의 기억으로 압도했다는 사실이다.

15. 다음에서 인용. Alberto Toscano, "A Structuralism of Feeling?," *New Left Review* 97 (January-February 2016), p. 78.

16. Ibid., p. 86.

17. Ibid., p. 91.

18. Ibid., pp. 84-85.

19. Ibid., p. 85.

20. Ibid., p. 85.

21. Ibid., p. 18.

22. Ibid., p. 89.

23. Francis Fukuyama, "Liberalism Needs the Nation," *Foreign Affairs* (April 1, 2022). https://www.foreignaffairs.com/articles/

---

* 오스트리아에 건설됐던 나치의 수용소

ukraine/2022-04-01/francis-fukuyama-liberalism-country

24. Jon Henley, "Sweden's gun violence rate has soared due to gangs, report says," *The Guardian* (May 26, 2021). https://www.theguardian. com/world/2021/may/26/fatal-shootings-have-risen-in-swedende-spite-fall-across-europe-report-finds

25. Mark Townsend, "How the murder of a Swedish rapper shocked a nation and put police on the back foot," *The Guardian* (December 4, 2021). https://www.theguardian.com/world/2021/dec/04/how-theof-a-swedish-rapper-shocked-a-nation-and-put-police-on-the-backfoot

26. Susan Buck-Morss, *Hegel, Haiti, and Universal History*, Pittsburgh: University of Pittsburgh Press 2009, p. 151.

27. Ibid., p. 133.

28. Ibid., pp. 138-139.

29. 한 가지 흥미로운 사실은, 다른 지역과 달리 나이지리아에서만 수천 명이 시민권을 신청했다는 것이다.

마치는 말

1. 내가 오늘날의 현실에 '묵시록의 네 기사'를 적용한 것은 믈라덴 돌라르Mladen Dolar* 덕분이다.

2. Trevor Hancock, "There is a fifth horseman of the Apocalypse-and it is us", *Healthy Debate* (November 5, 2020). https://healthydebate. ca/2020/11/topic/there-is-a-fifth-horseman-humans/

3. Ibid.

4. Ibid.

5. 다음 참고. Rhea Mogul, Esha Mitra, Manveena Suri and Sophia Saifi, "Ukraine War Creating Biggest Global Food Crisis Since WWII," CNN (May 2, 2022). https://edition.cnn.com/2022/05/02/asia/in-

---

* 슬로베니아의 철학자

dia-pakistan-heatwave-climate-intl-hnk/index.html

6. 다음 참고. Larry Elliott, "War in Ukraine could lead to food riots in poor countries, warns WTO boss," World Trade Organization, reported in *The Guardian* (March 24, 2022). https://www.theguardian.com/world/2022/mar/24/war-ukraine-food-riots-poor-countries-wtongozi-okonjo-iweala-food-prices-hunger

7. Rhea Mogul, Esha Mitra, Manveena Suri and Sophia Saifi, "India and Pakistan heatwave is 'testing the limits of human survivability'," CNN (May 2, 2022). https://edition.cnn.com/2022/05/02/asia/indiapakistan-heatwave-climate-intl-hnk/index.html

8. 이 견해는 유발 하라리의 입장을 따른 것이다.

9. https://www.nytimes.com/2012/08/20/us/politics/todd-akinprovokes-ire-with-legitimate-rape-comment.html

10. Maria Cohut, "Five things you should know about the clitoris," *Medical News Today* (June 22, 2018). https://www.medicalnewstoday.com/articles/322235

11. Bill Bostock, "Putin quoted song lyrics about rape and necrophilia to explain Russia's demands from Ukraine," *Insider* (February 8, 2022). https://www.businessinsider.com/putin-macron-meeting-quoteobscene-lyrics-show-russia-ukraine-demands-2022-2

12. https://www.youtube.com/watch?v=DvPVfgjfhRg

13. *The Servant of the People*, created and produced by Volodymyr Zelenskyy, Kvartal 95, 2015–2019.

14. https://www.reuters.com/world/putin-western-countries-wantextend-nato-like-system-asia-pacific-region-2022-08-16/

15. Lilla Watson, https://www.goodreads.com/quotes/844825-if-you-have-come-here-to-help-me-you-are

16. Álvaro García Linera, "The State in Times of Coronavirus: The pendulum of the 'Illusory Community'," *Crisis Critique* 7, no. 3 (2020). https://www.crisiscritique.org/storage/app/media/2020-11-24/alvaro-garci-a-linera.pdf

17. Paul Sutter, "Physicists predict Earth will become a chaotic world,

with dire consequences," *Space* (blog) (May 29, 2022), msn.com

18. Ibid.

19. 다음 책에서 인용. Georg Lukacs, *History and Class Consciousness*, 인터넷 사이트에서도 열람할 수 있다. https://www.marxists.org/archive/lukacs/works/history/hcc07_1.htm

20. Are we entering a post anthropocentric era? Video by Anna Bressanin, filmed by Ilya Shnitser," BBC Reel (May 19, 2022). https://www.bbc.com/reel/

21. Liu Cixin, *The Three-Body Problem*, Tor Books 2014.

22. 유발 하라리의 다음 책 참고. Yuval Noah Harari, *Homo Deus. A Brief History of Tomorrow*, London: Harvill Secker 2016.

23. Thomas Metzinger, *Being No One*, Cambridge, MA: MIT Press 2004, p. 620.

24. Ibid., p. 620.

25. Ibid., p. 621.

26. Harari, op. cit., p. 273.

27. Ibid., p. 346.

28. 2022년 1월, 통가 제도에서 발생한 거대 화산 분출 사건을 통해 알 수 있는 것은, 환경에 재앙을 초래하는 것이 인간만은 아니라는 사실이다. 자연도 언제든 파괴될 수 있는 위태로운 균형 상태에 놓여 있다.

29. 다음 참고. Bruno Latour and Nikolaj Schultz, *Memo sur la nouvelle classe ecologique*, Paris: Editions La Decouverte 2022.

30. Christopher Hitchens, "The Old Man," *The Atlantic* (July–August 2004). https://www.theatlantic.com/magazine/archive/2004/07/the-old-man/302984/

31. Ibid.

32. Karl-Heinz Dellwo, "Subjektlose Herrschaft und revolutionaeres Subjekt," a talk in Leipzig on January 12, 2021. (Quoted from the manuscript.)

33. 운명적인 변화의 주체가 부재하다는 사실은 새로운 형태의 서사를 부를 것이다. 킴 스탠리 로빈슨Kim Stanley Robinson의 소설 『미래부The Ministry for the Future』(2020, 대체로 '하드 SF'로 분류된다)는 하나의 예

시를 보여준다. 소설에서는 미래 세대의 권리를 현 세대의 권리만큼 직접적인 것으로 간주한다. 그리고 미래 세대를 대변하는 국제 조직인 '미래부'의 활동이 서사적인 픽션과 과학적 정합성, 그리고 사회과학과 역사적 측면에서의 비소설적 묘사를 통해 그려진다. 이 책이 보여주는 또 다른 신선한 부분은, 종말론적 서사가 횡행하는 가운데, 기본적으로 낙관적인 미래를 상상한다는 점이다. 인류가 합심한다면 소기의 목표를 이룰 수 있다는 희망을 보여준다.

34. Mladen Dolar, *Od kod prihaja oblast?* (in Slovene), Ljubljana: Analecta 2021, p. 167.

35. 다음 책 참고. Alexander Mitcherlich, *Auf dem Weg zur vaterlosen Gesellschaft* (1963), new edition Weinheim: Beltz Verlag 2003.

36. 전근대 사회에서는 주인도 하인이었다. 하지만 주인이 복종한 대상은 백성과의 정치 공동체 외부에 있는 권위, 즉 신 등의 초월적 권위였다.

37. See Dolar, op. cit., p. 174.

38. Ibid., p. 123.

39. Jacques-Alain Miller, "La psychanalyse, la cité, communautés," *La cause freudienne* 68 (February 2008), p. 109.

40. Ibid., p. 112.

41. 다음 책 참고. Alexandre Dumas, *The Man in the Iron Mask*, Ware: Wordsworth, 2001.

42. Catherine Malabou, in *Afterlives*, ed. by Peter Osborne, London: CRMEP Books 2022, p. 179.

43. Ibid., p. 179.

44. Etienne Balibar, in *Afterlives*, op. cit., p. 182.

45. Malabou, op. cit., p. 178.

46. Ibid., p. 179.

47. Balibar, op. cit., p. 184.

48. 다음 책 참고. Isolde Charim, *Die Qualen des Narzissmus. Ueber freiwillige Unterwerfung*, Wien: Zsolnay 2022.

49. Alain Badiou / Elisabeth Roudinesco, "Appel aux psychanalystes. Entretien avec Eric Aeschimann," *Le Nouvel Observateur*, April 19, 2012.

50. Personal communication (April 2013).

51. Hannah Arendt, "The Crisis of Education," in *Between Past and Future*, New York: Viking Press 1961, p. 191.

52. Aaron Schuster, "Beyond Satire," in William Mozzarella, Eric Santner, Aaron Schuster, *Sovereignty Inc. Three Inquiries in Politics and Enjoyment*, Chicago: The University of Chicago Press 2020, p. 219.

53. "Das Rheingold," Wikipedia, The Free Encyclopedia, https://en.wikipedia.org/w/index.php?title=Das_Rheingold&oldid=1153891126

54. Roger Scruton, *The Ring of Truth*, New York: Abrams 2017, p. 53.

찾아보기

484

자유
: 치유할 수 없는 질병

초판 1쇄 발행 2025년 1월 30일

지은이   슬라보예 지젝
옮긴이   노윤기
펴낸이   조미현

책임편집   박이랑
표지 디자인   디스커버
본문 디자인   나윤영
마케팅   이예원 공태희
제작   이현

펴낸곳   (주)현암사
등록   1951년 12월 24일 (제10-126호)
주소   04029 서울시 마포구 동교로12안길 35
전화   02-365-5051
팩스   02-313-2729
전자우편   editor@hyeonamsa.com
홈페이지   www.hyeonamsa.com

ISBN 978-89-323-2406-7 03160